*Suffering is the origin of consciousness*

Der Verlag Helmut Hermann
ist Mitglied der Verlagsgruppe

REISE KNOW-HOW

Hartmut Fiebig
Bike-Abenteuer Afrika

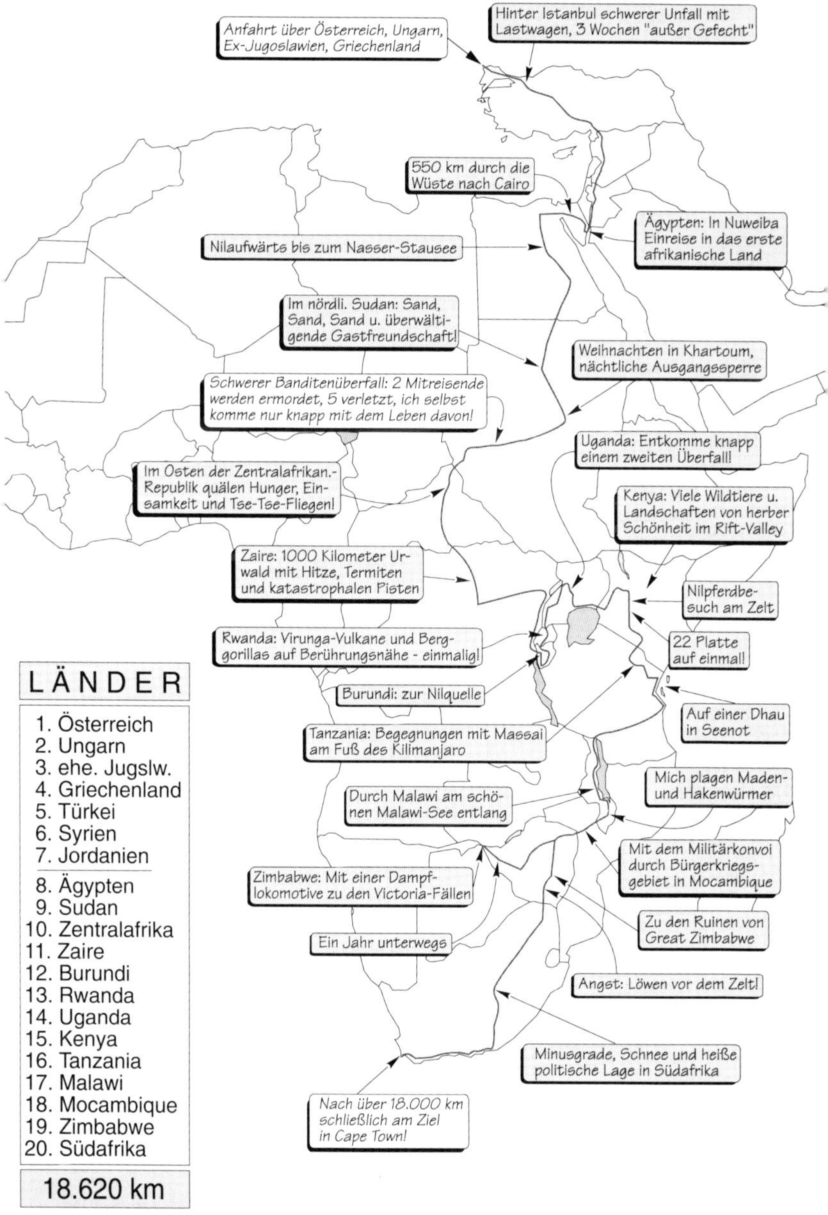

REISE KNOW-HOW

# Bike-Abenteuer AFRIKA

Hartmut Fiebig

**Cairo – Cape Town im Alleingang**

Rad & Bike

The Wide World of Adventure Cycling

*Meinen Eltern*
*und meinem Großvater*
*gewidmet*

**Impressum**

Hartmut Fiebig
**Bike-Abenteuer Afrika**

ISBN 3-929920-15-8
erschienen im
**Reise Know-How Verlag Helmut Hermann**
Untere Mühle
D - 71706 Markgröningen


1. Auflage 9/1994

**Gestaltung u. Herstellung**
Umschlagkonzept: M. Schömann, P. Rump
Buchgestaltung, Karten: Helmut Hermann
Satzbelichtung: SRW, Markgröningen
Druck und Bindung: Fuldaer Verlagsanstalt
Fotos: Hartmut Fiebig. Umschlagfoto: In der Wüste zwischen Delgo und Kerma, Sudan. Rückseite: In der Massai-Steppe, Tanzania; Sylvesterabendstimmung in der Oase Um el Qosein, Sudan

**Bezug und Auslieferung für den Buchhandel**
*Deutschland:* PROLIT GmbH, Postfach 9, 35461 Fernwald
*Schweiz:* AVA buch 2000, Postfach 89, 8910 Affoltern
*Österreich:* Mohr Morawa GmbH, Postfach 260, 1101 Wien
*Niederlande:* Nilsson & Lamm bv, 1380 AD Weesp
Wer im Laden trotzdem kein Glück hat, bekommt dieses Buch gegen Voreinsendung des Kaufpreises (Scheck im Brief) direkt beim Verlag.

## Arabisch-Afrika



## Urwald-Afrika

## Ostafrika



## Südliches Afrika

## Hartmut Fiebig

*Jahrgang 68, stammt vom Bodensee. Lebte von 1976 bis 1984 in Kairo. Mit 16 Rückkehr nach Deutschland, Zivildienst in Hamburg. Während dieser Zeit Vorbereitung auf die Afrika-Tour. Fahrradkurier in der Hamburger City. Im Juli 1989 startete er vom Bodensee aus mit seinem Mountainbike „Filfilla" zur einjährigen Reise durch ganz Afrika. Bis auf zwei vierzehntägige Radtouren im europäischen Raum besaß er bis dahin noch keinerlei Bike-Erfahrung. Nach seiner Rückkehr berichtete er in vielen Städten in Dia-Vorträgen von seiner Tour. War seitdem noch zwei Mal - wieder mit dem Fahrrad - in Afrika. Studiert nun Tropenlandwirtschaft an der Universität Stuttgart-Hohenheim.*

### „Afrika per Bike - der helle Wahnsinn oder das einzig Wahre?"

Alles fing mit einem Buch an, das den bezeichnenden Titel „Heiße Tour Afrika" trägt und eine Radreise durch Afrika beschreibt. Nach dieser Lektüre stand für mich fest: Das mache ich auch!
Diesen folgenschweren Entschluß faßte ich im zarten Alter von 12 Jahren. Allerdings vergingen bis zur Verwirklichung meines Jungentraumes nochmal 10 Jahre. Als dann endlich Kapstadt und der Tafelberg vor mir auftauchte, lagen fast 20.000 Fahrradkilometer, jede Menge Schweiß und Schmerzen hinter mir. Aber vor allem unvergeßliche Erlebnisse mit den Menschen und der Natur Afrikas - Erfahrungen, die mich bereichert und mein Leben positiv verändert haben.
Warum nimmt einer bewußt so viele Gefahren in Kauf und setzt sich willentlich all diesen Quälereien aus, Tag für Tag, ein Jahr lang?
Ein Stück weit ist Reisen immer Selbstzweck: um der ständigen Veränderung willen. Gleichzeitig reizt die Aussicht auf Abenteuer. Möglichkeiten ergeben sich, körperliche Leistungsgrenzen und psychische Belastbarkeit auszuloten. Und wer träumt nicht irgendwann mal davon, auszusteigen und Abstand vom täglichen Leben zu gewinnen?
Aber vor allem ist Reisen *die* Möglichkeit, andere Völker und ihre Kulturen kennenzulernen. Überall läßt sich noch mindestens soviel Positives hinzulernen, wie über Schlechtes zu schimpfen wäre. Im Ausland stößt du viel leichter auf Lösungen zu vielen Problemen unserer Gesellschaft, wie z.B. Verschlossenheit, Geiz, Kleinlichkeit und Hast, als zu Hause bei uns. Reisen ist ein Anfang, um Ignoranz ein Ende zu setzen.

Aber warum muß das ausgerechnet mit dem Fahrrad geschehen? Muß es nicht. Aber mit dem Fahrrad bist du mitten drin: Du siehst alles. Du hörst alles. Du riechst alles - mit jeder Nervenfaser deiner Sinnesorgane! Deswegen fehlt dir später kein einziger Zentimeter der ganzen Strecke, du kannst noch nach Wochen und Monaten jede Kurve eines Radeltages im Geiste nachfahren.
Und schließlich: es gibt kein optimaleres Transportmittel. Du kommst mit dem Rad immer irgendwie weiter. Nichts gibt es, das dich endgültig aufhält. Benzinmangel nicht. Zerstörte Brücken nicht. Pannen nicht. Mit Improvisation, Blumendraht und Reifengummi ist alles so weit reparabel, daß du die nächste größere Siedlung erreichst. Deswegen also das Fahrrad und *nicht* der Land-Cruiser!
Der Verleger dieses Buches, Helmut Hermann, wurde durch einen meiner Vorträge in Süddeutschland auf meine Tour von Kairo nach Kapstadt aufmerksam. Gibt es Zufälle? Helmut ist der Autor des oben erwähnten Fahrradbuches „Heiße Tour Afrika“ (s.u.), das bei mir den ersten Stein ins Rollen gebracht hatte. Genau zwanzig Jahre nach seiner Reise veröffentliche ich jetzt bei ihm meinen eigenen Bericht. Damit hat sich für mich der Kreis geschlossen. Eine runde Sache.
Ich hoffe, das Buch ist zu einem Plädoyer geworden. Für Afrika. Fürs Träumen. Für andere, sich den Kick zu geben und vielleicht auch loszufahren. Na klar, auch fürs Lesen. Also - viel Spaß dabei.

***Danke - Thank you - Merci - Teshe kürle - Schukran - Asante sana!***
*Ohne all die Menschen in Europa, Afrika und im Nahen Osten, die mir in unzähligen Situationen geholfen haben und deren Gastfreundschaft ich erfuhr, wäre die Reise nicht möglich gewesen. Einige von ihnen haben im Buch Erwähnung gefunden. Gesondert nennen möchte ich den Lehrer Mehmet Zeki Yilmaz in Gebze/Türkei, der sich nach meinem dortigen Unfall wie ein Bruder um mich kümmerte, sowie Eva Sulzer für die vielen Briefe, die mich manchesmal aufgerichtet haben. Für freundliche Unterstützung danke ich Herrn Göbel und Frau Hellmessen vom World Wide Fund for Nature (WWF) in Frankfurt, der Deutschen Lufthansa sowie den Firmen Grofa und Karrimor.*
*Für Anregungen und Korrekturen am Buch: Uwe Bergmann, Ulli Scheibe, Omima Shibrain, Monika Pluschke und Max Schubert. Für Korrekturlesen und moralische Rückendeckung während der hektischen letzten Wochen vor der Manuskript-Abgabe: Anke Schürmann. Mein Bruder Georg stellte das Radbild hinten auf dem Umschlag zur Verfügung.*
*Überhaupt bin ich meiner Familie für all die Unterstützung und das Verständnis vor, während und nach der Tour sehr dankbar!*

# Arabisch-Afrika

## Eine Idee kommt ins Rollen

Wüste. Rechts und links der Straße keine Erhebung. Soweit der Blick reicht: gelbliche Sand- und Kiesflächen. Ab und zu ein vertrockneter Strauch, aber kein Schatten. Nur Hitze. Und Eintönigkeit.

Ja, eintönig, aber niemals langweilig! Als Autofahrer würdest du sagen: zum Einschlafen. Stundenlang geradeaus fahren, das monotone Brummen des Motors, kaum Gegenverkehr und sonst keinerlei Ablenkung. Nicht so als Radfahrer. Je länger du vor dich hinstrampelst, desto weniger denkst du, aber um so mehr fühlst du, um so mehr *bist* du. Fahrradfahren als Meditation.

Beim Radeln durch diese unendliche Landschaft erfährst du dein blaugelbes Wunder. Noch nie erschien dir der Himmel so hoch. Die Kargheit verändert dich. In der Stille nimmst du die wenigen Geräusche viel stärker wahr. Ungefähr so, wie dich nachts das leise Ticken eines Weckers nicht wieder einschlafen läßt. Der Fahrtwind tost. Das Rattern der Kette dröhnt in deinem Kopf. Und wenn du anhältst, um zu trinken, hörst du deinen eigenen Puls. Sonst nichts. Wahnsinn. Du spürst: Du bist das einzige menschliche Lebewesen im Umkreis von fünfzig, vielleicht auch hundert Kilometern.

Das schnurgerade Teerband vor dir wird schmaler und schmaler. Du kneifst die Augen zusammen. Irgendwo am Horizont schmilzt es in der flimmernden Luft zu einem schwarzen Punkt zusammen. Fünfhundert Kilometer von Nuweiba nach Kairo. Du rechnest großzügig: Pro Pedaltritt machst du zwischen drei und vier Meter Boden gut. Auf hundert Meter sind das 25, 30 Kurbelumdrehungen. Mal zehn bist du beim Kilometer. Also für fünfhundert Kilometer ... - Stopp! Du zwingst dich, nicht darüber nachzudenken. In der Eintönigkeit gewinnen diese Zahlenspielereien gefährliche Macht über deinen Kopf. Können dich wahnsinnig machen - wenn dir klar wird, wieviel noch vor dir liegt, hast du schon verloren.

Qual auf Raten. In 10-Kilometer-Happen vorausdenken, das geht noch. Von Kilometertafel zu Kilometertafel, von Pause zu Pause. Im Schatten der Schilder gönnst du dir drei Schlucke lauwarmes Wasser, an jedem zweiten eine Apfelsine. Noch sieben Apfelsinen bis zum Suezkanal!

Nachts legst du dich mit dem Schlafsack einfach in eine Sandkuhle neben die Straße. Komischerweise fühlst du dich geborgen. Vor dem Einschlafen beobachtest du einen Regen von Sternschnuppen, die innerhalb Sekunden verglühen, siehst die menschengemachten Satelliten,

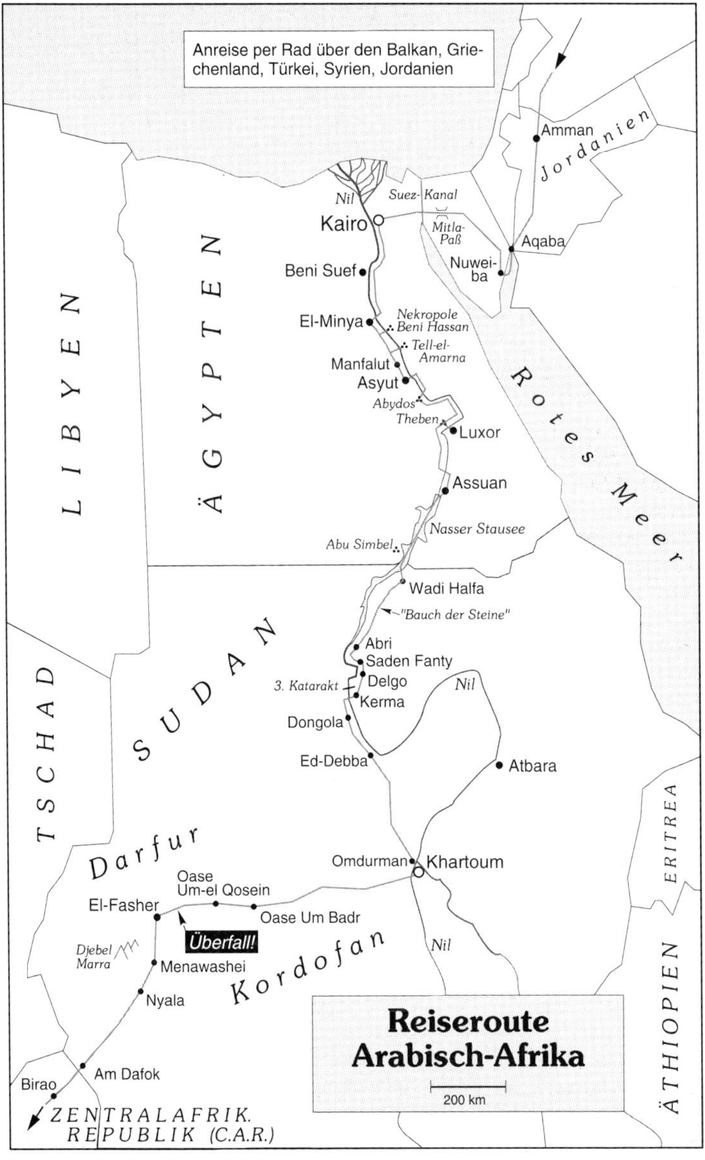
Anreise per Rad über den Balkan, Griechenland, Türkei, Syrien, Jordanien
Amman
Jordanien
Nil
Suez-Kanal
Kairo
Mitla-Paß
Aqaba
Nuweiba
Beni Suef
El-Minya
Nekropole Beni Hassan
Tell-el-Amarna
Manfalut
Asyut
Abydos
Theben
Luxor
Rotes Meer
LIBYEN
ÄGYPTEN
Assuan
Nasser Stausee
Abu Simbel
Wadi Halfa
"Bauch der Steine"
SUDAN
Abri
Saden Fanty
3. Katarakt
Delgo
Kerma
Nil
Dongola
Ed-Debba
Atbara
TSCHAD
ERITREA
Darfur
Omdurman
Khartoum
Oase Um-el Qosein
El-Fasher
Oase Um Badr
Überfall!
Djebel Marra
Menawashei
Nil
Kordofan
Nyala
Reiseroute Arabisch-Afrika
Am Dafok
Birao
200 km
ÄTHIOPIEN
ZENTRALAFRIK. REPUBLIK (C.A.R.)

die als rastlose Lichtpunkte an dem unendlichen Sternenhimmel vorbeiziehen. Natürlich denkst du da an Gott und die Welt.
Zwei Tage sind vergangen, seit ich mit dem Mountainbike von Nuweiba, der ägyptischen Hafenstadt am Golf von Aqaba, die 550 Wüstenkilometer nach Kairo anging. Zuvor hatte ich mich einige Tage im Feriencamp „Basata" meines Freundes Sherif El-Ghamrawy erholt. Obwohl es schon Mitte Oktober war, betrug die Wassertemperatur des Roten Meeres noch über 25 Grad. Stundenlang schnorchelte ich an den ufernahen Korallenriffen mit ihrer bunten Fischwelt.
Von Nuweiba führt die Straße 60 Kilometer die Küste entlang in Richtung Norden. Ich hatte mit starkem Gegenwind zu kämpfen. Links standen die rotbraunen Bergmassive des Sinais, rechts lag das türkisblaue Meer, das sich weiter draußen in sattes Blauschwarz verfärbte. Im Dunst verschwamm die Küste Saudi-Arabiens. Acht Kilometer vor Taba bog ich ins Hinterland ab, um den Sinai von Ost nach West zu durchqueren. Geradeaus, so sagten die Straßenschilder, ging es weiter nach Israel.
Die Straße war neu, der Belag hervorragend. Im Sektor C der entmilitarisierten Pufferzone zu Israel überholte mich ein weißer Truppentransporter der MFO. Die „Multi Forces and Observers" ist eine Art UNO-Truppe, welche die Einhaltung des Friedensvertrags zwischen beiden Ländern überwacht. Die Soldaten auf der Pritsche johlten begeistert und boten an, mich ein Stück mitzunehmen. Ich lehnte ab. Alles, nur das nicht! Schließlich war mein erster Grundsatz, jeden möglichen Kilometer von Gaienhofen am Bodensee, in der Nähe von Konstanz, bis nach Kapstadt, wirklich mit dem Fahrrad zurückzulegen, und nur auf andere Verkehrsmittel zurückzugreifen, wenn es anders kein Weiterkommen gab. Das war übrigens auch einer der Gründe, warum ich die unklassische Ost-Route durch Afrika wählte: Theoretisch müßte ich, auch per Rad, den riesigen Wüstengürtel der Sahara entlang des Nils ohne Wasserprobleme durchqueren können.
Obwohl die Uniformierten Gaienhofen nicht kannten, akzeptierten sie meine Begründung. Der Lastwagen setzte sich wieder in Bewegung. Aber am nächsten Checkpoint warteten sie schon alle auf mich, vom Lagerkommandant bis zum Koch. Mit vorgehaltenem Gewehr wurde ich zum Stehen gebracht.
Die Boys kamen aus Kolumbien. Sie hatten sich zu Hause im Guerillakrieg Meriten verdient und waren als Belohnung dafür auf den ruhigen Posten in die Wüste Sinai abgeschoben worden. Hier mußte es wirklich stinklangweilig sein. Der deutsche Radfahrer mit seiner Gitarre war die Sensation der Woche und kam gerade recht. Alle stellten ihre neugierigen Fragen zur Tour gleichzeitig. Ungläubiges Raunen und

anerkennendes Schulterklopfen der harten Männer waren die rührende Reaktion auf meine Antworten. Geduldig wie ein Kamel ließ ich mich mit jedem der Dschungelkämpfer ablichten. Unsere Unterhaltung gipfelte in der Fachsimpelei über die erstklassigen kolumbianischen Radprofis.
Bevor ich nach einer Stunde wieder aufbrach, gab's eine dicke Belohnung aus der Speisekammer des Camps. Aus dem kolumbianischen Füllhorn flossen Apfelsinen, Bananen, Pflaumen, Trauben, Yoghurt, Bonbons und ein Pfund echter kolumbianischer Hochland-Kaffee! Dinge, von denen ich noch vor einer Stunde nur geträumt hatte! Den Großteil dieser Köstlichkeiten verdrückte ich auf der Stelle. Das war vielleicht unvorsichtig, bei der Strecke, die da noch vor mir lag.
Es folgte die eintönige Fahrt durch die Tih-Hochebene, die ich anfangs beschrieb. Drei Tage nach dem Aufbruch von Nuweiba überquerte ich den Mitla-Paß, der in den arabisch-israelischen Kriegen heiß umkämpft war. Neben der Straße ist noch allerlei zerstörtes Kriegsgerät zu sehen und wegen unmarkierter Minenfelder wird eindringlich davor gewarnt, die Straße zu verlassen. Bei Dunkelheit erreichte ich den Suezkanal. Wüstennächte im Winter und in den Übergangszeiten sind empfindlich kühl.
Am folgenden Morgen wachte ich mit gestandenen Halsschmerzen auf. Mit Signalspiegel und Taschenlampe sah ich mir meine vereiterten Mandeln an. Da gab's nur eins: hochdosiert Antibiotika schlucken und einen unfreiwilligen Tag Pause am Suezkanaltunnel einlegen.
Es war schon ein toller Anblick, wie sich vor meinen Augen Containerschiffe und Frachter durch den Sand bewegten - richtige „Wüstenschiffe", denn durch die Uferaufschüttung war das Wasser nicht zu sehen.
Die vierspurige Wüstenautobahn nach Kairo war stark befahren und landschaftlich öde. Schon vierzig Kilometer im voraus kündigte sich die Millionenstadt mit einer düsteren Smog-Glocke und brennenden Abfallhalden in der Wüste an.
Dann folgten Militärcamps und Fabriken, bevor ich in Heliopolis die ersten Siedlungen erreichte. Bis zur Stadtmitte mußte ich mich eine Stunde durch den gefährlichen Verkehr und seine Abgase quälen. Wie gräßlich laut, welche erdrückende Enge, was für ein Schmutz nach der stillen, menschenleeren Wüste! Kein Zweifel, ich war in Kairo, ich war wieder zu Hause! Nach 5.000 Radelkilometer ums Mittelmeer stand ich am Grundstück der deutschen Schule im Stadtteil Dokki. Krank, mit Fieber und Mandelentzündung. Aber glücklich.
Ahmed, der nubische Pförtner der Schule, schob wie früher Wache am Tor zum Lehrerparkplatz. Auf den ersten Blick hatte sich in den letzten

fünf Jahren seit 1984, als ich mit meiner Familie nach Deutschland zurückgekehrt war, also nichts am lebenden und toten „Inventar“ der Schule geändert. Aber er erkannte mich nicht mehr. Kein Wunder. Der kleine blonde Struwwelkopf von damals hatte sich in einen notorisch schlechtrasierten, sonnenverbrannten Mann verwandelt, auf dessen verschwitzter Haut der Ruß des Feierabendverkehrs klebte.

Hier, in dieser Schule, fing alles an. Mein Schulfreund Fabian Sulzer und ich wurden von dem Fahrradreisebericht „Heiße Tour Afrika“ von Helmut Hermann mitgerissen. Während langweiliger Stunden malten wir uns mit der Phantasie von Zwölfjährigen unsere eigene Tour in allen Einzelheiten aus. Dann gerieten die Träume wieder in Vergessenheit. Aber während des grauen Alltags meiner Zivildienstzeit in einem Hamburger Altenheim kamen sie zurück. Von einem Tag auf den anderen waren sie zum Entschluß „gereift“, und ich stürzte mich voller Elan in die Reiseplanung!
Einen Großteil der Vorbereitungen traf ich zusammen mit meinem Freund Michael Heim, der eine zweijährige Tour mit öffentlichen Verkehrsmitteln durch Asien plante. Mit Michael probte ich Erste-Hilfe-Maßnahmen, wir diskutierten unsere Ausrüstungszusammenstellung, vor allem aber motivierten wir uns gegenseitig, wenn's irgendwo Probleme gab.
In einem Medizin-Crash-Kurs für Schiffsoffiziere im Hafenkrankenhaus von Hamburg lernten wir das Wichtigste über Medikamentenkunde, Diagnose und Tropenkrankheiten, uns wurde gezeigt, wie man Spritzen setzt, Wunden näht, Knochen schient und gipst. Der einwöchige Intensivkurs war nicht billig, aber dieses Wissen konnte uns keiner nehmen. Und weil man in Afrika unter Umständen mehrere hundert Kilometer, d.h. auch mit Motorfahrzeug, einige Tagesreisen von einem Arzt entfernt ist, war das Geld bestimmt nicht falsch angelegt.
Das Krankenhaus lag in Steinwurfnähe zum Vergnügungs- und Rotlichtviertel von St. Pauli. Über den Kurs hinaus konnten wir in der ambulanten Aufnahme jede Menge lernen. Alles andere als steriler Unterricht war das: zusammengebrochene Junkies, besoffene Matrosen mit Platzwunden, verprügelte Prostituierte oder ramponierte Fußball-Fans.
Dann suchte ich nach einem Reisepartner. Doch auf die dürftige Resonanz meiner Anzeigen gab ich die ernsthafte Suche bald wieder auf. Mir wurde klar: Wenn ich wirklich loskommen wollte, durfte ich das nicht von einem Reisekompagnon abhängig machen. Fand sich doch jemand, mit dem ich mir vorstellen konnte, ein Jahr auch in extremsten Situationen durchzustehen - um so besser!

Meine Vorbereitungen umfaßten ferner Kurse für autogenes Training und Selbstverteidigung. Ich hatte daraufhin zwar nicht die Illusion, große Angreifermeuten mit bloßen Händen in die Flucht schlagen zu können, aber meinem Selbstvertrauen und der Körperbeherrschung tat das Training gut. Wenigstens konnte ich wirkungsvoll Schläge abwehren und, ganz wichtig als Fahrradfahrer, ich lernte zu fallen, ohne mich dabei zu verletzen.
Meine Schulkenntnisse in Englisch und Französisch bedurften einer Auffrischung, zusätzlich besuchte ich nach Feierabend Arabischkurse an der Universität.
Stapelweise schleppte ich Literatur aus den Büchereien nach Hause, um mir alles Wissenswerte über die Länder Afrikas anzulesen, etwa die klimatisch günstigsten Reisezeiten, politische Lage, Geschichte, Kultur und Sehenswürdigkeiten. Ich informierte mich über die neuesten Visa- und Impfbestimmungen und plante daraufhin die Route. Bei Gelegenheit löcherte ich Afrika-Reisende und Entwicklungshelfer nach ihren Erfahrungen auf dem „Schwarzen Kontinent", um abschätzen zu können, was so ungefähr auf mich zukommen würde.
Dann stellte ich die Ausrüstung zusammen. Natürlich wollte ich für alle Eventualitäten gerüstet sein, auf der anderen Seite war mir durch das Transportmittel „Fahrrad" ein Limit auferlegt, was Umfang und Gewicht des Gepäcks betraf.
Die Fragen, die sich da vor mir auftürmten, schienen endlos. Welcher Drahtesel ist überhaupt stabil genug, solch eine Tour durchzuhalten? Wieviel Werkzeug und welche Ersatzteile sind nötig? Soll ich mich mit einem Zelt belasten? Wie ist das Problem der Trinkwasserreinigung zu lösen? Ein Camping-Kocher, ja oder nein? Welche Kamera, wie viele Filme welcher Lichtempfindlichkeit und von welchem Hersteller eignen sich am besten? Was enthält eine sinnvolle Reiseapotheke? Soll ich einen Zweitpaß beantragen? Wie regle ich das Problem des Geldnachschubs? Denn alle Ersparnisse bei mir zu tragen, das wäre zu gefährlich - und, und, und ...
Mein Zimmer war mit Ausrüstungslisten und Merkzetteln tapeziert, die ich Punkt für Punkt abhakte. Als ich zusammenpackte, saß ich vor einem Gepäckberg von über 40 Kilo!
Meine Eltern waren verständlicherweise alles andere als begeistert, daß das jüngste ihrer fünf Kinder eine so lange und bestimmt nicht ungefährliche Reise unternehmen wollte. In langen und heftigen Diskussionen brachte ich sie so weit, daß sie die Reise akzeptierten, wenn sie sie auch nicht gutheißen konnten. Ich rechne ihnen sehr hoch an, daß sie mir daraufhin halfen, wo immer sie konnten und wann immer ich auf sie angewiesen war. Es ist unwahrscheinlich wichtig, daß du einen sol-

chen moralischen Rückhalt spürst, wenn du alleine unterwegs ist. Daß da jemand ist, der an dich denkt, wenngleich sie dich auch nicht aus der gefährlichen oder miserablen Situation, in der du gerade steckst, rausholen können.
Die sorgfältige Vorbereitung war ich meiner Familie schuldig. Aber an die möglichen Gefahren der Reise verschwendete ich keine weitere Überlegung. Glücklicherweise verfügte ich über keine Phantasie, mir im voraus auszumalen, was auf dieser Reise so alles passieren würde. Abgesehen davon hielt mich die ganze Planung so auf Trab, daß für solche Gedankenspiele gar keine Zeit mehr blieb ...
Am Abschiedsmorgen dachte ich das erste Mal ernsthaft und betroffen darüber nach. Als ich am 27. Juli 1989 meinen Eltern „Lebewohl!" sagte und nicht wußte für wie lange, ob für ein Jahr oder für immer, spürte ich einen dicken Kloß im Hals.
Mit dem Fahrrad von Deutschland aus zu starten, war wichtig und richtig. Tag für Tag legte ich weitere hundert Kilometer zwischen mich und Gaienhofen. Es war ein Abschied auf Raten, von meinem Dorf, von der Region, von Deutschland und schließlich von Europa. Das verhinderte schon mal jähe Heimwehanfälle. Mit der wachsenden Distanz wurde aber auch mein Selbstvertrauen größer.
Ich hatte mich sorgfältig vorbereitet, das konnte ich mit gutem Gewissen sagen. In einer Beziehung allerdings nicht: dem Radfahren!
Früher als geplant hatte ich meinen Job als Radkurier Nummer 439 an den Nagel hängen müssen, weil ich durch die ständigen Autoabgase in Hamburgs Berufsverkehr Asthmaanfälle bekam. So hatte ich mehrere Wochen bis zur Abfahrt kein Fahrrad mehr gefahren. Ich vertraute blind darauf, daß sich die Kondition schon von alleine einstellen würde, wenn ich erst einmal unterwegs war und täglich große Entfernungen fuhr. Abgesehen von einigen Anlaufschwierigkeiten, wie Knieschmerzen und einer leichten Archillessehnenreizung , war dem dann auch so.
Die Fahrradtour ums östliche Mittelmeer gab mir die willkommene Gelegenheit, meine Leistungsfähigkeit anzutesten, bevor ich exotischeres Terrain befuhr. Denn ich kann nicht gerade behaupten, bis dahin auf einen reichen Schatz an Fahrradtourerfahrungen zurückblicken zu können. Es war meine insgesamt dritte Fahrradreise und die erste, die länger als zwei Wochen dauern sollte. Und bisher war ich immer in Gesellschaft verreist. Durch diese „Tour de Méditéranée" konnten sich Kopf und Körper in angemessenem Tempo auf die fremde Umwelt, die hohen Temperaturen und das ungewohnte Essen einstellen, und als ich dann im Oktober nach 5.000 Radkilometern in Kairo, dem eigentlichen Startpunkt, eintrudelte, verfügte ich über die nötige Reiseroutine.

*Eintönigkeit bis zum Horizont - Tih-Ebene, Wüste Sinai, Ägypten*

*Blick auf das Häusermeer von Cairo, Stadtteil Bulaq*

Die Handgriffe beim Zeltaufbauen saßen, ich wußte meine Kräfte einzuteilen und beherrschte das Fahrrad auch in extremen Fahrsituationen. Ich glaube, die ganze Expedition hätte in einem Fiasko geendet, wäre ich mit dem Flugzeug nach Ägypten geflogen und bereits nach zehn Tagen Fahrt durch das Niltal in den Sudan eingereist, eines der härtesten Reiseländer Afrikas überhaupt.

Einen Monat nach dem Losfahren - meine Eltern hatten sich gerade einigermaßen beruhigt - bewahrheiteten sich jedoch ihre schlimmsten Befürchtungen. Meine Mutter wachte mitten in der Nacht auf, sie hatte einen Alptraum gehabt, in dem ich sie verzweifelt um Hilfe rief.
Tatsächlich war mir ein Unglück zugestoßen! Kurz hinter Istanbul hatte ich einen schweren Verkehrsunfall gehabt - ich wurde von einem Lastwagen angefahren! Bewußtlos lag ich da. Doch zu meinem Glück wurde ich umgehend von der Straße aufgesammelt und in das nächste Krankenhaus eingeliefert. Üble Schürfwunden auf Handflächen, Knien sowie der gesamten linken Kopf- und Körperhälfte, schwere Gehirnerschütterung, Schleudertrauma und Gedächtnisverlust hieß die Diagnose. Das schlimmste Erlebnis, an das ich mich erinnern kann, war, wie ich von meinem eigenen Schmerzgestöhn aus dem Koma erwachte. Ich wollte mich bewegen, anders hinlegen, aber es ging nicht. Über Stunden war ich geistig und körperlich wie gelähmt, fühlte zwar, daß irgendeine Katastrophe passiert sein mußte, aber jeder Gedanke brauchte unendlich lange, um zu Ende gedacht zu werden. Ich hatte das Gefühl, aus dem tiefsten Schlaf meines Lebens zu erwachen und war vollkommen orientierungslos. Dieser Zustand zog sich eine Ewigkeit hin. Ungenau erinnerte ich mich an einen verrückten Traum: Ich hatte geträumt, daß ich mit dem Fahrrad durch Afrika radeln wollte!
Ich hörte die fremden Stimmen des Krankenhauspersonals. Nach und nach nahm ich meine Umwelt wieder wahr und allmählich kam auch die Vergangenheit zurück, aber alles war in Unordnung geraten, zusammenhanglose Fragmente, die wild durcheinanderwirbelten. Mühsam mußte ich diese ganzen Mosaiksteinchen wieder zusammenfügen, was wahnsinnig anstrengend war, aber schließlich gelang es mir doch. Ich hatte meinen Lebenslauf und meine Identität wieder. Die letzte halbe Stunde vor dem Unglück blieb allerdings im dunkeln. Meine Erinnerungen reißen bei einer Mobil-Tankstelle ab, an der ich meine Wasserflaschen auffüllte. Und so habe ich nie richtig rekonstruieren können, wie sich alles eigentlich zugetragen hatte. Aber ich glaube, so, wie ich zugerichtet war, ist es eher eine Gnade, daß der Unfall, der Moment des Schmerzes und des Schocks im schwarzen Loch der Erinnerungslosigkeit verschwunden ist.

Als ich wieder bei vollem Bewußtsein war, galt meine erste Sorge natürlich dem Fahrrad und der Ausrüstung. Man beruhigte mich, es befände sich alles in Polizeigewahrsam. Nach einer Woche strenger Bettruhe durfte ich endlich meine Eltern telefonisch benachrichtigen, eine weitere Woche später konnte ich zum ersten Mal humpelnd das Bett verlassen.
In Begleitung von Mohammed, einem Lehrer, der sich im Krankenhaus rührend um mich kümmerte, der mir Essen brachte und mich mit Süßigkeiten verwöhnte, suchte ich die Polizeistation auf. Meine Befürchtungen waren unbegründet gewesen. Das Fahrrad schien soweit unbeschädigt, nur Gepäckträger, Bremszapfen und Hinterbaustrebe der linken Seite waren leicht eingedrückt. Das mußte die Stelle sein, an der mich der Laster angefahren hatte. Ich war wahrscheinlich im hohen Bogen vom Rad geflogen und mit voller Wucht auf den Asphalt aufgeschlagen. Aber so sehr ich auch versucht habe, mich an den Vorgang zu erinnern, ich kann nichts davon zurückholen - nichts!
Das Gepäck, auch die wertvollen Dinge, wie Kamera, Fernglas usw., waren unbeschädigt und vollzählig. Mit einer Ausnahme: Ich hatte zur Selbstverteidigung im Fall der Fälle eine Tränengassprühdose mitgenommen und diese, um bei Grenzkontrollen oder anderen Gepäckfilzereien keinen unnötigen Ärger zu bekommen, mit einem Insektenspray-Etikett getarnt. Und dieses CS-Gas war leer. Da müssen die Polizisten also das Reizgas als vermeintliches Insektengift eingesetzt haben. Eine herrliche Vorstellung, wie sich die ganze Polizeistation in Tränen auflöste und die Beamten gedacht haben mögen: „Verdammt, das ist aber ein scharfes Zeug!"
Mit einem Grinsen setzte ich meine Unterschrift unter die eidesstattliche Erklärung, daß ich alle meine Habseligkeiten unversehrt ausgehändigt bekommen hatte und dachte: „Jungs, keine Sorge, ich halte dicht!"
Meine Familie war natürlich schockiert. Sie hoffte, daß mein gefährliches Unternehmen damit ein frühzeitiges Ende gefunden hatte. Mitnichten. Nachdem ich mich mehr als ein Jahr so intensiv - zeitlich, finanziell, vor allem aber auch psychisch - auf diese Fahrradtour vorbereitet hatte, hätte es schon schlimmer kommen müssen, um mich von dem Vorhaben abzubringen. Ich habe auf diese Reise hingelebt. Wenn sie mir nicht alles bedeutet hätte, wäre ich nicht bereit gewesen, Karriere, finanzielle Absicherung, persönliche Beziehungen und Komfort aufzugeben oder zumindest für eine gewisse Zeit zurückzustellen. Und ich wäre einer von vielen geblieben, die ein ganzes Leben von solch einer Reise träumen, aber niemals losfahren.
Drei Wochen nach dem Unfall stieg ich wieder auf. Die erste Woche im

Fahrradsattel war eine einzige Qual. Ich hatte bei jedem Pedaltritt bohrende Schmerzen in den Knien, wahrscheinlich Blutergüsse und Quetschungen, die nur langsam abheilten.
Ich biß die Zähne zusammen. Vielleicht war frühes Bewegen ja die beste Therapie? Auf jeden Fall war ich nach weiteren vier Tagen Pause in Damaskus bis auf sporadische Kopfschmerzen wieder beschwerdefrei und blieb es fortan auch. Ich radelte durch das Königreich Jordanien hinunter zum Roten Meer. Von der Hafenstadt Aqaba setzte ich dann mit einer Fähre die sechzig Kilometer nach Nuweiba auf den Sinai über.

## Kairo: Im Chaos zu Hause

Kairo - Al Qahira - die Siegreiche. Die Stadt trägt ihren Namen zu Recht. Jedes Mal, wenn ich wiederkomme, ist sie noch voller, noch lauter, noch schmutziger geworden, dem lange prognostizierten Zusammenbruch ein weiteres Stückchen nähergerückt.
Doch irgendwie schafft es die Stadt, sich in ihrem Überlebenskampf gegen Smog, Armut, Verkehrszusammenbruch und Überbevölkerung bis zum nächsten Tag zu retten. Man könnte dieses Meer aus Stein deshalb vielleicht als *die* Institution der Improvisationskunst bezeichnen. Ein Paradoxon in sich.
14 Millionen Menschen - fast die Bevölkerung Nordrhein-Westfalens - leben in dieser Stadt, deren Infrastruktur ursprünglich für zwei Millionen Einwohner konzipiert war.
Geographen führen sie nüchtern als „Größte Stadt Afrikas und nach Mexiko City zweitgrößte Agglomeration (Siedlungsballung) der Erde". Man hat sie mit „Mutter der Welt" bezeichnet. Nun, sie ist zumindest unbestritten eine Welt für sich.
Das Wort, mit dem die Kairener ihre Stadt bezeichnen, ist vielsagend: „Masr", also das arabische Wort für „Ägypten". Denn für sie ist diese Stadt Ägypten und Ägypten diese Stadt. In ihr lebt ein Viertel der ägyptischen Bevölkerung und keiner dieser Hauptstädter würde je freiwillig in der Provinz leben wollen. Hier laufen alle Fäden - wirtschaftlich wie politisch - zusammen, die das Geschick der arabischen Republik am Nil bestimmen. Für die Kairener ist der Rest Ägyptens nicht mehr und nicht weniger als das unvermeidliche Hinterland.
An dieser Stadt scheiden sich die Geister der Besucher. Die einen empfinden sie als fürchterlichen Alptraum, die anderen sind ihrem Charme,

der unter dem Teppich von Lärm, Schäbigkeit und Armut hervorlugt, hoffnungslos verfallen. Haß oder Liebe. Ein Extrem wie Kairo erweckt auch extreme Emotionen. Kompromißlos. Lauwarme Gefühle gibt es da nicht.
Die heutige Siedlung geht auf eine Gründung des arabisch-muslimischen Erobererheeres aus dem Jahre 969 n. Chr. zurück, wenngleich sich in ihrem Dunstkreis mit der römischen Festung Babylon, den Pyramiden von Gizeh und der pharaonischen Sonnenstadt Heliopolis Spuren einer fünftausendjährigen Geschichte finden.
Kairo. Wo soll man da anfangen zu beschreiben, wo aufhören? Was den Reiz der ägyptischen Metropole letztlich ausmacht, ist das Spannungsfeld zwischen den Gegensätzen von Geschichte und Gegenwart, Orient und Okzident. Der Stadtkern ist von modernen Hochhäusern geprägt, zu deren Füßen sich alte Viertel mit engen Gassen und Basaren befinden, in denen Tausendundeine Nacht nach wie vor lebendig ist. Und auf den Straßen stehen die neuesten Luxuskarossen neben Eselskarren im Stau ...
Die Zeit in Kairo über wohnte ich bei Wilma Dambeck, einer alten Freundin meiner Eltern, im Herzen der Stadt. Sie päppelte mich schnell wieder hoch. Nachdem die Mandelentzündung auskuriert war, ging es als erstes mit Emil Hanna, einem früheren Schulkameraden, hinaus nach Gizeh, um die obligatorischen Beweisbilder mit dem Fahrrad vor Sphinx und Pyramiden zu schießen.
Morgens, zu Beginn der Dämmerung war ich von den Muezzinen geweckt worden, die zum *Fajr,* dem Morgengebet riefen. Eine Lautsprecherstimme begann: *„Allahu akbar! Allahu akbar! Aschadu la ilaha illallah ...* - Gott ist groß! Gott ist groß! Ich bezeuge, es gibt keinen Gott außer *dem* Gott ...!"
Der Ruf pflanzte sich in der Dunkelheit fort, nach und nach setzten aus allen Richtungen in unterschiedlichen Tonhöhen die Muezzine anderer Moscheen ein, bis über der ganzen Stadt ein dichter Stimmteppich lag. Er klang wie ein tausendfaches Echo des ersten Rufes, ein verzauberter Moment, bevor die Stadt erwacht. Nach drei oder vier Minuten erstarb eine Stimme nach der anderen wieder, bis der Gesang vollkommen verebbt war.
Nach dem Frühstück stürzte ich mich auf meinem Mountainbike in die Brandung des Verkehrs, wo die Autohupe das Wichtigste zu sein scheint. Sie ist Bremsenersatz, Grußmittel, Aggressionsventil und Spielzeug in einem. Der Fahrzeugstrom besteht aus Pferdekarren mit mannshohen Rädern, die die Zeit seit dem Ende der großen Nilüberschwemmungen überdauert haben, tuckernden Jawa-Zweitakt-Motorräder, die bläuliche Abgaswolken ausspeien, Bäckergesellen, die

sich per Fahrrad durch den Verkehr schlängeln und dabei riesige Bleche voller Fladenbrot auf dem Kopf balancieren und Vespas, die als Familientransporter fungieren: Eltern und drei Kinder haben auf dem Roller locker Platz. An den Türen der Busse hängen ganze Menschentrauben und im Inneren drängen sich die Fahrgäste derart, daß niemand umfallen könnte. Das Gros der Fahrzeuge, allen voran die schwarzweißen Taxis, tragen Schrammen von diversen Kollisionen und nur wenige kämen unbeanstandet durch eine TÜV-Kontrolle. Mitten durch den Berufsverkehr werden Kamelherden mit rosa Fellmarkierungen zum Schlachthof getrieben.
In der Verkehrshierarchie ganz unten stehen - bzw. springen - die Fußgänger. Wollen sie auf die andere Straßenseite gelangen, müssen sie zwischen den rollenden Autos hindurch, Fahrspur für Fahrspur überqueren. Ein gesundes Reaktionsvermögen ist dabei lebenswichtig.
Am Straßenrand verkaufen fliegende Händler stückweise Zigaretten, Zeitungen, grell gefärbte Zuckerwatte, Sonnenbrillen und Stifte. Kleine Garküchen auf Rädern bieten Frühstück an, auf buntbemalten Holzkarren sind Orangen und Guaven zu Pyramiden aufgeschichtet. Dazwischen streunen Ziegen, die sich von herumfliegenden Papierfetzen ernähren.
Am Fuß des Wüstenplateaus, auf dem die Pyramiden von Gizeh stehen, stürzte eine Meute von Andenkenverkäufern auf uns zu. Die Jungs haben eine unfehlbare Spürnase für die Nationalität von Touristen und jede Menge Standardsätzchen in den entsprechenden Sprachen parat, um Kunden zu fangen: „Mensch Maier!", „Komm mal her, nur gucken, nix kaufen", „Safran macht den Kuchen gel!", „Alles für nix!", „Schönes Kamel mit vier Beinen!" und noch einiges mehr. Sie versuchten, uns Lederwaren, Beduinentücher, Schmuck, Postkarten, Antiquitäten und Kameltouren anzudrehen.
Angesichts der Pyramiden, dieser bis zu 137 Meter hohen (ursprünglich 147 Meter!) künstlichen Berge aus Stein fühlte ich eine geheimnisvolle Faszination, die durch keinen Touristenrummel zu zerstören ist. Wie haben es die alten Ägypter geschafft, all diese religiösen Bauten aus hunderten von Tonnen Stein zu errichten, ohne die Hilfe einer Maschine, ohne jeden Motor? Und die Felsblöcke sind ja nicht einfach nur übereinander geschichtet worden, sondern die Bauwerke wurden nach exakten Plänen errichtet. Was für eine Spiritualität muß hinter diesem Aufwand gestanden haben!
Doch die pharaonische Hochkultur war nicht nur in der Architektur hervorragend, ihre Errungenschaften auf anderen Gebieten - zu einer Zeit, als Europa noch in der Steinzeit lebte -, klingen unglaublich! Zahlreiche archäologische Funde bezeugen das hohe handwerkliche Können

von Gerbern, Schustern, Schreinern, Metallern, Töpfern, Schneidern, Schmuck- und Goldschmieden. Es wurde gelötet, geleimt und gewebt. Bildhauer und Maler wurden interessanterweise nicht als Künstler, sondern als Handwerker angesehen, die oft Arbeitsteilung betrieben und für die es spezielle Berufsschulen gab.
Schulische Bildung an sich stand Beamtenanwärtern aus allen Gesellschaftsschichten offen. Die Schüler wurden im Alter zwischen fünf und zehn Jahren eingeschult. Schon damals büffelten sie aus Schulbüchern, auf ihrem Lehrplan standen Lesen und Schreiben, Orthografie, Grammatik, Musterbriefe abfassen, Fremdsprachen, Geografie, Landvermessung, Sport, altägyptische Lebenslehren und Mathematik. Die alten Ägypter verwendeten bereits ein Dezimalsystem, wußten Wurzeln zu ziehen, zu potenzieren, komplizierte Bruchrechnungen zu lösen, kannten die Kreiszahl Pi und stellten Volumens- und Oberflächenberechnungen an. Diese Kenntnisse wurden vor allem in Architektur, Steuer- und Wirtschaftswesen angewendet.
Auch auf anderen Wissenschaftsgebieten, wie z.B. der Medizin, gab es enorme Kenntnisse. U.a. praktizierten Fachärzte für Chirurgie, Anatomie, Augenheilkunde und Frauenkrankheiten.
Man schätzte die schönen Künste. Die Literatur umfaßte verschiedenste Genres: die Biographie, die Königsnovelle, das Liebeslied, das Märchen, den Reiseabenteuerbericht (!), die politische Schrift und den literarischen Brief.
Ähnlich vielseitig muß die Musik gewesen sein, wenn man die große Zahl an damaligen Musikinstrumenten betrachtet: Schlag-, Saiten-, und Blasinstrumente, wie Tamburin, Trommel, Becken, Glocke, Rassel, Sistra, Harfe, Laute, Leier, Flöte, Oboe, Horn und Trompete.
Das alte Ägypten war eine große Handelsmacht, die einen regen Außenhandel betrieb. Einfuhrprodukte waren Sklaven, Kupfer, Bronze, Elfenbein, Holz, Öl, Rinder, Myrrhe, Kosmetika und Rüstungsgüter. Handelsexpeditionen reisten bis ins sagenhafte Königreich Punt, das vermutlich im heutigen Äthiopien lag, tauschten Rohstoffe und Fertigprodukte und brachten Gold, Wurfhölzer, Gummi, Ebenholz, Weihrauch, Schminke, lebende Tiere, wie Paviane und Hunde, aber auch Leopardenfelle mit. Bereits unter Pharao Necho, in der 26. Dynastie, also etwa 610 v. Chr., umrundeten phönizische Seeleute im Auftrag des Königs binnen zweier Jahre den afrikanischen Kontinent.
Im Lande selbst war der Handel ein Monopol des Staates - wenn man will, die erste Planwirtschaft der Welt. Kontrolleure überwachten die Einhaltung der Marktordnung. Die Höhe der Steuern wurde in Abhängigkeit vom Ausmaß der jährlichen Überschwemmung festgesetzt, welche den Ernteertrag der Bauern bestimmte.

Schon die Pharaonen hatten einen Kanal graben lassen, der Mittelmeer und Rotes Meer über den Nil miteinander verband. Dieser Vorläufer des heutigen Suezkanals war etwa 45 Meter breit und fünf Meter tief!
Doch im täglichen Leben scheinen die alten Ägypter ähnliche Probleme geplagt zu haben wie uns: Es gab bereits Rezepte für Kosmetika, die Haarausfall, Faltenbildung oder Ergrauen verhindern sollten. Und Make-up wurde auch von Männern großzügig verwendet ...

Ich stand vor der sudanesischen Botschaft im Stadtteil Garden City und wartete. Es versprach einer dieser gemütlichen ägyptischen Behördenmorgen zu werden.
„Ein Visum für den Sudan willst du? Das kannst du dir abschminken! Seit fünf Wochen werde ich Tag auf Tag mit den Worten *'Ma'alesch, Bukra inscha'allah!* (egal, nimm's leicht, morgen, so Gott will!) vertröstet!" sagte mir ein deprimierter Schweizer in der Schlange vor dem Tor.
Die Bürokratie - ein unüberwindbares Hindernis, noch bevor der afrikanische Teil der Reise überhaupt richtig begonnen hatte?
Endlich ließen die Wachposten den nächsten Besucherpulk in das Gebäude.
*„Sabah al cheir! Lau samaht ..."*
Der Beamte der Visa-Abteilung hob widerstrebend seinen Blick von der Zeitung.
„Guten Morgen. Entschuldigen Sie bitte. Ich möchte Ihr Land besuchen und wollte um die Ausstellung einer Einreisegenehmigung bitten ..."
Der Mann stutzte, musterte mich von oben bis unten, fing an zu grinsen und brach schließlich in schallendes Gelächter aus. Was hatte das zu bedeuten? Sah ich mit Hemd und gekämmten Haaren so lächerlich aus?
„Sind Sie Europäer?"
„Ja, Deutscher, warum?"
„He, Jungs, kommt mal her, hier ist ein *Shaqrawi,* ein Blondschopf, der besser Arabisch spricht als wir alle zusammen!"
Das war natürlich orientalische Übertreibung.
*„Ya salaam, isai?* Ah, wie das?" wehrte ich bescheiden ab, und gab die Schmeichelei zurück: *„Lithanak 'assali, wallahi!* Ihre Zunge ist aus Honig, bei Gott!"
Das weitere Prozedere war nur noch eine Formsache. Papiere und Antragsformulare wanderten in eine Extraschublade und bereits zehn Tage (!) später konnte ich meinen Paß wieder abholen. Auf Seite 15 war das Visum eingestempelt. Uff! Das Schlimmste war geschafft!

*Menschgemachter Berg: Die 137 m hohe Cheops-Pyramide, Gizeh*

Auch auf der weiteren Reise sollte ich immer wieder erleben, wie begeistert die meisten Menschen reagieren, wenn man den Versuch unternimmt, in ihrer Sprache zu radebrechen. Einige wenige Worte - und schon fallen Taxipreise um die Hälfte, Verkehrspolizisten werden zu deinem Freund und Helfer, das dumpfe Gefühl, beim Einkaufen ständig übers Ohr gehauen zu werden, schwindet und nicht zuletzt ergeben sich daraus oft herzliche Bekanntschaften, auch mit einfachen Leuten, die keine Fremdsprache sprechen. Man sieht sich einer regelrechten Welle der Sympathie ausgesetzt.
Diese Erfolgserlebnisse stimulierten mich ungeheuer, meine Sprachbemühungen zu vergrößern. Wenn ich da an Deutschland dachte, wo einem Ausländer mit lückenhaften Deutschkenntnissen oft genug mit Mißtrauen und Unwirschheit anstatt mit Offenheit, Neugier und Herzlichkeit begegnet wird ...
Aber mit dem Visum waren meine sudanesischen Probleme noch nicht gelöst. Im Gegenteil, sie fingen dadurch eigentlich erst richtig an.
Fast alles, was man über das größte Land Afrikas zu hören bekam, klang wie ein Alptraum für Reisende, besonders für Radfahrer: „Nur dünn besiedelt, im Süden tobt Bürgerkrieg, die Wüsten- und Steppengebiete des Nordens werden immer wieder von fürchterlichen Dürrekatastrophen heimgesucht, mit entsprechenden Auswirkungen auf die Lebensmittelversorgung, es gibt keine Straßen, überhaupt ist die gesamte Infrastruktur marode und über alledem herrscht eine fundamentalistisch-islamische Militärjunta."
Da schien ja ziemlich alles zusammenzukommen, was man als Biker fürchten muß.
An verläßliche Informationen über das Leben im Sudan - wo bekomme ich Wasser, welche Strecken können mit dem Fahrrad bewältigt werden, in welchen Gegenden ist die eigene Sicherheit durch die politische Lage gefährdet etc. - kam ich nicht heran. Die konnten aber lebenswichtig sein.
Die einzige Möglichkeit, aktuelle Auskünfte zu erhalten, blieb der direkte Kontakt zu Sudanesen - aber wie sollte ich die in der Millionenstadt Kairo ausfindig machen, das war doch wie die Suche nach der berühmten Nadel im Heuhaufen.
Dann kam mir *die* Idee, natürlich! Auf dem Kamelmarkt im Stadtteil Embaba hatte ich eine faire Chance! Denn die meisten der dort verkauften Tiere werden in den Steppen des Sudans gezüchtet, ihre Besitzer und deren Obmänner sind sudanesischer Herkunft.
Das Areal des Kamelmarktes lag früher vor den Toren Kairos, heute wird es von der wuchernden Stadt ringsum eingeschlossen. Dolche, Seile, Sättel, Zaumzeug, Eselskarren, Bastmatten, Kopfbedeckungen,

Erfrischungen und alle denkbaren Arten von Viehzeug werden jeden Freitag in Embaba feilgeboten. Mit den Bauern, die den Markt besuchen, kommt ein Stück des traditionellen Landlebens direkt in die Großstadt.

Eine Glocke aus Staub, Hitze und Lärm stand über dem Markt. Die Menschen schoben sich gegenseitig vorwärts. Ägyptische Fellachen in groben Gallabiyas, mit Wollkäppchen und großen Schnauzbärten und Frauen, in ihren typischen schwarzen Kleidern, die in der Sonne doch eigentlich unerträglich heiß sein mußten, auf den bunten Kopftüchern grell gefärbte Plastikkörbe. Dazwischen auch nubische Kameltreiber in blendend weißen Kleidern und kunstvoll gewickelten Turbanen. Sie fielen in der Menge nicht nur durch ihre tiefschwarze Hautfarbe und die Stammesnarben auf den Wangen auf, sondern auch durch ihr ruhiges Wesen und die stolze, aufrechte Haltung.

Es herrschte ein fürchterliches Gedränge. Der scharfe Geruch zahlloser schwitzender Leiber vermengte sich mit dem von Leder und Tierexkrementen. Zusammen mit dem Staub, der von den Tausenden von Füßen aufgewirbelt wurde, ergab das eine Mischung, die mir den Atem nahm. Die Stimmen der Marktschreier durchdrangen das Lachen, Schimpfen und Gebrüll der Tiere. Einzelne Kamele ahnten wohl ihr nahes Ende auf dem Schlachthof und unternahmen einen letzten Ausreißversuch.

An der Teststrecke für Zugpferde hatte sich eine Menge von Schaulustigen gesammelt. Der Test bestand darin, daß das Tier einen schweren Holzwagen mit blockierten Rädern über den staubigen Boden schleifen mußte. Der Verkäufer schlug mit der Peitsche auf das Pferd ein, dem schon der Schaum vor dem Mund stand. An der Länge der Schleifspur konnte der Kaufinteressent dann einfach ablesen, wie stark das Zugtier - zumindest vor diesem Test - einmal war.

An anderer Stelle hatten sich Fellachen um eine Wasserpfeife auf den Boden gesetzt. Das Mundstück, der sogenannten *Schischa,* kreiste in der Runde, die Männer führten eine laute Unterhaltung, vielleicht über die heute gemachten Geschäfte.

Im hinteren Teil des Marktes lagerten die Kamele. Kameldung bedeckte den Boden. Die Tiere standen auf drei Beinen - das vierte war als Ausbüchssicherung hochgebunden - und machten unbeholfene Bewegungen. Oder sie lagen am Boden und mahlten stupide mit den Kiefern, hin und wieder röhrte eines von ihnen.

Zwischen all diesen Tierleibern, in einem schattigen Winkel, stieß ich auf Nasser, einen wohlhabenden Sudanesen aus Darfur, der westlichsten Provinz des Sudans. Er war extra mit dem Flugzeug nach Kairo gekommen, um den Verkauf der Tiere seiner Familie zu überwachen.

Ich erzählte ihm von meinem Vorhaben und bat ihn um Ratschlag. Anstatt mir direkt auf die Frage zu antworten, sprach er eine großzügige Einladung aus. Ohne den üblichen Pathos vieler Ägypter.
„Es freut mich, daß du vorhast, den Sudan zu besuchen. Wenn sich die Gelegenheit ergibt, komm doch zu meiner Familie in El-Fasher. Sei mein Gast, so lange du möchtest. Deine Fragen zeigen das große Interesse, daß du an den Tieren hast. Wo könntest du das besser lernen als bei uns? Ich werde dir alles beibringen, was man über Kamele wissen muß, wie man sie reitet, füttert, züchtet und aufzieht ..."
Ich war sprachlos. Das also war die sprichwörtliche Gastfreundschaft, die man den Sudanesen nachsagt!
Nach einer längeren Unterhaltung mit Nasser war ich im Hinblick auf die Reise durch den Sudan einigermaßen beruhigt. Es würde schwer werden, ja, das schon. Aber trotz der vielen Hindernisse nicht unmöglich sein. Denn es gab ein großes Plus, und das waren die Menschen!

Im Grunde saß ich schon viel zu lange untätig in Kairo herum. Dadurch geriet mein Zeitplan zunehmend in Gefahr. Wegen des extrem heißen Wüstenklimas war ich darauf angewiesen, im Winter durch den Sudan zu radeln, und wenn ich nicht bis über beide Achsen im Matsch versacken wollte, mußte ich in der kleinen Trockenzeit, also im Februar, die Regenwälder des Zaire durchqueren.
Nachdem ich das Visum für den Sudan erhalten hatte, ging ich mit großem Elan an die letzten Vorbereitungen für die Weiterfahrt in Richtung Süden.
Eigentlich wollte ich bei der Weiterfahrt auf den Low-Rider vollkommen verzichten. So würde der verhaßte Windwiderstand der Vorderradtaschen verschwinden. Außerdem hatte ich bisher ohnehin zu viel Gepäck. Andererseits mochten sie in den Wüstengebieten der nächsten Etappe für Extra-Proviant und Wasser unverzichtbar sein. Also entschied ich mich für eine kleinere Taschenversion, die mir ein Näher im Chan-el-Chalili, dem großen Basarviertel im mittelalterlichen Teil der Stadt, für ein paar Mark nach meinen Vorstellungen anfertigte.
Das Rad mußte noch gewartet werden. Im Viertel Bab-el-Louk trieb ich nach endlosem Frage-und-Such-Spielchen MTB-Reifen auf und war auch dieser Sorge entledigt.
Mit Ägypten-Besuchern aus Deutschland trafen die fehlenden Ausrüstungstücke sowie Geldnachschub ein. Damit wurde mein Gepäck entgegen aller Vorsätze noch umfangreicher. Unter anderem waren Medikamente gegen Tropenkrankheiten, Wasserfilter, weiteres Werkzeug und Ersatzteile sowie Filme hinzugekommen. Es fiel mir schwer, hier in Kairo zu beurteilen, welche Dinge ich später noch dringend benötig-

te und was zurückgelassen werden konnte, ohne die Tour zu gefährden.
Ich halbierte die Kleidung. Die würde sich, falls nötig, überall billig und in ausreichender Qualität nachkaufen lassen. Das Ersatzschaltwerk, die Vorderachse, und die Maulschlüssel, bis auf den Universalschlüssel, wurden aussortiert. Schweren Herzens trennte ich mich auch vom Telezoom der Kamera. Hätte ich Zelt und Gitarre zurückgelassen, wären auf einen Schlag noch weitere Kilos dazugekommen. Zu diesem Schritt konnte ich mich schließlich doch nicht durchringen. Ich habe diese Entscheidung auch nie bereut.
Am Abend des 29. Novembers war es dann wieder soweit. *Filfilla,* so hatte ich mein Mountainbike bereits vor der Abfahrt in Deutschland getauft, war geschmiert, aufgepumpt und bepackt. Abfahrtbereit stand es auf der siebten Etage im Wohnzimmer von Wilma Dambeck, meiner Gastgeberin. Das Rad schien ungeduldig darauf zu warten, daß es endlich weiterging, den Nil aufwärts.

## Fahrradreise durch das Land der Pharaonen

Ein kleines Zögern, dann lasse ich den Schlüssel durch den Briefschlitz der Wohnung fallen. Ich bin zurück auf der Straße! Nach über einem Monat Aufenthalt in Kairo.
Klar, es war verdammt wohltuend, mal wieder die Isomatte gegen eine weiche Matratze einzutauschen! Aber zum Schluß hatte ich ungeduldig darauf gewartet, wieder unterwegs zu sein.
In der mittäglichen Rush-Hour schlängele ich mich zwischen den verkeilten, hupenden Autos hindurch. Die ehemalige Prachtstraße *Corniche* am östlichen Nilufer ist zur vierspurigen Stadtautobahn verkommen. Von hier an wird meine Route für einige tausend Kilometer fast gerade Richtung Süden gehen, immer dem Lauf des Nils folgend.
Ich lasse die Altstadt mit dem koptischen Viertel links liegen und pedale zum südlichen Nobelvorort Ma'adi. Noch heute kann ich die 15 Kilometer lange Strecke mit geschlossenen Augen abfahren. Schließlich war das mein täglicher Schulweg.
Seit damals hat sich viel verändert. Das Fruchtland zwischen unserem Wohnort Ma'adi und der Innenstadt, auf dem 1980 noch Fellachen mit dem Ochsenpflug ihre Felder bestellten, ist inzwischen von einer Metastase der Stadt aufgefressen worden. Hier ragen jetzt moderne Wolkenkratzer mit 42 Stockwerken auf. Was für ein Zeitsprung! Das glei-

che passiert am westlichen Ufer, wo die Silhouette der Pyramiden von Gizeh durch die Hochhäuser schon beinahe verdeckt wird. Auf ihr jahrtausende altes Recht, das Fließen des Nils als stumme Zeugen der Zeit zu betrachten, nimmt niemand Rücksicht.
In der Industriestadt Heluan wird die Szenerie apokalyptisch. Das dortige Zementwerk arbeitet ohne Filter und erstickt die ganze Gegend unter einer grauen Staubschicht. Um mich herum kahle Bäume, schmutzige Häuser, krankaussehende Menschen. Ich atme nur flach, weil ich mir einbilde, daß der Dreck dann nicht bis in die Lungen kommt. Aber der Schleim, den ich noch einen Tag später hustend ausrotze, ist dunkelbraun.
Südlich von Heluan, nach dreißig Kilometern, liegt die staubige Smogglocke des Kairoer Großraumes endlich hinter mir und auch der beängstigende Verkehr läßt nach. Uff, das wäre schon mal geschafft.
Von einem Kilometer auf den nächsten befinde ich mich auf dem Land. Das Leben geht hier einen wesentlich gemächlicheren Gang - der Gegensatz zur hektischen Hauptstadt könnte nicht extremer sein.
Gibt es etwas Schöneres als ungezähmtes Radfahren, nach den erdrückenden Menschenmassen Kairos? Kräftiger Nordwind schiebt mich über die hügellose, schnurgerade Teerstraße. Die bäuerliche Szenerie der Lehmdörfer, der Dattelpalmenhaine, Wasserbüffel und Esel fliegt an mir vorüber. Es läuft wie von alleine, die untätigen Wochen im dekadenten „Luxus“ sind vergessen. Auch Filfilla scheint die Bewegung in vollen Zügen zu genießen. Ihre Kette schnurrt zufrieden, die Speichen blitzen im Sonnenlicht und die Reifen surren auf dem Asphalt. Übermütig überholt sie Pferdekarren und Eselreiter.
„*Tigi min feen?* - Woher kommst du?“
Aha, das alte Fragespielchen beginnt wieder. Zwei Fellachen-Jungen, Ahmed und ‘Abd-Allah, stehen mit ihren schmutzigen Gallabiyas vor mir. Mit leuchtenden Augen bewundern sie mein Mountainbike. Die beiden kleinen Fachmänner bemerken auf den ersten Blick: Das hier ist ein anderes Kaliber als ihre schwarze indische Schrottmühle ohne Gangschaltung, die sie nur auf den Pedalen stehend manövrieren können, weil der Sattel noch viel zu hoch ist!
Ich will ich ein paar weitere Kilometer abspulen, aber die beiden überreden mich schließlich doch, im Haus ihrer Familie zu übernachten. Bei Sonnenuntergang zieht eine bunte Karawane aus Kamelen, Ziegen, Eseln und Wasserbüffeln von den Feldern nach Hause. Wir drei schließen uns den Bauern mit unseren Rädern an.
Im Haus der Familie Abu Risq werde ich herzlich willkommen geheißen. Jede meiner beiden Gastgeberparteien achtet argwöhnisch darauf, daß sie ihren Teil vom Gast - und damit von seinem Ansehen - erhält.

*Ägyptisches Bauernfrühstück im Hof der Familie Abu Risq*

Denn die Nachricht von der Anwesenheit eines *Chawagas,* eines Ausländers, verbreitet sich schnell im Dorf. Bis um halb zwei morgens defiliert die Männerwelt der Ortschaft durch das Wohn- und Repräsentationszimmer der Familie Abu Risq, um den exotischen Radreisenden mit seiner Gitarre zu begucken. Mir fallen fast die Augen zu, das Pedalen nach der langen Pause hat mich ziemlich angestrengt. Aber ich bin geduldig, harre aus. Weiß ich inzwischen doch, daß man als Gast auch Pflichten hat. Und das heißt eben, für die Unterhaltung zu sorgen.
„Und du bist wirklich ganz allein unterwegs?" Die Frage wurde mir heute schon unzählige Male gestellt.
„Allein unterwegs? Nein! Zähl doch mal nach: ich, dann das Fahrrad, es heißt *Filfilla* und ist sozusagen meine Frau, die Gitarre - mein Kind - und schließlich *Al Maujud,* der hoffentlich auch immer bei mir ist. Macht zusammen vier!" *Al Maujud* - der Allgegenwärtige - so lautet einer der 99 Beinamen Gottes, die im Koran erwähnt sind.
Die Reaktion auf meine Antwort fällt immer anders aus. Mal löst sie brüllendes Gelächter, mal zustimmendes Nicken, dann wieder unwirsche Reaktionen aus, weil sich der Fragende vor allen anderen veräppelt fühlt. Tatsächlich aber ist Filfilla für mich nach den Tausenden von Kilometern viel mehr als ein lebloses Ding aus Stahl, Aluminium und Plastik. Sie hat eine Seele, davon bin ich inzwischen überzeugt. Der Name *Filfilla* kommt übrigens aus dem Arabischen. *Fil-Fil* heißt Pfeffer, *Filfilla* ist die weibliche Form, bedeutet im übertragenden Sinne aber soviel wie „heiße Frau" ...
Am darauffolgenden Morgen ist es so kalt, daß sich beim Ausatmen vor dem Mund blasse Wölkchen bilden. Wir drängen uns im sauberen Innenhof um das Feuer, auf dem das Familienoberhaupt 'Abd el Mohsen Maiskolben röstet. Seine Bewegungen sind langsam und gewissenhaft, wie die feierlichen, abgezirkelten Gesten einer heiligen Zeremonie. Das eigentliche Frühstück besteht aus heißer gezuckerter Wasserbüffelmilch, *Ful* (gekochte Bohnen, das proteinreiche Nationalgericht der Ägypter), *Ta'ameya* (in Fett gebackene Bohnen-Tofu), gebratene Eier, Fladenbrot und Cai. Das ist eine solide Basis für einen langen Radeltag!
Zuversichtlich kurbele ich bei Beni Suef auf einer neuen Teerstraße in die Wüste hinaus, die auf meiner Karte noch überhaupt nicht eingezeichnet ist. Als Entlastung für die Verkehrswege im übervölkerten Niltal gedacht führt sie, meist in Sichtweite zum Flußtal, bis nach El Minya. Die alte Hauptroute nach Oberägypten ist nicht umsonst als gefährlich verschrien, führt sie doch durch zahllose Ortschaften mit unachtsamen Fußgängern, spielenden Kindern, Vieh, welches öfter die Fahrbahn besetzt, und verschiedensten Arten von abenteuerlichen Vehikeln.

Nach meinem Unfall in der Türkei bringe ich donnernden Lkws großen Respekt entgegen und gehe ihnen aus dem Weg, wann immer es eine Alternative gibt.
Tatsächlich ist die Ausweichstrecke fast ohne Verkehr und ich genieße immer wieder die Ausblicke vom höheren Wüstenniveau auf das Niltal und den Strom.
Der Wechsel vom fruchtbaren Ackerland zur Wüste ist wie mit dem Lineal gezogen. Es ist die Grenze, bis zu welcher der Nil seit Urzeiten seinen fruchtbaren Schlamm abgesetzt hat, bevor die Errichtung des Staudammes von Assuan diese natürliche Düngung der ägyptischen Felder unterband.
Die Libysche Wüste, drüben im Westen, zeichnet sich als graue Linie ab. Bis auf die andere Seite sind es zwanzig Kilometer, mehr bestimmt nicht! Das ist die grüne Flußoase, von der Ägypten lebt. Eingeklemmt zwischen Arabischer Wüste im Osten und Libyscher im Westen, sehr schmal, aber über 1.000 Kilometer lang.
Rechnet man die fruchtbare Fläche des Niltales zusammen, so ergibt sich etwa die Größe Baden-Württembergs. Nur: Auf diesem Flicken drängen sich 56 Millionen Menschen (Stand: 1991), weil Ägypten, das knapp die dreifache Fläche der Bundesrepublik besitzt, zu 96 % aus unfruchtbarer Wüste besteht. Und alle acht Monate wächst die Zahl der Menschen um eine weitere Millionen an! Die Urbarmachung von Wüstenboden bleibt hinter der Bevölkerungszunahme weit zurück und so sinkt die Selbstversorgung Ägyptens mit Nahrungsmitteln immer weiter ab, selbst wenn absolut gesehen eine Produktionssteigerung erreicht wird.
Mir fallen im Niltal immer wieder riesige Plakatwände auf, mit denen für Familienplanung geworben wird: *„Ayhuma afdal?* Welchen von den beiden geht es besser?“ steht auf einem von ihnen. Die Abbildung dürfte auch für einen Analphabeten verständlich sein: rechts eine Familie mit drei Kindern, wohl genährt und gut gekleidet, links daneben, die mit sieben Kindern, unterernährt und in Lumpen gehüllt.
Der Erfolg solcher Kampagnen ist bisher dürftig. Der wichtigste Grund hierfür mag in der Tradition des Islams liegen, wonach Kinderreichtum ein Ausdruck des Segens Gottes ist. Ein anderer wird sein, daß die staatliche Sozialversicherung die Funktion einer großen Familie niemals ebenbürtig erfüllen kann, viele Kinder also nach wie vor die beste Altersvorsorge darstellen.
Natürlich verschließt die Regierung von Präsident Hosni Mubarak vor all diesen Problemen nicht die Augen. Ägypten zählt zwar bereits zu den sogenannten „Schwellenländern“ mit einem bedeutenden industriellen Sektor und verfügt mit der Erdölproduktion im Roten Meer,

dem Tourismus, dem Suezkanal, dem Export von landwirtschaftlichen Erzeugnissen und seinen rund drei Millionen Gastarbeitern in den umliegenden arabischen Ländern über beständige Deviseneinnahmen, doch angesichts der demographischen Entwicklung ist die Staatsführung mit ihren Mitteln überfordert. Die Programme zur Gesundheitsvorsorge, Bildung und sozialen Absicherung können den gegenwärtigen, allgemeinen Entwicklungsstand nicht aufrechterhalten, geschweige denn weiter verbessern.
Aufgrund der Verarmung wenden sich viele Ägypter wieder den konservativ-muslimischen Werten zu. Ausdruck dafür ist die wachsende Unterstützung fundamentalistischer Politiker. Und in letzter Zeit sieht sich Ägypten mit radikalen Terroristen konfrontiert, die durch die Ermordung des Präsidenten Anwar El-Sadat erstmals weltweit für Aufsehen sorgten. Durch brutale Anschläge verleihen sie ihrer Forderung nach einem islamischen Staat Nachdruck.
Die Masten der vielen Felukken überragen alles andere im Niltal. Ihre weißen Segelflächen schimmern aus dem Dunst hervor. Weil das Wasser und die Schiffsrümpfe von Palmen verdeckt werden, wirken sie wie ein surrealistisches Kunstwerk: große weiße Dreiecke, die mitten in einer grünen Landschaft stehen; im Vordergrund ein Stück gelbe Sandfläche.
Der Tag war nicht weiter aufregend, aber ich bin zufrieden, weil ich ohne große Anstrengung immerhin 115 Kilometer zurückgelegt habe. In einem kleinen Rasthaus am Rande der Wüstenstraße verbringe ich die Nacht. Kein Mensch außer Shehata, dem Besitzer, und mir. Gottverlassen.
Shehata ist ein konservativer Mann aus einem kleinen Dorf, keine fünf Kilometer von hier. Nach einer einfachen Abendmahlzeit aus Ful, *'Ats,* also Linsen, und *Limun machalil,* das sind in Salz und Essig eingelegte Zitronen, diskutieren wir noch stundenlang über Sünde, Sex und Blutrache.
„Blutrache - gibt es sie überhaupt noch?“ frage ich verwundert.
„Ha, wenn du wüßtest! Erst vor einem halben Jahr sind ihr in meinem Dorf vier Männer zum Opfer gefallen. Angefangen hat es damit, daß ein Bauer im Streit um Grund und Boden erschlagen worden war!“
Als ich schließlich sage, daß ich müde bin und schlafen will, meint Schehata: „Da steht noch ein zweites, unbenutztes Bett bei mir - also, warum willst du zwischen den Tischen auf dem schmutzigen Boden schlafen?“
In der Nacht bereue ich fluchend meine Einwilligung, weil ich kein Auge zukriege. Der Mann schnarcht infernalisch. Und periodisch plagen ihn beängstigende Hustenanfälle. Er rotzt und würgt. Was er dabei an

Erklecklichem aus den Bronchien fördert, plaziert er ungeniert auf dem Boden. Und ich Kamel bin hier vorhin barfuß rumgeturnt!
Als wäre das noch nicht genug, setzen mir irgendwelche kleine Quälgeister zu. Sie werden nachts munter und treiben mich durch ihre Bisse schier zum Wahnsinn. Flöhe, soviel weiß ich bereits aus meinen einschlägigen Reiseerfahrungen, sind es jedenfalls nicht. Als ich in der folgenden Nacht endlich einen Fang tätige und diesen mit der Abbildung in meiner Gesundheitsfibel „Wo es keinen Arzt gibt" vergleiche, bevor ich ihn genüßlich zwischen den Fingernägeln zerquetsche, tippe ich eher auf Kleiderläuse.
Shehata verzehrt zum Frühstück zwei Biskuits und setzt sich dann vors Haus, um sich von der Sonne den Pelz wärmen zu lassen. Dabei stopft er sich eine Wasserpfeife und zieht eine ominöse Streichholzschachtel aus der Tasche.
„Das ist auch *haram!"* sagt er, also Sünde im Sinne des Korans, und nimmt damit auf unser gestriges Gespräch Bezug. Anschließend mischt er sich in aller Seelenruhe Haschisch unter den Tabak und genehmigt sich das erste Pfeifchen an diesem noch jungen Morgen.
Es ist nicht das erste Mal, daß ich mit dieser doppelten Moral der Araber so meine Probleme habe. Viele Dinge werden ganz opportunistisch mit zweierlei Maß gemessen, wie es halt gerade bequemt. Beispielsweise denke ich an die ewigen Diskussionen über Religion, in die ich immer wieder gezwungen wurde. Gerne wird dann die tolerante Tradition des Islam herausgekehrt und angeführt, daß der Koran den christlichen und den judäischen Glauben als zugehörig zur *Ahl al Kitab,* zur „Familie des Buches" zähle, im übertragenen Sinn also zu den rechtmäßigen, monotheistischen Religionen, die Gott den Menschen in einem Buch offenbarte. Ein Status, so wird dann vorwurfsvoll geäußert, der umgekehrt den Muslimen von Juden und Christen nach wie vor verweigert wird. Diese Einstellung hindert in der Praxis aber viele Muslime nicht daran, einen Christen an allen Stellen spüren zu lassen, daß er nur ein *Kafir,* ein Ungläubiger ist. Was für Diskriminierungen sehen sich z.B. die Kopten in diesem Land ausgesetzt!

Kurz vor El-Minya komme ich ins Niltal zurück. Mittelägypten ist deutlich von den orthodoxen ägyptischen Christen, den Kopten, beeinflußt. Die hohe Zahl an Kirchtürmen in der Gegend ist auffällig. Nach offiziellen Angaben stellen sie etwa sechs Prozent der Bevölkerung, realistischere Quellen geben den Bevölkerungsanteil der Minderheit mit bis zu 10 Prozent an. Ihr entstammt auch der ägyptische UNO-Generalsekretär Butros Butros-Ghali.
Die Kopten gelten als die direkten Nachfahren der Pharaonen, da sie

nach der Invasion der Araber nicht zum Islam konvertierten und sich deshalb auch später nicht mit den neuen Herrschern und ihren Nachfolgern vermischten. Die alte koptische Sprache hat aber nur in der Liturgie der Gottesdienste überlebt, und wenn sie auch sehr stark durch das Griechische beeinflußt wurde, so besitzt ihre Schrift doch zusätzlich acht demotische Buchstaben (Demotisch ist eine Weiterentwicklung der pharaonischen Hieroglyphen). Sie werden verwendet, um altägyptische Laute auszudrücken, die im Griechischen nicht existieren. Auch zahlreiche heutige Bräuche auf dem Lande - koptische wie muslimische - haben ihren Ursprung noch in pharaonischen Zeiten.
Bei El-Minya wechsle ich auf das westliche Ufer über. In den überlaufenen Gassen des Suqs der Stadt finde ich ein einfaches, aber gutes Restaurant. Für ein paar Mark fuffzig vertiefe ich bei einer kulinarischen Exkursion meine Kenntnisse über die ägyptische Küche um *Kosheri,* bestehend aus Linsen, Reis, Nudeln und gerösteten Zwiebeln, sowie *Rus bil Laban,* eine Art Milchreis.
Aus Sorge vor Langfingern habe ich Filfilla, die schon wieder von einer Menschentraube bewundert wird, direkt an die Scheibe gelehnt. Aber meine Angst ist unbegründet, denn der Ladenbesitzer fühlt sich für das Rad verantwortlich und steht persönlich Wache. Eine Hand besitzergreifend auf den Sattel gelegt, hat er sich in drohender Positur aufgebaut.
Das ist für mich, als Alleinreisender immer wieder ein Problem: Wo kann ich Mountainbike und Gepäck sicher deponieren, wenn ich mal zu Fuß losziehen will, z.B. um auf dem Markt einzukaufen?
Weil es südlich von El-Minya keine Nebenroute gibt, muß ich die verkehrsreiche Hauptstraße benutzen. Nach 22 Kilometern biege ich in Abu Kurkas zum Nil ab. Mit einem tuckernden Bötchen setze ich über den Fluß, um die pharaonische Nekropole Beni Hassan am Ostufer zu besuchen. Es sind die Gräber von Gaufürsten aus dem Mittleren Reich, die weit oben in den Kalkstein des Hangs geschlagen worden sind, mit dem die Wüste zum Fluß hin abbricht. Ihre Wandmalereien sind 4.000 Jahre alt - unglaublich! Bei der Frische der Farben, der Lebendigkeit der Darstellungen und der Detailtreue der pharaonischen Künstler würde ich ihr Entstehungsdatum vor einigen Dekaden ansetzen, aber nicht vor vierzig Jahrhunderten!
Es ist spannend, an den überdimensionalen Comic-Seiten dieser Alt-Ägyptensaga entlangzugehen. Der hieroglyphische Begleittext ist für mich zwar nicht zu entziffern, aber trotzdem erzählen die Bildergeschichten vieles über die Tierwelt (Oryx-Antilope, Ibis, Kranich, Nilbarsch, Gepard), das hochentwickelte Handwerk (Töpfern, Häuserbau, Schreinern), die damaligen Jagdtechniken (Pfeil und Bogen, Wurfholz,

Fangnetz und Speer), die Landwirtschaft (Feldbestellung, Ernte, Dreschen, Kelterei), die Kampfkünste, die in regelrechten Bildersequenzen abgebildet sind, und die Bräuche des alten Ägyptens.
Von hier oben hat man einen atemberaubenden Blick über das ganze Niltal. Der Strom sieht im Licht der untergehenden Sonne aus wie eine Ader aus flüssigem Gold. Die Luft ist dunstig, voller Schlieren des Rauches der Ziegelbrennereien und der Kochstellen. Dadurch erhält die Landschaft eine dramatische Schattierung. Man sieht Palmenreihen in verschiedenen Grautönen.
Zu meinen Füßen, etwas nördlich von hier, liegt wieder eines der malerischen Dörfer am Rand der Wüste. Der grüne Fruchtlandstreifen zwischen Nil und Wüste ist an dieser Stelle so schmal, daß die braunen Würfel der Bauernhäuser auf den ersten hundert Metern des Ödlandes erbaut wurden. So ist für den Hausbau kein Quadratmeter des wertvollen Ackerbodens vergeudet worden. Der riesige Friedhof des Ortes mit Hunderten von Gräbern wird von den weißen Kuppeln einiger Scheichgrabmäler bestimmt.
Dann stehe ich wieder auf der Hauptstraße in Richtung Süden. Es ist stockdunkel. Ich habe Angst vor dem Fernverkehr, der in der Dunkelheit haarscharf an mir vorbeirasiert. Wo kann ich hier, im dichtbesiedelten Niltal, einen halbwegs sichtgeschützten Schlafplatz finden? Fast aussichtslos. Wenn ein Weg die Fahrbahn verläßt, sind überall Häuser. Verflucht. Schließlich baue ich mein Zelt an der Böschung zu einem Bewässerungskanal auf.
Als ich erwache, ist der Schlafsack feucht und schwer vom Morgentau. Die Kälte ist mir über Nacht ganz schön in die Glieder gekrochen. Fröstelnd stemme ich mich bei Sonnenaufgang in die Pedale, freue mich über die Bewegung, um warm zu werden. Die Flußoase schläft noch. Zarte, hübsche Nebelschleier ziehen vom Nil herüber und umweben Palmen und Fellachenhäuser. Es wird ein kilometerreicher Tag im Niltal, mit einem Abstecher zu den Ruinen von Tell-el-Amarna, am östlichen Nilufer.
Die Sonne fällt bereits als roter Ball hinter einen Zaun aus schwarzen Palmenreihen, als kurz vor Manfalut ein Radrennfahrer in zünftiger, hautenger Radlerkluft und auf italienischem Markenrad zu mir aufschließt. Ich bin - bildlich gesprochen - ziemlich überfahren!
Nassir ist Steward bei Egypt Air und die Nummer drei des ägyptischen Radrennsportes! Wir radeln ein paar Kilometer nebeneinander her. Mein Kollege bringt mich durch seine Beziehungen im Jugendzentrum von Manfalut unter und löst damit das heutige Übernachtungsproblem. Ich bin der einzige Gast und kann mich auf sieben leeren Doppelstockbetten ausbreiten!

Am folgenden Morgen zwinge ich mich widerstrebend unter die eiskalte Dusche - vielleicht vertreibt das die Parasiten, die in meinem Pelz sitzen. Nassir bringt mir Frühstück und stellt mich - Ehrensache - seinem Trainer vor.

Der Himmel ist bedeckt, die ersten 20 Kilometer bis zur Provinzhauptstadt Asyiut sind unangenehm kalt. Heutzutage taucht Asyiut aus traurigem Anlaß häufiger in den Medien auf. Die Region ist, trotz - oder vielleicht gerade wegen - des hohen Anteils an Christen in der Bevölkerung, die Hochburg der fundamentalistischen Muslime in Ägypten. In der Vergangenheit gab es hier immer wieder Pogrome an Kopten und in letzter Zeit auch vermehrt Anschläge auf die Polizei, dem Arm der Staatsgewalt, die man stürzen möchte, sowie auf ausländische Reisende, die ja ein wichtiges finanzielles Standbein der ägyptischen Wirtschaft sind.

Ich bin froh, ab Assiyut wieder auf eine wenig befahrene Nebenstraße am östlichen Nilufer ausweichen zu können. Nachdem die Sonne den Hochnebel aufgefressen hat, komme ich in einen Radfahrrausch. Ich pedale mit meinem Schatten um die Wette, der über die Asphaltdecke wischt, bin ein Traumtänzer auf dem schwarzen Streifen, fresse wie in Trance Kilometer um Kilometer in mich hinein, spüre fast keine Ermüdung.

Wie in einem Zeitraffer ziehen die pittoresken Szenen Oberägyptens in den buntesten Farben an mir vorbei. Meine Fahrt geht ständig nach Süden, durch eine endlose Kette von Dörfern, deren Lehmhäuser sich an Kanalrändern und Palmenhainen zu braunen Festungen zusammendrängen. Auf den Dächern befindet sich allerlei Gerümpel, das von den bunten Wimpeln trocknender Wäsche umflattert wird.

Die Männer verbringen ihre Zeit in den Kaffeehäusern, mit Tee trinken, Wasserpfeife rauchen, *Tawla,* also Backgammon spielen, Fernsehen gucken, Nichtstun. Wenn ich vorbeirolle, hagelt es aufmunternde und freche Bemerkungen.

In der Sonne vor den Bauernhäusern stehen dunkle Bleche voller Teigkugeln. Es ist *'Aisch schamsi,* sogenanntes Sonnenbrot, das vor dem Backen in der Wärme geht.

Und immer wieder fallen mir die riesigen Taubenhäuser mit den runden Fluglöchern auf. Durch ihren klobigen, mehrstöckigen Bau wirken sie eigentlich schon wie Miniaturburgen.

Mädchen, mit lustig abstehenden Zöpfen und bunten Kleidchen, winken mir aufgeregt zu, als wäre ich der Kaiser von China. Längs der Straße und entlang der Kanalufer laufen mir die aufgeregten Rufe der Kinder voraus: „*Agnabi, Agnabi, Chawaga, Chawaga!* - Ausländer, Ausländer, Ausländer!“

Daraufhin wenden sich die Mädchen, die an den Wasserstellen der Kanäle Wäsche und Geschirr waschen, neugierig nach mir um, kichern, ziehen kokett den Schleier über das halbe Gesicht. Frauen in schwarzen Kleidern, die in aufgehängten Ledersäcken die Milch der *Gamusa,* der Wasserbüffel, zu Butter schütteln, halten staunend mit der Arbeit inne.

Die Felder besitzen oft nur die Größe eines Handtuchs. Sie sind durch kleine Wälle voneinander abgetrennt, damit sie einzeln zu bewässern sind. Auf ihnen wächst Gemüse, Baumwolle, Bohnen.

Im satten Grün eines von der Nachmittagssonne beschienenen Kleefeldes sitzt ein Bauer und schneidet Futter für sein Vieh. Rinder, die Augen verbunden, trotten endlos im Kreis. Sie treiben die Schöpfräder an, mit denen das Wasser aus dem Kanal auf die Felder gehoben wird. Daneben bestellt ein Fellache mit dem Ochsenpflug seinen Acker, genauso, wie es von 4.000 Jahre alten Grabmalereien überliefert ist. Von den Vorvätern über Urgroßvater und Großvater ist diese Technik auf den Vater übergegangen und wird an Sohn und Enkel weitergegeben werden. Dinge werden getan, weil sie sich Jahrtausende hindurch bewährt haben.

Warum jetzt plötzlich etwas daran ändern? Nichts bringt diese einfache Argumentation so leicht ins Wanken. Sie erklärt vielleicht den Konservatismus der ägyptischen Landbevölkerung. Technokraten und Entwicklungshelfer bilden sich ein, das Wesen der Menschen, ihr Wissen und ihre Werte, das von einer so unvorstellbar langen Zeit geprägt wurde, innerhalb einer Generation wandeln zu können. *Darf* das unsere schnellebige Kultur überhaupt?

Ich bin süchtig nach diesem einmaligen, brillanten Licht. Und erst die Farben! Giftgrüne Felder, von schneeweißen Tupfen durchsetzt. Kuhreiher sind es, die nach Ungeziefer stochern. Dahinter steht die Steilwand der östlichen Wüste, wie eine gelbe Mauer. Wiedehopfe fliegen erschrocken vom staubigen Straßenrand auf, wenn ich lautlos näherpedale. Rot-schwarz-weiß blitzende Federballen im hellen Sonnenlicht. Und über all dem spannt ein makelloser Nachmittagshimmel sein blaues Tuch auf. Nur skizzenhafte Bruchstücke von den Eindrücken eines Tages im Niltal sind das.

Am Ende dieser Mammutetappe von 185 Kilometern erreiche ich am fortgeschrittenen Abend Abydos. Hamadi, der liebenswürdige Sohn des Bürgermeisters, heißt mich willkommen. Ich habe schon auf Müllkippen, an Waldrändern, am Strand und neben der Straße mein Zelt aufgebaut. Nun, in der kommenden Nacht, werde ich also zum ersten Mal im Vorgarten einer bürgermeisterlichen Residenz mein Haupt betten!

Am nächsten Tag besuche ich das berühmte Tempelheiligtum von Abydos. Es ist Gott Osiris geweiht, dem altägyptischen Gott der Auferstehung, und es genoß landesweite Bedeutung als Wallfahrtsort. Der Osiriskult ging so weit, daß viele Gläubige in Abydos begraben werden wollten, um auf diese Weise ihre Wiederauferstehung zu sichern.
An einer der Tempelwände ist die berühmte Königsliste eingemeißelt. Für Archäologen ein unschätzbarer Fund, denn von Menes, dem ersten Pharao und Gründer von Memphis im Alten Reich, bis zu Sethos im Neuen Reich, sind für die Zeitspanne von 1.700 Jahren sämtliche Pharaonen aufgelistet, mit Ausnahme der Fremdherrscher in den kurzen Zwischenzeiten und den Ketzerkönigen der Amarna-Epoche.
An meinen Fersen klebt eine Traube von Kindern, die mir „garantiert alte" Antiquitäten verkaufen wollen: Tonscherben, Münzen und glasierte Figürchen, sogenannte Uscheptis.
„Good morning, Mister! What time is it now? What is your name?"
Dann, schon privater: „How old are you?"
Der in der Schule gelernte Englischwortschatz wird an allen Plätzen dieses Landes von Kindern gegenüber Touristen gnadenlos erprobt. Freundlich erwidere ich ihren Gruß auf Arabisch. Die Überraschung, die das für gewöhnlich auslöst, schreckt zuverlässig jene ab, die auf einen Handel nach der Art „Du-gibst-mir-Bakschisch-und-ich-laß-dich-dafür-in-Ruhe" hoffen.
Aber wesentlich unangenehmer sind Jugendliche, wenn sie zu Hunderten aus der Schule kommen. Da fliegen schon öfter mal Steine hinter mir her, oder es wird versucht, Gepäck vom Rad zu reißen.
„Teilweise war es die reinste Hölle für uns", erzählten mir drei andere Radler, die ich traf.
„Die Kinder versuchten uns während der Fahrt Stöcke in die Speichen zu stecken und uns mit Steinen vom Rad zu holen. Beim ersten von uns wurden sie aufmerksam, beim zweiten warfen sie sich ein und der dritte bekam den ganzen Segen ab ...!"
Nicht umsonst lege ich deshalb - wenn möglich - zur Zeit des Unterrichtsendes immer eine Radelpause ein.

Südlich von Abydos steht die Landschaft immer öfter bis zum Hals in einem grünen Meer von Zuckerrohrpflanzen, die vier bis fünf Meter hoch aufragen! Die Erntearbeit ist überall in vollem Gang. Die Stangen werden mit der Machete geschlagen, von Blättern befreit und dann auf die Wagen einer Schmalspurbahn geladen, deren verbogene Gleise direkt zur Zuckerfabrik in Nag Hammadi führen. In ihrer Umgebung duftet es süßlich nach Karamel. Wunderbar nach dem Gestank der ganzen Autoabgase! Auch Kamele transportieren Zuckerrohr, das dann auf

den Märkten stückweise als Obst verkauft wird. Die Tiere sind so hoch bepackt, daß lediglich Hals, Kopf und Beine unter der grünen Last hervorlugen. Wegen der merkwürdigen Gangart der Dromedare wippt die Ladung hin und her, was so aussieht, als würden die Tiere mit einem Baströckchen Hula-Hoop tanzen.
Über Nacht bin ich bei einer oberägyptischen Großgrundbesitzerfamilie zu Gast. Es zeichnet sich bereits ab, daß auf meiner Fahrradreise durch Afrika mangelnde Gastfreundschaft und Hilfsbereitschaft kein Problem sein werden. Ganz im Gegenteil, die Schwierigkeit ist: Wie verabschiede ich mich schon am Morgen, ohne daß es zu unhöflich wirkt?
So auch dieses Mal. Ich komme erst am folgenden Nachmittag los, vorher wird mir aber noch ein gutgemeintes Geschenk gemacht: 10 Kilo *Yussuf Efendi,* also Mandarinen! Ich schlage die Hände über dem Kopf zusammen und bringe behutsam vor, daß ich das Obst unmöglich auch noch auf meinem überfüllten Fahrrad unterbringen kann! Das ist natürlich vollkommen grundlos argumentiert. Meine Gastgeber organisieren kurzerhand eine Plastiktüte und eine lange Schnur. Damit wird das Paket noch irgendwo außenbords an meinem Gepäckberg vertäut. Die nächsten Tage ernähre ich mich vorwiegend von den Früchten, mein Mund ist von der ganzen Fruchtsäure schon wund. Schließlich verschenke ich die letzten Kilos ...
Öfter als bisher tragen die Häuserfronten bunte Darstellungen von Pilgerreise und Kaaba, dem würfelförmigen Heiligtum in Mekka. Auch die kuppelförmigen Grabmäler der Scheichs werden in diesem Teil Oberägyptens mit zahlreichen bunten Fähnchen auffälliger geschmückt und genießen größere religiöse Verehrung, als ich dies weiter nördlich beobachten konnte. Es sind Plätze, an denen Gebete und geheime Wünsche vorgebracht werden. Zweimal sehe ich große Exemplare des Nilwarans über der Türschwelle zu Wohnhäusern befestigt. Kinder bestätigen meine Vermutung, daß die getrockneten, zwei Meter langen Reptilien Glück verheißen und den bösen Blick abwenden sollen.
Überhaupt sind auf dem Land eine ganze Menge Bräuche lebendig, die wir als „abergläubisch“ bezeichnen würden. Beispielsweise die stilisierte Hand Fatimas, der Tochter des Propheten Mohammeds, die als Schutzamulett allgegenwärtig ist: Sie hängt über Türen, wird als Schmuckstück von Kindern getragen und baumelt an Lastwagenrückspiegeln.

Die Ausmaße des Touristenrummels in Luxor sind abschreckend. Nachdem ich ein billiges Quartier gefunden habe, flüchte ich mich in die ruhige Atmosphäre des Museums der Stadt. Die begrenzte Anzahl der

Exponate wird durch eine sorgfältige Auswahl und die gute Beleuchtung zum Vorteil. So hat man die Muße, jedem der ausgestellten Stücke einen angemessenen Teil seiner Aufmerksamkeit zu schenken. Im Gegensatz dazu ist das ägyptische Nationalmuseum von Kairo vollgestopft. In seinem viel zu kleinen, dunklen Gebäude lagern Schätze. Dort wußte ich überhaupt nicht, welches der Fundstücke ich zuerst betrachten sollte. Aber gerade das vermittelte mir die Unermeßlichkeit der ägyptischen Altertümer. Vor allem, wenn man bedenkt, wie viele Antiquitäten noch in den Magazinen des Museum lagern und was, allen voran die Engländer, aber auch Italiener, Franzosen, Deutsche und Amerikaner schon außer Landes geschafft haben.
Meine heimlichen Favoriten unter den Museumsstücken in Luxor sind die zwei identischen, fast mannshohen Echnaton-Köpfe, die aus bräunlichem Sandstein gearbeitet sind. Mit der Überzeichnung der Physiognomie des Ketzerkönigs tragen sie fast schon karikaturhafte Züge. „Das ist doch Mick Jagger!" ruft ein aufgeregter Brite neben mir aus. In der Tat ist eine gewisse Ähnlichkeit des Steinporträts zu dem Sänger der Rolling Stones nicht zu bestreiten. Vor allem die ausgeprägte Kinnpartie und der riesige Mund mit den sinnlichen Lippen.

Zehn Tage und tausend Kilometer liegen seit meinem Aufbruch von Kairo im Niltal hinter mir, als ich kurz vor Sonnenuntergang - im schönsten Licht des Tages - den ersten Nilkatarakt erreiche. Der Nil besitzt insgesamt sechs dieser Granitbarrieren, die von der Mündung des Stromes flußaufwärts durchnumeriert wurden. Im Grunde sind sie nichts anderes als Stromschnellen, die ein unüberwindbares Hindernis für die Schiffahrt bedeuten - von alters her. So ist es kein Zufall, daß der erste Katarakt beim heutigen Assuan über lange Zeiträume hinweg die natürliche Südgrenze der altägyptischen Hemisphäre bildete.
Die Strahlen der sinkenden Sonne streichen über die Dünen am westlichen Ufer, der Sand schimmert rötlich, warm, der Pflanzengürtel des Niltales ist zu einem giftgrünen Ufersaum geschrumpft, weiße Feluksegel wirken wie meditative Gedanken, still und groß. Spiegelbilder zerfließen im schwarzblauen Nil zu flackernden Fetzen. Assuan - das ist die absolute Maxime der Farben. In solchen Momenten wird der geheimnisvolle Zauber der Stadt spürbar.
Die Suche nach einer preiswerten Unterkunft gerät zu einer Odyssee durch Assuan. Schließlich gerate ich ins Mullah-Hotel, das viereinhalb ägyptische Pfund pro Übernachtung kosten soll, inklusive Frühstück. Die Qualität von Pauschalmahlzeiten in drittklassigen Gasthäusern habe ich schon in Luxor mit knurrendem Magen registriert. Mehr aus Spaß feilsche ich deshalb mit Auwwar, dem Manager, um die Entlassung

aus der allgemeinen Frühstückspflicht, verbunden mit einer Tarifreduzierung auf drei Pfund. Wir sind schließlich im Orient, wo um alles und jedes gefeilscht wird - warum also nicht auch um die Frühstücksfrage? Es kostet mich eine halbe Stunde schweißtreibender Schwatzerei, Schmeichelns, Jammerns, Lamentierens, Drohens und Witzereißens, kurz, die Aufbietung meiner gesamten Arabischkenntnisse, bis ich Auwwar, das nubische Schlitzohr, endlich weichgeklopft habe.
Auwwar hat in dieser halben Stunde seinen Spaß gehabt. Als Ausdruck seiner Anerkennung verspricht er mit einem vieldeutigen Augenzwinkern, mich zu einer neuseeländischen Touristin ins Doppelzimmer zu stecken. Sie heißt Nicky und wird von meinem Einzug rüde aus dem Schlaf gerissen. Natürlich äußert sie arglos ihre Verwunderung darüber, daß im islamischen Ägypten ein wildfremder Mann einfach so bei einer Frau einquartiert wird. Oh unschuldiges Gemüt! Vorsichtig erwidere ich mit harmlosen Gesichtsausdruck die Vermutung, dies ließe sich eigentlich nur mit der Überbelegung des Hotels erklären ... eigentlich ... Um weiteren Fragen auszuweichen, flüchte ich mich hastig unter die Dusche.
Unruhig wälze ich mich dann von einer Seite auf die andere, kann nicht schlafen. Die Aufregung ist einfach zu groß: Morgen werde ich mich in Richtung Sudan einschiffen! In der Dämmerung falle ich doch noch in einen unruhigen Schlaf. Als ich wieder hochschrecke, steht bereits die Sonne am Himmel. Hastig packe ich meine Dinge zusammen.
Bei der Ankunft am Hafen, auf der Rückseite des Hochdammes von Assuan, stapeln sich bereits Berge von Kisten, Ballen, Koffern, Teppichen, Säcken, Matten und kunstvoll verschnürten Bündeln. All das soll mit aufs Schiff? Das kann ja heiter werden! Als ich erfahre, daß vor wenigen Jahren ein überladenes Boot, die „Ramadan 'Aschara", auf der Fahrt in den Sudan gesunken ist und dreihundert Leute bei der Tragödie ertranken, ist mir ein bißchen mulmig. Zwischen den Gepäckstükken hocken abenteuerlich verkleidete Gestalten. Jede dieser orientalischen Erscheinungen wäre eine eigene Beschreibung wert.

Eine halbe Stunde vor (!) offizieller Abfahrtszeit lichtet die „Sinai", ein in Hamburg auf Kiel gelegtes Schiff, die Anker.
Der Stausee gleicht einem riesigen unter Wasser gesetzten Sandkasten, aus dem nur noch die Spitzen einiger Sandburgen hervorlugen. Denn die Wüste beiderseits des Nuba- oder Nasser-Sees taucht ohne jeden Pflanzensaum in die riesige Fläche des aufgestauten Süßwassers ein.
Gegen Abend wird die Stimmung noch unwirklicher. Kein Windhauch regt sich, die Wasseroberfläche sieht wie eine matt schimmernde Blei-

platte aus. Der Wellenschlag in Achtern wirkt wie ein riesiges „V". In weiter Ferne verschmilzt es mit der dunklen Uferlinie. Der Ruhe des Sees steht das bunte Treiben auf dem überfüllten Schiff gegenüber.
Endlich habe ich Zeit, die Mitreisenden etwas genauer zu beobachten. Zumeist handelt es sich um sudanesische Studenten und Gastarbeiter, die für einige Wochen in den Sudan zurückkehren. Viele von ihnen sind in weiße Jallabiya und Turban gekleidet. Das ist die alltägliche Kleidung, die im Sudan das Straßenbild bestimmt. Unter den Passagieren sind auch einige Nubier, die durch ihre schwarze Hautfarbe auffallen - es ist der erste Hauch von Schwarzafrika und das versetzt mich in Aufregung.
Alles, was nur irgendwie noch tragbar war, scheint man der Mitnahme für wert erachtet zu haben: Kunststoffteppiche, Fernsehapparate, Körbe voller Obst und dann natürlich die Fülle an Koffern, Kartons und verschnürten Bündeln, über deren Inhalt ich nur Mutmaßungen anstellen kann. Die Lage im Sudan muß kritisch sein, wenn ein billiger Plastikkanister bereits den Status eines Wertgegenstandes besitzt. Für die Sudanesen, mit denen ich spreche, ist Ägypten so etwas wie das gelobte Land, in dem alles erhältlich ist, das über ein gut ausgebautes Strom- und Straßennetz verfügt. Das gibt mir doch zu denken.
Nach dem Sonnenuntergang ruft der Muezzin über die Bordlautsprecher die Gläubigen zum Abendgebet auf das Oberdeck der „Sinai". In zwei langen Reihen verbeugen sich die Muslime vor Gott.
Irgendwo in der Nähe von Assuan hat das Schiff den Wendekreis des Krebses überquert. Damit bin ich in den Tropen, wo die terra incognita beginnt. Alles was jetzt kommt, ist neu für mich.
Ein letzter Blick auf das bekannte Gesicht des Vollmondes, der sich im See spiegelt, dann kuschle ich mich vor der Kälte, die vom Sternenhimmel fällt, in meinen Schlafsack.

## Im Bauch der Steine

Das Schiff hatte über Nacht geankert. Am frühen Morgen passierten wir die Felsentempel von Abu Simbel. Vor den Kolossalstatuen von Ramses des II. sahen die ersten Touristen wie Ameisen aus.
Je weiter das Schiff in Richtung Süden vorstieß, desto lehmfarbener wird der 550 Kilometer lange See. Bei Assuan haben sich die Schwebstoffe des Nilwassers auf der verlangsamten Reise durch den Stausee schon am Grund abgesetzt.

Ahmed, einer der Sudanesen, die ich auf dem Schiff kennenlernte, versicherte mir: In wenigen Stunden werden wir im Sudan sein ...
Das Schiff drosselte die Fahrt. Schließlich erstarb das Geräusch der Dieselturbinen ganz. „Wir sind in Wadi Halfa", erläuterte mir Ahmed. Er sah mein fassungsloses Gesicht und verbesserte sich hastig: „Das ist nur der Hafen von Wadi Halfa!"
Hafen? Er bestand aus einem verrosteten Ponton, an dem die *Sinai* gerade vertäut wurde. Einziger Halt für das Auge waren drei zerschlissene Zelte und ein paar Sammeltaxis, die im Wüstensand standen, einige Fischerkähne, die am Seeufer dümpelten, und zwei Schmutzgeier, die lautlos in der Thermik kreisten. Sonst nichts als die Unendlichkeit von Wasser, Wüste und weitem afrikanischen Himmel.
Bis wir an Land gelassen wurden, vergingen Stunden. Vorne im Schiff geschah nichts. Um die Gangway zu erreichen, hätte man über Berge von Koffern, Schachteln, Kisten und Körben klettern müssen - eben all jener Dinge, die vorher bei der Abfahrt in Assuan den Kai dort in ein malerisches Durcheinander verwandelt hatten.
Ohne den angenehmen Fahrtwind hatte sich inzwischen drückende Hitze über das Achterdeck gelegt. Trägheit überfiel mich. Mit Muße verfolgte ich, wie die Reisenden gegenseitig drängelten, um Zentimetervorteile zu erkämpfen. Kinder weinten, Männer schrien, Frauen schnatterten. Über diesem chaotischen Geräuschteppich goß noch irgend jemand mit seinem Kofferradio plärrende Musik aus.
Zwei Polizisten und ein Zöllner rückten an. Sie hatten von ihrem Vorgesetzten die Order erhalten, den einzigen Europäer an Bord vor dem Großteil der Passagiere vom Schiff zu holen - und das war leider ich. Einige Mitreisende protestierten gegen meine Bevorzugung. Sie hatten recht. Mir war diese Situation peinlich. „Positive discrimination" nennen die Engländer diese Sonderbehandlung als Weißer, die man in Afrika immer wieder erlebt.
Modisch geschnittener Anzug und sportliche Sonnenbrille - der Mann stach sofort aus der Menschenmenge hervor. Er erblickte mich, kam ein paar Schritte auf mich zu und streckte seine Hand aus.
„Entschuldigen Sie vielmals, daß es so lange gedauert hat. Darf ich Ihren Paß sehen?"
Es war der Chef des lokalen Security-Office und der Verantwortliche für meine zuvorkommende Behandlung.
„Sie kommen aus Deutschland? Herzlich willkommen in der Republik Sudan!" sagte er auf deutsch! Und als wäre meine Verblüffung noch nicht groß genug, überreichte er mir dreißig sudanesische Pfunde. Das muß man sich mal vorstellen: Ich hatte insgeheim damit gerechnet, an der Grenze zu stehen und aus irgendeinem unerfindlichen Grund über-

haupt nicht in den Sudan hineingelassen zu werden - und dann dieser Empfang!
Mein dummes Gesicht verriet ihm wohl, daß jetzt vielleicht doch noch ein paar erklärende Worte nötig waren, um meine Verwirrung in Grenzen zu halten.
„Das Geld betrachten Sie bitte als eine Überbrückung, bis morgen die Bank in Wadi Halfa öffnet. Sie wundern sich über mein Deutsch? Nun, mein Großvater reist öfter geschäftlich nach Deutschland. Dadurch wurde ich veranlaßt, am Goethe-Institut in Khartoum Sprachkurse zu belegen."
Der Einreisestempel wurde in meinen Paß gedrückt, auf einen kurzen Wink von ihm die Satteltaschen mit Kreide markiert. Dann ein Handzeichen, das ich erst gar nicht verstand: Die Grenzformalitäten lagen damit hinter mir, ich konnte fahren! Langsam schob ich Filfilla über den Laufsteg vom Ponton runter. Ich war an Land, ich war im Sudan, dem zweiten afrikanischen Land meiner Reise!
Lächelnd dachte ich an die dramatischen Schilderungen von afrikanischer Bürokratie und Korruptheit - alles halb so wild! Immer, wenn ich in ein neues Land einreise, beeinflussen die Eindrücke an der Grenze und die ersten Stunden danach ziemlich stark meine Einstellung diesem Land und seinen Menschen gegenüber. Der Sudan, so fühlte ich im ersten Überschwang, war eine Liebe auf den ersten Blick. Gut, daß ich nicht wußte, welche Unannehmlichkeiten und Gefahren im größten Land Afrikas noch auf mich warteten ...
Der Sudan besitzt kaum vorstellbare Ausmaße: Mit über 2,5 Millionen Quadratkilometern, was etwa der siebenfachen Größe Deutschlands entspricht, bedeckt er ein Zwölftel Afrikas, ist aber mit einer Bevölkerung von rund 25 Millionen Menschen, also rund 10 Einwohnern pro Quadratkilometer (zum Vergleich BRD: 217 pro Quadratkilometer!), vergleichsweise dünn besiedelt. Die Landschaften reichen von extremer Wüste im Norden über die Steppen der Sahelzone, das Buschland im Zentralsudan bis hin zu Sumpf und Feuchtsavanne im Süden des Landes, nahe der Grenze zu Zaire gibt es sogar Urwald.
Noch vielfältiger sind Zahl, Herkunft, Hautfarbe, Sprache und Lebensform der Völker des Sudans. Man unterscheidet etwa 450 Völker und Stämme, die rund 250 verschiedene Sprachen und Dialekte sprechen. Es gibt Nomadenstämme, Bauern, die Regen- und Bewässerungsfeldbau betreiben, Völker, die von der Fischerei leben, Händler und Menschen, die in Großstädten wie z.B. Khartoum einer Arbeit in Industrie oder im Dienstleistungsgewerbe nachgehen.
Grob betrachtet zerfällt das Land in einen politisch, wirtschaftlich, kulturell und flächenmäßig dominanten, arabisch-islamischen Nordteil und

den um seine Identität und Unabhängigkeit kämpfenden schwarzafrikanischen Süden, einem Fünftel der Gesamtfläche des Sudans und einem Viertel seiner Bevölkerung. Diese Grenze verläuft etwa entlang des 12. Grades nördlicher Breite.
Rund 67 % der Bevölkerung - fast alle Nordsudanesen - sind moslemischen Glaubens, 28 % Anhänger traditioneller, südsudanesischer Religionen und etwa 5 % bekennen sich zum Christentum. Diese geringe Zahl an Christen verfügt durch die relativ gute Bildung der Missionsschulen über einen überproportionalen politischen Einfluß im Südsudan.

Die ersten Radelkilometer nach Wadi Halfa Town (!) dämpften mein Hochgefühl wieder etwas, denn ich begann zu ahnen, was da bei der nächsten Etappe auf mich zukam: *Sand!*
Hinter dem Namen Wadi Halfa verbergen sich die sauberverputzten Lehmhäuser eines verschlafenen Örtchens, eine Bahnstation - der nördliche Kopf des sudanesischen Eisenbahnnetzes - und ungefähr drei Bäume („ungefähr", weil buschartige Gewächse bei dieser Zählung großzügig mit berücksichtigt wurden!).
Zwei Mal in der Woche wird Wadi Halfa durch die Ankunft der ägyptischen Schiffe aus seiner Beschaulichkeit gerissen, überfallen von den Durchreisenden, wie von der biblischen Heuschreckenplage.
Schwarze Kinder in verwahrlosten Kleidern, langbeinig und dünn, spielten in den trostlosen, staubigen Straßen Fußball. Ein Bild, das meiner bisherigen Vorstellung von der Sahel-Zone entsprach. Berichterstattungen über erschütternde Hungerkatastrophen hatten es geprägt. Traf das also wirklich zu?
„Du willst mit dem Fahrrad von Wadi Halfa durch die Wüste nach Abri fahren? Durch den *Batn al Haggar,* jenes Wüstenstück, das nicht umsonst als der 'Bauch der Steine' bekannt ist?" Ungläubiges Kopfschütteln. „Die Piste ist viel zu sandig!" Und: „Das ist doch verrückt, die wilden Tiere!" Erregte Kommentare. „Hast du schon mal an die gefährlichen Wölfe gedacht? Morgen fährt ein Bus dorthin. Das ist sicherer und doch auch viel komfortabler!"
Das waren in etwa die ersten Reaktionen der Sudanesen, mit denen ich mich auf der Fähre und in Wadi Halfa unterhalten hatte, um Informationen für die Weiterfahrt zu bekommen. Ich hielt das für etwas übertrieben.
Eine Story allerdings tauchte - in verschiedenen Varianten und z.T. mit wilden Ausschmückungen - immer wieder auf und deshalb war davon auszugehen, daß der Geschichte eine wahre Begebenheit zugrunde lag: Vor drei oder fünf Jahren mußte ein Europäer bzw. ein Brite ver-

sucht haben, das vor mir liegende Wüstenstück mit dem Fahrrad zu durchqueren. Später fand man dann seine Leiche: „Wölfe“, wahrscheinlich verwilderte Haushunde oder Hyänen, hatten ihn angefallen und getötet. Also begann ich mich ernsthaft nach einer Mitfahrgelegenheit auf einem Lkw umzuhören.

Ja, ‘Abdu Ibrahim erklärte sich prinzipiell bereit, mich mit seinem Mercedes-Laster die 200 Kilometer durch die Wüste bis nach Abri mitzunehmen, einem größeren Dorf zwischen südlichem Ende des Nasser-Stausees und dem III. Katarakt. Traditionsgemäß geht dem eigentlichen Feilschen um den Fahrpreis eine belanglose Plauderei voraus. Gleich zum Geschäftlichen zu kommen, würde als eine grobe Unhöflichkeit verstanden werden.

Das Gespräch gab mir die Gelegenheit, ‘Abdu Ibrahim eingehender zu betrachten. Er war von kleiner, drahtiger Statur und trug das traditionelle, lange Baumwollgewand der arabischen Männer, eine *Jallabiya.* Seine Bewegungen bestachen durch eine fast katzenhafte Geschmeidigkeit. Als einfachen, aber wirksamen Schutz gegen die Sonnenstrahlen hatte er sich die *‘Imma,* einen drei Meter langen, schneeweißen Turban, kunstvoll um den Kopf geschlungen. Das hellhäutige Gesicht mit der markanten Nase verriet, daß er eher arabisch-beduinischer Abstammung war und nicht wirklich ein Nubier, im Gegensatz zu seinen beiden tiefschwarzen Begleitern. Mit ihnen unterhielt er sich immer wieder in *Rutana,* der Sprache der Nubier, um über den Handel zu beraten.

Ihre Diskussion war für mich nicht verständlich, weil Rutana eine eigenständige Sprache und kein Dialekt des Arabischen ist.

Inzwischen hatte ich wenigstens begriffen, daß das Klicken mit der Zunge ein deutliches „ja“ ausdrückt.

‘Abdu wendete sich wieder mir zu. Sein forschender Blick schien ergründen zu wollen, wieviel zu zahlen ich wohl imstande und bereit wäre. Nach seiner anfänglich völlig überhöhten Forderung von 150 Pfund einigten wir uns nach längerem Hin und Her auf 45 Pfund und ein Foto von seinem Laster. Mochte dies auch nicht der Preis sein, den ein Einheimischer zu bezahlen hätte, kam er diesem wohl doch recht nahe, d.h., er überstieg ihn um nicht mehr als 50 %. Damit war ich wirklich zufrieden.

„Morgen um zwei Uhr nachmittags ist hier Abfahrt“, schärfte er mir nochmals ein.

Über uns entflammte der Abendhimmel. Rote Cirrus-Wolken, in verschiedenen Höhen übereinander getrieben, hinterließen den Eindruck eines gewaltigen Aquarells, während in meinem Rücken der große gelbe Mond über die noch schwach illuminierten Bergrücken kletterte. Mit

*Der Fahrer 'Abdu Ibrahim, die Crew und Passagiere des Lkws von Wadi Halfa nach Abri, Sudan*

*Pisten in Nubien: Filfilla steckt fast bis zur Achse im Sand*

einem festen Handschlag wurde die Abmachung besiegelt. Der leuchtende Abendhimmel gab dieser Geste eine ernste Feierlichkeit, als beschwöre sie die hehren Ideale und Figuren eines Kara-ben-nemsi alias Karl May.
Weil das Buheira-Hotel überbelegt gewesen war, hatte ich mein Zelt im Rohbau eines neuen Gebäudeflügels aufgeschlagen. Die erste Nacht im Sudan brach an.

Am nächsten Tag warteten die Reisenden in der brütenden Mittagshitze auf die Abfahrt des Zuges nach Khartoum. Sie hatten sich neben ihrem Gepäck einfach im Sand vor dem Bahnhofsgebäude niedergelassen. Mit zusammengekniffenen Augen stapfte ich nach meinem Gang zur Bank durch den gleißenden Sand zurück zum Hotel.
Wenn man aus der staubigen, flimmernden Hitze der Straße kam, umfing einen beim Betreten der Eingangshalle des Buheira-Hotels bläuliches, gedämpftes Licht und eine angenehme Kühle. Eine Runde nubischer Männer verbrachte hier die lähmenden Stunden des Tages mit Schwatzen und Tabak kauen. Als ich mich dazugesellte, wurde ich von einem der Männer gefragt: *„Tasiff as saut?“* Auffordernd hielt er mir seinen Beutel mit dem feingeschnittenen Kautabak hin.
Vorsichtig entnahm ich eine Prise und plazierte diese mit dem Zeigefinger zwischen Unterlippe und Schneidezähnen - so wie ich mir das vorher bei den Alten abgeguckt hatte. Bitteres Brennen trieb mir den Speichel in den Mund, dann betäubte ein seltsames Kribbeln die Unterlippe, um sich dann in Richtung Schläfen auszubreiten. An der Wand begannen die Bilder des alten Wadi Halfa zu schwanken und zu zerlaufen, als ob die verlassene Stadt nochmals im steigenden Wasser des aufgestauten Nils versinken würde ...
Die einst blühende Handelsstadt Wadi Halfa teilte nach der Fertigstellung des *Sadd-el-'Ali,* des Hochdammes von Assuan im Jahre 1970, ihr Schicksal mit zwei Dritteln des nubischen Niltal-Landes: Es wurde vom Stausee überflutet. Zuvor waren über 100.000 Menschen in Gebiete umgesiedelt worden, die zum Teil mehrere hundert Kilometer von ihrem Stammland entfernt liegen. Unter der wachsenden Decke aus Wasser und Schlamm verschwand aber nicht nur ein Großteil der Kultur und Identität der Nubier. Auch die geschichtlichen Spuren der jahrtausendelangen Besiedlung im Niltal zwischen I. und III. Katarakt gingen verloren.
Hastig organisierte Forschungsexpeditionen sollten die Kunstschätze und Altertümer aus vorgeschichtlicher, pharaonischer, koptischer und islamischer Zeit wenigstens noch erfassen und dokumentieren. Es war unmöglich, im Wettlauf mit der Zeit systematisch und umfassend zu

arbeiten. Dafür waren die Fundstellen zu zahlreich. Trotzdem machten die Wissenschaftler ständig neue, sensationelle Funde, um dann hilflos mit ansehen zu müssen, wie das soeben Entdeckte unwiderruflich ertrank. Nur einige herausragende Bauwerke - so der Isis-Tempel der Insel Philae, die sogenannte „Perle Ägyptens“ oder die Felsentempel Ramses II. und seiner Gattin Nefertari in Abu Simbel, die auf der Liste der Weltkulturgüter stehen - wurden in einer beispiellosen Unesco-Aktion gerettet.
Unter einer schützenden Sandschicht hatten die 3.200 Jahre alten Bauwerke von Abu Simbel eine riesige Zeitspanne fast unbeschadet überstanden, ehe sie im 19. Jahrhundert von einem Schweizer wiederentdeckt und schließlich freigelegt wurden. Um sie ein paar Dekaden später vor der endgültigen Zerstörung zu retten, mußten sie 65 Meter hoch, über das Niveau des zukünftigen Sees, bewegt werden. Diese Aufgabe schien unlösbar. Eine einzige der vier Kolossalstatuen Ramses II. ist 30 m hoch und wiegt 1.200 Tonnen! Außerdem waren die Hallen des Tempels 55 Meter tief in den massiven Sandstein des umgebenden Berges geschlagen worden.
Die Zeit drängte. Der See stieg ständig und man mußte bereits einen provisorischen Damm errichten, um die Arbeit überhaupt aufnehmen zu können. Schließlich wurden die Bauwerke feinsäuberlich in mehr als 2.000 Blöcke zersägt, numeriert, auf dem Trockenen wieder zusammengesetzt und in einen künstlichen Berg aus Stahlbeton eingefügt. Ihre Rettung dauerte viereinhalb Jahre und verschlang insgesamt 42 Millionen Dollar.

Um zwei Uhr gab es am vereinbarten Platz noch keine Spur von ‘Abdu Ibrahim und seinem „Marsides“-Laster. Im Schatten eines Lehmhauses zählte ich die Stunden. Um halb fünf legte ich mein Tagebuch beiseite, alle Nachtragungen waren festgehalten. Menschen und Gebäude warfen bereits lange Schatten, die wie Schaubilder bizarrer Exponentialfunktionen aussahen. Da, endlich das gequälte Heulen eines Lastwagenmotors. Meine Ahnung, der Laster sei ohne mich gefahren, wurde Lügen gestraft.
„Wir waren noch eben tanken“, äußerte ‘Abdu knapp. Es war mehr eine Erläuterung als eine Entschuldigung. Die Leute, die auf der Ladung saßen, nahmen Filfilla und die Taschen an. Ich kletterte hinterher. Mit dem Untergehen der Sonne fuhr der Wagen unter Ächzen und Schwanken endlich los. Es begann eine vierundzwanzigstündige Fahrt.
Oh süße Last! Wir thronten auf einer Ladung von 10 Tonnen Zucker, 200 Sack á 50 kg. „Wir“, das war eine buntgemischte, neunköpfige Reisegesellschaft. Da war z.B. Shandi. Mit einem verschmitzten Grinsen

erzählte mir der Sechzigjährige, wie er das Geburtsdatum in seinen Papieren um einige Jahre getürkt hatte, um noch länger das Privileg geruhsamer Nebeneinkünfte als Administrativbeamter in Anspruch nehmen zu können. Davor hatte er als Fahrer gearbeitet. In einem Atemzug zählte er 20 Automarken und ihre Herkunftsländer auf, um schließlich schwärmerisch mit seinem zahnlosem Mund zu einer Lobeshymne auf die Qualität der deutschen Automobile anzusetzen.
Überhaupt hatte Shandi, wie viele Araber der älteren Generation, die ich so kennenlernte, eine ausgesprochen positive Meinung über Deutschland generell und von Adolf Hitler im besonderen. Der Grund wurde gleich mitgeliefert: „Er war ein starker Mann. Er war ein Freund, der uns im Zweiten Weltkrieg von der verhaßten Kolonialmacht der Briten befreien wollte. Und er gab Russen, Amis und Juden ordentlich eins auf die Mütze!"
Zunehmend aufgewühlt fuhr er dann fort: „Jetzt, wenn Deutschland wiedervereint sein wird" - was für ihn im Dezember 1989 also schon eine unumstößliche Tatsache war -, „steigt es zur Nummer 1 in der Welt auf ..."
Die Begeisterung riß den alten Mann fort, eine plötzliche Handbewegung illustrierte seine engagierte Rede - mir stockte der Atem - „ ... und der Fall der beiden großen Supermächte ist somit unaufhaltsam und besiegelt!"
Angesichts dieser visionären Äußerungen über den zukünftigen Werdegang Deutschlands lief mir ein kalter Schauer über den Rücken.
Die Wüstennacht war inzwischen eiskalt geworden. Bei uns Reisenden saßen auch 'Ali, Jamaica, Ahmed und Anwar, die *Musa'id as Sawaq*, die Hilfsboys von 'Abdu Ibrahim. Sie kletterten wie die Wiesel über den Lastwagen, zurrten Ladung fest, tankten Benzin aus großen Dieselfässern nach, verstauten Gepäck, reichten Werkzeuge, kochten Tee, reparierten Reifen, bliesen mit einer kleinen Fußpumpe und unermüdlicher Kondition geflickte Lastwagenschläuche auf, legten im tiefen Sand Luftlandebleche vor die Reifen, um ein Steckenbleiben zu verhindern und gruben die Achsen mit Händen und Spaten wieder aus, wenn dies trotzdem einmal passierte - alle erdenklichen Arbeiten am und ums Auto wurden von ihnen verrichtet.
Ein einziger Lkw bedeutet in einem der ärmsten Länder Afrikas eine bescheidene, aber gesicherte Existenz für fünf Männer und ihre Familien. Keine Selbstverständlichkeit in diesem Staat, der seit Jahren von einem grausamen Bürgerkrieg paralysiert und immer wieder von verheerenden Dürrekatastrophen heimgesucht wird.
Ahmed, er war hoffnungslos meiner Gitarre verfallen und nervte alle anderen mit seinem Gezupfe und Singsang, und Anwar, sein älterer Bru-

der, waren zwei schielende Originale, die sich auch schon mal einen guten Scherz auf meine Kosten erlaubten. Zur allgemeinen Belustigung mußte ich den Spott der beiden ertragen, weil ich als *Ajnabi* aus dem kalten Europa mehr fror als alle anderen. In den Nachtstunden blieben wir mit Reifenpanne und defektem Kühler liegen.
Die Reise zog sich in die Länge. Während 'Abdu Ibrahim und seine Crew unter der Motorhaube hingen und am Fahrzeug herumbastelten, vertraten sich die Passagiere neben der Piste die Beine, um die Kälte zu vertreiben. Tagsüber an die vierzig Grad und nachts Temperaturen um Null. Diese Temperaturunterschiede waren mörderisch.
Ich unterhielt mich mit Haji Ahmed, Mekkapilger und Lehrer einer Koran-Schule, der sich zusammen mit zwei seiner Kollegen auf einer Inspektionsreise durch die nubischen Koranschulen befand. Der gebildete, zurückhaltende Mann war sehr sympathisch und genoß von allen Seiten großen Respekt. Wir führten ein sehr intensives Gespräch über die arabische Sprache, über Politik, Glauben und Religion.
Es tat so gut, ein einziges Mal nicht über die Fahrradtour erzählen zu müssen, sondern über Themen zu diskutieren, die mich selbst intensiv beschäftigten. Dabei zeigte mein flüssiges Straßenarabisch dann Lücken, von denen ich noch nicht einmal etwas geahnt hatte. Das wiederum machte mir kulturelle Grenzen bewußt, die ich auch auf der ganzen späteren Fahrradreise niemals überqueren konnte. Trotz meines Interesses an den fremden Kulturen und der Intensität der Kontakte zu den Menschen, die ja schon allein durch das Reisemittel vorgegeben ist. Denn ich blieb viel zu kurz an ein und demselben Ort, um eine Sprache gut genug zu erlernen.
Ich habe mir einen Satz von Haji Ahmed im Tagebuch notiert, weil es eine Situation anspricht, mit der ich immer wieder konfrontiert wurde: der Versuch, mich zum Islam zu konvertieren.
„Sieh mal, mit deinen Arabischkenntnissen hältst du den Schlüssel zum einzig wahren Glauben, dem *Islam,* in deinen Händen ... Du hältst dich noch verschlossen. Ich verstehe das. Und ich respektiere das. Aber ich würde gerne irgendwann einmal unser interessantes Gespräch fortführen. Wenn du auf deinem Weg nach Khartoum durch Atbara kommst, werde ich mich deshalb über deinen Besuch sehr freuen! *Wallahi,* bei Gott!"
Man hatte versucht, mich zum Übertritt zu bewegen, seit ich in Syrien das erste arabische Land der Reise betrat. Aber Haji Ahmed hatte nicht die Art all dieser anderen eifrigen Missionare, die sich aus zufälligen Bekanntschaften rekrutiert hatten und die ich als penetrant und aufdringlich empfand. Sie drückten einem eine Diskussion über Religion auf, ohne die Fähigkeit oder den Willen zur Toleranz, die dem Islam oft nach-

gesagt wird. Sie konnten stundenlang auf mich einquatschen, ohne selbst einmal zuzuhören. Das war aufdringlich, nervte und wirkte abstoßend auf mich. Damit hatten mich die „Bekehrer" dem muslimischen Glauben keinen Zentimeter nähergebracht, sondern genau das Gegenteil von dem erreicht, was sie für das Ziel ihrer Berufung hielten. Ich war in meinen Vorbehalten gegen den Islam bestärkt worden.
Vom Islam und den Muslims im Sudan hatte ich allerdings schon jetzt ein ganz anderes Bild gewonnen. Da war zum einen das freundliche, sensible und unaufdringliche Wesen der Sudanesen. Ich fühlte mich in Ruhe gelassen und respektiert. Besonders nach dem überschäumenden, lauten Temperament der Ägypter war dieses zurückhaltende Auftreten sehr angenehm. Niemand im Sudan ging mit seinem Glauben hausieren. Aber dafür beobachtete ich die Wichtigkeit, die Sudanesen Gott in allen Lebensbereichen einräumen. Ihre tiefe, natürliche Gläubigkeit beeindruckte mich nachhaltig. Wenn ich von den Völkern, die ich auf der Reise besuchte, wirklich etwas lernen wollte, und das war ja der Fall, dann mußte ich mich ihrer Kultur und ihrer Religion öffnen, mich ernsthaft damit auseinandersetzen und dann das, was ich für gut befand, verinnerlichen.
Durch die große Rolle, die der Islam in der sudanesischen Gesellschaft spielt, beschäftigten mich ständig irgendwelche Fragen, die mit Gott, Glauben, den Gemeinsamkeiten und Unterschieden der Religionen zu tun hatten. Weil ich fast ausschließlich mit Sudanesen zu tun hatte, mußte ich ihre Werte und Verhaltensweisen respektieren und oft auch selbst befolgen.
Vor diesem Hintergrund wurden die Vorbehalte meiner liberalen europäischen Erziehung gegen negative Seiten des Islams, wie die gesellschaftliche Rolle der Frau oder die *Sharia,* die islamische Rechtsprechung, aus dem Zentrum meiner Wahrnehmung gedrängt und verblaßten. Die ausschließliche Präsenz der islamischen Kultur im täglichen Leben um mich herum führte nicht zu einer Rückbesinnung auf die christlichen Werte, denn ich *wollte* ja die arabische Kultur und ihre Religion kennenlernen. Wenn ich von vornherein eine Wertung auf der Basis meines eigenen kulturellen und ethischen Hintergrunds vorgenommen hätte, wäre es unmöglich gewesen, sie jemals objektiv wahrzunehmen und schließlich zu beurteilen.
Damit setzte sich aber der Gedanke des Konvertierens mit all seinen widersprüchlichen Gefühlen und kontroversen Aspekten in meinem Kopf fest. Ich war verwirrt, fühlte mich irgendwie hypnotisiert. Auch heute weiß ich noch nicht, wie ich reagiert hätte, wenn mir zu einem späteren Zeitpunkt ein zweiter Haji Ahmed begegnet wäre. Vielleicht wäre ich zum Islam übergetreten. Als ich dann aus dem Sudan ausreiste,

war ich froh, Abstand zu gewinnen und meine Rationalität wiederzufinden. Etwas später dann schüttelte ich über meine Orientierungslosigkeit den Kopf. Ich wußte jetzt, daß ich das Verinnerlichen von fremden, faszinierenden Werten nicht so weit treiben durfte, daß ich mein eigenes Wesen dabei verleugnete oder sogar aufgab.
Nach Tagesanbruch ließen wir unsere durchfrorenen Glieder von der Sonne aufwärmen. Jetzt konnten wir auch sehen, wo wir mitten in der Nacht durch die Panne liegengeblieben waren: in einer ausgedehnten, toten Kies- und Geröllandschaft, ohne eine Pflanze - „Der Bauch der Steine"!
Am späten Vormittag war der Lastwagen endlich wieder fahrtüchtig. Sandige Streckenabschnitte wechselten sich mit steinigen Pistenstücken ab. Die Landschaft war von ausgetrockneten Flußläufen, den Wadis geprägt, in denen einzelne Akazien wuchsen. „Auf Arabisch heißen sie *Sial*", sagte Shandi, der sich zu meinem Arabischlehrer erklärt hatte. Die Stunden der Fahrt nutzte ich, um nach Vokabeln zu fragen. Ich umschrieb die Begriffe auf arabisch, und, wenn das nicht weiterhalf, führte ich kleine pantomimische Darstellungen auf, die oft großes Gelächter ernteten.
Es wurde Nachmittag, als wir schließlich die flimmernde Sand- und Kieswüste verließen und zwischen roten Bergkegeln hindurch zum Nil zurückfuhren. Der träge Strom zog sich hier als lehmfarbenes Band durch den schmalen grünen Ufersaum.
Die Männer riefen den Menschen am Pistenrand die unglaubliche Nachricht zu, die sich wie ein Lauffeuer verbreitete: „Der Zucker kommt! Der Zucker kommt!"
Mehr als zwei Monate hatten die genügsamen Menschen mit aller Geduld gewartet, aber jetzt zeigten sie überschwenglich ihre Freude: Im dichten Staubschleier, den der fahrende Lkw aufwirbelte, tanzten Frauen und ließen durchdringende Freudentriller hören, die man *Zaghruta* nennt.
Ich schämte mich für meine Naivität. Die Zivilisationsmüdigkeit hatte mir das Trugbild einer perfekten Idylle hier in Nubien vorgegaukelt: freundliche Menschen und kleine Dörfchen, die im Einklang mit der Natur existieren, ohne Stromleitungen, Coca-Cola-Flaschen und herumfliegende Plastiktüten. Daß die Menschen dabei aber vollkommen auf sich selbst gestellt sind, daß sie nur von dem leben, was sie selbst erzeugen können, hatte ich mir überhaupt nicht klar gemacht. Zwar sind sie von den vielen zweifelhaften Errungenschaften dessen, was wir als „westliche Zivilisation" bezeichnen, bisher verschont geblieben, haben aber auch nicht die Möglichkeit, so etwas Existentielles, wie z.B. die Hilfe eines Arztes, in Anspruch zu nehmen.

Nach der anstrengenden Fahrt hatte ich mich im einzigen Gasthaus von Abri eingemietet. Dankbar nahm ich die Einladung des Nachtwächters zum Essen an. Ich brachte meine restlichen Vorräte aus Ägypten in die Mahlzeit ein: einige Tomaten, etwas von dem würzigen oberägyptischen Käse und einen Kegel aus braunem Zucker, was für meine Gastgeber ein besonderes Ereignis zu sein schien. Mit vier Männern ließ ich mich dann auf geflochtenen Palmfasermatten nieder. Die Lehmmauer des nubischen Bauernhauses strahlte die am Tag absorbierte Sonnenwärme ab und schützte uns noch eine Weile vor der Kälte der Nacht, die jetzt schnell die Luft durchdrang.
Man reichte mir eine Schüssel mit warmen Wasser. Nachdem ich mir die Hände gewaschen hatte, gab ich sie an meinen linken Nachbarn weiter. In unserer Mitte stand eine dampfende Schüssel. „*Bismillah ar-rahman ar-rahim!* - im Namen des Gottes, des Gütigen und Barmherzigen."
Die gemurmelten Worte der frommen Formel, die sanft an meinem Ohr vorbeistrichen, kamen wie aus dem Nichts. Denn während die weißen Burnusse und Kopfbedeckungen im flackernden Licht eines Öllämpchens schwach schimmerten, verschmolzen die dunklen Gesichter mit der Nacht.
Schweigend rissen wir mit der Rechten Stücke von der Hirseflade, der *Kissra,* um sie dann in den jeweils eigenen Teil der gemeinsamen Schüssel zu tauchen.
Es war noch ungewohnt für mich, mit den Fingern zu essen. Und meine ersten unbeholfenen Versuche waren alles andere als ein Vergnügen, bis ich gelernt hatte, aus der Kissra eine kleine Schaufel zu formen, mit der ich dann wenigsten einige Fleischstückchen und etwas Soße aus der Schale angeln konnte. Immer wieder mußte ich mich beherrschen, nicht die linke Hand zu Hilfe zu nehmen, die in ganz Afrika und in der muslimischen Welt als unrein gilt, da mit ihr der Hintern geputzt wird.
Ohne langes Gewand im Schneidersitz zu hocken und dem Gegenüber die Fußsohlen zu zeigen, gilt bei den Arabern ebenfalls als ausgesprochen unhöflich. So saß ich auf meinen Füßen und ertrug die Schmerzen in den eingeschlafenen Beinen, war aber froh, als ein geseufztes „*Al hamdu lillah*" die Sättigung zum Ausdruck brachte und anschließend mit dem geräuschvollen Abschlecken der Finger das Ende der Mahlzeit angezeigt wurde. Noch einmal wanderte die Wasserschüssel umher.
Satt und zufrieden, aber zu müde, um mich an dem Gespräch zu beteiligen, lauschte ich dem fremden Klang der Stimmen, bis uns schließlich die Kälte ins Haus trieb.

Am späten Nachmittag des folgenden Tages verließ ich Abri in Richtung Süden. Nach dem überfüllten Schiff und der anschließenden anstrengenden Lastwagenreise von Wadi Halfa nach Abri genoß ich es, mit dem Fahrrad Reisegeschwindigkeit und -ziel wieder selbst bestimmen zu können und das zu tun, was mir behagte. Und jetzt wollte ich vor allem allein sein. Allein sein in der Wüstenlandschaft, die sich vom wenige Meter breiten grünen Streifen des Niltales bis zum Horizont hin ausdehnte.

Meine Wahrnehmung beschränkte sich hier auf den Gegensatz der drei Elemente Himmel, Sand und Steine. Wegen der sandigen Pisten hatte ich am Morgen die dicken Stollenreifen aufgezogen, was das Rad noch schwerfälliger machte. Und in der Wüste, wo es keine anderen Laute als die des Windes gibt, kamen mir meine Fahrgeräusche wie Lärm vor.

Rote Tafelberge bewachten wie Burgen die Ebene, in die sich der Nil eingegraben hatte. Am westlichen Ufer zogen sich Palmenhaine am Ufer entlang.

Ich hatte den Weg verloren und mich festgefahren. Fluchend schob ich das schwere Rad durch den knöcheltiefen Sand. Wenn das die gesamte Strecke längs des Nils so weitergehen sollte ...

Die Dornenbüsche um mich herum glühten mit den letzten Sonnenstrahlen auf, als hätte man sie mit Petroleum übergossen und in Brand gesteckt.

Im Licht der Dämmerung sammelte ich Feuerholz. Nachdem ich den Platz nach Schlangen abgesucht und die Steine entfernt hatte, lud ich das Rad ab und baute das Zelt auf. Zum Anzünden der trockenen Äste reichte ein Streichholz.

Das Abendbrot bestand aus heißem Tee und geröstetem Fladenbrot. Gedankenverloren blickte ich in die schwächer werdende Glut. Als sich meine Augen an die Dunkelheit gewöhnt hatten, sah ich die Sternbilder in der klaren Wüstenluft ihre Reise über das nächtliche Firmament beginnen, der Orion stieg höher und höher.

Die Wüste ist das genaue Gegenteil des europäischen Alltags, der von Lärm, von einem Leben im Minuten- und Sekundentakt, von unerträglich vielen Menschen, von Mangel an Natur, aber von einem Zuviel an Komfort und Sicherheit geprägt ist. Deshalb übt sie einen unbeschreiblichen Reiz auf mich aus. Sie löst mit ihrer Weite, Stille und Einsamkeit sehr intensive religiöse Empfindungen in mir aus, wirkt wie eine Droge, die die Schäden von Hektik und Reizüberflutung in mir kuriert.

Eine Windböe blies die Asche fort, die schlafende Glut erwachte zu neuem Leben. Der aufgesprungene Wind raschelte in den blattlosen

Büschen um mich herum. Plötzlich wurde die Geschichte von dem Engländer und den Hyänen wieder vor meinen Augen lebendig. Mich fröstelte. Gewissenhaft bedeckte ich die Feuerstelle mit Sand und zog mich dann schnell ins Zelt zurück.

Am folgenden Morgen entdeckte ich, daß entlang der Telegrafenmasten eine Piste führte. Sie verlief mal in unmittelbarer Nähe, dann wieder in einigen hundert Metern Entfernung zum Fluß.
Ihr Zustand blieb unverändert schlecht. Sandlöcher, Schotterabschnitte mit faustgroßen Steinen und Wellblechpistenstücke wechselten sich gegenseitig ab. Wellblechpiste besteht aus relativ festem Geröll und Sand, die zahllosen kleinen Rippeln liegen quer zur Fahrtrichtung. Die Sudanesen bezeichnen das lautmalerisch sehr treffend als *Dagh-Dagh.* Denn beim Fahren macht sich jeder dieser kleinen Rippel als Schlag bemerkbar.
Das ständige Gerüttel beanspruchte besonders die Handgelenke. Ich bekam massive Probleme mit Sehnenscheidenentzündung und eingeschlafenen Händen. Durch die ständigen Erschütterungen lösten sich außerdem unweigerlich ein Teil der Schrauben am Fahrrad. Also hieß es immer wieder anhalten, absteigen, Schrauben kontrollieren und nachziehen.
Shandi, der erfahrene Wüstenpilot, hatte mir versichert, daß ab Tempo 80 das material- und nervenzerschleißende Geruckel aufhört, weil die Räder dann nur noch von Kuppe zu Kuppe fliegen, ohne in die Rillen zu schlagen. Nun, dieser gut gemeinte Rad-Schlag blieb für mich ohne praktischen Nutzen, denn auf den schlechten Pisten Nubiens schrumpften die *Tages*strecken auf magere 35, 40 Kilometer zusammen, während ich auf der Fahrt um das Mittelmeer nach Kairo und dann auch bis Assuan noch Tagesetappen von bis zu 185 Kilometern schaffte.
Das, was ich gegenwärtig in 2 Tagen bewältigen konnte, legt ein Geländewagen in einer Stunde zurück! Eine Reisedimension, von der ich Welten entfernt war. Aber ich hätte um keinen Preis tauschen wollen. Ich konnte wegen jedem interessanten Stein, wegen einer Blume oder wegen eines Tieres auf der Stelle anhalten und Dinge entdecken, die der Autofahrer unter seinen Reifen zerquetscht hätte oder an denen er vorübergedonnert wäre.

Schweiß lief mir in die Augen. Mein Durst war unstillbar. Dehydriert, ein trockener, gefühlloser Mund, pochender Kopfschmerz, sonnenverbrannte Haut im Gesicht, auf Armen und Handrücken - am Abend hatte ich eine Lektion für die weitere Reise schmerzhaft, aber gründlich ge-

lernt. Um die Tour zu schaffen, durfte ich nicht mit meinem Dickkopf gegen die Hitze ankämpfen.
Eine sinnvolle Etappeneinteilung setzte voraus, so früh wie möglich, manchmal noch vor Sonnenaufgang, zu starten, um in den kühlen Morgenstunden etwa zwei Drittel der Tagesentfernung zurückzulegen. Um elf oder halb zwölf begann die Luft zu flimmern, so daß man die nächsten Stunden am besten im Schatten bei einer Siesta verbrachte. Wenn nachmittags, so ab halb vier, die Hitze wieder nachließ, konnte man bis zum frühen Abend noch einmal ein gutes Stück bewältigen, bevor man sich dann rechtzeitig vor Einbruch der Dunkelheit um einen Übernachtungsplatz kümmern mußte.
Mächtige Bergriegel, die aus der gelblichen Wüste bis an den Fluß vorliefen, wechselten ihre Farbe von dunkelrot zu schwarz. In der wabernden Luft besaßen sie den bleiernen Glanz von Schiefer. Die Dörfer der nubischen Bauern erstreckten sich über Kilometer am Rand der Wüste. Ihre festungsartigen Häuser waren Mauer an Mauer gebaut, eine lange Gebäudereihe. Aber sämtliches Leben spielte sich auf den großzügigen Höfen innerhalb der hohen Außenmauern ab, die vor fremden Blicken und dem scharfen Wüstenwind schützten.
Es war später Nachmittag, als sich der Weg immer weiter vom Nil entfernte. Eine weitgehend unbewachsene Hügelkette schob sich vor den Strom. In der Nachmittagssonne machte das Radfahren wieder Spaß: Die Luft hatte sich merklich abgekühlt, und das warme Licht ließ alle Farben leuchten. Der blaue Schatten von Filfilla und mir jagte links längs der Piste neben uns her. Kieselsteine sprangen mit einem kurzen „Klack" zur Seite. Die Pedale kurbelten wie von alleine. Ich hätte ewig so weiterfahren können.
Da zog ein ungewöhnlicher Anblick meine Aufmerksamkeit auf sich: Vor mir in der Wüste lagen mehr als hundert gelbe Tennisbälle zwischen den trockenen Büschen rechts und links der Straße verteilt! Es war niemand zu sehen. Das konnte nicht wahr sein!
Ich stieg ab und legte Filfilla auf die Seite und hob einen der Tennisbälle auf. Komisch. Hart und leicht wie Papier. Als ich den merkwürdigen Ball schüttelte, hörte ich ein Rascheln. Jetzt fielen mir zwischen den Tennisbällen auch die vertrockneten Ausläufer einer Pflanze, der Coloquinte, auf. Sie war in der Hitze verdorrt, zusammengefallen und fast vollkommen verschwunden. Zurückgeblieben waren ihre getrockneten, melonenartigen Früchte: die Lösung des Geheimnisses der seltsamen Tennisballansammlung in der Wüste.
Bevor ich das nächste Dorf erreichte, begegneten mir sechs junge Frauen, die Feuerholz sammelten. Ich grüßte, war aber unsicher, wie ich mich zu verhalten hatte. Sie waren, anders als ich, keine Spur ver-

legen. Mein Gruß wurde freundlich erwidert. Ohne Scheu musterten mich die Frauen mit den feingeschnittenen Gesichtern. Der goldene Schmuck in Ohren und Nase schimmerte wunderbar auf ihrer dunklen Haut.
Offensichtlich befand man mich für interessant. Wie sonst auch, wurde ich nach dem woher und wohin, über Sinn und Zweck der Reise gefragt.
„Bist du verheiratet?"
Mein „nein" beantworteten sie mit albernem Kichern. Sie hatten strahlendweiße Zähne. Ich wurde nervös. Mit allen möglichen Situationen bin ich auf den Tausenden von Fahrradkilometern bisher fertig geworden, aber vor der geballten Attraktivität von sechs jungen Frauen bekam ich Angst und nahm Reißaus - war ich schon zum Eigenbrötler geworden?
Direkt am Eingang des Dorfes saß eine Gruppe von Männern auf einer Lehmbank an der Mauer eines Hauses. Sie genossen noch die Sonne, die bald hinter den hochaufragenden Dattelpalmen, die überall zwischen Dorf und Fluß standen, verschwinden würde. Ich fragte nach dem Zustand des Weges.
„Die Piste? Nun, bald nach unserem Dorf ist das instandgesetzte Stück zu Ende. Es wird dann ein bißchen schwieriger zu fahren. Sandig, Steine und so."
Also keine guten Nachrichten. Daß ich das bessere Pistenstück bereits hinter mir gelassen hatte, ohne es als solches zu erkennen, gab mir zu denken.
„Aber setzen Sie sich erst einmal zu uns und trinken Sie einen Tee! Sie müssen doch müde sein", sagte einer von ihnen, ein großer, dunkelhäutiger Mann in einer blütenweißen Jallabiya, der Ruhe und Würde ausstrahlte. Das war Mohamed Ali Mohamed Suleiman, der Direktor der örtlichen Schule.
Während wir den Tee tranken, erzählte er von dem Dorf und seinen Bewohnern.
„Auf Rutana heißt unser Ort Saden Fanty, was soviel wie „Gute Dattel" bedeutet. Nicht umsonst, denn wir sind bis weit über die Grenzen von Nubien für die Qualität unserer Früchte bekannt!" sagte er nicht ohne Stolz.
Ansonsten ähnelte Saden Fanty den anderen nubischen Dörfern, durch die ich bisher geradelt war. Die Bauerngehöfte des Ortes waren aus getrocknetem Nilschlamm erbaut, sauber verputzt und von außen größtenteils mit geometrischen Mustern bemalt, ihre Portale in den übermannshohen Mauern farbig und individuell verziert. Wie in anderen Gegenden auch, schmücken die Pilger in Nubien die Wände ihrer Häuser mit bildlichen Darstellungen der Mekka-Reise.

Wenn man von Ägypten einreist, fällt einem als erstes die Zurückhaltung der Menschen und die Sauberkeit der Dörfer auf. Die fast schwarzhäutigen nubischen Männer trugen makellos weiße Burnusse - auch bei der Arbeit. Wie hielten sie ihre Kleidung den Tag über so sauber? Mir ist das bei der Hitze und dem Staub nie gelungen.
Unmerklich war es Abend geworden. Die ersten Sterne schimmerten matt unter dem blauen Himmel durch, der sich im Westen von violett über rosa in orangerot verfärbte. Mohamed Ali lud mich ein, in seinem Haus zu übernachten und befahl seinem Sohn Rezai, mich durch die Palmenhaine hinunter zum Ufer des Nils zu begleiten, damit ich Staub und Schweiß von der Haut waschen konnte. Der ruhige Fluß spiegelte das verzerrte Bild vom Farbenrausch des Abendhimmels und den schwarzen Palmen am westlichen Ufer. Etwas flußabwärts sah man pharaonische Ruinen, die die Palmen überragten. *„Athar as-Sulb,* der Tempel von Sulb!" erklärte mir Rezai.

Den Abend verbrachten wir im Empfangszimmer des Hauses von Mohamed Ali. Wie in Ägypten auch, waren nur die Männer und Jungen der Großfamilie anwesend. Ich hatte allerdings bemerkt, daß in der Wand zu meiner Linken ein kleines Loch war, durch das ein schwarzes Auge lugte. Wann immer ich in diese Richtung blickte, verschwand es mit einer hastigen Bewegung. Es waren die Frauen, die sich mit dieser Zaungastrolle zufriedengeben mußten, wenn sie die Erzählungen des Gastes persönlich verfolgen wollten, denn die Trennung der Geschlechter geht in nubischen Traditionen so weit, daß die Frau in einem separaten Hausbereich lebt, der sogar über einen eigenen Eingang verfügt.
Erst nachdem wir gegessen hatten, wurde ich gebeten, ausführlich von der Reise zu erzählen und - natürlich - Gitarre zu spielen. Nach zwei Stunden erhob sich Mohamed Ali und verkündete: „Du mußt nach diesem anstrengenden Tag genug schlafen. Wir gehen jetzt alle ins Bett!"
Allein für diese Aufmerksamkeit, das Zugestehen einer Privatsphäre, hätte ich ihn umarmen können. Das habe ich auf der ganzen Reise außer in Nubien nur selten erlebt.
Aber es kam noch besser: „Wenn du willst, kannst du noch ein bißchen Radio hören."
Und ob ich wollte. Seit der Abfahrt aus Kairo hatte ich keine Nachrichten mehr gehört. Mit dem Ohr am BBC-World-Service verfolgte ich bis zum Einschlafen die politische Entwicklung in den zwei deutschen Staaten, zwischen denen die Mauer gefallen war.
In der Schule, die Mohamed Ali als Direktor leitete, herrschte Zucht und Ordnung. Zum Morgenappell mußten die Schüler, nach Klassen

geordnet, im Carré des Schulhofes antreten. *„Nahnu jund allah wa jund al watani* - wir sind die Armee Gottes und des Vaterlandes ..."
Während aus den großen Blechtrichtern der Lautsprecher die Nationalhymne dröhnte, wurde langsam die sudanesische Flagge gehißt: rot-weiß-schwarz mit grünem Dreieck. Anders als sonst verließ danach keiner der Schüler seinen Platz, um den Klassenraum aufzusuchen.
Ich wurde ans Mikrophon der Verstärkeranlage geholt, wo mich einer der Lehrer auf Arabisch über meine Reise interviewte. Angesichts dieser Live-Übertragung geriet ich ganz schön ins Schwitzen. Jedes Wort, jeder Satz verließ mit schmerzender Lautstärke die Megaphone. Wahrscheinlich hörte außer den mehr als hundert Schülern das ganze Dorf mit. Abschließend spielte ich noch ein Lied mit der Gitarre. Es war das erste und einzige Mal, daß ich auf der Reise mit Verstärkeranlage spielte. Live-concert in the schoolyard. Als der Unterricht begonnen hatte, zeigte mir Mohamed Ali die Schule.
„Du weißt doch noch, was 'Saden Fanty' heißt, nicht wahr? Hier, das mag dich an unser Dorf erinnern. Gott sei mit dir!"
Mit diesen Worten überreichte mir Mohamed Ali zum Abschied einen Sack, gefüllt mit den berühmten, getrockneten Datteln von Saden Fanty und einen schneeweißen Turban! Nein, Mohamed Ali, ich habe euch nicht vergessen!

## Durch die Wüste

Der Zustand der Piste nach Delgo war von meinem Gastgeber wahrheitsgetreu beschrieben worden: Sie bestand aus einer endlosen Folge von Sandlöchern. Nichts als weicher, lockerer Sand. Es hätte mich verrückt machen können: Ich ackerte den ganzen Tag an der Grenze meiner Leistungsfähigkeit und kam trotzdem nur so endlos langsam voran.
Zu allererst verringerte ich den Reifendruck, um die Auflagefläche der Räder zu vergrößern und so das Einsinken zu vermeiden. Über 135 kg mußten vorwärtsbewegt werden: 15 kg Rad, fast 50 kg Gepäck und mein eigenes Gewicht von über 70 Kilo. Im Endeffekt half da dieser Trick auch nichts, ich blieb trotzdem stecken und mußte schieben, schieben, schieben. Einfach zuviel Kram!
Mir lief die Suppe in Strömen den Rücken runter, das T-Shirt war mit Schweiß durchtränkt. Wo die Sonne die Feuchtigkeit gierig aufgesogen hatte, blieben weißliche Salzränder auf dem Baumwollstoff zurück.

Neben den Häusern in der Nähe der Piste gab es oft palmwedelgedeckte Unterstände, in denen riesige wassergefüllte Tonkrüge, *Zir,* standen. In ihrem Schatten suchte ich vor der flimmernden Hitze Schutz. Jeder Reisende hat das Recht, von dem Wasser dieser Krüge seinen Durst zu stillen. Durch die Verdunstung an der porösen Außenseite der mehr als einen Meter großen Behälter bleibt das Trinkwasser angenehm kühl.
Mein Kopf dröhnte, der Puls klopfte in den Schläfen. Die Krankheitsgefahr durch das unbehandelte Wasser war mir jetzt völlig gleichgültig. Ich konnte nicht mehr warten. Mit einer alten Blechdose, die als Schöpfgefäß und zugleich als Becher diente, schüttete ich das Wasser in mich hinein. Es schmeckte besser als alles, was ich vorher je getrunken hatte. Zum ersten Mal empfand ich den süßen Geschmack von Trinkwasser.
Den ganzen Tag hatte ich mich mit meinem rollenden Haushalt durch den Sand gequält. Bei Sonnenuntergang baute ich erledigt mein Zelt auf. Magere 40 Kilometer hinter Saden Fanty.

Weil der Nil auf seiner Reise durch den Sudan und Ägypten nur ein minimales Gefälle aufweist, besitzt er keine starke Strömung. Träge schiebt der Fluß sein Wasser nach Norden. Er wirkt wie eine Majestät, die sich gemessenen Schrittes fortbewegt und nichts von dem, was an seinen Ufern geschieht, scheint ihn zu einer hastigen Bewegung veranlassen zu können oder ihn zu einem anderen Laut als einem leisen Glucksen hinzureißen.
Am III. Katarakt änderte sich das. Dort tauchen große, graue Granitbrocken im dunkelgrünen Fluß auf, wie die runden Rücken einer Nilpferdherde. Mit lautem Rauschen preßt sich das Wasser durch die Stromschnellen.
Ich sprang von Fels zu Fels, um so weit wie möglich in die Mitte des Flusses zu kommen. Nil und Krokodile - das gehört in meiner Phantasie einfach zusammen. Ich hatte die Hoffnung, in diesem abgeschiedenen Landstrich die bedrohten Panzerechsen beobachten zu können. Mit dem Fernglas suchte ich Ufer und Untiefen ab. Umsonst. Alles, was im ruhigen Wasser unterhalb des Kataraktes trieb, waren kleine, gelbliche Schauminseln, die sich wie Kreisel um sich selbst drehten. Ich wusch meine Kleidung, befeuchtete mein Kopftuch und fuhr etwas enttäuscht weiter.
Ich war noch keine zwei Stunden im Sattel, aber die Sonne prügelte mich fast schon wieder zurück in den Schatten. Unübersehbares Zeichen ihrer ungeheuerlichen Strahlungsenergie war meine verbrannte Nase, die sich schälte. Die Hautfetzen, die sich nach und nach ablö-

sten, erschienen als ungewohnte weiße Flecken am unteren Rand meines Blickfeldes, so daß ich ungewollt immer wieder auf meine eigene Nase schielen mußte. Die junge Haut darunter würde das gleiche Schicksal teilen, denn sie war trotz Sonnenschutzcreme schon rot und brannte bei der Berührung mit dem Schweiß, wenn ich mir mit dem Handrücken die Stirn abwischte.
Wenig später hielt ich am Rand eines Feldes an und bat die Bauern, mir zu zeigen, wie man den Turban richtig wickelt. Meine Selbstversuche hatten bisher zu keinen befriedigenden Ergebnissen geführt. Die Pause war ihnen willkommen. Mit größter Selbstverständlichkeit und Herzlichkeit wurde ich gleich zum Frühstück am Feldrand eingeladen. Bei dieser Einladung, wie bei den anderen ungezählten im Sudan, wurde mir immer wieder das Gefühl gegeben, ich würde meine Gastgeber mit einer Ablehnung beleidigen. Das habe ich in dieser Weise in keinem anderen Land erlebt.
Auf einer sauberen Decke wurde aus einem großen Korb *Kisra* mit gesüßter Milch, *Molocheia,* Bohnen und Tee, aufgetischt.
„Gibt es hier eigentlich Krokodile?“ fragte ich, nachdem der erste Fragenschwall meiner Gastgeber an mir abgetropft war. Als Antwort deutete einer der umsitzenden Männer auf seine Füße. Er trug klobige, verschmutzte Arbeitsschuhe aus - kein Zweifel - echtem Kroko!
„Das stabilste, was du kriegen kannst!“ versicherte er mir.
Bei dem Gedanken, daß sich einige Frauen in Deutschland mit so etwas besonders dekoriert fühlen und eine Stange Geld dafür hinlegen, mußte ich unwillkürlich lachen. Diese Schuhe waren eine ungewollte ironische Anprangerung europäischer Dekadenz.
„Seitdem der staatlich unterstützte Jäger vor zehn Jahren seine Arbeit hier aufgenommen hat, sind sie selten geworden, aber es gibt sie noch.“
In Ägypten waren die Krokodile ursprünglich vollkommen ausgerottet. Erst nach dem Staudammbau wanderten aus den sudanesischen Beständen wieder einige Tiere stromabwärts in den Stausee ein, dessen Fischreichtum den Reptilien eine gute Lebensgrundlage bietet, so daß sie sich inzwischen weiter vermehren.
Bevor ich aufbrach, bekam ich noch unschätzbare Tips für die Weiterfahrt. Der Nil beschreibt in diesem Abschnitt ein Mäandermuster. Knapp 20 Kilometer von hier, machte der Flußlauf einen mächtigen Bogen in südliche Richtung. Da mich entlang des Nilufers nur Sand erwarten würde, rieten mir die Männer, die große Flußschleife einfach abzukürzen und quer durch die Wüste zu fahren.
Übrigens war die Orientierung in Afrika immer wieder ein großes Problem. Das lag zum einen sicherlich daran, daß mein Kartenmaterial gewisse Mängel aufwies. Ich verwendete den „Klassiker“, die dreiteili-

ge Afrika-Karte von Michelin, die einen Maßstab von 1:4.000.000 besitzt! Das ist natürlich winzig. Aber weil in vielen Gebieten Afrikas die Entfernungen selbst zwischen Dörfchen oft bei 80, 90 Kilometern liegen, sind erstaunlich viele Details auf der Karte vermerkt. Hin und wieder hatte die Schreibweise der Orte mit dem Klang ihres Namens nicht mehr viel gemeinsam, oder es waren Kilometerangaben zu korrigieren, was ich dann zusammen mit den zurückgelegten Tagesentfernungen auf der Karte eintrug.
Für die abgelegensten Gebiete von Sudan, der Zentralafrikanischen Republik und von Zaire hatte ich mir außerdem noch Navigationskarten der US-Airforce besorgt. Sie waren von wesentlich größerem Maßstab und topographisch sehr detailliert, entbehrten aber die unerläßlichen Informationen über Kilometrierung, Ortschaften, Straßenzustand usw.
Nachdem ich meinen Sieben-Liter-Wasservorrat nochmals aufgefüllt hatte, ließ ich den Nil in meinem Rücken. Den Angaben der Nubier zufolge lagen bis Kerma, wo die Piste zurück ins Niltal kommen sollte, etwa 50 Kilometer Wüste vor mir. Ich hatte schon ein etwas komisches Gefühl, denn die „Straße" war nichts weiter als gebündelte Reifenspuren im Sand, die geradewegs in die Wüste hinausliefen.
Ein Stückchen weit begleiteten mich noch die Telegrafenmasten. Es ging erst in einem breiten, sandigen Wadi bergauf, aus der Senke des Niltals heraus. Vereinzelt waren Akazien zu sehen, ansonsten gab es nur kniehohe, blaßgrüne Dornenbüsche. Der Strang der Reifenspuren fächerte sich an weichen Sandstellen auf, wo sich jeder Fahrer seinen eigenen Weg durch das Hindernis gesucht hatte, um in den tiefen Rillen anderer Fahrzeuge nicht stecken zu bleiben. Dadurch uferte die Breite der Piste teilweise so sehr aus, daß ich beim Schieben nicht mehr beurteilen konnte, ob ich nur der Fahrtrichtung eines einzelnen Wagens oder noch immer der des Hauptweges folgte.
War das nicht alles leichtsinnig? Reichten überhaupt meine Wasservorräte? Vorsichtig kalkulierte ich mit sieben Kilometern pro Stunde. Eine kleine Wasserreserve zur Sicherheit dazugerechnet, hatte ich pro Stunde einen dreiviertel Liter zum Trinken. Ohne besondere Zwischenfälle war das gut gerechnet.
Kurz vor einer Art Hochebene teilte sich der Weg. Verdammt. Genau das hatte ich befürchtet: eine Weggabelung, die kein Mensch vorher erwähnt hatte. Sollte ich nun nach rechts oder links halten? Hier in der Wüste gab es weit und breit niemanden, den ich fragen konnte - was wenig überrascht.
Die Fahrzeugspuren verrieten auch nicht, welche die Hauptverkehrsrichtung war. Beide Wege schienen gleich selten befahren zu werden.

Also war auch nicht damit zu rechnen, daß hier und heute noch jemand vorbeikam. Ich entschied mich dann für die rechte Spur, die näher am Nil, der Wasserversorgung, blieb.
Nach einigen Kilometern kam ich in einen Steinbruch. Kein Weiterkommen! Wenn ich an meine Trinkvorräte dachte, wurde ich unruhig: Viele solcher Versuche sollte ich mir besser nicht mehr leisten!
Ich kehrte um und versuchte es mit der anderen Richtung. Auf der Hochebene ließ es sich dann erstaunlich gut radeln. Der Sand war weitgehend fest, bildete nur selten „Dagh-Dagh"-Rippeln, und größere Kieselsteine beschränkten sich auf kreisförmige Ansammlungen von Feuerstein. Sie nahmen sich auf dem rötlichen Sand wie schwarz-silbern glänzende Inseln aus, die man leicht umfahren konnte.
Die Landschaft war grandios. Einzig wahrnehmbare Erhebung waren schwarze Tafelbergsilhouetten am westlichen Horizont, hinter denen der Nil zu finden sein mußte. Abgesehen davon verstreute gelbe Grasbüschel, eine leblose Mondlandschaft ohne Schatten, die von flimmernden Luftspiegelungen unnatürlich verzerrt wurde. Stumm, weit und leer.
Ich hätte absteigen mögen, um mich einfach nur in den Sand zu legen, an eine Stelle ohne Vergangenheit und Namen, unberührt seit dem Schöpfungstag. Neuland, von mir, dem ersten und einzigen Lebewesen, entdeckt und in Besitz genommen.
Andererseits machte mich die Einsamkeit unruhig: Ich wußte nicht, was noch vor mir lag. Es war brütend heiß, und ich hatte schon mehr Wasser getrunken als geplant! Ich *durfte* mir keine Pause gönnen! Vielleicht, wenn das Niltal wieder in Sicht kam.
Mit einer Mischung aus Faszination und Schaudern erinnerte ich mich an das Kapitel „Der Durst" aus Saint-Exupérys Buch „Wind, Sand und Sterne", in dem er seine Qualen nach einem Flugzeugunglück in der Sahara beschreibt. Was wäre bei einem gebrochenen Bein, nach einem Sturz vom Fahrrad? Daß man in der Wüste ohne Schatten nach wenigen Stunden einen Hitzschlag erleidet und innerhalb kurzer Zeit ohne die höchst unwahrscheinliche Hilfe von außen verdurstet, wurde in diesem Moment vorstellbar.
Am Spätnachmittag bemerkte ich im Westen erleichtert einen Dunstschleier - das Niltal! Geschafft.
Bei Kerma setzte ich mit einer alten Felukka, deren Segel aus hundert Flicken bestand, auf das westliche Ufer über. Dort sah ich in den folgenden zwei Tagen immer wieder die Kadaver von Kamelen. Sie waren schon in Sichtweite des Niltales gewesen und trotzdem noch verendet. Eine eindringliche Warnung, die Gefahren der Wüste niemals auf die leichte Schulter zu nehmen.

*Bike an Bord. Felukka-Segelschiffe verbinden die weit auseinanderliegenden Ufer des Nils, Sudan*

*"Wer sich in Gefahr begibt ..." - Kamelgerippe am Rand der Piste*

Auf der westlichen Nilseite erwartete mich eine sagenhafte Piste. Bei Rückenwind raste ich mit über 20 Kilometern in der Stunde nach Süden. Wann hatte ich das letzte Mal solche Geschwindigkeiten auf meinem Tacho gesehen? In Ägypten? Das war Welten entfernt! Nur manchmal eine Spur von Wellblech, hin und wieder ein Bewässerungskanälchen, das die Piste kreuzte. Man fuhr dazu eine kurze steile Rampe rauf, überquerte den vielleicht 40 Zentimeter breiten Wasserlauf und rollte auf der anderen Seite wieder hinab.
Das ist mein Afrika: Der Himmel ungeheuer hoch und irgendwo in diesem endlosen blauen Raum ein paar Wolken wie feine weiße Federn. Die Wüste und das Fruchtland darunter völlig flach. Häuser, Felder und Palmen reduziert auf einen schmalen grünen Strich. Von dem Gewicht des Himmels auf zwei Dimensionen plattgedrückt.
Nach über drei Stunden erreichte ich Dongola, das mich mit einer großen Überraschung empfing: einer einzigen Teerstraße! Die sah zwar übel mitgenommen aus, aber die vielen, zum Teil 30, 40 Zentimeter tief ausgefahrenen Schlaglöcher trübten das Fahrvergnügen in keiner Weise.
Ich umrundete sie mit übermütigen Schlenkern. Es war ein Gefühl, als rollten die Reifen von Filfilla ohne jeden Widerstand. Ich dachte an die Kraft, die mich die sandigen Passagen von Nubien gekostet hatten. Was für ein Unterschied! Aber das ist sicher: Hätte ich die Strecke durch Nubien in viel kürzerer Zeit und ohne außergewöhnliche Anstrengung auf Asphalt zurücklegen können, hätte ich das Land und die Menschen niemals so intensiv erlebt und als so beeindruckend empfunden!

Irgendwo zwischen Dongola und Ed-Debba blieb ich jedoch endgültig im Wüstensand stecken. Den ganzen Tag hatte ich den Nil nicht zu Gesicht bekommen. An seinem Ufer, hieß es, gäbe es keine Möglichkeit, mit dem Rad voranzukommen. Also wich ich auf die Route der Überlandlaster aus, die einige Kilometer westlich des Nils durch den Sand führt. Aber was war der Sinn, daß ich mich Stunde um Stunde in der Hitze mal schiebend, mal fahrend vorwärtsquälte, rundherum nichts als eintönige Sand- und Kiesflächen, ohne eine Menschenseele oder wenigstens eine Pflanze zu sehen?
Und dann auch noch einen Plattfuß! Ich hatte Filfilla auf den Kopf gestellt, um das Hinterrad auszubauen. Verdammt! Der Schlauch zeigte rundherum an der Verklebungsnaht Risse von Materialermüdung. Ob das überhaupt noch zu flicken war? Mehr als zwei Ersatzschläuche besaß ich nicht. Als ich versuchte, die Stellen mit einem langen Streifen Flickengummi abzukleben, hörte ich in der Ferne das Geräusch eines Lkws. Aus dem Nichts näherte sich mit einer langen Staubfahne ein

abenteuerlich überladener, zum Bus umgebauter Lastwagen und hielt fünf Meter neben mir. Auf den ungläubigen, halb belustigten Gesichtern des Busfahrers und seiner Passagiere ließ sich die Skurrilität dieser Situation ablesen: mitten auf dieser weiten Sandfläche ein einsamer Radfahrer, der seinen Reifen flickt.
Die Anteilnahme des gesamten Busses war mir sicher. „Sollen wir dich mitnehmen? Mein Gott, wo willst du denn hin?“ fragte mich der Busfahrer.
„Nach Khartoum!“
Es wurde wahrscheinlich ernsthaft an meiner Zurechnungsfähigkeit gezweifelt.
„Aber das geht noch 400 Kilometer so weiter! Nichts als Sand!“
Ich schluckte. Jetzt fiel es dem Mann nicht mehr schwer, mich zur Mitfahrt zu überreden. Die zerlegte Filfilla und alles andere wanderten auf das Dach. Über die Motorhaube kletterte ich auf das Führerhaus, wo es sich eine Gruppe von fünf sudanesischen Männern bereits gemütlich gemacht hatte. Ich wurde mit großem Hallo begrüßt.
Der Bus fuhr an und jagte über die weiten Sandflächen. Da ich eine ganz andere Reisegeschwindigkeit und einen ganz anderen Komfort gewöhnt war, hatte ich das Gefühl, ich würde das erste Mal mit dem Auto fahren - eine richtige Wiederentdeckung. Die Nase im angenehm kühlen Fahrtwind genossen wir den sagenhaften Ausblick von hier oben, kauten getrocknete Datteln und sprachen über Gott und die Welt. Als der Sand später noch weicher und tiefer wurde und sich der Lkw immer wieder heulend festfuhr und nur flott zu machen war, indem alle Passagiere ausstiegen und schieben halfen, fiel es sogar mir mit meiner gekränkten Radlerehre schwer, alle Kraftfahrzeuge im Bausch und Bogen zu verdammen. Hier mit dem Fahrrad durch - na, dann gute Nacht! Ich bereute es jedenfalls nicht, daß ich vorübergehend das Verkehrsmittel gewechselt hatte.

## Heiße Weihnacht in Khartoum

Hinter mir lag Nubien, vor mir, nach einer schlaflosen Nacht auf dem Führerhaus des Lastwagens, Khartoum, die Hauptstadt des Sudan. Sie wurde von den Engländern auf einer Halbinsel erbaut, welche durch den Zusammenfluß von Blauem und Weißem Nil entsteht. Inzwischen ist sie mit der nördlich des Blauen Nils liegenden Industriestadt Khartoum-el-Bahri und Omdurman, der Stadt am jenseitigen, westlichen

Ufer des vereinigten Nils, praktisch zu einer Großstadt mit mehreren Millionen Einwohnern zusammengewachsen.
Im stumpfen Licht der Morgendämmerung ratterte der Lkw für Kilometer durch die armseligen, staubigen Siedlungen von Abu Za'id und Mwellih im nordwestlichen Außenbezirk von Omdurman. Ein Meer von provisorischen Behausungen aus Blech und Lehm am Rand der Wüste. Unterkünfte der Menschen, die zu Tausenden vor dem Bürgerkrieg im Südsudan flohen, denen die Dürre in der Sahelzone die Lebensgrundlage entzogen hat, oder die, wie überall in Afrika, auf einen bescheidenen Wohlstand hofften, als sie sich zu dem unumkehrbaren Schritt entschlossen, ihre Dörfer zu verlassen und in die Metropole zu ziehen.
Neben den Millionen von Flüchtlingen aus eigenen Landesteilen leben im Sudan - meist in Grenznähe - Hunderttausende von Menschen aus den Nachbarländern Eritrea, Äthiopien, Uganda und Tschad, die vor dem Krieg in ihrer Heimat in die relative Sicherheit des Sudans flüchteten. Der ständige Menschenstrom hat die Dreierstadt Khartoum/Omdurman/Khartoum-el-Bahri wohl zur schnellstwachsenden Stadt Afrikas gemacht. Diese ist hoffnungslos überfordert, eine nur annähernd ausreichende Versorgung der Neuansiedler zu gewährleisten.
Hunderte von Eselskarren, beladen mit leeren Tonnen, Dosen, Kanistern und alten Ölfässern drängten sich jetzt in der Frühe an den wenigen Wasserstellen, um die vielen Haushalte zu versorgen. Keiner von ihnen war regulär ans Trinkwassernetz oder an die Kanalisation, geschweige denn an die Stromversorgung angeschlossen.
Meine Augen tränten von dem aufgewirbelten Staub, die der Wind durch die unbefestigten, baumlosen Straßen trieb. Ich habe Khartoum für mich „Stadt der Milane“ getauft, weil Hunderte dieser Raubvögel unermüdlich in der Thermik über der armen, verwahrlosten Stadt kreisten, wie Geier über dem Körper eines Sterbenden.
Plötzlich sangen die Reifen auf Asphalt und kurz danach rollten wir über die große Brücke, die zwischen Omdurman und Khartoum den Weißen Nil überspannt. Vielleicht einen halben Kilometer flußabwärts mündet der Blaue Nil ein. Er entspringt im Abessinischen Hochland, dessen Niederschläge das jährlich wiederkehrende Hochwasser im Niltal verursachen. Der fast schwarze Nilschlamm, der schon zu pharaonischer Zeit die Fruchtbarkeit ägyptischer Felder garantierte, stammt von den erodierten Böden Äthiopiens.
Durch die Müdigkeit nach der durchfahrenen Nacht und dem Anblick der Flüchtlingsstädte konnte ich den Augenblick nicht so auskosten, wie er es verdient hätte. *Muqarn,* die Stelle des Zusammenflusses war schließlich einer der Orte, die meine Phantasie beflügelten, seit ich das

erste Mal von dieser Reise träumte. Und natürlich war dies eine wichtige Station meines Vorhabens, dem Lauf des längsten Flußes der Erde mit dem Fahrrad bis zu seinen Quellen zu folgen.
Klar, daß mich der erste Gang in der Hauptstadt des Sudans zur deutschen Botschaft führte - Post wartete! Doch der sudanesische Wachposten zuckte bedauernd mit den Schultern. *„Muta'assif,* tut mir wirklich leid, aber freitags, am moslemischen Feiertag, ist die deutsche Botschaft, wie alle Behörden geschlossen!"
Er sah ziemlich abenteuerlich aus: Um sich vor der Kälte zu schützen, hatte er einen Wollschal wie einen monströsen Verband um den Kopf einschließlich der Ohren geschlungen, nur sein unrasiertes Gesicht lugte daraus hervor. Auf dem Gipfel dieses Wollknäuels balancierte er sein Barett. Im Mundwinkel hing eine filterlose Kippe. Händereibend stellte er sich wieder vor das Feuerchen, das er aus dem Holz alter Exportkisten entzündet hatte. Hier, mitten auf dem Bürgersteig neben dem Gitter des Botschaftsgeländes, kochte er sich in einem kleinen Kessel aus Aluminium den Morgentee.
„Na gut, dann komme ich halt morgen nochmals zurück", erwiderte ich niedergeschlagen.
„Das wird nichts nutzen, denn samstags und sonntags ist europäisches Wochenende, also ohnehin zu. Und Montag und Dienstag ist doch der *'Id al milad'"*
Ja, natürlich - Weihnachten. Also weiterhin geschlossen.
Mitfühlend fragte er: „Wie ernst ist denn die Angelegenheit? Morgen gibt es zwei Stunden lang einen Notdienst."
Heilig Abend ohne Post von zu Hause? Menschenskind nochmal, das war doch ein verdammt ernster Notfall!
„Es ist sehr ernst! Sehr!"
Am nächsten Tag mußte ich die adventliche Strafpredigt eines deutschen Bürokraten über mich ergehen lassen.
„Die deutsche Botschaft ist keine Postannahmestelle!" war das erste, was er mir entgegenbellte, als ich darum bat, nach Weihnachtsbriefen für mich zu sehen. Ein Erlebnis, das jedes Heimweh im Keim erstickte - Deutschland zum Abgewöhnen gewissermaßen. Wenn ich da an die Höflichkeit und Hilfsbereitschaft der Sudanesen dachte ...
„Herr Fiebig? Hier, Ihre Post."
Sieben Briefe! Das hatte sich gelohnt. Aber dann gab's eine kalte Dusche.
„Der Kanzler der Botschaft möchte Sie noch sprechen."
Ich trat in sein Zimmer. „Wie ich dem Begleitbrief Ihres Vaters entnommen habe, wollen Sie in den Westsudan fahren, um von dort aus in die Zentralafrikanische Republik weiterzureisen. Das ist undenkbar!

Die Bürgerkriegskämpfe breiten sich nach Norden aus und uns liegen Informationen vor, nach denen der Grenzposten Am Dafok bereits in Gewalt der Rebellen ist!"
Ich mußte schlucken. Am Dafoq war das einzig verbliebene Schlupfloch, um auf dem Landweg ins zentrale Afrika einzureisen.
„Ich möchte Ihnen dringend raten, den Südsudan mit einem Linienflug nach Nairobi zu umgehen! Erst vor zwei Wochen hat ein Ehepaar, das wie Sie mit dem Fahrrad unterwegs ist, diese unkomplizierte und schnelle Route gewählt."
Aha, daher wehte der Wind! Man hätte mich wohl lieber heute als morgen den Sudan verlassen sehen, weil jeder Tag, den ich noch länger im Land blieb, für die Beamten der Botschaft unbequeme Scherereien bedeuten konnten. Doch bis Behörden und Konsulate in der nächsten Woche nach Weihnachten wieder öffneten, ließ sich nicht in Erfahrung bringen, wieviel an dieser Hiobsbotschaft wirklich dran war. Mir waren erst einmal die Hände gebunden, ich saß fest.

Die Jugendherberge ist in einem schönen Haus mit Garten nahe des internationalen Flughafens von Khartoum untergebracht. Im Doppelstockbett neben mir schlief Al-Baghir, Pilot bei Alia, der staatlichen jordanischen Fluggesellschaft. Außerdem waren da noch Paul, weltreisender Holländer, Attajjib, Roma und Al-Hadi, sudanesische Lehrer, die in der Hauptstadt einen Fortbildungskurs machten und nicht zu vergessen Ulli Scheibe, Fliesenleger aus Wuppertal, bereits zum zweiten Mal auf großer Sudan-Reise!
Al Baghir, der Jet-Pilot hatte versprochen, uns drei Europäer zu der Hochzeit eines Freundes mitzunehmen. Ein alter japanischer Kleinbus ohne Fenster und Auspuff fuhr uns unter lautem Geknatter zum Haus der Brauteltern. Im Garten war ein riesiges Zelt aufgestellt worden, in dem sämtliche Hochzeitsgäste empfangen und bewirtet wurden. Es herrschte ein ständiges Kommen und Gehen. Neben uns saßen weitere Gästegruppen um die runden, im Durchmesser mehr als einen Meter messenden Kupfertische.
Wir wurden nach unseren Namen gefragt. Al Baghir stellte uns vor: „Es sind deutsche Freunde von mir - das ist Hartmut und ..."
Weiter kam er nicht.
„Wie bitte?" wurde er unterbrochen, *„Hatmut?* Das kann doch nicht wahr sein!"
Es entstand Tumult um unseren Tisch herum. Bestürzung und Belustigung hielten sich die Waage. Langsam beruhigte man sich wieder. Dann wurde Ulli angesprochen.
„Und du, wie heißt du?"

Ulli war unsicher geworden und meinte zögernd: „Ich ... also, ich heiße Ulli!"
Das schlug alles Dagewesene! Kreischen und Johlen. Die Aufmerksamkeit, die wir inzwischen erregten, war peinlich. Es erklärt einiges, wenn man weiß, daß *„hatmut"* im Ägyptisch-Arabisch so viel wie „Du-wirst-sterben" und „ulli" „Sag's-mir" bedeutet.
Ich fürchte, wir werden in die Geschichte dieser Hochzeit als die beiden Deutschen mit den verrückten Namen „Du-wirst-sterben" und „Sag's-mir" eingegangen sein ...
Für mich war dies der endgültige Auslöser für meinen Entschluß, einen neuen Namen anzunehmen. Den hatte mir schon Mohamed Ali aus Saden Fanty nach einer ähnlichen Szene verpaßt, als er um mein Ansehen als Gast fürchtete:
„Es schickt sich nicht, jemanden mit 'Du-wirst-sterben' anzureden, das bringt Unglück. Ich werde dich besser Toum-Toum nennen!" raunte er mir damals zu.
Eine weiterführende Erklärung der Bedeutung meines neuen Namens ist mir sein Schöpfer schuldig geblieben. Vermutlich war es nichts weiter als eine Verballhornung der alten Anrede. Toum-Toum klang lustig und nicht unafrikanisch, war aber vor allem wesentlich leichter zu merken als der Zungenbrecher „Hartmut". Also habe ich ihn auf dem Weg zum Kap der Guten Hoffnung einfach beibehalten.
Interessant, daß sich auch der Name „Toum-Toum" im weiteren Verlauf der Reise als nicht ganz unzweideutig herausstellte. Im Zaire wurde mir erklärt, das „Toum-Toum" soviel wie „Trommel" bedeutet - eigentlich naheliegend. Bei den Luo, dem zweitgrößten Volk Kenias, heißt es soviel wie „Gitarre" - was ja ganz gut paßte. In Malawi hingegen gab es eine Zigarettenmarke „Tom-Tom" - die wiederum wollte ich mir nicht anstecken. Und die Mashona in Zimbabwe schließlich gebrauchen das Wort im Sinne von „überall, an sehr vielen Stellen gewesen zu sein" - das war für mich als Globetrotter ja wieder zutreffend.

Die Feindseligkeiten und das Mißtrauen seitens der Behörden in Khartoum gegenüber Ausländern hatten seit der Regierungsübernahme durch 'Omar Hassan al Bashir zugenommen. Jeder europäische oder amerikanische Ausländer galt als potentieller Spion. Deshalb begann die deutsche Botschaft kurz vor Weihnachten mit der Ausgabe von Schutzbriefen für deutsche Staatsbürger, um sie gegen die Willkür der Sicherheitskräfte, namentlich der Geheimpolizei zu schützen.
Die Wirkung dieser Schreiben blieb zweifelhaft. Selbst Botschaftsangehörige wurden nicht verschont. Es hatte Hausdurchsuchungen gegeben, zu denen die Bewohner mit einer Pistole an der Schläfe „über-

zeugt" worden waren. Zwei deutsche Reisende, Joachim Seeländer und Dominicus Collenberg, erzählten mir, daß sie heimlich über mehrere Tage beschattet und bei anschließenden Verhören mit der Beschuldigung, ein Spion zu sein, eingeschüchtert wurden. Dominicus stellte man vor die Alternative, das Land mit dem nächsten regulären Flug nach Kenya zu verlassen oder verhaftet zu werden, Joachim gelang es, sich rechtzeitig in den Norden aufs Land zu flüchten, bis wohin der Einflußbereich der Beamten offenbar nicht reichte.
Diese Erzählungen kurierten mich von dem Wunsch, in Khartoum zu fotografieren, und sie riefen in mir das ungute Gefühl hervor, beschattet zu werden. Ich glaubte immer wieder einen bohrenden Blick im Rücken zu spüren. Aber wann immer ich mich auf der Straße unvermutet umdrehte, konnte ich niemanden entdecken, der mir gefolgt wäre. Was redete ich mir eigentlich schon alles ein? In dieser Atmosphäre von greifbarer Spannung, von Mißtrauen und Unsicherheit verbrachte ich also Weihnachten in Khartoum.
Weil eine Gästekarte im deutschen Club für mein Reisebudget untragbar war, wurde nichts aus dem snobistischen Traum, das Weihnachtsfest bei 25 °C am Swimming-Pool zu verbringen. Resigniert standen Ulli, Paul und ich vor den Schaufenstern der Luxusläden und träumten von den Pfirsichdosen, die im Schaufenster mit umgerechnet 8 US-Dollar das Stück ausgezeichnet waren. Auch die wenigen Leberwurstdosen, die Ulli als eiserne Ration vor ein paar Tagen aus Deutschland eingeflogen hatte, waren schon alle verputzt. Also schlenderten wir von Garküche zu Garküche, um uns hier ein sudanesisches Weihnachtsmenü zusammenzustellen: Saubohnen mit Fladenbrot und gekochten Eiern, zart angebratenes Kalbfleisch und zum Dessert kleine Kuchen, die vor allem nach Mehl schmeckten, weil in Khartoum über Weihnachten kein Zucker aufzutreiben war. Sie weckten sehnsüchtige Träume von deutscher Weihnachtsbäckerei.
„Da, hört ihr?" fragte Ulli, „sind das nicht Trommeln?"
Tatsächlich, es gab keinen Zweifel.
„Wollen wir mal nachsehen? Vielleicht noch eine Hochzeit!"
Der Lärm kam aus einem großen, dunklen Schulgebäude in einer der Nebenstraßen. Es gab eine kleine Tür, die nur angelehnt war. Wir schlüpften hindurch. Vor uns baute sich ein Schatten auf - ertappt.
„Guten Abend! Dürfen ... dürfen wir reinkommen?" fragten wir etwas unbeholfen.
„Natürlich."
„Was geht denn hier vor sich?"
„Wir feiern Weihnachten!"
„Muslime, die Weihnachten feiern?" dachte ich irritiert. Wir liefen durch

einen dunklen Gang, der an seinem Ende in einen Innenhof überging. Gesang und Trommelschläge waren lauter geworden. Wir blieben überrascht stehen. Etwa 40 Jugendliche, deren Alter von 9 bis etwa 17 Jahre reichen mußte, feierten auf dem Platz. Sie trugen weiße Hemden oder Blusen, feine Röcke und schwarze Hosen. Teilweise baumelten selbstgebastelte Kreuze und buntbestickte Stoffbänder um die Hälse. Es waren die Kinder einer Missionsschule, südsudanesische Kinder vom Volk der Dinka und Nuer.

Unter den Trommelschlägen und dem Klatschen der blanken Fußsohlen auf den Bodenfliesen schien sich der Schulhof in den Dorfplatz eines südsudanesischen Ortes zu verwandeln. Eine Gruppe von Mädchen - umringt von johlenden Jungen - begann einen seltsamen Tanz. Es war ein Werbungstanz, bei dem die Mädchen in einer Reihe standen und mit einem seltsamen Zittern des Oberkörpers ihre Brüste zur Geltung brachten. Einem kleinem Mädchen mit knospenhaften Brüsten liefen die Tränen über die Wangen, weil es angesichts der reiferen Freundinnen den Spott der Jungen befürchtete.

Die Jungen antworteten mit einem anderen Tanz, der den Eindruck erweckte, daß der Körper in einen oberen und einen unteren Teil zerfiel, die unabhängig voneinander waren. Während der Oberkörper vollkommen in Ruhe gehalten wurde, wurden die geschlossenen Beine mit einem ständigen Wippen leicht gebeugt und gestreckt, wobei sich das Becken mitbewegte. Wahrscheinlich erinnerte das nicht zufällig an die ekstatischen Stöße beim Geschlechtsverkehr.

Zwei der älteren Jungen standen sich mit entblößtem Oberkörper regungslos gegenüber, zum Sprung bereit. In der Rechten hielt jeder der beiden eine Lanze. Es waren die hölzernen Beine einer Schulbank, die sie kurzerhand aus dem Möbel herausgebrochen hatten. Schuhe, Strümpfe und die feinen Hemden hatten sie einfach auf die Seite geworfen. Jeden Moment konnten sie aufeinander losgehen! Sie ließen sich nicht aus den Augen, nahmen anscheinend überhaupt nichts von dem Lärm im Hof wahr, der aus dem Durcheinander von zerhackten Trommelrhythmen, unverständlichen Wortfetzen und spitzem, hohem Kinderlachen bestand. Die anderen Jungen stachelten die Kämpfer mit ihren Liedern an, während die Mädchen tuschelten, kicherten und ihrem Favoriten bewundernde Blicke zuwarfen. Trommeln und Gesang schwollen wie eine Welle an, die auf den Strand zurollt. Die harte, schnelle Synkopenfolge der drei Trommeln schmerzte fast wie Schläge.

Es ging los, sie kämpften! Die Spannung ihrer Muskeln entlud sich in geschmeidigen Bewegungen, mit denen sie voreinander tänzelten. Der erste Speerstoß. Durch eine elegante Körperdrehung wich der angegriffene Junge aus. Der Coup ging ins Leere. Die Abwehrbewegung seiner Arme, mit der er das Holz seitlich an sich vorbeigelenkt hatte, beschrieb einen Kreis, aus der er im nächsten Moment mit dem eigenen Speer zum Gegenangriff ansetzte. Weil der Verteidiger mit dem Ausfallschritt des Angreifers synchron zurückwich, veränderte sich der Abstand zwischen den beiden Körpern dabei praktisch überhaupt nicht. Auf eine Attacke folgte sofort die Gegenattacke. Es war also ein ständiges, gleichzeitiges Vor und Zurück.

Die Trommeln schlugen einen Rhythmus, der das Tempo vorgab, in dem sie während des ganzen rituellen Kampfes von einem Bein auf das andere sprangen. Diese federnde Bewegung wirkte vollkommen leicht, so mühelos, aber beide Jungen atmeten heftig. Es war eine mystische Erregung, die auf mich übersprang und mich fesselte.

Unbemerkt - oder zumindest so unbeachtet - wie wir drei Europäer hier eingedrungen waren, verließen wir in der Dunkelheit das Haus wieder. Wir waren alle drei seltsam tief berührt. Die Trommeln, der Pulsschlag Afrikas, waren auf der Straße nur noch schwach zu hören. Aber in mir dröhnten sie noch nach. Meine Weihnachtsstimmung war eine ganz andere geworden: Die Neugier auf das vor mir liegende Schwarzafrika war wieder angestachelt.

Paul und ich gingen noch zur Christvesper. Die Regierung hatte die nächtliche Ausgangssperre für Heilig Abend und die Weihnachtsfeiertage aufgehoben. Also mußten wir nicht bis spätestens 11 Uhr wieder zurück in die Jugendherberge. Wir hatten Glück: Auf unser Handzeichen hin hielt ein Wagen. Es war ein französischer Arzt, der beim Internationalen Roten Kreuz arbeitete. Er fuhr uns mit seinem Wagen zur katholischen Kirche in der Nähe des Blauen Nils.

Wir erfuhren von ihm, daß erst vor wenigen Tagen eine kleine Propellermaschine des Roten Kreuzes während ihres Einsatzes unter ungeklärten Umständen über dem Südsudan verunglückt war. Bei dem Absturz kamen zwei Ärzte aus seinem Team ums Leben. Der Fall beschäftigte ihn. Er hing seinen Gedanken nach und redete wenig. Prompt hatte er sich verfahren.

Wir wendeten auf der Fahrbahn und bogen in die Parallelstraße ein. In der Straßenmitte war ein Roadblock aufgebaut worden. Mit einer Armbewegung forderte uns ein bewaffneter Polizist auf, zu halten.

„Sagen Sie nichts, bitte. Überlassen Sie das Sprechen mir!“

Doch anstatt direkt neben dem Uniformierten zu halten, ließ der Franzose den Wagen langsam durch die Sperre hindurchrollen, um dahinter an den Straßenrand zu ziehen und die Fahrbahn freizugeben.

Was in diesem Moment passierte, geschah so rasend schnell, daß wir keine Zeit hatte, zu begreifen.

„*Qif!* Stopp!" schrie der Polizist und riß seine Waffe aus dem Halfter. Der metallene Lauf war durch das offene Fenster auf den Kopf des Arztes gerichtet. Intuitiv rissen wir die Hände hoch. Der Mann war nervös. Der wollte nicht spaßen! Der französische Arzt blickte in den Lauf und zwang sich, seine Stimme zu fassen. Beruhigend redete er auf den Uniformierten ein. „Ich arbeite für das Rote Kreuz."
„Warum haben Sie auf mein Zeichen hin nicht gehalten?" bellte der Beamte gereizt.
„Aber ich habe doch gehalten, ich wollte nur die Straße freimachen."
Zögernd senkte sich die Waffe.
„Ihre Papiere!" Fordernd streckte er seine Hand durchs Fenster. Nach einer kurzen Ausweiskontrolle trat er einen Schritt zurück.
„Sie können fahren - aber ich rate Ihnen: Halten Sie das nächste Mal sofort an!"
Wir fuhren weiter. Keiner von uns sprach mehr ein Wort. Wir waren wie gelähmt von dem Schock. Ich fühlte wieder diese unbeschreibliche Beklemmung, wie durch eine unsichtbare Gefahr. Gott sei Dank, es war noch einmal gutgegangen. An der nächsten Kreuzung setzte uns der Mann ab.
„Vielen Dank!" Der zweite Satz wollte kaum über die Lippen, so unpassend erschien er: „... und frohe Weihnachten!"
Die Erwiderung war nur ein wortloses Nicken, dann verschwand der Wagen in der Dunkelheit.

Am nächsten Morgen startete ich um acht zum Behördenmarathon, um den notwendigen Papierkram für die Weiterfahrt zu regeln. In den kommenden zwei Tagen legte ich mit Filfilla über 50 (!) Kilometer zwischen Büros und Botschaften zurück, tingelte von Empfangszimmern zu Amtsstuben, trank zahllose Gläser Tee und wartete ungezählte Stunden im Angesicht der allmächtigen afrikanischen Politiker, deren Porträts mit Feldmarschallsuniform und zahlreichen bunten Orden hinter jedem Schreibtisch von der Wand blickten, als wollten sie die Teepausen der Beamten überwachen.
Als erstes ließ ich mich im Aliens-Office registrieren und reichte meinen Antrag für eine Reisegenehmigung in den Westsudan ein - Grund: zwecks Weiterreise in die Zentralafrikanische Republik (C.A.R.). Politische Lage hin oder her. Wenigstens besaß man die Höflichkeit, den Antrag nicht schon von vornherein abzuweisen, wie den von Ulli für seine Fahrt in das Gebiet des Jebel Marra.
Stundenlanges Ausfüllen von Vordrucken. Inzwischen konnte ich meine Paßnummer, Ausstellungsdatum und Gültigkeitsdauer vorwärts und rückwärts herbeten. Durch die unüberschaubare Zahl von Formularen

neigte sich mein Paßbildvorrat dem Ende zu. Also zurück ins Stadtzentrum zum Fotografen, mit der Hand noch eben die fettigen Haare ordnen, die Bitte an den Mann hinter der Kamera, den Bildausschnitt so zu wählen, daß die Flecken auf dem T-Shirt nicht zu sehen sind, Warten auf die Abzüge.
Vom deutschen Konsulat brauchte ich noch ein formelles Empfehlungsschreiben für den Visumantrag von Zaire. Dort versuchte man mich nochmals von meinen Weiterreiseplänen abzubringen. Die Beamtin gab schließlich zu, selber keine verläßlichen Informationen über die Situation im „Wilden Westen" des Sudans zu haben - also auch keine aussichtslos negativen. Ich blieb bei meinem Plan.
Die Fotografiererlaubnis für die Kamera erhielt man beim Touristenbüro, dessen Lage allerdings landläufig nicht bekannt zu sein schien. Ein vager Tip führte mich auf eine heiße Spur, in einem gewöhnlichen Wohnhaus wurde ich schließlich fündig. Den Schein konnte ich direkt mitnehmen, brauchte also nicht noch einmal vorbeizukommen.
An wieder anderer Stelle verschlang mein Wunsch auf Verlängerung der Aufenthaltsgenehmigung weitere 3 Paßbilder - letztendlich dann aber doch vergeblich. Laut Auskunft der zairoisischen Botschaft in Bonn durfte ich als Deutscher das Visum nur von meinem Heimatland aus beantragen und das wäre sehr, sehr teuer gewesen. Davon abgesehen schied es für mich schon deshalb von vornherein aus, weil die Gültigkeit auf drei Monate ab Ausstellungsdatum beschränkt gewesen wäre und bis zu dieser Frist hätte ich Zaire von der BRD aus niemals erreicht. Ein Zurückschicken der Reisepasses war wegen der damit verbunden Unsicherheiten ausgeschlossen.
Eine Viertelstunde lang setzte ich dem Mann am Eingang der Geschäftsstelle von Zaire höflich, aber ein wenig penetrant auseinander, warum das Visum so wichtig für mich sei. Er wiederholte mit stoischer Ruhe zum hundertsten Male stereotyp, ich solle am morgigen Tag zurückkommen, der Sachbearbeiter sei außer Hauses. Eine Tür öffnete sich und eben besagter Beamter, zuständig für die Bearbeitung von Visaformularen, beklagte sich über den Lärm auf dem Gang, den wir veranstalteten.
Den ersten Beamten übergehend reichte ich ihm meinen Paß und eines der Empfehlungsschreiben, die ich noch in Deutschland bei Freunden in Auftrag gegeben hatte. Sie zeichneten sich nicht so sehr durch ihren Inhalt aus, als vielmehr durch martialische Unterschriftszüge und dekorative Stempel mit Aufschriften wie „Erledigt", „Eingegangen", „Vertraulich" und als Krönung: „Stillbescheinigung".
Ich wurde nochmals fortgeschickt, um eine Kopie des offiziösen Empfehlungsschreibens anzufertigen, die dann bei den Akten der Botschaft

zu verbleiben hatte. Es tat seine Wirkung: Nach nur zwei Stunden - also noch am Morgen des Antrags! - händigte mir der Botschafter persönlich gegen 26 Dollar den Paß aus, der Visums-Stempel war noch nicht einmal trocken. Um diesen Betrag dann aus meinem Devisenformular austragen zu lassen, verbrachte ich anschließend mehrere Stunden in der Zentralbank - sonst hätte ich bei der Ausreise als vermeintlicher Schwarztauscher große Probleme bekommen können - und daran durfte die Ausreise nach Zentralafrika nicht scheitern!
Ulli und ich aßen an einem Kiosk zu Mittag. Plötzlich stand ein Junge mit verwahrlosten, zerrissenen Kleidern und filzigen Haaren vor uns. Er mochte kaum älter als 12 Jahre sein. Er starrte mit großen Augen auf die angebissenen Sandwiches in unseren Händen.
„Hunger!“
Wir kauften ihm ebenfalls ein Brot. Sofort lief er in den Schatten eines Baumes auf der Grünfläche. Das gab's doch nicht: Dieser kleine, hungrige Knirps teilte noch diesen Bissen erbettelten Essens zwischen sich und seinem Freund auf!
Mir verging der Appetit. Plötzlich stieg Haß in mir hoch. Haß auf die Dummheit der Menschen, die diesen sinnlosen Bürgerkrieg betreiben, der Tausende von Kindern, wie diese beiden, zu Waisen gemacht hat. Man sieht, wie sie sich auf den Straßen der Hauptstadt herumtreiben, ohne Kindheit und Zuhause, mit nichts als Hunger im Bauch. Sie schlagen sich irgendwie durch, mit dem Sammeln eßbarer Abfälle, mit Betteln und kleinen Gaunerstückchen. Kleine Gruppen dieser Kinder suchen in Kanalisations- und Kabelschächten Schutz vor der Kälte, die nachts mit unerbittlicher Härte vom klaren Wüstenhimmel auf die Stadt fällt. Ohne warme Kleidung, geschweige denn Decken, kauern sie zusammen, um sich gegenseitig zu wärmen. Erst diesen Morgen, auf meinem Weg zu den Behörden, hatte ich das wieder gesehen.
Ich konnte es nicht mehr erwarten, die Stadt hinter mir zu lassen, mit ihrem Lärm und Schmutz, der blanken Armut und der ständigen Angst vor der Willkür von Polizei und Militär. Was aber, wenn mir die fehlende Reisegenehmigung noch einen Strich durch die Rechnung machte? Am Nachmittag war dieses Problem nur noch Geschichte: Ich hielt überglücklich die Erlaubnis in den Händen. Keinen Tag länger wollte ich in Khartoum hängen, um auf die Verlängerung der Aufenthaltsgenehmigung zu warten - wer wußte schon, was in der Zwischenzeit noch alles passieren und die Weiterfahrt unmöglich machen konnte?
Hätte ich jedoch geahnt, was am Ende der nächsten Etappe stand, wäre meine Entscheidung bestimmt anders ausgefallen. Ich hätte noch gewartet und wäre erst zusammen mit Ulli in einigen Tagen Richtung Westen aufgebrochen.

## Fahrt in den Wilden Westen

Der Bus“bahnhof“ in Omdurman besteht aus einem großen Platz festgestampfter Erde, der von Öllachen, Gummiabrieb und Feuerstellen an vielen Stellen schwarz gefärbt ist. Allerlei Abfall fliegt herum. An den Rändern stehen die Baracken der Busunternehmer, Händler und Reparateure. Auf dem Platz selbst herrscht ein Treiben, das sich auf allen Märkten Afrikas ähnlich ist. Mit den seltsamsten Tätigkeiten verdienen viele Leute ihren Lebensunterhalt. Es geht bei diesen Geschäften oft nur um Pfennigbeträge und man fragt sich, wie man mit solch magerem Profit überhaupt überleben kann. Viele von ihnen besetzen ausgefallene „Nischen“-Jobs, wie z.B. die Wieger, deren einziges Kapital aus einer alten Personenwaage besteht. Für einmal wiegen in ihrem Trottoir-Wiegestudio muß man den Bruchteil eines Pfennigs entrichten.

Von einer alten Garage aus, die Büro, Lagerhalle und Warteraum des Busunternehmens in einem war, beobachte ich, wie das Fahrzeug beladen wird, für welches ich am frühen Morgen ein Ticket nach El-Fasher gelöst habe. Unglaubliche Mengen von Gepäck werden auf das Dach gehievt und mit Sisaltauen festgezogen. Mein anfänglich unbefangenes Interesse verwandelt sich in gespannte Neugier und gipfelt in starrer Ungläubigkeit, denn was da vor mir durch die Hände der Verpackungskünstler in nur eineinhalb Stunden bis zur Unkenntlichkeit in einen rollenden Gepäckberg mutiert, ist ja *mein* Bus!

Ich bin froh, Filfilla und die Satteltaschen mit meinen neugeknüpften Beziehungen ganz oben verstauen lassen zu können, um bei diesem Gewicht Bruch an der Ausrüstung zu vermeiden.

Das Fahrzeug besitzt jetzt mehr als das doppelte seiner ursprünglichen Höhe! Das ist im Sudan eher die Regel als die Ausnahme. Oft sitzt auf solchen Ungetümen dann noch eine johlende Menge Extra-Passagiere - ein Bild für die Götter fürwahr, wenn eines dieser Gefährte mit hals- bzw. achsenbrecherischem Tempo bedrohlich schwankend über staubige Pisten brettert.

Gegen Mittag fährt der vollbeladene Bus schließlich an, obwohl noch eine Traube von Menschen an der hinteren Tür hängt. Um mich herum in der Kabine herrscht ein heilloses Durcheinander. Nun türmen sich auf dem Busdach schon ganze Gepäckberge und trotzdem stehen auch überall unter und zwischen den Sitzen Körbe und Kartons. Die Reisenden, die jetzt noch stehen, krabbeln über sie und die anderen Mitfahrer einfach weg, um zu ihren Sitzplätzen zu kommen. Eine Geräuschkulisse und ein Treiben, wie ich es mir beim Aufbruch der al-

ten Handelskarawanen vorstelle. Für die Frauen gibt es eine kleine, separate Kabine, direkt hinter dem Fahrerhäuschen. Die Vorschrift des streng islamischen Sittenkodex verlangt die Geschlechtertrennung im öffentlichen Leben. Bei dem, was hier hinten vor sich geht, ist dies ein vollkommen berechtigtes Privileg.
Endlich, nach einer halben Stunde Fahrt, haben sich Passagiere und Gepäck zurechtgerüttelt und alles hat doch noch irgendwie Platz gefunden - bis zum nächsten Halt. Denn der umständliche Ein- und Aussteigevorgang bleibt immer der gleiche: Natürlich wollen die Leute mit den Sitzen in der Mitte des Busses zuerst aus der Hitze und Enge raus. Genauso verständlich ist es, daß sie mit dem Wiedereinsteigen am längsten warten. Mit stoischer Ruhe lassen es die anderen Fahrgäste über sich ergehen, wenn die Nachzügler mühsam über alles hinwegsteigen, bis sie ihren alten Platz erreicht haben. Niemand stößt sich an diesem Verhalten, ich hörte kein böses Wort dabei.
Der „Bus“ ist eigentlich ein Toyota-Lastwagen, auf dessen Ladefläche ein Eisenkasten festgeschweißt wurde. Dieser ist mit schmalen Sitzreihen und an den Seitenwänden mit glaslosen Luken versehen worden. Schließlich hat man das Äußere noch mit knall-orangener Farbe angestrichen und mit frommen Koransprüchen und Aufklebern geschmückt. An der rechten Außenwand hängt der größte lederne Wassersack, den ich jemals gesehen habe. Ein Anachronismus, ein Relikt aus den Tagen der Kamelkarawanen und Vorderlader mit Feuersteinschloß, das man bewußt den Plastikkanistern vorzieht, denn durch die Lederhaut hindurch verdunstet immer ein bißchen Wasser und das hält den Inhalt erfrischend kühl. Das Gefährt sieht also schon recht abenteuerlich aus.
Jetzt, nach den ersten Kilometern Fahrt, merke ich: Daß ich heute morgen nur noch das Ticket für einen Platz in der hintersten Sitzreihe ergattern konnte, hatte seinen Grund. Niemand reißt sich um diese Sitze im Fond, da die Schläge der Huckel und Bodenwellen im hinteren, über die Achse heraushängenden Teil wie von einer Wippe verstärkt werden und man statt der Polsterung eine Eisenstrebe im Rücken hat. Jede Pistenunebenheit ist doppelt gut zu spüren, und deswegen ist anlehnen unmöglich. Mit meinen Knien stoße ich an die Eisenstangen der Bank vor mir, aber auch zu meinen Nachbarn rechts und links habe ich keinen Bewegungsspielraum mehr, um hin und wieder eine andere Stellung einnehmen zu können.
Stumm, mit unbewegter Miene werden mit jedem Körperteil verbissene Zweikämpfe um Platzvorteile geführt. Eine Sekunde Unachtsamkeit genügt, und man hat die Zentimetereroberungen der letzten halben Stunde wieder verloren, spürt den Ellenbogen des Nachbarn

schmerzhaft in der Nierengegend. Mein Handicap ist, daß ich zwischen den Beinen noch die Gitarre einklemmen muß, anders ist nicht zu verhindern, daß sie bei der Rüttelei auf den schlechten Pisten kaputtschlägt. Wie in dieser unglücklichen Stellung die Fahrt, die mehrere Tage dauern wird, heil überstehen? Kein Wunder, daß schon jetzt, kurz nach der Abfahrt, die ersten Verspannungen ein unangenehmes Ziehen im Rücken verursachen. Mann, das sind schöne Aussichten!

Mein Platz hat aber auch einen Vorteil: Er befindet sich einen Sitz neben der hinteren Tür - ich kann also hin und wieder an meinem rechten Nachbarn vorbei einen Blick auf die vorüberziehende Landschaft werfen.

Auf den weiten Flächen außerhalb von Omdurman lagern einige hundert Kamele, die Vorderbeine mit einem kurzen Stück Palmfaserseil zusammengebunden. So verhindern die Kameltreiber, daß sich einzelne Tiere zu weit von der Gruppe entfernen, trotzdem können sie noch grasen.

„Die Tiere? Es sind Herden von den Stämmen der *'Arab* und *Kababish,* die in den Steppen der Provinzen Kordofan und Darfur Kamelzucht betreiben. Nomaden."

Das letzte Wort meines Nachbars klingt verächtlich, nach Vagabund und Gauner. Es wird das uralte Mißtrauen des Seßhaften gegenüber dem Umherziehenden sein, die Verunsicherung angesichts eines Ausmaßes an Freiheit, mit dem man selbst nicht umgehen könnte. Vielleicht spricht daraus aber auch die Verachtung des modernen Sudanesen für den, der noch in den alten „rückständigen" Traditionen lebt.

„Ein Großteil ihrer Weidegründe wurde durch die Dürre zerstört. Jetzt sind sie gezwungen, ihre Tiere in der Stadt zu verkaufen."

Die nächsten Sätze nehme ich gar nicht mehr wahr, weil meine Gedanken auf die Reise gehen. Wenn ich diese riesige Zahl von braunen Leibern sehe, dazwischen die hageren Gestalten der Kameltreiber, verzerrt von der flimmernden Luft, erfaßt mich eine komische Unruhe. Vielleicht die Ahnung, daß diese Menschen einer mir vollkommen unbekannten Welt angehören, in der meine Werte ein Maß für gar nichts sind. Und der Wunsch, diese Welt irgendwann einmal von innen zu erleben.

Eintöniges Land. Sandige Halbwüste, die sporadisch von Akazien und Kameldornbüschen bewachsen ist. Die letzten Gespräche sind von der stundenlangen Gleichförmigkeit schon vor längerem erstickt worden.

Ich habe 'Abd el Mohsen - und auf meiner linken Seite Mohamed - etwas näher kennengelernt, aber inzwischen ist ihre größte Neugier gestillt, und wir sind in dieselbe Apathie verfallen wie all die anderen. Was einem in dieser zermürbenden Gleichförmigkeit nicht alles auffällt!

Seit längerer Zeit beobachte ich jetzt schon unwillkürlich die Bewegungen der Köpfe und Körper im Bus, die synchron im Takt der schlechten Pisten nicken. Es ist der Versuch meines Kopfs, die Inhaltlosigkeit zu strukturieren. 56 Menschen gleichzeitig vor und zurück. Vor - zurück, vor - zurück. Das Land hat uns allen seinen Willen aufgezwungen. Stopp. Nur ich alleine fühle mich bezwungen. Alles bäumt sich in mir auf. Schreien könnte ich. Die Hitze, das ewige Hin- und Herschaukeln, die Enge. Ich habe Verspannungen, Schmerzen, kann nicht mehr sitzen, bin übermüdet, gereizt. Das ist der absolute Tiefpunkt!
Die anderen sind passiv und ertragen alles mit regungslosem, stoischem Gleichmut. Sie bieten keinen Widerstand und können deshalb auch nicht gebrochen werden. Hier der individualistische Hysteriker, dort die fatalistischen Sudanesen. Wie sinnlos, sich darüber aufzuregen!
Die Heftigkeit meines Ausbruches und seine Emotionalität ärgern mich selbst. In diesem Moment hasse ich das Land, das so erniedrigend zu seinen Menschen ist, die Regierung, die keine Straßen baut und sogar die Menschen selber, die diese Zustände dulden ohne einen erkennbaren Willen, daran etwas zu ändern.
Draußen sieht man rötlichbraune Termitenbauten. Mehrere Meter erheben sie sich über den Boden. Im warmen Abendlicht erscheinen sie wie Ruinen von zerfallenen Wüstenschlössern, denn das Auge hat keinen verläßlichen Größenmaßstab mehr in dieser ausgeräumten Landschaft.
Staub wird vom Bus auf der sandigen Fahrbahn hochgewirbelt. Beim Zurückblicken zeichnet er als blaßgelbe Schleppe die Kurven unserer Fahrt träge nach. Und weil der Wind ungünstig zu unserer Fahrtrichtung steht, wirbelt er ihn zu uns in die Kabine. Er ist puderfein und kriecht in alle Ritzen, im Hals verursacht er mit seinem Kratzen einen ständigen Hustenreiz und an den hellen Streifen, die die Schweißtropfen auf meiner Haut hinterlassen, merke ich, daß er sich längst in jeder Pore festgesetzt hat.
Mit dem Sonnenuntergang wird es plötzlich kühl im Bus, weil es durch die offenen Fensterluken ganz schön reinzieht. In der klaren Wüstenluft strahlen die von der Sonne erhitzten Sandflächen und Steine ihre ganze Wärme in den Weltraum ab und die Temperatur fällt zügig unter 10 °C. Was für ein Glück, daß ich direkt vor der Abfahrt noch schnell den Schlafsack aus dem Gepäck auf dem Dach gezogen habe!
Aber an Ruhe ist bei dem Gerüttel trotzdem nicht zu denken. Es wäre mir unangenehm, beim Einschlafen auf meine Nachbarn zu sacken. Die haben damit offensichtlich weniger Probleme und atmen hörbar tief und regelmäßig.

Der Bus wird langsamer und hält, der Motor wird abgestellt. Aber draußen um das Fahrzeug ist es stockduster.
„Die Uhrzeit? Moment. Wir haben 2 Uhr.“
Mohamed streckt sich und ergänzt gähnend: „Der Fahrer gönnt sich und uns bis zum Gebet der Morgendämmerung, eine Pause.“
Gott sei Dank! Immerhin für vier Stunden eine Unterbrechung der Fahrt über die staubigen Wellblechpisten. Ich spüre alle Knochen, länger hätte ich das wirklich nicht mehr ausgehalten und an die Weiterfahrt will ich schon gar nicht denken. Jetzt gibt es nur noch das körperliche Verlangen, mich mit dem Schlafsack vor dem Bus einfach in den Sand zu legen, mich zu strecken, so lange ich will, und dann zu schlafen. Bevor mir die Augen zufallen, denke ich nochmals an den Komfort und die traumhafte Willensfreiheit beim Fahrradfahren: Anzuhalten an jeder Stelle, an der ich möchte.

Dann der Morgen. Die Fahrt geht so weiter wie gestern. Zu den vorgeschriebenen Gebetszeiten wird sie von kurzen Pausen unterbrochen, aber sonst gleicht jede Stunde den vorhergegangenen. Die ständigen Fahrgeräusche - das Heulen des Motors und das Ächzen der Federn - und die gleichförmige Landschaft haben mir mein Zeitgefühl geraubt, der Tag ist zäh und eintönig.
Die Landschaft ändert ihr Gesicht erst, als die Sonne schon ihren Zenit überschritten hat. Also sind inzwischen Stunden vergangen. Die Reste eines Buschwaldes tauchen vor dem Fenster auf. Das Bild erinnert an einen gigantischen Friedhof, auf dem die verdursteten Bäume ihre ausgebleichten Äste wie skurrile Kreuze in den blauen Nachmittagshimmel strecken.
„Kannst du dir vorstellen, daß dies vor einigen Jahren noch ein grüner Wald war, Toum-Toum? Mit Vögeln und Gazellen? Jetzt gibt es nur noch Staub ...“
„... die unübersehbaren Auswirkungen vom Vordringen der Sahara, immer weiter in die Sahelzone hinein“, ergänze ich für mich.
In der Oase Um Badr liegt, eingebettet in einer Sandmulde, ein kleiner See, der die Wasserversorgung der Nomaden und ihrer Tiere bisher gesichert hat. Nur deshalb leben hier noch Menschen.
„Warum halten wir denn jetzt schon wieder? Wir haben noch nicht einmal vor einer Stunde die Oase verlassen und keines der fünf Gebete steht an.“
'Abd el Mohsen steigt aus. Jetzt aber schnell hinter ihm durch die Tür, bevor die ganzen Leute wieder über mich rüberklettern - eine Gelegenheit, sich die Beine zu vertreten ist immer gut!
Der Fahrer hat wegen eines entgegenkommenden Lastwagens ange-

halten, an einem unbestimmbaren Punkt zwischen irgendwo und nirgendwo. Es ist der erste Wagen, dem wir seit Khartoum begegnen - da ist es undenkbar, einfach so aneinander vorbeizufahren.
Zwölf Männer klettern mit steifen Bewegungen von der Ladung des Lastwagens - da oben ist es sicher noch unkomfortabler als bei uns im Bus - ständig ist man dort der prallen Sonne und dem Staub ausgesetzt. Nach den Erfahrungen, die bereits hinter uns liegen, kann ich mir jetzt auch den bräunlichen Schimmer erklären, der die Leute überzieht.
Es werden die neuesten Nachrichten ausgetauscht.
„Toum-Toum, der *Ajnabi,* spricht Arabisch!"
*„Ya salaam,* ein Europäer, der Arabisch spricht - das gibt's nicht!"
„Gibt's doch! Toum-Toum, komm mal!"
Ich gehe auf die Gruppe der Sudanesen zu, die im längerwerdenden Schatten stehen, der vom Bus auf den Sand geworfen wird. Es ist eine wilde Kombination von arabischer und europäischer Kleidung, die die Männer tragen. Kleidungsstücke, vom Roten Kreuz bei uns gesammelt, landen oft genug auch im Sudan auf den Kleidermärkten der Städte, wo sie nochmals stolze Preise erzielen. Für den neuen Besitzer sind sie nicht selten ein Statussymbol, Zeichen seiner Bildung oder Weltoffenheit. In Wadi Halfa habe ich beispielsweise einen Mann gesehen, der stolz mit dem T-Shirt eines kleinen süddeutschen Handballvereins herumlief. Das Trikot trug noch den Werbeaufdruck der lokalen Sparkassenfiliale. Für mich ist dieses Kleidungsdurcheinander ein Sinnbild für das Aufeinandertreffen dieser zwei so vollkommen verschiedenen Kulturen.
Was würde ich darum geben, zu erfahren, was jetzt in einigen dieser Gestalten vor sich geht, als das Reizwort „Europa" fällt. In etwa kann ich mir das inzwischen durch die Art der vielen Fragen, mit denen ich täglich so konfrontiert werde, ausmalen: Eine schillernde, sagenhaft reiche Welt muß dieses Europa sein, in der jeder ein eigenes Auto besitzt, wo soviel Regen fällt, daß das ganze Land grün wie die mühsam bewässerten Felder im Niltal sind. Wie man sich erzählt, zahlt der Staat jedem, der nichts arbeiten will, viel Geld - ein traumhaftes, schier unglaubliches Land ist dieses Europa also.
Wie aber hat man sich zu erklären, daß die klugen Europäer immer noch nicht dem einzig wahren Glauben angehören, oder anders herum, den Muslimen, den Rechtgläubigen, dieser Segen des Reichtums bisher vorenthalten worden ist? Sind die Geschichten wahr, die man sich über ruchlose Sitten erzählt, die der Heilige Koran als Sünde verdammt? Das Schweinefleisch, der Alkohol - und die blonden Frauen, ja, die wunderschönen, die begehrlichen und verwerflich leichten Frauen, die bei den Männern leben, ohne mit ihnen verheiratet zu sein ...!

Und jetzt steht plötzlich einer aus dieser Welt bei ihnen und spricht sogar noch Arabisch. Verwirrung und Aufregung sind ja irgendwie verständlich, aber inzwischen habe ich mich an den Umstand gewöhnt, nirgends auftauchen zu können, ohne Neugier zu erwecken, und oft genug ist es einfach lästig, niemals unbemerkt, unbeobachtet zu bleiben. So ist es auch jetzt wieder. Diesmal allerdings wird es unerwartet brenzlig.
„Was suchst du überhaupt im Sudan? Du bist doch nicht zum Vergnügen hier!"
Das ist ein anderer Ton, als ich ihn von den freundlichen Sudanesen sonst gewöhnt bin. Ohne jeden Gruß fängt einer der Männer vom Lastwagen an, mich in einer Form auszuhorchen, die an ein Verhör erinnert. Vor all den Umstehenden ist das nach den Sitten des Sudans wie ein Schlag in mein Gesicht.
„Woher kannst du überhaupt Arabisch? Deine Regierung bezahlt dich dafür, stimmt's?"
Ich bin sprachlos vor Wut.
„Hast du einen Fotoapparat?"
Das also ist es! Der Mann ist Geheimpolizist. Wichtigtuerisch macht er sich über meine Antworten jetzt offen Notizen. Ich kriege langsam feuchte Hände.
„Mensch, tritt freundlich aber resolut auf! Bloß nichts anmerken lassen, das wäre das Ende", denke ich.
Immer wieder habe ich über die Willkür von aufgeblasenen Beamten in solchen Situationen die schlimmsten Geschichten gehört. Was war ich da erleichtert, mit dem Verlassen von Khartoum diese unangenehme Seite des Sudans hinter mir gelassen zu haben. Und jetzt bin ich ohne jede Vorwarnung doch noch mitten reingeraten. Hier, in der abgeschiedensten Gegend, die man sich vorstellen kann, bin ich diesem miesen Typen einfach ausgeliefert!
Ich beobachte ihn etwas eingehender: Europäisch, aber nicht auffällig gekleidet, Schnauzbart, hagere Gestalt und eine protzerische Sonnenbrille, die er lässig in die Haare geschoben hat.
Meine Kurzeinschätzung: Ein Schleimer, der mit der Entlarvung eines vermeintlich europäischen, vielleicht sogar eines israelischen Spions, seine Karriere beschleunigen will.
Ein wichtiger Mann hätte das Ganze sicherlich anders angefaßt - aber deswegen ist er für mich nicht minder gefährlich. Er kann mir alle möglichen Steine in den Weg rollen und meinen Traum, über Land nach Schwarzafrika einzureisen, doch noch zum Platzen bringen. Also bleibe um Gottes Willen ruhig und freundlich!
Obwohl von der anstrengenden Fahrt stark genervt, gelingt es mir, mich

unter Kontrolle zu halten, meine Wut zu unterdrücken. Die Fragen stellt er mir in erniedrigender Weise vor all den Leuten, vollkommen ungeniert. Und es ist zu spüren, wie er das genießt.
„Wie heißt du überhaupt?" raunzt er mich an.
„Toum-Toum Ibn Jochen" gebe ich ihm die erwünschte Auskunft.
Er beginnt zu schreiben. Schöpft er Verdacht?
Oh no! Scheiße! Jetzt will er meine Papiere sehen, dann bemerkt er den Schwindel, und schließlich zwingt er mich, mit ihm nach Khartoum zurückzukehren und dann ...
Auf einmal fallen mir alle möglichen Sachen ein, die man mir, wenn man darauf abzielt, als Zeichen einer Spionagetätigkeit anlasten könnte: Der verdächtige Wasserfilter, der wie eine Geheimwaffe aussieht, wird sich noch erklären lassen. Aber die Signalraketen, mein Tagebuch mit den genauen Routenbeschreibungen und den kritischen Kommentaren über die Regierung und die sozialen Verhältnisse im Sudan, der Kompaß, das Minifernglas in Tarnfarbe, natürlich, die Kameraausrüstung mit den 30 (!) Filmen und am schlimmsten: Die Detail-Karten der abgelegensten Gebiete des Sudans, herausgegeben von der amerikanischen Luftwaffe, dem großen Freund Israels!
Er wiederholt seine Frage: „Wie heißt Du?"
„T-o-u-m-T-o-u-m I-b-n J-o-c-h-e-n!" buchstabiere ich. Jeder im Bus kennt mich als „Toum-Toum" - kein Widerspruch - und nach arabischer Sitte habe ich ihm als zweiten Namensteil „Sohn-des" und dann den Vornamen meines Vaters angegeben.
In diesem Moment hupt der Busfahrer - das Zeichen zur Weiterfahrt. Bewegung. Das ist meine Chance! Ich stehe auf und gehe ohne mich umzublicken schnurstracks zur Bustür. In meinem Rücken keine Reaktion. Ohne Hast klettere ich die Stufen rauf. Der Bus ruckt und fährt an. Puh, das war knapp!
Wir sind wieder unterwegs, Richtung Westen. Bisher das einzige Mal, daß ich erleichtert bin, daß die strapaziöse Fahrt weitergeht. Lustig ist die Vorstellung schon, daß sich der Schnüffler bei seinen Vorgesetzten in der Hauptstadt mit meiner neuen Identität ordentlich blamieren wird.
„Warum lachst du, Toum-Toum Ibn Jochen?"
„Ach weißt du, ich bin einfach glücklich, 'Abd el Mohsen!"

## Der Banditenüberfall

Es ist später Vormittag. Immerhin sind schon wieder zwei Stunden vergangen, seit wir in Um el Qosein, diesem kleinen Oasenort hier am Rand der Wüste, angekommen sind.
„Während der Dürre 1984/85 haben die meisten Menschen im nördlichen Darfur ihre Tiere und damit praktisch alles verloren, was sie besaßen. Andererseits hat durch den Bürgerkrieg im Tschad die Zahl der Waffen hier in der Grenzregion stark zugenommen, die sind nicht schwer zu bekommen. Und dann gehen die Banditen eben einfach los und holen sich, was sie brauchen. In den Buschwäldern sind immer wieder Busse in den Hinterhalt gelockt und überfallen worden."
„Ja, und wer ihnen kein Geld geben kann, muß für sie tanzen", ergänzt 'Abd el Mohsen seinen Freund Mohamed grinsend.
Ich weiß nicht, ob das eine geistreiche Anspielung ist, aber alle brechen in lautes Gelächter aus.
„Und deshalb müssen wir jetzt hier warten? Warten worauf?" frage ich verwundert. „Ich sehe keinen Grund, warum das Warten daran dann in absehbarer Zeit etwas ändern sollte!"
„Es heißt, wir werden vom Militär bis nach El-Fasher eskortiert", erklärt man mir geduldig, „sie sollen schon auf dem Weg hierher sein."
Unverbindlicher kann man diese Auskunft ja nicht formulieren. Das heißt nichts Gutes. Denn im arabischen Raum habe ich gelernt, gegenüber präzisen Zeitangaben skeptisch zu sein. Hier, wo sich „fünf Minuten" oft als eine Stunde entpuppen. Man hat keine Skrupel, mit der Dauer einer Stunde nachlässig um sich zu werfen. Um so besorgniserregender, wenn überhaupt keine Zeitangabe erfolgt. Heute ist schon der 30. Dezember - na, dann habe ich ja alle Chancen, Silvester hier in diesem gottverlassenen Nest am Rand der Wüste zu feiern. Prost, Neujahr!
Die anderen Reisenden haben sich nach der Ankunft schnell auf die Strohhütten am Dorfplatz verteilt. Eigentlich sind es sogar nur mit Palmwedel gedeckte Unterstände ohne Seitenwände, die Schatten spenden und durch die deshalb ein angenehmer Wind geht. Ihre ganze Einrichtung besteht aus bespannten Holzliegen und Fasermatten. Auf glühender Holzkohle bereiten Frauen und Kinder für uns dort Essen und heiße Getränke zu. Die einfachste Form der Gastronomie, eine kleine Karawanserei des anbrechenden Zeitalters der Autos im letzten Winkel des Sudans.
Keiner meiner Mitreisenden zeigt eine Spur von Ungeduld. Sie sitzen auf den Matten und verbringen die Zeit mit Reden und Teetrinken. Of-

fensichtlich spielt es für sie überhaupt keine Rolle, wann es weitergeht. Wenn wir nicht heute ankommen, dann mit Gottes Willen eben morgen oder übermorgen.
Ich mache einen kleinen Rundgang durch das Dorf. Die Hütten abseits des großen Platzes sind stabiler gebaut. Diese Rundhäuser tragen lustige Reetdächer, und es sieht so aus, als hätte jemand über die Lehmbauten riesige Zaubererhüte gestülpt. Sie stehen meist in Zweier-, Dreier- oder auch in Vierergruppen beieinander und werden von einem Wall aus geschnittenen Dornenästen oder ganzen Buschhecken umgrenzt.
Auf meinem kleinen Rundgang begegnet mir eine alte Frau, ihr schmächtiger Körper beugt sich unter einem Berg Brennholz. Sie heißt 'Ascha und gehört dem lokalen Stamm der *Fur* an. Wie sie mir stolz mit ihrem zahnlosen Mund erzählt, ist sie 65 Jahre alt - und das ist für den Sahel mit seiner niedrigen Lebenserwartung ein hohes Alter. Jedes Jahr des harten Lebens hier am Rand der Wüste hat in ihrem Gesicht eine tiefe Furche hinterlassen. Leider ist sie mit ihrem Dialekt nur sehr schwer zu verstehen.
Endlich begreife ich, daß sie mich zu ihrer Enkeltochter bringen möchte, warum habe ich nicht verstanden. 'Ascha führt mich durch die Heckenaussparung in den Innenbezirk eines der Häuser. In der Türöffnung sitzt eine bildhübsche Frau und näht an einem Kleid. Hinter ihr bleibt das Innere der Hütte im Dunkeln unsichtbar. Das ist also ihre Enkeltochter. Sie trägt keinen Schleier und ist sogar einverstanden, als ich sie bitte, ein Bild aufnehmen zu dürfen. Das alles wäre im streng islamischen Nordsudan undenkbar gewesen. Die alte Frau 'Ascha murmelt einige Worte und schlurft mit ihrem Holzbündel davon. Sie läßt uns allein.
Salima hat warme braune Augen, hohe Wangenknochen, ein reizendes Lachen, die Farbe ihrer Haut ist ein abgedunkeltes Braun, und unter dem Kopftuch sieht man ihre geflochtenen Haare hervorlugen. Ich weiß gar nicht, was ich sagen soll, bin nervös. Die junge *Furi* ist freundlich, aber ich fühle noch mehr. Bisher war es undenkbar, daß ich mit einer Frau so engen Gesprächskontakt hatte, schon gar nicht ohne Gesellschaft, denn die beiden süßen Zwillinge von Salima, Fausa und Fausea, zählen nicht als solche. Sie können noch nicht richtig gehen und krabbeln quietschend auf dem Boden. Mit einer Ausrede trete ich den Rückzug an, bevor ich die Situation nicht mehr überschauen kann.
„Salima, es tut mir leid, aber ich muß zum Bus zurück. Ein Freund wartet dort auf mich. Aber ich komme noch einmal wieder, ja?"
Sie blickt mir gerade in die Augen, und einen Moment glaube ich selber daran. Dann werde ich rot.

Silvester. Es ist die schönste Abendstimmung der bisherigen Reise. Der glasklare Himmel ist im Westen aufregend getönt. Wie Wasserfarben läuft das Licht ineinander. Die ersten Sterne flackern unruhig und noch schwach durch die Farbpalette hindurch. Davor zeichnen sich die Silhouetten der Hütten und eine Gruppe von Kamelen ab, die bei Einbruch der Dunkelheit ins Dorf zurückkehrt. Das letzte Tageslicht reicht gerade noch aus, um sich zwischen den Hütten orientieren zu können, denn um den teuren Brennstoff zu sparen, ist noch keine der Petroleumfunzeln entzündet worden.
Unwillkürlich denke ich an das letzte Jahresende in Hamburg. Schon mehrere Tage vor Silvester traute man sich kaum noch auf die Straße, aus Angst, irgendein Kretin könnte einem mit Leuchtspurmunition zwischen die Beine schießen. Nur so, aus Spaß. Und ohne Pause das sinnlose Geknalle. Bei diesen Erinnerungen habe ich plötzlich nicht mehr das Gefühl, etwas zu verpassen, weil ich an Silvester in einem kleinen Dorf am Rand der Wüste sitze. Im Gegenteil.

Die Soldaten sind da! Acht bewaffnete Militärs werden uns begleiten. Mit Einbruch der Dunkelheit setzt sich die kleine Karawane aus drei Bussen und sieben Lkws in Bewegung. Also wird es dieses Jahr überhaupt keine Silvesterfeier geben! Aus Angst vor einer Attacke fahren die Wagen schneller, als es die schlechte Piste eigentlich zuläßt. Ohne anzuhalten, will der Konvoi vom 31. Dezember ins neue Jahr rüberbrettern.
Jetzt noch diese nächtliche Gewalttour - nach den vorhergegangenen Tagen ist das einfach alles zuviel für mich. Immer wieder nicke ich ein, breche wie durch dünnes Eis und hänge dann zappelnd in diesem Loch zwischen Wachheit und Schlaf. Fällt mir der Kopf vornüber, weckt mich der Stoß der nächsten Bodenwelle wieder unsanft auf. So geht es weiter für Stunden. Diese Nacht scheint überhaupt kein Ende nehmen zu wollen!
Aber irgendwann ist die Aufhellung im Osten keine Einbildung mehr. Der Morgen kündigt sich mit pastellfarbigen Streifen am Horizont an. Und mit dem Aufgehen der Sonne verschwindet dann auch die Angst vor einem Banditenüberfall. Bei Tageslicht besehen erscheinen die Räubergeschichten, die in den letzten zwei Tagen erzählt wurden, als man bis zum Hals in der Langeweile steckte, reichlich dick aufgetragen. Die Erleichterung ist allen anzumerken.
Der Neujahrsmorgen ist kühl und klar. Noch nehmen Sand, Steine und der spärliche Pflanzenbewuchs die Wärme der Sonnenstrahlen gierig auf. Rechts und links vom Weg sind von Gras bewachsene Sanddünen zu sehen, die an einer rötlichbraunen Hügelkette aufwärts krie-

chen. Manchmal dazwischen eingebettet kleine Dörfer mit den runden Strohhütten, die mir schon in Um el Qosein auffielen. Trotz der Kargheit wirkt das Land friedvoll und malerisch.
Allmählich treten die Berge von rechts und links aufeinander zu und zwängen die Piste in ein sandiges Tälchen.
Ein lauter Knall durchschlägt den Vorhang der monotonen Fahrgeräusche. Der Bus wird langsamer, hält. Oh Mann, eine Stunde vor El-Fasher noch eine Reifenpanne - wir bleiben auch von gar nichts verschont!
Wumm! Ein weiterer Knall! Jetzt aber hart, doppelt so laut in der Stille. Beängstigend laut.
Das ist kein geplatzter Reifen, das sind Schüsse! Aufregung, Tumult um mich herum. Alle schreien auf einmal durcheinander. Irgend jemand ruft im Chaos: *„Ya'allah, insilu, insilu* - schnell raus, raus!"
Die Tür! Die Klappe rechts neben mir ist schon aufgedrückt worden, der Nachbarsitz ist leer! Ich stürze aus dem Bus und werfe mich bäuchlings in den Sand. Neben mir liegen zwei andere Männer. Geschosse durchschlagen das Metall der Kabine, Querschläger jaulen über uns. Der Knall der Schüsse ist ohrenbetäubend, die Stille dazwischen zum Zerreißen gespannt.
Ich liege regungslos am Boden, presse meinen Körper in den Sand, fühle wie ein Kind, das sich die Augen zuhält, um sich zu verstecken. Wir sind ohne jede Deckung den Schüssen ausgeliefert. Ich falte die Hände schützend über dem Kopf, zucke bei jedem Schuß zusammen, kann das Zittern meiner Beine nicht mehr kontrollieren, möchte mich erbrechen. Todesangst.
„Verdammt nochmal, ich will nicht sterben!"
In meinem Kopf hämmert ein Gedanke, der alles andere auslöscht, der mich lähmt: „Die nächste Kugel trifft! Die nächste Kugel trifft mich!"
Das macht die Stille zwischen den Schüssen so unerträglich, deshalb fühle ich mich so erbärmlich: Die Ungewißheit! Wann fällt der Schuß? Das Warten auf den wahnsinnigen Schmerz, wenn die Kugel trifft, Knochen, Haut und Muskeln zerfetzt. Es kann jeden Moment sein. Jetzt. Jetzt. Ich habe das Gefühl, schreien zu müssen. Irgend etwas anderes tun als nur daliegen und ängstlich warten, bis es passiert. Ein Schwein auf der Schlachtbank.
„Vater unser im Himmel ..." Immer wieder jage ich die Worte des Gebetes durch meinen Kopf. Es ist eine Litanei des Schocks.
Da. Ein trockener Knall. Der rechte Hinterradreifen ist getroffen, verliert zischend seine Luft. Fünf Meter neben mir. Es ist fast wie eine Erlösung! Das reißt mich raus. Die Angst bleibt, aber mein Kopf arbeitet wieder. Das Geld! Ich muß mein Geld verstecken! Ich nestele unter dem Pulli am Geldgurt rum. Vorsichtig. Es ist verflixt schwer, den Reißverschluß

der Bauchbinde unauffällig zu öffnen und das Geld rauszufischen. Niemand scheint mich zu beobachten. Also los! Ich setze auf die Prüderie der Moslems - vielleicht die einzige Chance, meine Reisekasse zu retten. Dollars in die Unterhose, Travellerschecks in die Hosentasche.
„Wo um Gottes Willen sind die Soldaten?" Die Banditen kontrollieren inzwischen die Situation.
„Sie saßen auf einem der hinteren Wagen und haben gedreht, als sie merkten, daß was faul ist ..."
Von den Lastwagen fehlt wirklich jede Spur, also sind nur die drei Busse in den Hinterhalt geraten. Wir sind den Räubern ausgeliefert.
„Los jetzt, Augen auf den Boden, Hände hinter den Kopf falten und einzeln vortreten!"
Der Bandit, der die Befehle gibt, trägt Khaki.
„Ist das wirklich alles, was Du besitzt?" Vor ihm steht ein Mann, der Armbanduhr und Bargeld zu seinen Füßen abgelegt hat. Er nickt.
„Zieh dein Hemd aus! Aha. Gib die Kette. Jetzt rüber da und auf den Boden legen!"
Ansonsten wird kein Wort gesprochen. Einer nach dem anderen tritt vor, liefert seine Wertsachen ab und setzt sich zu den Ausgeraubten auf der anderen Pistenseite. Die Frauen verlieren ihren gesamten Schmuck: Die vielen massiven Goldarmreifen, die sie als Lebensversicherung mit sich herumtragen und von deren Verkauf sie leben können, wenn ihr Mann stirbt. Alles weg. Alles.
Ich habe Angst. Wahnsinnige Angst, denn ich bin der einzige Europäer des ganzen Konvois - natürlich erwarten sie entsprechend viel Geld. Um mir das auszurechnen, brauchte ich nicht viel Phantasie.
„*Talli, talli!* Los, gib, gib's mir!"
Ich werfe das Heft mit den Schecks, das sudanesische Bargeld und mein Silberkettchen zu den anderen Sachen am Boden.
„Was? Ich will mehr!"
Eine unbeholfene Bewegung. „Aber ich hab nicht mehr!"
Der Bandit schaut auf meine Genitalen. Sein Blick ist stechend. Ich werde unsicher. Hat er während der Schießerei beobachtet, wie ich da unten rumgefingert habe? Zeichnet sich das Geldpaket durch die Hose ab? Oder - mein Gott, der kaputte Reißverschluß! Der Schreck ist wie ein Schlag. Ausgerechnet letzte Nacht, bei der Marathonfahrt, mußte der Reißverschluß meiner alten Hose seinen Geist aufgeben und der steht jetzt sperrangelweit offen. Wie konnte ich das vergessen?
„Und was ist das?!!" schreit er mich unbeherrscht an. Mit seinem Knüppel stößt er mir zwischen die Beine - ich spüre die Schmerzen kaum. Dann klappe ich zusammen.

Aus! Alles ist aus! Daß ich mein Geld versteckt habe - dafür kann ich keine Gnade erwarten. Jetzt reißt man mich an den Haaren wieder hoch und wird mich an die Wand stellen. MEIN LEBEN VERKAUFT FÜR EIN PAAR HUNDERT DOLLAR. DAS IST DOCH UNMÖGLICH! Ich habe keinem was getan. Ich will doch nur unbehelligt durch Afrika radeln!
Doch nichts geschieht. Der Moment wird zur Ewigkeit. Ich schaue den Banditen über mir ungläubig an. Mich trifft ein abschätzender Blick. „Los, los, schneller", sagt seine verächtliche Handbewegung. Er ist fertig mit mir, ich bin ihm kein weiteres Wort mehr wert.
Vorsichtig und breitbeinig stehe ich auf. Alles kann passieren, nur das Geld darf jetzt nicht aus der Hose fallen ...!
Ich kann's immer noch nicht glauben - was ist gerade eben überhaupt passiert? Das Geld in der Unterhose ist bisher tatsächlich unentdeckt geblieben. Hat er mir nur sehr deutlich sein Mißfallen darüber zum Ausdruck gebracht, daß ich mit offenem Hosenladen durch die Gegend laufe?
„Wo sind die Fahrer? Los, ihr holt das Gepäck von den Dächern!" Um die Busse herum sieht es jetzt aus, als habe eine Bombe eingeschlagen. Taschen und Kartons werden aufgerissen, Aktenkoffer aufgebrochen, Kleider und Stoffe beim hastigen Durchwühlen achtlos beiseite geworfen. Sie liegen im Staub und Dreck, voller Kletten. Persönliche Sachen - Briefe, Papiere, Photos - trägt der Wind weg. Raschelnd hängen sie in den Dornen der niedrigen Büsche.
Mit mühsam zurückgehaltener Wut müssen wir machtlos mit ansehen, wie unsere Sachen mutwillig zerstört oder zur Beute gestellt werden. Bis auf die knappen Zurufe der Plünderer herrscht eine spannungsvolle Stille. Die Sonne hat an Kraft gewonnen. Es ist sehr heiß, aber wir dürfen uns nicht bewegen. Die Fliegen surren, kriechen überall hin, in Ohren, Augen, Mund und Nase. Sie freuen sich offenbar über eine große Herde so harmloser Viecher, die sie nicht verscheucht. Noch nicht einmal das wagen wir. Die Bewegungen könnten mißverstanden werden.
*„Gum ta'ala!"* - es soll jemand von uns herkommen. Niemand bewegt sich. Der Bandit wiederholt seinen Befehl in verschärftem Ton und richtet drohend sein Gewehr auf uns.
„Du, du und du, ja, du, schnell!!"
Zögernd stehe ich mit den beiden anderen zusammen auf. Die Angst ist wieder da. Was wollen sie von uns? Ist es immer noch nicht vorbei?
„Jeder von euch nimmt zwei Taschen. Ihr geht vor mir her. Da lang."
Ich stolpere im tiefen Sand mit den schweren Beutestücken unbeholfen talaufwärts, hinter uns der Mann mit der durchgeladenen Waffe.

Hoffentlich verliert er nicht die Nerven! Hinter dem nächsten Felsvorsprung liegen fünf angehobbelte Kamele. Die Sachen werden auf den Packsätteln der Tiere festgebunden. Auf dem Weg zurück zum Bus kommen uns schon die nächsten Träger entgegen.
Das Tal wirft noch ein paar Mal entfernte Schüsse zurück. Die Banditen sind verschwunden, der Spuk ist vorbei. Zwei Stunden Alptraum. Einer von uns steht zögernd auf und läuft geduckt von Busch zu Busch zum Bus. Nichts regt sich. Die Mutigeren rennen hinterher - die Reaktion ist wie ein Dammbruch, jetzt gibt es kein Halten mehr.
Wie auf ein unhörbares Kommando hin stürzen alle Passagiere zu den Fahrzeugen zurück. Jeder sammelt hastig das von seinen Sachen auf, was die Banditen weitverstreut zurückgelassen haben. Alle haben irgend etwas verloren und keiner schert sich mehr um „mein“ und „dein“. Was brauchbar oder begehrenswert aussieht, wird eingepackt. Triumph der Anarchie. Wie soll ich in diesem Chaos die Reste meiner Ausrüstung zusammenkriegen? Die Tour ist hier zu Ende.
Das erste, was ich wiederfinde, ist der Wasserfilter. Auseinandergeschraubt liegen die Einzelteile auf dem Boden verstreut. Konnte wahrscheinlich niemand einordnen. Filfilla, mein Rad, ist noch da! Sie liegt mit verdrehtem Lenker auf der Schaltung im Sand. Sonst scheint aber nichts weiter kaputt zu sein. Was hätte man in all diesem Sand auch schon groß mit einem Fahrrad anfangen können?
Die Reste des Gepäcks vom Busdach liegen auf der anderen Wagenseite. Hier ist ja die Hölle los! Staub. Gedränge. Unübersichtliche Geschäftigkeit. Ein Bild, das an Szenen im Winterschlußverkauf am ersten Tag morgens um halb neun am Wühltisch erinnert.
Es hilft nichts. Da muß ich rein. Ohne große Hoffnung hebe ich Kleidungstücke auf, drehe leere Kartons um, stöbere in fremden Taschen.
„Gehört das nicht dir?“
Ein Mann stupst mich am Arm, ich drehe überrascht den Kopf. Ich könnte ihn umarmen. Er hat meine beiden großen Satteltaschen gefunden! Staubig, aber ungeöffnet liegen sie da. Von Werkzeugen, Ersatzteilen und Medikamenten fehlt nichts - soweit ich das jetzt hier auf die Schnelle beurteilen kann. Wenigstens das. Aber der Tagesrucksack, in dem ich die wertvollsten Dinge immer bei mir habe - Kamera, Fernglas, Kompaß und die Reisetagebücher - ist weg und bleibt verschwunden! Es ist zum Ausflippen. Heulen könnte ich. Vor allem die Tagebücher! Bis zum Überfall habe ich auf sie aufgepaßt wie auf meinen Augapfel - und jetzt futsch. Keine Chance, in diesem Gewühle einen bestimmten Gegenstand wie die Tasche zu finden.
Ein alter Mann probiert gerade eine Hose an. Wenn nicht mein Rucksack weg wäre, könnte ich mich totlachen über diese skurrile Szene.

*Mit kolumbianischer Friedenstruppe im nördlichen Sinai*
*Unt.: Abrupter Übergang vom Niltal zur Wüste bei Beni Hassan*

*Sudanesischer Wüsten-Bus mit normaler Zuladung*
*Unt.: Nubische Bauern beim Bewässerungskanalbau*

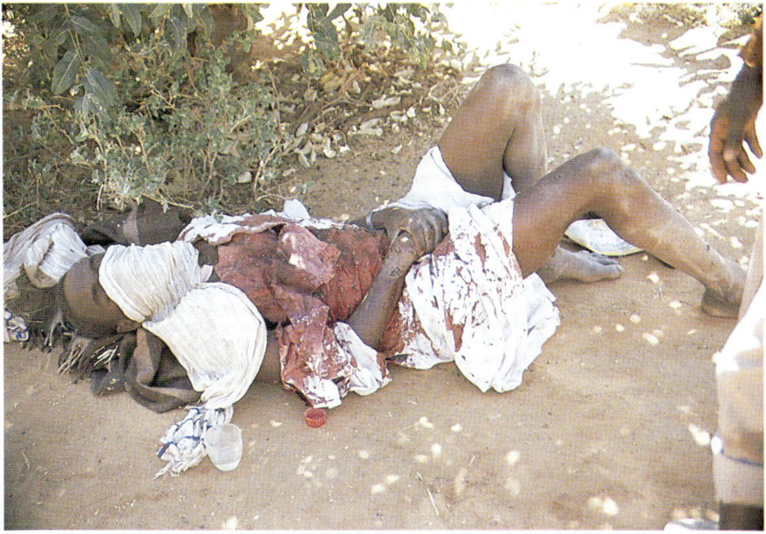

*Am Neujahrsmorgen wird unser Buskonvoi überfallen*
*Unt.: Einer der schwerverwundeten Reisenden*

*Auf roter Lateritpiste in ein drohendes Unwetter*

*Eine der vielen Flußüberquerungen im kippeligen Einbaum*

*Morgens in einem Dorf, C.A.R. Der beste Sitz ist für den Gast reserviert*
*Unt.: Abschiedsfoto in Mokozo, Zaire: Wer darf den Helm tragen, wer das Fahrrad halten?*

*Im bunten Sortiment der rollenden Kramläden gibt es alles - vom Plastikkamm bis zum Kondom*

*Markttag im Hochland von Burundi*
*Unt.: Der Chef einer Berggorillafamilie in den Virunga-Vulkanen, Rwanda*

Danach hebt er einen Pullover auf. Darunter liegt - mein Rucksack! Ich reiß ihn an mich - leer! Er ist leer! Verzweifelt und fieberhaft wühle ich in dem Kleiderhaufen.
Da! Die Kamera! Alles noch dran. Sieht unbeschädigt aus, ihr Zoom knirscht zwar, aber sie ist da! Das Tagebuch ist zerfleddert - es war schon vorher arg strapaziert - aber vollständig.
Noch mal und noch mal pflücke ich die Hosen und Hemden auseinander. Umsonst. Fernglas, Kompaß, ganz persönliche Sachen, an denen ich hänge und Dinge wie mein Waschzeug bekomme ich nicht wieder. Meine Ausrüstung liegt jetzt auf einem Haufen, der sich besser kontrollieren läßt. Ich bin fest entschlossen, das Wiedergefundene gegen fremde Ansprüche mit allen Mitteln zu verteidigen!
Der Großteil der Gegenstände hat inzwischen einen Besitzer gefunden. Jetzt stehen alle gestikulierend in Gruppen zusammen. Mit aufgeregter Stimme erzählen sie sich immer wieder den Ablauf des Überfalls. Jeder will andere Details gesehen haben.
„Es waren neun Männer! Der mit den Militärsachen, dann ..."
„Ja, und vier hatten sich in den Berghängen verschanzt!"
Einer der Männer ist vollkommen still. Das fällt auf. Mir tuschelt jemand zu: „Er war vier Jahre als Gastarbeiter in Saudi-Arabien ..."
Ich muß ziemlich ahnungslos gucken. Auch in Nubien habe ich schon Männer getroffen, die am Golf Geld verdient haben.
„Er ist gerade zurückgekommen und hatte das ganze gesparte Geld dabei - ist dir nicht der Aktenkoffer aufgefallen, den er immer mit sich herumgetragen hat?"
Seine abschließende Handbewegung sagt: Geraubt, die Banditen haben alles mitgenommen! In Saudi-Arabien arbeiten zu dürfen, ist eine Chance, die nur wenige im armen Sudan bekommen. Mit dem gesparten Kapital kann man nach einigen Jahren zu Hause ein Geschäft eröffnen und hat damit ausgesorgt. Von solchem Wohlstand profitiert in Afrika dann die ganze Großfamilie. Welchen Erwartungen sehen sich die Heimkehrer gegenüber! Und dieser Mann hat sein ganzes Vermögen verloren. Nach vier Jahren harter Arbeit steht er mit leeren Händen vor seiner Familie und vor der Zukunft.
Langsam wird mir so richtig klar, was das für den blassen, schweigsamen Mann bedeuten muß. Ich empfinde die Anteilnahme und die tröstenden Worte der Leute, die davon erfahren, als flach und schal, als zynisch.
„*Allah karim* - Gott ist gnädig! Der Allmächtige, der Barmherzige hat dein Leben beschützt!"
„... nicht wie die armen Kerle im dritten Bus!"
„Oh, seht ihr das ganze Blut? Gräßlich! Gott möge ihm gnädig sein!"

Ein Dutzend Männer drängt sich um einen leblosen Körper, der außerhalb des Schattens im Sand liegt.
„*Lau samaht!* Gestatten Sie!" sage ich laut und dränge die Leute auseinander. Ich bin gereizt. Es war alles zuviel. Die Angst, dann das Durcheinander, jetzt die Hitze, die Fliegen - und das Blut! Die Kleider des Mannes sind über und über mit seinem eigenen Blut besudelt, das aus einer Wunde am Hals und aus der Schulter sickert. An den Rändern, wo es zu trocknen beginnt, färbt es sich schwärzlich. Hunderte von Fliegen sitzen auf dem Körper. Lebt der überhaupt noch?
Leises Stöhnen. Die gelblichen Augen öffnen sich halb. Vor diesem Blick möchte ich einfach weglaufen, mich verstecken, mich übergeben. Reiß dich zusammen! Schußverletzungen. Was hab ich zu Schußverletzungen gelernt? Denk nach. Auf einmal weiß ich nichts mehr von dem Arztkurs in Hamburg. Meine Gedanken verrennen sich in Kreise, aus denen sie keinen Ausweg mehr finden. Die Schaulustigen sind wieder zusammengerückt. Sie gehen mir auf die Nerven mit ihrem lauten, aufdringlichen Geschwätz. Sie scheinen vollkommen gleichgültig gegenüber dem Leiden dieses Menschen. Sie bleiben untätig, obwohl er vor ihren Augen verblutet. Die Neugier ist ihre einzig erkennbare Gemütsregung. Das alles schockiert und verbittert mich.
„Ist der Ajnabi ein Arzt?"
„Bei Gott, er ist Arzt!"
Sie kommen noch näher ran. Ist das die Kehrseite der 'Inscha'allah'-Mentaliltät der Menschen im Sudan? Ist Passivität der wahre Grund für die Genügsamkeit, die Geduld, die Gelassenheit, mit der die Menschen ihr Schicksal ertragen und die ich so oft beneidet und bewundert hatte? Hat der Fatalismus Schuld an den Mißständen im Sudan, denen so viele Menschen zum Opfer fallen?
Der Mann hat zuviel Blut verloren. Sein Puls ist sehr schwach, schlägt schnell und unregelmäßig. Eindeutige Symptome. Er wird am riesigen Blutverlust sterben. Seine einzige Chance ist, wenn es gelingt, sofort die Blutung zu stoppen.
Ich versuche es mit meinem Turban, aber immer wieder rutscht der Druckverband von der Schulter, Blut sickert nach, die Wundauflage verfärbt sich. Es ist zum Verzweifeln! „Probier's nochmal!" rede ich laut mit mir selbst. Schocklage, Schmerzmittel. Flüssigkeit einflößen. Beten. Vielleicht hilft ihm noch die starke körperliche Konstitution.
„Du bleibst bei ihm und flößt ihm in kleinen Schlucken immer wieder Wasser ein. Hat es weitere Verletzte gegeben? Wie ist es überhaupt dazu gekommen?"
„Die Männer sind verletzt worden, weil sie nicht sofort zu Anfang der Schießerei den Bus verlassen haben."

Sie bringen mir einen anderen.
„Wo hast du Schmerzen? Kannst du dich hinlegen?" Der vielleicht vierzigjährige unrasierte Mann versucht es und verzieht wimmernd das Gesicht.
„Nein, nein, es geht nicht. Alles, bei Gott, aber das nicht!"
Er ist übel zugerichtet worden. Zwei Lungenschüsse auf der rechten Seite, die stark bluten. Der Mann hat so unbeschreibliche Schmerzen, daß wahrscheinlich auch noch Rippen zerschmettert worden sind. Das Abkleben der Einschußlöcher kann das Zusammenfallen der Lunge hoffentlich noch rechtzeitig verhindern, dann wird er glimpflich davon kommen. Mit meinen bescheidenen Mitteln kann ich kaum mehr tun, als die Blutungen zu stoppen, Wundversorgung vorzunehmen und die Verletzten für den Transport ins Krankenhaus vorzubereiten. Ich bin ja kein Arzt, sondern habe nur einen Crash-Kurs gemacht.
Vier weitere Verletzte kommen zu mir. Sie sind glücklicherweise alle außer Lebensgefahr. Aber die vier sind benommen, stehen unter Schock. Ein Mann hat einen Streifschuß am Hinterkopf. Was, wenn die Kugel zwei Zentimeter tiefer getroffen hätte?
Der zweite Mann humpelt. Die Kugel hat seinen Oberschenkel gestreift, das Fleisch ist sichtbar - fast nur eine Schramme. Er hat mehr Glück gehabt, als der Mann, der jetzt zu mir getragen wird. Beindurchschuß. Das Blei hat den linken Unterschenkel durchschlagen und steckt im rechten Bein. Zum Glück haben die Banditen keine Dum-Dum-Patronen - stumpfe Bleibolzen - als Munition benutzt, die beim Austreten aus dem Körper durch ihre Stumpfheit riesige Wunden reißen.
Ich säubere, desinfiziere und verbinde alle seine Wunden, um ihm das Gefühl zu geben, versorgt zu werden, denn im Krankenhaus wird doch alles wieder heruntergerissen, um die Kugel herauszuoperieren.
Blut. Schmerzen. Ich habe noch nie eine schwere Verletzung gesehen - und jetzt all das hier. Nachdem es mir gelungen ist, meine Gefühle aus Ekel und Mitleid zu unterdrücken, bin ich wie ausgebrannt.
Für einen jungen Mann kommt allerdings jede Hilfe zu spät. Der Leichnam liegt im Schatten des Busses. Der Körper ist von einem weißen Leintuch bedeckt, nur über dem Kopf ist der Stoff zurückgeschlagen. Ich wende mich schnell ab, aber das Bild hat sich mir eingebrannt, ich werde es nie vergessen können: Der Mann daneben, der alte Vater, der fassungslos auf das entstellte, fliegenübersäte Gesicht seines Sohnes starrt. Sprachlos, klaglos. Er versteht die Welt nicht mehr und weint ohne Hemmung. Wahrscheinlich merkt er nicht einmal, wie die Tränen über die Wange laufen und auf der faltigen, staubigen Haut feuchte Sträßchen hinterlassen. Der Sohn war die einzige Hoffnung, das einzige Lebensziel, das der alte Mann noch hatte.

Dann der nächste Schock: In unmittelbarer Nähe zu dem Toten sitzt eine Frau. Verständnislos beobachte ich, wie ihre beiden kleinen Kinder um den Leichnam spielen. Ich warte. Aber sie sagt nichts. Sie sagt nicht zu ihren Kindern: „Geht weg, da liegt ein toter Mann!“ oder etwas in der Art. Wie kann das angehen? Unserem Gefühl nach wäre es das Natürlichste. Vielleicht nur so nachvollziehbar, daß in diesem armen und unsicheren Land Sudan der Tod inzwischen etwas Alltägliches geworden ist, die Menschen keine Regung mehr zeigen und keine Distanz wahren.

Ich packe mechanisch meine Sachen zusammen.

„Da ist noch ein Verletzter, *ya Duktur!*“ sagt man mir mit breitem Grinsen und deutet auf einen Mann, der auf dem Bauch liegt. Was hat das jetzt wieder zu bedeuten?

„Was ist los, wo tut es dir ...“

Ich spreche den Satz nicht zu Ende. Ach so! Auch ich muß jetzt unwillkürlich grinsen. Etwas schäme ich mich dafür. Vielleicht ist es einfach die Anspannung, die von mir abfällt. Aber es ist so skurril! In der linken Pobacke des dicken Mannes klafft ein kreisrundes Einschußloch - wie im Zeichentrickfilm.

Er verzieht sein Gesicht und jammert: „Wie die anderen habe ich mich in der Angst auf den Boden gekauert. Da hat mich die Kugel von hinten getroffen!“

Ich denke für mich: „Gut, daß du so gepolstert bist!“

Es ist eine relativ harmlose Muskelverletzung, die noch nicht mal mehr blutet - aber Schmerzen hat der arme Kerl sicher höllische. An sitzen oder laufen ist nicht zu denken. Das einzig Erträgliche ist für ihn noch die Bauchlage ...

Als ich zu unserem Bus zurückkomme, vergeht mir das Lachen: Vor meinem Sitz auf dem Boden liegt die Gitarre. In der Höhe meines Kopfes ist eine Kugel in den Hals eingeschlagen, die Wucht hat einen Bund hochgebogen und eine Saite zerrissen.

Wenn ich zwei Minuten später noch auf meinem Sitz gesessen hätte, dann ... Ich will den Gedanken nicht zu Ende denken. Aber in meinem Kopf jagen sich das Bild des Leichnams, des trauernden Vaters und das meiner Eltern gegenseitig.

## Durch den Sahel nach Zentralafrika

Zufällig wurde ich nach meiner Rückkehr in Deutschland auf eine fünfzeilige Zeitungsnotiz in der Süddeutschen aufmerksam, über die ich normalerweise hinweggelesen hätte. Es wurde knapp berichtet, daß im westlichen Sudan, in der Gegend des Busüberfalles, zwei Wegelagerer gefangen genommen worden waren. Gehörten sie der Bande an, die sich in den Hinterhalt gelegt und uns beraubt hatte? Ich habe es nicht in Erfahrung gebracht. Die Behörden machten kurzen Prozeß mit den beiden. Sie wurden verurteilt und dann gekreuzigt. Tod durch Verdursten.
Der schwerverwundete junge Mann erlag im Krankenhaus von El-Fasher seinen Verletzungen. Ich mache mir heute noch Vorwürfe. Vielleicht wäre er noch am Leben, wenn es mir schneller gelungen wäre, die Blutung zu stoppen. Daß ich um Haaresbreite selbst bei dem Überfall das Leben verloren hätte, wurde mir erst im nachhinein richtig bewußt. Mit großer Dankbarkeit empfinde ich alles, was ich nach diesem Trauma erlebe, als ein riesengroßes, wunderbares Geschenk.
Um die schrecklichen Bilder vom Neujahrstag zu vergessen, wollte ich so schnell wie möglich aus dieser Gegend weg. Aber für die Verhöre auf der Polizeistation von El-Fasher mußten sich alle Busreisenden zur Verfügung halten. Vier Tage dauerte das Aufnehmen der Protokolle. Gerüchte machten die Runde, wonach das Militär drei der neun Banditen erschossen und das Diebesgut sichergestellt hatte. Sie erwiesen sich alle als Enten.
Während dieser Zeit wohnte ich bei Martin, einem Mann vom Volk der Dinka aus dem Südsudan, der bei der nordsudanesischen Armee Ausbilder war. Jeden Morgen verließ er in aufrechter Haltung pünktlich um halb acht, in seiner sandfarbenen, exakt gebügelten Uniform mit schwarzer Schirmmütze und einem hölzernen Exerzierstock mit Silberknauf, das Haus. Genau so hatte ich mir immer die einheimischen Offiziere der ehemaligen britischen Kolonialarmee vorgestellt. Eine fremd anmutende Mischung aus afrikanischem Aussehen und britischer Disziplin.
Als erstes aber waren mir die strichförmigen Narben auf seiner Stirn und die fehlenden Schneidezähne im Unterkiefer aufgefallen. Neugierig geworden, fragte ich nach dem Grund. Martin erklärte mir:
„Toum-Toum, weißt du, es ist eine alte Tradition unseres Stammes. Früher, bevor die Missionare kamen, erhielt jeder Junge, der zum Mann wurde, diese Narben. Sie sind bei jedem Volk verschieden sind. Heute wird das nur noch selten gemacht. Auch das Ausschlagen der un-

teren Schneidezähne." Dann meinte er noch augenzwinkernd: „Ein Kopf-Design fürs ganze Leben!"
Die Zeit, die ich nicht mit dem Vormittag füllenden Hobby „Amtsstubenhocken" beschäftigt war, verbrachte ich mit Martins Neffen Kwal, den ich im Bus kennengelernt hatte. Einen Abend gingen wir zum Beispiel in das riesige Freiluftkino von El-Fasher, wo ein billiger chinesischer Karate-Streifen lief. Die Stimmung erinnerte an eine Boxarena: Das Kino tobte. Bekamen die Bösen ihr Fett weg, brandete stürmischer Beifall auf, die guten Helden wurden frenetisch gefeiert.
Den folgenden Nachmittag und Abend waren wir zu einer Dinka-Hochzeit eingeladen. Die Männer feierten im Nachbarhaus, getrennt von Frauen und Jugendlichen. Es wurde gesungen, getanzt, gegessen - und riesige Mengen an Hirsebier getrunken. Aber die bräunlich-trübe Flüssigkeit mit dem etwas mehligen Geschmack sah wenig appetitlich aus, und ich nippte nur höflichkeitshalber an der angebotenen Trinkschale.
Zum ersten Mal seit der Einreise in den islamischen Kulturkreis wurde ich von einer angetrunkenen Person bequatscht. Die männlichen Hochzeitsgäste waren von ihrer traditionellen Religion zum Christentum bekehrt worden und trugen nun englische, französische oder italienische Namen - je nachdem, welcher Nationalität und Glaubensrichtung der Missionar angehörte, der sie damals im Südsudan getauft hatte. Als Zeichen ihrer stammesgeschichtlichen Vergangenheit trug jeder von ihnen neben den fehlenden Schneidezähnen, den Gesichtsnarben und Ohrlöchern eine Streitaxt bei sich; so selbstverständlich und lässig, wie man im herbstlichen Deutschland mit einem Schirm unterm Arm vor die Tür treten würde. Mit der europäischen Kleidung ergab das eine aufregende Mischung.
Alle der anwesenden Männer standen in Diensten der Regierungsarmee, die im Südsudan gegen ihr eigenes Volk, ihre Dörfer, Familien und Brüder Krieg führt. Seit 1983. Es ist einer der vergessenen Kriege der Welt, über den kaum eine Zeitung berichtet. Einer der gnadenlosesten Kriege. Krieg um die Kontrolle über Völker anderer Religion und Kultur. Gegen die Menschen kleiner Ethnien, gegen Andersgläubige, gegen Frauen und Kinder. Menschenrechtsorganisationen werfen der Regierungsseite Genozit am Volk der Dinka vor, aus denen sich ein Großteil der Rebellen rekrutiert. Aus verläßlichen Quellen wird berichtet, daß Übergriffe auf die Zivilbevölkerung gezielt als Taktik eingesetzt und humanitäre Hilfsmaßnahmen für die hungernde Bevölkerung immer wieder absichtlich behindert oder gar nicht gestattet werden.
Martin erzählte mir, daß sie nach Möglichkeit nicht mehr direkt an der Front eingesetzt würden, weil zu viele von ihnen auf die Seite der Re-

bellen übergelaufen waren. Aber nun arbeiteten sie als Ausbilder derjenigen, die das blutige Handwerk erledigten und ermöglichten mit ihrer Präsenz im Norden den Abzug weiterer Truppen in den Süden. Waren die südsudanesischen Armeeangehörigen unter sich, fielen auch hier harte, offene Worte gegen die Regierung, die Nordsudanesen und die Diskriminierung durch die Muslime - sie waren privat also alles andere als unreflektiert loyal zum arabischen Norden. Durch meine Fragen wurde Martin mit der Irrationalität dieser Situation konfrontiert. Das war ihm sehr unangenehm. Ich bohrte nicht weiter. Anscheinend betrachteten viele von ihnen den Krieg als eine Art unabänderliche Begebenheit wie Sonnenschein oder Regen, auf die man keinen Einfluß nehmen kann. Man handelte nach dem alten Sprichwort: „Beiß nicht die Hand, die dich füttert!“ auch wenn es sehr, sehr weh tat, seit Jahren die eigene Verwandtschaft und sein Land nicht mehr gesehen zu haben.

Großbritannien, die ehemalige Kolonialmacht, trägt die Hauptschuld an dem Bürgerkrieg im Sudan. Wie überall in Afrika wurden die Grenzen des unabhängigen afrikanischen Staates von der kolonialen Bürokratie festgelegt. Dabei spielten strategische und verwaltungstechnische Gesichtspunkte, Zufall und Willkür eine entscheidende Rolle. Auf ethnisch, historisch und kulturell zusammenhängende Gebiete wurde keine Rücksicht genommen. Damit waren Auseinandersetzungen zwischen den einzelnen Völkern der neu entstandenen Staaten Afrikas um die Macht, Gebietsansprüche gegenüber Nachbarländern und entsprechende militärische Auseinandersetzungen bereits vorprogrammiert. Das Volk der Azande beispielsweise lebt heute verteilt auf den Territorien der drei souveränen Staaten Zentralafrikanische Republik, Sudan und Zaire. Der umgekehrte Fall, nämlich die Vereinigung von kulturell, ethnologisch und religiös vollkommen verschiedenartigen Menschen in den Grenzen eines künstlichen Staatsgebildes, löste 1955, im Jahr vor der formellen Unabhängigkeit, den Bürgerkrieg im Sudan aus.

Mein Visum lief ab. Ob ich wollte oder nicht, ich mußte so schnell wie möglich den Sudan verlassen. Damit wurde ein Besuch bei Nasser, dem Sudanesen vom Kamelmarkt in Kairo, unmöglich. Einen ganzen Nachmittag widmete ich mich der Wartung von Filfilla, wechselte die Kette, reinigte und schmierte sie und versuchte dann fluchend mit Augenmaß, Fingerspitzengefühl und Geduld die schlimmsten Seitenschläge der verbeulten Felgen wieder auszuzentrieren. Neben dem Einstellen der Bremsen war dies die Arbeit, die ich am meisten haßte. Bei den schlechten Pisten mußte sie aber regelmäßig durchgeführt werden.

Als Filfilla wieder auf den Rädern stand, packte ich Werkzeug und Ausrüstungsteile in die Satteltaschen zurück. Nach den Monaten auf der Straße hatte sich durch das viele Auf- und Abladen bei Pannen und das Aus- und Einräumen bei Übernachtungen allmählich ein bewährtes Packsystem herausgebildet. Ich sortierte die Sachen nach einem platzsparenden Schema ein, so daß Gewicht und Füllungsgrad in beiden Seitentaschen etwa gleich groß waren. Sonst verursachte das Probleme mit der Balance in schwierigen Fahrsituationen und Ärger mit schlaffen Taschen, die in die Speichen kamen. Obenan lagen die leichteren Dinge, um den Schwerpunkt des Rades möglichst tief zu halten, und die häufiger gebrauchten Gegenstände.
Immer die gleiche Ordnung einzuhalten war wichtig, damit ich alles schnell und notfalls auch im dunkeln finden konnte. Das hieß: in der rechten Tasche Wasserflasche, Obst und andere frische Vorräte, Filme, Medikamente, die Regenkleidung - ich hatte mir schon ein paar Mal den Kopf zerbrochen, wofür ich die eigentlich mitgenommen hatte - und ganz unten die Wartungsschlüssel für das Tretlager. Links ebenfalls einen Wassersack, Werkzeug- und Ersatzteilbeutel, die zwei Ersatzschläuche, einen zusammenfaltbaren Mantel, für den Fall der Fälle, und die paar Kleidungsstücke. In den kleinen, hinteren Außentaschen befand sich allerlei Krimskrams, an den man zwischendurch immer mal dran mußte, wie ein Stückchen Blumendraht, Klebstoff, Taschenmesser, Flickzeug, Taschenlampe, Mückenöl etc.
Auf dem Gepäckträger waren mit Gummispinnen dann die großen Rollen von Isomatte, Zelt und Schlafsack und ganz oben die Gitarre festgespannt. In den Low-Rider-Taschen hatte ich Kochtöpfe, Tagesrucksack mit Kompaß, Fernglas (die ich nun nicht mehr hatte), Karten, Tagebuch und Kameratasche, am Träger selbst noch Ersatzmäntel festgebunden.
Danach begutachtete ich die beschädigte Gitarre. Es war weniger schlimm, als es im ersten Moment ausgesehen hatte: Die Kugel hatte es beim Durchschlagen der Busrückwand in mindestens drei Teile zerrissen. Das größte Stück steckte im Holz, man konnte das Blei bläulich schimmern sehen. Ich ließ es, wo es war, und drückte den deformierten Bund ins Griffbrett zurück.
Aber was sollte ich mit der zerrissenen Nylonsaite machen? Ich hatte keinen Ersatz dabei - und hier in El-Fasher war bestimmt nichts aufzutreiben. Da kam mir eine Idee. Das könnte klappen. Auf dem Boden meiner Taschen fuhr irgendwo noch eine Rolle mit Nylon-Angelschnur spazieren, die ich noch nie gebraucht hatte. Ich schnitt ein Stück ab und zog es auf. Die ersten Akkorde klangen ein bißchen schräg. Aber nach zweimaligem Stimmen: perfekt. Es war ungeheuer beruhigend, mit der

Gewißheit durch Afrika zu radeln, daß ich 50 Meter Ersatz für die hohe E-Saite dabei hatte ...!
Ich war traurig, nachdem ich vier Tage lang von Martin und seiner Familie so herzlich aufgenommen worden war, weiter zu müssen. Ich verabschiedete mich von seinen beiden süßen Töchtern und den zwei frechen kleinen Jungs, die am liebsten mit Filfilla Motorrad gespielt hatten. Sie freuten sich riesig über die kleinen Geschenke - Aufkleber und Werbekappen -, und ich war froh, wieder etwas leichter geworden zu sein.
Qwal begleitete mich noch bis zur Piste nach Nyala, durch die Strohhaussiedlungen am Rande von El-Fasher. Zusammen schoben wir das schwere Rad durch den knöcheltiefen Sand. Dann war es soweit: Nach einer herzlichen Umarmung trat ich wieder in die Pedale.
Bis Nyala lagen satte 200 Kilometer vor mir. Auf der ganzen Strecke war ein einziger Ort auf meiner Karte verzeichnet: Menawashei, 120 Kilometer von hier, wo ich übernachten wollte. Damit hatte ich mir für den ersten Radeltag der Weiterfahrt ein strammes Programm verordnet. Es ließ keine längeren Pausen zu, wenn ich noch vor Einbruch der Nacht ankommen wollte, um eine gefährliche Fahrt bei Dunkelheit zu vermeiden. Für meine unanständige europäische Angewohnheit, alles viel zu genau vorauszuplanen und dann ehrgeizig an der Erfüllung des Solls festzuhalten, mußte ich noch öfter auf dieser Reise bezahlen - mit unnötigen Anstrengungen und Ängsten.
Die Polizisten des Checkpoint an der Stadtgrenze waren von der Geheimpolizei bereits über mein Kommen benachrichtigt worden - das Informationsnetz der Sicherheitsorgane arbeitete also tadellos. Und wenn schon - so konnte ich wenigstens nicht „verlorengehen“.
Die Luft war dunstig aber kühl, was das Radeln angenehm machte. Rechts und links der Piste dehnte sich eine sanft gewellte Ebene aus: vertrocknete Steppe, dürres, gelbliches Gras, das mit Büschen durchsetzt war.
Die Gleichförmigkeit der Landschaft erleichterte mir die erste Stunde Radfahren, die ich am Anfang jedes Tages brauchte, um den richtigen Tretrhythmus zu finden. Nur die gleichmäßige Folge von Pedaltritt auf Pedaltritt ermöglicht es, große Distanzen, also um die hundert Kilometer täglich, über lange Zeiträume konstant zurückzulegen. Diese Uhrwerkbewegung ohne Spitzenbelastung und ohne großen Kraftaufwand wirkt der Ermüdung der Muskeln entgegen.
Ich bemerkte, daß es ökonomischer war, in einem leichteren Gang zu fahren und dafür die Trittfrequenz zu erhöhen, um die Geschwindigkeit beizubehalten, als für jede einzelne Pedalumdrehung in einem höheren Gang aktiv Kraft aufzuwenden, was auch unnötig meine empfind-

lichen Knie belastet hätte. Jeder Stopp, und sei es nur, um eine Aufnahme zu machen, eine Auskunft zu erfragen oder verrutschtes Gepäck neu zu verzurren, kostet Kraft. Er unterbricht diesen energiesparenden Fluß der Bewegungen, der zu einem richtigen Fahrrausch führen kann, in dem es für mich keine Muskelschmerzen, keinen Durst und keine Kilometerquälereien mehr gibt, nur noch ein betäubendes Hochgefühl. Das sind die Momente, in denen Fahrradfahren zum Selbstzweck wird, zu mehr als einer billigen, praktischen und interessanten Art der Fortbewegung.
Die noch tiefstehende Sonne warf lange Schatten, so daß Bodenunebenheiten und Steine auf der Fahrbahn gut sichtbar waren. Das änderte sich zur Mittagszeit, als die Hindernisse mit dem hohen Sonnenstand ihre Schatten fast ganz verloren und ich durch das gleißende Licht und den Staub die Augen schmerzvoll zu einem Schlitz zusammenpreßte. Es wurde schwierig, immer noch gerade rechtzeitig auszuweichen.
Einige Stunden im Sattel und meine Aufmerksamkeit ließ nach; und je länger ich auf den schlechten Pisten Afrikas unterwegs war, desto größer wurde meine Gleichgültigkeit gegenüber Schlaglöchern. Denn durch die Konzentration auf die vor mir liegende Piste konnte ich den interessanten Sachen um mich herum nur noch einen kleinen Teil meiner Aufmerksamkeit schenken. Also verdrängte ich die Angst um Filfilla - ihren Rahmen, die Speichen und Achsen - und drehte auf. Aber das sollte sich noch rächen - noch an diesem Tag ...
Andererseits lernte ich immer besser, mit einem kurzen Blick den vor mir liegenden Weg zu überschauen, um dann mit Kurven und Schleifen über die ganze Pistenbreite die material- und kräfteschonendste Passage durch den Schlaglöcher- und Sandstellenteppich zu steuern. Die Landschaft verlor mit dem Höherklettern der Sonne an Reiz. Alles wirkte zweidimensional, stumpf und staubig. Bizarre Zeugenberge zeichneten sich in der dunstigen, schwülen Luft nur schwach ab. Sie sahen wie die Finger eines Zyklopen aus und schienen alle auf gleicher Höhe wie abgeschnitten. Im Tagebuch habe ich mir ihre Namen als *Kassbara, Basal, Maj* und *Charuf* notiert.
Hin und wieder lugten die Dachspitzen kleiner Häusergruppen über das trockene Gras und die Durra-Felder.
Plötzlich waren sie da, die riesigen *Tabaldi,* wie die Baobab-Bäume im Sudan genannt werden. Dieser für die semiariden Gebiete Afrikas so charakteristische Baum besitzt einen dicken, gestauchten Stamm, der als Wasserspeicher dient und einen Umfang von bis zu 40 Metern erreichen kann. Die Bäume sind das ganze Jahr über entlaubt und sehen wie abgestorben aus. Erst wenn Regen fällt, bringen diese Riesen

innerhalb kurzer Zeit Blätter, Blüten und Früchte, die man auch als „Affenbrot“ bezeichnet, hervor. Nektar- und früchtefressende Fledermäuse spielen für ihre Bestäubung und Samenverbreitung eine entscheidende Rolle. Die ältesten dieser urzeitlich wirkenden Pflanzen besitzen ein geschätztes Alter von tausend Jahren!
Die Sonne verfing sich in dem knorrigen, wirren Astwerk der Baobabs wie ein leuchtendroter Ball in den Tentakeln riesiger Kraken. Bald mußte es stockdunkel sein. Bei guter Piste konnte ich in der nächsten Stunde noch knapp zwanzig Kilometer zurücklegen. Aber bis nach Menawashei mußten es etwa 25 Kilometer sein - wenn die Karte stimmte. Vielleicht war das ja auf den letzten Drücker noch zu schaffen. Unwillkürlich kurbelte ich schneller.
Aber die Piste wurde schlechter und schlechter, nur weicher Sand und Dagh-Dagh, ich kam immer langsamer voran. Das machte mich fertig. Plötzlich schmeckte ich das Salz auf der Haut, die Schweißtropfen brannten mir in den Augen. Beine und Sitzfleisch schmerzten, und mein Problem mit den eingeschlafenen Händen war auch wieder da.
Viel zu schnell sank die Sonne tiefer und tiefer und verschwand dann hinter dem Horizont. Im schwachen Licht der Dämmerung rammte ich zweimal ungebremst in tiefe Schlaglöcher - wie lange hielt Filfilla das noch aus?
Willst du hier draußen übernachten? Ein schöner Gedanke nach dem Überfall! Und die Wildtiere, vor denen man dich gewarnt hat? Wenn du Glück hast, wird man irgendwann als Überbleibsel noch einen deiner angekauten Schuhe finden! Also verdammt nochmal, reiß dich zusammen und häng' dich rein!
Ich hatte ein ungutes Gefühl im Nacken. Ich war fix und fertig. Und ich war sauer auf mich selbst. Warum mußte ich Dickkopf unbedingt bis Menawashei kommen - ich hätte mich schon vor Stunden nach einer Übernachtungsmöglichkeit in einem der wenigen Häuser rechts und links der Piste umgucken können! Dafür kriegte ich jetzt prompt die Rechnung präsentiert.
Wut und Trotz gaben mir noch einmal Auftrieb. Flackerte da vorne nicht ein schwaches Licht? Na bitte! Ich triumphierte schon wieder. In diesem Moment der Überheblichkeit übersah ich ein weiteres Loch, das Vorderrad krachte hinein, der rechte Low-Rider-Halter brach und die Tasche rutschte in die Speichen. Sturz. Ich stieg auf sehr unsanfte Art nach vorne über den Lenker ab. Das ausgerechnet jetzt!
Fluchend betastete ich Knie und Hände. Glück gehabt! Außer einer leichten Prellung war mir nichts passiert. In voller Dunkelheit pfriemelte ich die Tasche aus den Speichen, nestelte den gebrochenen Träger ab und klemmte beides auf den hinteren Gepäckträger.

Das Licht vor mir war inzwischen verschwunden. Wie vom Erdboden verschluckt. Der Würgegriff der Nacht war wieder fester geworden. Verzweifelt stieg ich aufs Rad. Im Schein der Taschenlampe las ich immer wieder den Kilometerzähler ab: Noch sieben, sechs, noch fünf Kilometer. Wo blieb Menawashei? In der flachen Landschaft hätte es schon längst zu sehen sein müssen! Die Beine waren so schwer, daß jeder Pedaltritt Überwindung kostete. Nur noch fünf Kilometer! War der Ort dann immer noch nicht in Sicht, mußte ich hier draußen übernachten. Ich konnte einfach nicht mehr. Mein Körper sehnte sich längst nach einer Pause.
Da! Jetzt gab es keinen Zweifel mehr: Vor mir, abseits der Piste blinkte eine Ansammlung von Lichtern in der stockdusteren Savanne. Das mußte Menawashei sein! Meine Gedanken waren schon dort. Bei einem warmen Essen und bei meinem ausgerollten Schlafsack.
In diesem Moment brach der andere Low-Rider-Halter. Ohne jede Vorwarnung blockierte er krachend das Vorderrad. Ich stürzte wieder. Mit dem fehlenden Gegengewicht der zweiten Tasche war er instabil geworden und hatte seinen Geist aufgegeben. Anscheinend sollte ich heute nicht mehr in Menawashei ankommen. Aber bis ich das verstand, brauchte ich noch lange - bis zu den letzten Tagen der Tour.
Ich stand auf, hob Filfilla vom Boden und setzte meinen Weg nach Menawashei fort. Sicherheitshalber schiebend.

Je näher am nächsten Tag Nyala rückte, desto spärlicher wurde der Baumbewuchs. Dafür türmten sich an der Piste Holzkohlesäcke und Brennholzbündel, die darauf warteten, in die Stadt transportiert zu werden. Rund um die Hauptstadt der Provinz Süddarfur mit ihrem unersättlichen Hunger nach Brennholz zieht sich bereits ein verwüsteter, vegetationsloser Ring, der ständig verbreitert wird. Nur die dicken Stämme einiger Baobabs haben der Abholzung bisher widerstanden. Nachwachsende Schößlinge von Bäumen und Sträuchern werden von grasendem Vieh vernichtet. Ohne die schützende Pflanzendecke ist der Boden der Erosion durch Wasser und Wind preisgegeben, die die Ausbreitung der Wüste nach Süden begünstigt.
In Nyala selbst, das einen wesentlich städtischeren Charakter als El-Fasher besitzt, hatte ich mich nicht länger als nötig aufgehalten. Ich versuchte vergeblich, eine Reisegenehmigung für das Gebirge Jebel Marra zu bekommen und meine Aufenthaltsdauer mit dem Argument zu verlängern, daß ich sonst mit dem Fahrrad nicht schnell genug die Grenze erreichen könnte. Die Sicherheitspolizei in Nyala „empfahl“ mir daraufhin sehr nachdrücklich, das letzte Stück *nicht* per Fahrrad zurückzulegen.

Seit dem Überfall war ich für diese Art von dezenten Warnungen sehr sensibel geworden - vielleicht war ja doch etwas dran an diesen Gerüchten über die Rebellentätigkeit im Streifen längs der Grenze. In diesem Land schien mir inzwischen fast alles denkbar. Also blieb nur der Lkw, um noch vor Ablauf des Visums auszureisen. Ich konnte es mir nicht leisten, durch die Überziehung meiner Aufenthaltsgenehmigung die gesamte Weiterreise über Zentralafrika zu gefährden.
Die letzte Etappe im größten Land Afrikas legte ich mit 39 sudanesischen Mitfahrern auf der Ladung eines hoffnungslos überfüllten Lastwagens zurück. Damit hatte ich im gesamten Sudan nur etwa 700 Kilometer mit dem Fahrrad zurückgelegt.
Ich hatte mir auf einem Stapel frisch gehäuteter Felle einen guten Platz ergattert, der die Stöße der schlechten Piste einigermaßen abfing, aber dafür auch an Gerüchen einiges bot. Wir fuhren unter den Schirmen großer Dornenakazien hindurch. Im Netz der schwarzen Äste blitzten die letzten, roten Strahlen der untergehenden Sonne. Plötzlich turnte über unseren Köpfen eine Affenherde durch die Baumkronen. Meine ersten Affen in freier Wildbahn! Der Fahrer rumpelte viel zu schnell an ihnen vorbei. Anhalten oder aussteigen war gerade in dem Moment natürlich unmöglich! Alle 39 Mitreisenden freuten sich über meine Aufregung angesichts der Meerkatzen, die für sie aber doch irgendwie unverständlich war - es waren ja schließlich ganz normale, alltägliche Affen!
Jetzt versuchte jeder eifrig, mich auf irgend etwas Besonderes aufmerksam zu machen, um damit eine ähnliche Reaktion zu erzielen, wie mit den Affen - ein lustiges Spiel.
Jemand berührte mich am Arm: *„shuf, shuf: garad, garad!"*
Ich verstand nicht. Als ich mich in Fahrtrichtung drehte und mit meinem Blick die angezeigte Richtung absuchte, bemerkte ich es. Irgend etwas mit den Büschen stimmte nicht. Die Zweige der Pflanzen vor uns bogen sich wie unter den Früchten einer Rekordernte fast bis auf den Boden. Als der Lkw den ersten Strauch streifte, flogen dunkle Wolken von kleinen Tieren auf. Einige fielen auf den Lastwagen. Wanderheuschrecken! Das gibt es nicht! Tausende, ach was, Millionen! Es *mußten* Millionen sein: Die Pflanzen der Umgegend waren von einer lebenden Insektendecke überzogen! Es wirkte wie die hoffnungslos überspannte Szene eines Science-Fiction-Thrillers. Die beängstigende, erstickende Schicht hatte sich bizarrerweise nur über die untere Hälfte der Bäume und Büsche gelegt und dort alles kahlgefressen, während die oberen Zweige noch unberührt schienen. Zum Fotografieren war das Licht nicht mehr ausreichend, erst recht nicht für die kurze Belichtungszeit, die bei dem Gerüttel auf dem Lkw nötig gewesen wäre.

Das Lachen des Jungen neben mir tröstete mich: Er hatte das Spiel offensichtlich gewonnen, weil meine Reaktion noch heftiger ausfiel als bei den Affen!
Nach Einbruch der Nacht fuhr der Lkw nochmals durch Heere von Heuschrecken. Die Myriaden von Tieren sahen im Scheinwerferlicht wie die riesigen Flocken eines apokalyptischen Schneegestöbers aus. In El-Fasher hatte ich säckevoll der getrockneten, etwa acht Zentimeter großen Insekten gesehen, die in vielen Teilen Afrikas als nahrhafte Leckerbissen gelten. Sie enthalten hochwertige Proteine.
Aber das Auftreten von Wanderheuschrecken in unfaßlichen großen Schwärmen mit 100 Millionen Tieren pro Quadratkilometer bedeutet Kahlfraß ganzer Landstriche innerhalb weniger Stunden, Verlust der gesamten Ernte einer Region und nachfolgend Hungerkatastrophe. Eine Bekämpfung oder Vorhersage von Heuschreckenplagen gestaltet sich extrem schwierig, weil einzeln lebende Tiere an sich harmlos sind. Erst beim Auftreten von schwierigen Überlebensbedingungen können sich diese durch Veränderungen von Verhaltensweisen und Körperbau in Wanderheuschrecken verwandeln, die sich explosionsartig vermehren, riesige Schwärme bilden und, vom Wind vorwärts getrieben, Entfernungen bis zu zweitausend Kilometern zurücklegen!
Immer wieder mußten wir uns blitzschnell ducken, weil niedrighängende Dornenäste wie Peitschen über den Lastwagen streiften. Es schien wie ein Wunder, daß sich niemand ernsthaft verletzte. Zweimal tauchte ich zu langsam ab und bekam gehörig eins auf die Glocke. Wie war das? Leichter Schlag auf den Hinterkopf ...? - Natürlich, das war eigentlich das Nächstliegende! Mit ernster Miene stülpte ich mir meinen Fahrradhelm über das Haupt und zurrte entschlossen den Riemen unter dem Kinn fest. Das Schlagen der Äste gegen die Plastikschüssel klang nur noch wie ein spielerisches „touché". Die Idee bewahrte mich aber zuverlässig vor weiterem Kopfschmerz.
Das Nadelöhr hieß Am Dafok. Wenn es gelang, hier die Grenze zu passieren, war ich in Schwarzafrika. Der kleine Ort sah nicht wie ein Platz aus, an dem nervenzerfetzende Showdowns zwischen Globetrottern und Grenzbehörden ausgetragen werden. Und wenn doch? Was blieben mir dann überhaupt noch für Möglichkeiten? Bevor ich die lange, beschwerliche Reise zurück nach Khartoum und von dort aus weiter zum Hafen von Port Sudan in Kauf nahm, um nach einem Schiff zu suchen, das mich über Jemen nach Somalia oder Kenya bringen konnte, würde ich eher einen illegalen Grenzübertritt wagen oder versuchen, im Transit durch den Bürgerkrieg im Tschad in die C.A.R. zu reisen. Aber nicht freiwillig nochmals die Strapazen und Gefahren einer Reise quer durch den Sudan!

Wenn all das scheitern sollte und ich doch gezwungen war, mit dem verhaßten Flugzeug nach Kenya zu fliegen, hatte ich wenigstens nichts unversucht gelassen, es zu umgehen. Und ich hatte nicht ganz auf den Streckenabschnitt verzichten müssen, der mich am meisten gereizt hatte: der Übergang vom arabischen Nordafrika zum *Bilad-as-Sudan,* dem Land der Schwarzen, wie der Gürtel in den wechselfeuchten Tropen zwischen Regenwäldern und der Sahara genannt wird, der sich vom Senegal quer durch den afrikanischen Kontinent bis nach Äthiopien zieht und dessen nördlicher Teil als *Sahel* (arab. für Ufer - hier Ufer des Sandmeeres der Sahara) bekannt ist. Vom *Bilad-as-Sudan* hat sich übrigens auch der Staat Sudan seinen Namen entliehen.
Die Beschaulichkeit in Am Dafok, dieses verschlafenen Nests im Dornbusch, ohne elektrischen Strom und Straßen, verriet keine Spur von marodierenden Rebellentruppen der SPLA. Der Arm der Staatsgewalt, der örtliche Polizeichef, schien nicht besonders beunruhigt, denn er war schon seit Stunden von der Polizeistation abwesend. Einzige Seele im verlassenen Gebäude war ein Untergebener, der mir bedauernd mitteilte, der *Ra'is* tätige auf unbestimmte Zeit ausgedehnte Einkäufe im *Souk,* käme aber bestimmt bald zurück. Natürlich mußte ich da an die dramatisierte Darstellung der politischen Lage denken, mit der mich der deutsche Botschaftsangestellte in Khartoum von der Weiterfahrt in den westlichen Sudan hatte abhalten wollen.
Zuvor hatte ich bei einem kurzen Streifzug über den bunten Marktflecken meine letzten sudanesischen Pfunde in getrocknete Datteln investiert. Mohamed Ali aus Saden Fanty hätte angesichts des überhöhten Preises und der miserablen Qualität wohl nur mitleidig gelächelt oder verachtungsvoll von Viehfutter gesprochen. Aber ich war froh, wenigstens einen kleinen Vorrat der haltbaren Früchten zu besitzen.
Die sudanesische Zollstelle war vollkommen verlassen. Bei der „Geschäftigkeit", die hier herrschte, mochte man nicht glauben, daß dies der einzige Übergang der gemeinsamen Grenze mit der Zentralafrikanischen Republik bis Bambouti im Südsudan ist. Auf einer Luftlinie von immerhin gut 700 Kilometern!
Das konnte ja eigentlich nur bedeuten, daß das Hinterland der C.A.R. so wild und verlassen war wie die sudanesische Seite. Ich machte mir in dem Moment allerdings noch nicht klar, was das für mich an Problemen aufwarf. Für den Augenblick blieb nichts weiter zu tun, als geduldig der Dinge zu harren, die da kommen sollten. Also setzte ich mich in den Schatten eines großen Mangobaumes neben der Polizeistation und genoß den Ausblick auf den See von Am Dafok.
An seinen Ufern standen schlanke Deleb-Palmen, die sich im windstillen Wasser spiegelten. Ihr Abbild wurde von kleinen Pirogen zer-

schnitten. Fischer holten mit den Einbäumen ihre Netze ein. Dazwischen versuchten Schwärme von weißen Pelikanen einen Teil des Fangs zu ergattern. Das plötzliche Auftauchen der Pirogen zeigte, daß ich jetzt mitten in Afrika war! Ich werde ihre natürliche Form, die so vollendet ist, die gleichzeitig Ursprünglichkeit und höchstes handwerkliches Können ausdrückt, immer bewundern.
Auf der anderen Seite des Sees konnte ich deutlich die Grenzstation der Zentralafrikanischen Republik sehen. Die Einreise mußte einfach klappen, ich war so nah dran.
Gegen Mittag verirrte sich ein Zolloffizier in die Amtsstube. Ohne weitere Fragen erledigte er zügig seinen Teil der Abfertigungsformalitäten, alle meine Sorgen über etwaige Probleme an der Grenze schienen unbegründet gewesen zu sein.
Jetzt hing es nur noch an Mr. Musa, dem Polizeichef. Und der machte es spannend. Er ließ auf sich warten. Um halb vier tauchte er endlich auf. Strahlend bat er mich, ihm ins Büro zu folgen, und ich hatte ihm seinen ausgedehnten Einkaufsbummel auch schon verziehen. Seine einzige Sorge war, ob mir der Aufenthalt im Sudan gefallen hatte. Darüber vergaß er beinahe mein Devisenformular, das ich bereits in der Hand hielt. Ohne einen Blick darauf zu werfen, nahm er es entgegen, begleitete mich zur Tür und schüttelte mir verbindlich die Hand.
„*Fursa sa'ida u rihla salama!* Alles Gute und eine friedliche Reise! Hoffentlich besuchen Sie unser Land wieder einmal!"
Seine unorthodoxe Art bei der Abwicklung von Formalitäten und die warme Verabschiedung waren dem überwältigenden Empfang bei der Einreise in Wadi Halfa durchaus ebenbürtig.
Zuversichtlich schob ich Filfilla durch den weichen, knöcheltiefen Sand um den See herum, zwischen den Palmen hindurch auf ein weißgekalktes Häuschen zu. An der Fahnenstange hing eine fremde, bunte Flagge schlaff herab. Auf der Hauswand las ich „Gendarmerie Centrafricaine - Brigade de Am Dafok". Voilà. Von einem Meter auf den nächsten war ich in den frankophonen Teil Afrikas und damit in eine andere Welt übergewechselt. Das Erbe der ehemaligen Kolonialmacht Frankreich zeigte sich schon an der Uniform des Beamten, der mich mürrisch erwartete.

# Urwald-Afrika

## Hunger, Einsamkeit und wilde Tiere

Afrikanische Grenzübergänge - mit diesem Thema wären Bücher zu füllen. Bei 21 Reiseländern zieht es sich wie ein roter Faden durch die gesamte Geschichte meiner Tour. Langweilig von diesen 20 Fortsetzungsfolgen ist auf jeden Fall keine ...!

„Ah, vous êtes Allemand, Sie sind Deutscher!“ stellt der Grenzer nach eingehender Prüfung meines Passes richtig fest. Links von seinem Schreibtisch steht ein Funkgerät, das über eine Autobatterie betrieben wird. Jaulen, knattern und pfeifen im Äther verzerrt die Lautsprecherstimmen, die unverständliche, abgehackte Dialoge führen. Ich schnappe nur einige französische Begriffe auf, die aus dem unverständlichen Wortschwall hervortreten.

„Sie brauchen zwar kein Visum für die Einreise in die Zentralafrikanische Republik, das ist richtig. Aber für den Aufenthalt müssen Sie eine Reisegenehmigung erwerben und die kostet - hier, für Deutsche -, 5.000 Franc CFA. Sie können die Summe auch in Französischen Franc bezahlen, das wären dann 100 FF.“

Dabei zeigt er mir einen DIN-A4-Zettel an der Wand, auf dem verschiedene Nationalitäten und die jeweiligen Preise einer Reisegenehmigung aufgelistet sind. Das Papier ist mit einigen Stempeln versehen und durch Unterschriften verifiziert.

Reisegenehmigung? Ich habe den Verdacht, die angebliche Dienstanweisung von oben ist eigener Machart und die Gebühr für seine Tasche bestimmt - aber was will ich tun, wo ich nicht das Gegenteil beweisen kann? Also zahle ich zähneknirschend mein Lehrgeld. Aber dabei schwöre ich mir im stillen, kein weiteres Mal so blind in ein aufgestelltes Messer zu laufen. Denn noch ist mein zweiter eherner Grundsatz der Reise, ohne die Zahlung von Schmiergeldern weiter zu kommen, nicht gefallen! Schließlich muß ich den zentralafrikanischen Beamten sogar überreden, meine Dollars überhaupt anzunehmen, weil er partout Francs will!

Ich schwinge mich aufs Rad, doch bald schiebe ich es mehr, als daß ich fahre, weil der Weg vor mir unverändert sandig bleibt. Bis Sonnenuntergang komme ich nur noch fünf Kilometer weit. An einem kleinen Lehmhaus frage ich nach einem Platz für mein Zelt. Unter den Augen der staunenden Dorfjugend, die recht schnell alle Scheu vor mir verloren hat, baue ich es auf. Vor der Hütte, direkt am Weg. Mit Fahrzeugverkehr ist hier heute nacht bestimmt nicht zu rechnen!

Absolut fertig bin ich. Zu wenig Schlaf durch die Lastwagenfahrt der

Kalabassen-Vogel
auf Trinkgefäß, C.A.R.

letzten Nacht. Kein Essen. Heute das anstrengende Sandstück. Und in den vergangenen Wochen sowieso diese seltsame Schwäche. Jede Bewegung kostet mich Überwindung. Vitaminmangel? Mein Schlaf ist tief und traumlos. Ich weiß nicht, wieviel Stunden vergehen.
Eine Frau weckt mich. Es ist Nacht. Ohne große Worte stellt sie eine Schüssel mit heißem Essen vor mich hin. Trotz meines Hungers kann ich es kaum hinunterwürgen: Schleimiger Maniokbrei und aufgekochter Trockenfisch. Es riecht ekelhaft und schmeckt nicht anders. Lustlos und erschöpft revanchiere ich mich mit einigen Stücken aus meinem Liederrepertoire.
Anderntags schließt sich der Busch zu einem undurchdringlichen, dornigen Pflanzenfilz. Doch auf den sechzig Kilometern nach Birao gibt es immer wieder große Lichtungen, die es nach starken Regenfällen überflutet. Auf ihnen wachsen nur Fächerpalmen und gelbliches, hüft- bis kopfhohes Elefantengras. Wenn man aus dem Busch kommt, wirken diese offenen Flächen wie ein künstlich angelegter, großer Park. Außer der sandigen, von Lastwagenreifen aufgewühlten Piste gibt es hier keine menschlichen Spuren.
Im Grunde will ich ja nichts weiter, als die unpassierbare südsudanesische Bürgerkriegsregion zu umgehen, und dann auf dem schnellsten Weg nach Uganda gelangen. In der C.A.R. bleibe ich im Prinzip immer nahe der sudanesischen Grenze, weil ich nicht unnötig weit nach Westen ausweichen will. Trotzdem bedeutet dies einen Umweg von immerhin gut 3.000 Kilometern gegenüber der direkten Nord-Süd-Verbindung durch den Sudan!
Der ganze Osten der C.A.R. ist nur dünn besiedelt, der nordöstliche Teil aufgrund seiner Trockenheit sogar fast menschenleer. In der Einsamkeit der nächsten Wochen lerne ich sehr viel über mich selbst. Aber: Wo es keine Menschen gibt, bekommt man nichts zu essen. Das ist schlimm, denn als Radfahrer bin ich nun mal auf die Versorgung durch die lokale Bevölkerung angewiesen. Ich kann nicht für Wochen alle Vorräte auf dem Fahrrad mitschleppen. Nachdem die Wüste nun endgültig hinter mir liegt, habe ich überhaupt nicht mehr mit solch ernsthaften Problemen bei der Lebensmittelversorgung gerechnet. Deshalb deckte ich mich bei der letzten Gelegenheit in Nyala nicht einmal mit dem Nötigsten ein. Zum Glück habe ich die vier in Plastik eingeschweißten Pemikan-Notrationen doch behalten! Sie wären beinahe meiner letzten Aktion zur Reduzierung des Gepäcks zum Opfer gefallen.
Schon öfter habe ich mich über die silbernen Beutel geärgert, weil ich sie jetzt so lange mit mir herumschleife, ohne sie je wirklich benötigt zu haben. Pemikan ist ein zäher, fettiger Nahrungsbrei, der nicht unbedingt

gesteigerte Gaumenfreuden bereitet. Aber immerhin deckt jeweils eine der Tüten den täglichen Nährstoffbedarf meines Körpers, der Tag für Tag schwere Arbeit leisten muß, wenn ich aus dieser abgeschiedenen Ecke Afrikas rauskommen will. Das Hungergefühl wird von der kleinen Menge des konzentrierten Tütenfutters allerdings nicht gedämpft. Zum ersten Mal in meinem Leben kann ich mich nicht sattessen. Ich habe Hunger!

Sand, Sand, Sand! Die Piste nach Birao ist mit dem Rad nicht zu befahren. Also schieben. Aufreibend langsam und anstrengend. Für einige hundert Meter brauche ich unendlich viel Zeit und Kraft.

So etwas erlebt man wahrscheinlich nur in Afrika: Eben noch eine zermürbende, hoffnungslose Situation. Verzweiflung. Im nächsten Moment, buchstäblich aus dem Nichts, der Ausweg - meistens der unwahrscheinlichste, den man sich vorstellen kann! Denn plötzlich mache ich Speed, ohne Mühe bringe ich Filfilla auf 15, 16 Kilometer die Stunde. Zweige zischen an meinem Ohr vorbei.

Aber ich traue dieser 180-Grad-Wendung zum Guten noch nicht so ganz, es läuft jetzt einfach zu glatt. Meine phänomenale Entdeckung: Die Hauptpiste wird rechts und links im Busch von einem Bündel Trampelpfade begleitet, die offenbar nur von Fußgängern, Reitern und einheimischen Radfahrern in Anspruch genommen werden. Ein eigenes Wegenetz für „alternative" Verkehrsmittel, das durch die schonende Nutzung, und weil es über bewachsenen Boden führt, eine harte Oberfläche besitzt - und entsprechend gut befahrbar ist!

Ich taufe dieses Wegsystem für mich *Fahrradhighways,* weil es der maximale Fahrspaß ist, auf einem dieser guten, festgestampften Trampelpfade mit seinen zahllosen Windungen und Schnörkeln durch den Busch zu pedalen, vielleicht am ehesten vergleichbar mit dem Hochgefühl eines Motorradfahrers auf kurvenreicher Straße.

Die Highways schlängeln sich um Hindernisse, wie Dornbüsche und große Steine, herum. Ich kann ihren Verlauf nie so richtig vorausahnen, weil sie durch die vielen Kurven im Gestrüpp kaum weiter als zehn Meter im voraus zu überblicken sind. Grob behalten sie immer die Richtung der Hauptpiste bei, die aber nur selten zu sehen ist. Wegen der Unübersichtlichkeit der Wege muß ich höllisch auf „Gegenverkehr" achten, die sehr schmalen Fahrspuren lassen ein Ausweichen meistens nicht zu.

Probleme gibt es, weil die Fahrradhighways ohne Schneise durch dichte Vegetation führen. Reinragende Dornenzweige zerfetzen mir zwei T-Shirts am Körper und hinterlassen entsprechende Kratzer auf der Haut, herausstehende Gepäckteile bleiben bei zu engem Kurvenschneiden bisweilen an Ästen hängen und werden vom Rad gerissen,

was auch zu bösen Stürzen führen kann, und natürlich ist die Gefahr durch Dornen für die Reifen größer als auf einer breiten Autopiste, wo die Sträucher in ausreichender Entfernung zur Fahrbahn wachsen.
Aber es gibt keine Alternative. Ohne diese Fahrradhighways wäre die 800-Kilometer-Fahrt durch den Osten der Zentralafrikanischen Republik in einigen Gegenden überhaupt nicht möglich, weil Teile der Autopiste zerstört sind und seit Jahren nicht mehr befahren werden.
In Zaire und später dann in Ostafrika sollte ich den Highways nochmals begegnen. Dort hat sich an viel befahrenen Routen sogar eine regelrechte Infrastruktur für den Fahrradtransport herausgebildet, mit Rasthäusern, Reparaturwerkstätten und Luftpumpenvermietern!
Birao entpuppt sich als ein kleiner Ort, in dem seit der Unabhängigkeit 1960 nichts Aufregendes mehr passiert zu sein scheint. Mit Polizeiwache, Kirche, Missionsstation - der Pater ist allerdings schon seit mehreren Wochen abwesend - und einer wunderschönen, von den Franzosen angelegten Mangobaum-Allee. Die alten, mächtigen Bäume führen zum *Marché,* dem Marktplatz, auf den ich mich am meisten gefreut habe.
Aber das Angebot ist für meinen leeren Bauch enttäuschend mager, mit dem in Am Dafok überhaupt nicht zu vergleichen. Zwei kleine Mädchen verkaufen aus einer Schüssel Baigné, eine Art in Öl gebackene Krapfen aus Mais- oder Weizenmehl. Aber es gibt noch nicht einmal eine Garküche hier, wie sonst überall in Afrika, wo zu jeder Tageszeit ein billiges, warmes Essen zu bekommen ist!
Marktfrauen haben vor sich auf dem Boden Türmchen von Zwiebeln und grünen Apfelsinen aufgeschichtet, die jeweils den gleichen Preis kosten. Die Händlerinnen tragen lustige Frisuren: Ihre Haare sind zu vielen kleinen steifen Zöpfchen gebunden, die vom Kopf in alle Richtungen wild abstehen. Jeder Punker würde neidisch werden.
Doch selbst wenn Birao ein Mekka für Schlemmer wäre, würde mir das nicht viel helfen, weil ich kein einheimisches Geld besitze. Was wahrscheinlich an keinem anderen Flecken Afrikas ein Problem gewesen wäre, stellt sich hier als unerwartet schwierig heraus: Wo kann ich meine Dollars tauschen? Die einzigen Banken des Landes stehen in der Hauptstadt Bangui, 800 Kilometer weit weg! Mir wird auf einen Schlag klar, wie verdammt weit ab vom Schuß ich hier überhaupt bin!
In einem der drei, vier Läden am Ort, die Stoffe und aller Art Hauswaren, wie Petroleum und Lampen, Zucker, Sardinendosen, Plastikgeschirr, Tee etc. im Sortiment haben, kann ich schließlich den Besitzer dazu überreden, 10 Dollar - und keinen Cent mehr - in Franc CFA zu wechseln, und nur zu einem verlustreich-schlechten Kurs. Es ist das erste und einzige Mal auf der ganzen Reise, daß ich meine harten Dollar

*Deleb-Palmen zwischen Birao und Am Dafoq, Zentralafrik. Republik*

wie Sauerbier anbieten muß. Jeder will hier nur französische Franc haben. Ich zerbreche mir den Kopf, wie ich Zentralafrika von Norden nach Süden mit einem Budget von 10 Dollar in einheimischer Währung durchqueren soll. Hätte ich geahnt, daß es unterwegs ohnehin fast nichts zu kaufen gibt, wären meine Sorgen wahrscheinlich in eine andere Richtung gegangen ...
Ich quartiere mich mit meinem Moskitonetz auf der Veranda der verwaisten Missionsstation ein. Trostlos. Weit davon entfernt, richtig satt zu sein, gehe ich früh ins Bett, um den Hunger zu vergessen.
In der Nacht kriege ich Magenkrämpfe. Schleimiger Durchfall treibt mich immer wieder in Panik aus dem Schlafsack. Und dann muß ich ständig aufstoßen. Ich ekle mich vor dem entsetzlichen Geruch fauler Eier, der aus meinem eigenen Mund kommt. Mir wird regelrecht schlecht davon.
Ich habe langsam das Gefühl, daß da in meinem Bauch ein kleiner Bio-Reaktor außer Kontrolle geraten ist und auf seinen GAU zusteuert. Mein Medizinbuch, das mir sonst unschätzbare Dienste leistet, gibt keinen Aufschluß, die Symptome können alles und nichts sein. Das führt zum alten Konflikt: Ich will nicht nur auf Verdacht die Chemokeule einsetzen.
Aber dann ist da die Unsicherheit, die meine Selbstdiagnose die schlimmsten Möglichkeiten in Betracht ziehen läßt. Bis hin zu Cholera und Typhus. Fieberhaft versuche ich mich zu erinnern: Welche Mahlzeiten habe ich in den letzten 24 Stunden zu mir genommen, wo zuletzt Wasser getankt? Vielleicht das Essen den Abend vorher, vor dem ich mich intuitiv ekelte, was mir sonst noch nie passiert ist?
Mir ist so elend, daß ich darüber fluche, jemals losgefahren zu sein. Wenn jetzt wenigstens irgendwer da wäre, der sich um mich sorgte! Aber ich bin allein. Ein Einzelreisender ohne Clan und Familie. Wenn es drauf ankäme, würde ich hier vollkommen undramatisch verrecken. Es würde niemanden berühren. Niemanden. Ein Scheißgefühl.
Ich schlafe nur kurze Abschnitte, wälze mich unruhig hin und her, wache schwitzend wieder auf. Habe von deutschem Essen und guten Straßen geträumt! Irgendwo im Ort werden Trommeln geschlagen. Normalerweise würde das mein Interesse wecken, aber ich fühle mich total schwach auf den Beinen. Die Krankheit läßt die Nacht unheimlich und bedrohlich werden, ich fühle mich unsicher.

Südlich von Birao wird das Land trockener, die Vegetation etwas lichter. Weite Landstriche sind von Buschfeuern verwüstet worden. Die größeren Pflanzen haben den Brand zwar irgendwie überstanden, aber mit ihren abgefackelten, blattlosen Zweigen sehen sie jämmerlich aus.

Unter dem verrußten Boden und seinem verkohlten Bewuchs schimmert die ockerfarbene Erde, und an einigen Stellen lugt frisches Grün hindurch. Es riecht penetrant nach kaltem Rauch und Asche.
Nach einiger Zeit kann ich nicht mehr sagen, ob der Geruch wirklich noch da oder inzwischen zur Einbildung geworden ist. Es ist nicht schwer, sich vorzustellen, mit welcher Geschwindigkeit der Brand in dieser Trockenheit gewütet haben muß, angefacht von einem scharfen Wind aus Nord, so wie jener, der mich jetzt über die Slalomstrecke des Fahrradhighways schiebt.
Der extra Ruhetag in Birao ist unbedingt nötig gewesen. Meine Beine sind noch etwas zittrig, aber mir ist nicht mehr so schwindelig. Es ist zwar heiß und staubig, aber die ersten zwei Stunden gibt es keine nennenswerten Steigungen, die meinen Körper überanstrengen würden, zumal der Rückenwind eine wohltuende Unterstützung ist.
Kette und Zahnräder surren. Knarrende Büsche und raschelndes Gras. In den vom Feuer unbetroffenen Landstrichen überwiegen braune und gelbe Farbtöne - die Natur trägt schon das Kleid der Trockenzeit. Der Himmel darüber ist strahlend blau.
Die kurvige Strecke, mit vielen ausgespülten Rinnen, die quer zur Fahrbahn liegen, erfordert bei einer Geschwindigkeit zwischen 15 und 20 Stundenkilometern meine ganze Konzentration. Der Fahrradcomputer zeigt ja an, daß ich gut vorankomme, aber dennoch habe ich das Gefühl, mich überhaupt nicht von der Stelle zu bewegen: Seit Stunden pedale ich schon durch den tristen Busch, der nie sein Gesicht wandelt, in dem es weder Hügel, Senken, noch irgendwelche anderen landschaftlichen Auffälligkeiten gibt. Kein einziger Aussichtspunkt, der sich über die Ebene erhebt. Ich kann die vor mir liegende Strecke nicht abschätzen, kann sie mir nicht einteilen. Es ist wie ein Blindflug durchs Dickicht. Je nachdem kann ich den Bewuchs mit den Blicken nur ein paar oder auch mal dreißig Meter weit durchdringen. Ebenso nach vorne und hinten.
Keine Ablenkung. Meine Gedanken „verbeißen" sich in ein Thema: Essen! Von morgens bis abends. Ich bin davon besessen. Das hätte ich nie für möglich gehalten. Inzwischen habe ich seit drei Tagen keine volle Mahlzeit mehr gehabt. Aber nichts braucht mein Körper nötiger, um die Kräfte zu ersetzen, die durch Anstrengung und Krankheit verlorengegangen sind. Sonst können meine Muskeln, der Antrieb des Fahrradmotors, nicht weiterarbeiten.
Essen, das ist in gewissem Sinne mein Benzin. Und ich brauche viel davon. Ich verdrücke hier wesentlich größere Portionen, als bei meiner Arbeit im Altenheim in Deutschland.
Mein Gott, Deutschland! Kurz nach Weihnachten, wir haben heute den

11. Januar! Ich habe nichts zu fressen. Und meine Familie kann sich mit ihren fetten Weihnachtsbäuchen wahrscheinlich kaum von der Stelle bewegen! Entschuldigung, ihr zu Hause. Aber ich empfinde es wirklich so kraß! Mein Kopf wird von der Gier nach Nahrung tyrannisiert. Diese Unsicherheit, wann und wo ich wieder ausreichend zu essen bekomme, ist fürchterlich.
Eine scharfe Kurve. Plötzlich liegt vor mir eine Schlange, die sich sonnt. Mitten auf dem Weg. Da ist es schon zu spät! Ich kann nicht mehr bremsen! Im letzten Moment reiße ich den Lenker herum. Das Vorderrad rutscht weg. Scheiße. Jetzt bloß nicht langlegen! Das Körpergewicht auf die andere Seite! Ein Reflex, der den Sturz gerade noch abwendet. Der Reifen verfehlt den Körper des Reptils um einige Zentimeter. Vollkommen überrascht springt es hoch, mit einem Satz vom Weg ins Gebüsch. Noch mal das Rascheln einiger Blätter, dann ist das Kriechtier verschwunden.
Puh, das war knapp. Ich bin nicht weniger erschrocken als sie. Eine Giftschlange? Keine Ahnung, es ging alles viel zu schnell, war nicht zu identifizieren. Was passiert, wenn man eine Giftschlange mit dem Fahrrad anfährt? Ah, ich will mir lieber gar nichts ausmalen. Schließlich habe ich keinerlei Serum dabei. Erst mal tief durchatmen.
Ich nutze den Halt, um meine leeren Trinkflaschen aus dem Wassersack nachzufüllen. Das Wasser aus der Satteltasche ist angenehm kühl gegenüber der warmen Plörre vom Rahmenhalter. Du machst zu große Schlucke! Besser haushalten! Schließlich weißt du noch nicht, wo man die Vorräte das nächste Mal ergänzen kann.
Alarmiert suche ich von jetzt an die Piste vor mir nach weiteren kriechenden Sonnenanbetern ab. Plötzlich kracht es links neben mir im Unterholz. Ich erschrecke zu Tode. Der Adrenalinstoß fährt durch den ganzen Körper. Was ist das schon wieder? Zu spät, es bewegen sich nur noch einige Zweige, der Busch hat die Tiere bereits verschluckt. Sie brechen hörbar durchs Geäst. Ich habe mich so auf den Weg vor mir konzentriert, daß mich das Wild als erstes bemerkt hat. Was sind das für Tiere gewesen? Die müssen schon größer sein!
Durch diese beiden Erlebnisse fühle ich mich nicht unbedingt wohler in meiner Haut ...
Unter meinen Hunger mischt sich ein weiteres, viel subtileres Gefühl, das ich bisher in dieser Art noch nicht kenne. Unscheinbarer, aber bedrohlicher: Einsamkeit! Keine Ahnung, ob durch den Hunger die Einsamkeit angsteinflößend wird oder umgekehrt. Wahrscheinlich schaukelt sich beides gegenseitig hoch. Hier im Busch fühle ich mich eingeschlossen, orientierungslos, bösen Überraschungen ausgeliefert. Ich bin verletzlich, hilflos, ängstlich. Ja, ich habe Angst! Das macht mich

fix und fertig. In der Wüste war das nie der Fall, weil ich in der weiten Landschaft immer sehen konnte, was auf mich zukam. Nie hatte ich dort dieses Gefühl, daß mir die Kehle zugedrückt wird.
Panik erstickt meine Rationalität. Ich verliere die Urteilsfähigkeit für die eigene Situation. Meine Vorstellungskraft bewertet Hunger und die Gefahr durch Tiere wahrscheinlich über, verzerrt sie, treibt mich an den Rand des Abbruchs der Expedition.

55 Kilometer hinter Birao das Dorf Délémbé. Es liegt zwischen elefantenbuckligen Bergen, die von Buschwald bewachsen sind. Der Begriff „Dorf" ist eigentlich irreführend, „Weiler" vielleicht schon eher zutreffend, da es sich, wie bei fast allen Siedlungen hier, meistens um die paar Hütten einer Großfamilie handelt, die im Busch lebt. Es sind Rundbauten aus Lehm und mit spitzem Strohdach, ähnlich wie im Sudan, aber insgesamt größer und flacher. Der umgebende Zaun aus Büschen oder Dornenzweigen fehlt.
Auffällig sind die kleinen, lustigen Vorratsspeicher in der Nähe der Häuser, die wie überdimensionierte Vogelhäuschen auf zu kurzen Beinen aussehen.
Vor dem Dorf, im Schatten der Bäume am Brunnen, mache ich Mittagspause. Die Frauen fördern mit einem Seil das Wasser eimerweise.
Die Wasserversorgung ist zu dieser Jahreszeit selbst hier, im öden Buschland, kein wirkliches Problem, das sieht in ein oder zwei Monaten, gegen Ende der Trockenzeit, wahrscheinlich schon ganz anders aus. Ich nehme aber jede Gelegenheit wahr, meine Tanks wieder aufzufüllen.
Nachdem die größte Hitze vorbei ist, schwinge ich mich wieder in den Sattel. Hinter Délémbé wird die Strecke extrem schlecht. Vier Kilometer Sand, dann geht es immer bergauf. Geröll, Sand, Steine. Die Autopiste ist überhaupt nicht mehr befahrbar. Beide Reifenspuren haben sich in mehr als ein Meter tiefe ausgewaschene Gräben verwandelt, in denen während der Regenzeit das Wasser bergab rauscht. Dazwischen steht nur noch ein schmaler Grat aus rötlicher Erde. Selbst auf dem Fahrradhighway muß ich schieben.
Rings um mich herum rundliche Bergrücken, von lockerem Trockenwald überzogen. Bäume und Büsche sind zu einem großen Teil entlaubt. Und auch hier wieder: überall Brandspuren.
Ich sehe zwei zierliche Antilopen und eine große Affenherde. Die Tiere flüchten, sobald sie mich bemerken. Die ganze Region ist außerordentlich wildreich. Auf den 500 Kilometern zwischen Birao und Bria sehe ich jeden Tag Warzenschweine, Antilopen, Gazellen, Ducker-Antilopen und oft auch Affen. Viele Tiere wittern mich, bevor ich sie über-

haupt entdecken kann. Ich höre dann nur ihre Fluchtgeräusche.
Die Sonne streift noch gerade die Bergkämme, die Rinde der angestrahlten Bäume glänzt gelblich. Am westlichen Horizont schon erster Abenddunst. Kein Zeichen von Menschen im weiten Umkreis. Kein auffälliges Geräusch, nur das melodische Singen einiger Vögel, das periodisch abbricht. Dann ist die Stille vollkommen.
Raubkatzenspuren! Ein Löwe oder vielleicht ein Leopard? Sie laufen quer über den Weg. Es ist nicht ganz überraschend. Bei soviel Beute muß es ja auch Raubtiere geben! Was, wenn ich um den nächsten Busch fahre und wie bei dem Vorfall mit der Schlange, plötzlich auf eine Raubkatze treffe? Davor habe ich Angst. Von einem Fahrrad angefahren zu werden, wird für einen Löwen wahrscheinlich glimpflich ausgehen - ich fürchte aber, nicht für mich.
Was soll ich jetzt machen? Oundja, nach der Karte die nächste menschliche Siedlung, ist noch rund 50 Kilometer entfernt. Das letzte Tageslicht nutzen, um wieder nach Délémbé zurückzufahren? 15 Kilometer üble Piste, fast nur bergab - und morgen nochmals alles Retour? Unmöglich!
Als erstes hole ich die kugelschreibergroßen Signalraketen aus meiner Tasche und hänge sie mir um den Hals, griffbereit, für alle Fälle. Das einzige im Gepäck, was man als Verteidigungswaffe bezeichnen könnte. Dabei nicht als solche zu erkennen. Sie sehen einfach aus wie ein großer, orangener Filzstift. Während der Vorbereitungen für die Reise ging ich davon aus, daß diese Leuchtkugeln bei der drohenden Gefahr durch einen Überfall oder eben Wildtiere einen rettenden Überraschungseffekt besitzen. Diebe und Raubkatzen, die sich anschlichen, würden das Weite suchen, wenn sie den roten Feuerball plötzlich auf sich zuzischen sähen. Aber jetzt ist die „Geheimwaffe“ nichts weiter als der berühmte Strohhalm, an den ich mich verzweifelt klammere.
Ich fühle mich jämmerlich. Mir ist nie in den Sinn gekommen, eine Schußwaffe bei mir zu tragen. Denn wenn es jemand wirklich auf mein Geld abgesehen hat, findet er auch einen Weg, um dranzukommen. Und sieht er, daß ich bewaffnet bin, macht er im Zweifelsfall kurzen Prozeß, um selbst kein Risiko einzugehen. Dann verliere ich lieber Geld und Sachen, als mein Leben aufs Spiel zu setzen.
Die Entscheidung ist gefallen, ich drehe nicht um! Hastig steige ich wieder auf und trete in die Pedale. Die Unruhe sitzt mir im Nacken, peitscht mich vorwärts. Das Klappern der Taschen und das Ächzen von Filfilla ist mir egal. Schneller!
Nach neun Kilometern - Gott sei Dank - Menschen! Die paar Hütten haben sogar einen Namen: Sérégobo. Ich glaube, den werde ich nie vergessen! Für diese Nacht fühle ich mich in Sicherheit.

Am nächsten Morgen geht es weiter in die Berge, die erfrischend grün sind. Hier auf dem Talboden dichtes Gestrüpp. Die Leute in Sérégobo haben mir versichert, daß es in Oundja einen Markt gibt. Markt! Dieses Wort läßt mich schneller treten, weil ich automatisch an deftige Mahlzeiten denke.
Rechts neben der Piste eine Ansammlung von fünf Häusern. Ich rufe. Keine Antwort. Die Bewohner haben die Rundbauten verbarrikadiert und sind geflohen - wovor und wohin? Die verlassene Siedlung ist mir unheimlich. Es gibt Spuren einer Feuerstelle - vielleicht haben hier Jäger für eine Nacht ihr Lager aufgeschlagen. Mein Optimismus ist verflogen. Die Einsamkeit zieht mich wieder runter.
Ich bin körperlich und seelisch so angeschlagen, daß ich erneut an dem Punkt bin, aufzugeben. Was hat das alles überhaupt noch für einen Sinn? Diese Ängste und Qualen? Soll das so weitergehen, durch ganz Afrika? Ich kann mich doch nicht über Tausende von Kilometern, über was weiß ich wieviel Millionen Pedaltritte nur vorwärts prügeln! Ich habe mir das alles ganz anders vorgestellt. Niemals komme ich bis Kapstadt! Nie!
Das Schlimme ist: Es gibt nur einen Weg hier raus - immer weiter! Weiter in Richtung Süden, in Richtung Urwälder und Feuchtigkeit. Da gibt es wieder mehr Menschen, Landwirtschaft und vor allem: Essen! Ein Zurück in den Sudan kommt nicht in Frage!
35 Kilometer hinter Sérégobo erreiche ich Oundja. Markt? Die Leute schauen mich verwundert an, als hätte ich eine unverständliche Frage gestellt. Schon gut, vergessen wir's. Also keinen Markt.
Alles, was ich an Eßbarem auftreibe ist eine Kissra und eine kleine, bräunlich angelaufene Bananenstaude mit einigen winzigen Früchten. Wieder nur ein zur Hälfte gestopftes Loch im Bauch.
Aber wenigstens höre ich Stimmen. Nachdem ich Tage in der Einsamkeit war, habe ich angefangen, mit Filfilla zu sprechen, wie mit einer Person, und Selbstgespräche zu führen, nur um menschliche Laute zu hören.
Jetzt, wo ich wieder unter Menschen bin, geht es schon ein bißchen besser. Schwarze Kinder, Mädchen, ein Geschwisterchen auf dem Arm, und rotznäsige Jungen drängen sich um mich, jeder will mal an der Gitarre zupfen, diesen Typen mit der bleichen Haut und der Affenbehaarung berühren.
Sie lachen, als ich aus dem Wasserloch, unten im trockenen Flußbett, mit meinem Filter das grünliche Wasser in die Flaschen pumpe. Ist der Weiße dumm! Warum macht er sich so viel unnötige Arbeit und holt das Wasser mit seinem komischen Apparat aus dem Loch, anstatt einfach die Flaschen einzutunken? Ich versuche es ihnen zu erklären. Jetzt

zweifeln sie erst recht an meinem Verstand: Das Wasser saubermachen? Aber es ist doch hinterher genauso schmutzig wie vorher! Sie haben recht, die Farbe des jeweiligen Wassers bleibt trotz des Filtrierens gleich - und der muffige Geschmack leider auch.
Die Armut der Leute ist erschütternd. Sie besitzen nichts weiter, als das, was sie auf der Haut tragen. Die Kleider der Kinder sind schmutzige Fetzen. Sie haben dicke, aufgedunsene Bäuche. Kein Zeichen von Sattheit, sondern von Mangelernährung oder Wurmbefall.
Was habe ich hier verloren? Perverser Extrem-Erlebnisurlaub unter dem Motto „Hunger“? Voyeurismus ohne eigenes Risiko? Hier fahre ich als Tourist mit dem Fahrrad durch, habe mit meinem Geld die Rückfahrkarte in unsere Überflußgesellschaft in der Tasche. Ich fühle mich dreckig, schuldig. Mein einziger Trost: Ich bin genauso hungrig, mein ganzes „Vermögen“ hilft mir in dieser Situation gar nichts.
Die Menschen können mir nichts zu essen verkaufen, selbst wenn sie wollten. Sie haben nichts übrig. Meine Sichtweise beginnt sich zu drehen. Plötzlich empfinde ich den Überfluß bei uns in Deutschland als abstoßend. Das Angebot in unseren Supermärkten, wo wir die Qual der Auswahl haben zwischen Puderzucker, Hagelzucker, Kandiszucker, braunem Zucker, Honig, Fruchtzucker, Traubenzucker, Raffinade extrafein und all das von mindestens zwei verschiedenen Marken! Nicht vergessen will ich die Palette der künstlichen Süßstoffe, die wir erfunden haben, um uns durch unsere Völlerei nicht selbst umzubringen. Dem Gesetz welcher Logik folgt das?
Das Schlimmste ist aber, daß trotz dieses Überflusses immer Unzufriedenheit herrscht, alles wird als selbstverständlich empfunden.

Hinter Oundja führt der Weg auf eine Ebene, die immer wieder von vielen Trockentälern durchschnitten wird. Die Rampen an den Flußböschungen zur trockenen Furt sind steil und meist stark ausgespült. Nachdem mir zweimal beim Bremsen das Vorderrad in eine Rinne abrutschte und ich stürzte, schiebe ich Filfilla an diesen prekären Stellen lieber.
Glücklicherweise hat das Trinkwasser bisher immer noch gereicht. Aber die Körperpflege mußte ich in den vergangenen Tagen auf das Notwendigste beschränken.
Plötzlich das Rauschen von Wasser, mitten im Busch! Kein Zweifel möglich, ich kann's schon genau hören! Das muß der Fluß sein, der auf der Karte in einigen Kilometer Entfernung zu Oundja vermerkt ist! Jetzt ein Bad im kühlen Wasser, Schweiß und Staub gründlich abspülen, nicht immer den bitter-süßlichen Geruch meines eigenen Körpers in der Nase haben - vor allem nachts, wenn ich im Schlafsack liege. Mei-

ne Kleidung hat auch mal wieder eine Wäsche verdient. Angesichts der Ernährungssituation überlege ich mit Galgenhumor, daß ich mir eine Suppe daraus kochen könnte.
Auf der nächsten Lichtung entdecke ich meinen riesigen Irrtum - ein Buschfeuer! Was ich für das Rauschen von Wasser gehalten habe, ist das Prasseln der Flammen, mit dem sich das Feuer durch die knochentrockene Vegetation frißt! Vom Wind angefeuert kommt es direkt auf den Weg zu! Der Himmel links von mir ist grauschwarz. Die Luft schmeckt nach Rauch, Ascheteilchen fliegen überall herum, wie Schneeflocken. Wahnsinn! Eine große Zahl von Raubvögeln patrouilliert vor den Flammen. Sie fangen die flüchtenden Kleintiere ab. Eine leichte Beute.
Im Sonnenlicht der Mittagszeit sieht man die Flammen nur schlecht, trotzdem knipse ich ein paar Bilder. Und jetzt nichts wie weg hier. Es wird ein bißchen zu heiß ...
Ich habe das Gefühl, auf eine miese Tour um ein Bad betrogen worden zu sein und versuche, meine angeknackste Moral mit dem Gedanken an etwas zu essen und eine Dusche aufzupäppeln, die im nächsten Ort Ounda Djallé bestimmt auf mich warten werden. Denn auf meiner Karte ist dieser Ort mit einem Flugplatzsymbol und - ich zitiere wörtlich - „Camping site, equipped" ausgezeichnet.
Die Dornen auf den Wegen rauben mir noch den letzten Nerv. Ich mußte heute schon drei Plattfüße flicken - so viel wie auf den bisherigen 7.000 Kilometern der Tour zusammengenommen! Und jetzt, kurz vor Sonnenuntergang eine weitere Panne!
Nach einer Notreparatur des Vorderreifens erreiche ich mit zweimal Nachpumpen im letzten Tageslicht Ounda Djallé. Bei aller Vorfreude darauf hätte ich bedenken sollen, daß auf der Karte die Größe von Siedlungen der selben Kategorie in wenig und dichter besiedelten Gegenden nicht miteinander vergleichbar sind. Die Orte in verlassenen Landstrichen werden auf der Karte tendenziell zu groß dargestellt. In Ounda Djallé, diesem etwas bedeutenderen Dorf, gibt es halt ein paar Lehmhäuser mehr als in den anderen Weilern seit Birao, und auch einen Polizeiposten. Aber keinen Kramladen, geschweige denn ein Restaurant oder eine „Campingsite, equipped"!
Es ist für die Dorfbewohner nicht leicht, mich aus den Duschträumen meines Wolkenkuckucksheims nach Ouanda Djallé herunterzuholen, weil ich mich an die Hoffnung klammere, erst den „Randbezirk" erreicht zu haben. Die Realität widerspricht zu kraß der Illusion, die mir die schöne bunte Welt der Kartographen suggerierte.
Ich erlebte später noch einige ähnlich ernüchternde Reinfälle, was die auf der Karte verzeichneten Straßenqualitäten anbetrifft. Na ja, diese

Erfahrung lehrte mich auf jeden Fall, allen Karteninformationen ein gesundes Stück Mißtrauen entgegenzubringen.

„Excusez-moi, Monsieur! Où je trouve le chef du village? Wo finde ich den Dorfchef?"
„Zum chef du village? Das ist nicht weit. Kommen Sie mit!"
Der Dorfchef ist wie ein Sudanese gekleidet, weiße *Jallabiya* und *'Imma*. Er spricht auch vorzüglich Arabisch. Das macht die Verständigung wesentlich leichter, weil meine Französischkenntnisse noch ziemlich mager sind.
Ich bitte um seine Erlaubnis, mein Zelt neben seinem Haus aufbauen zu dürfen. Er unterbricht mich. „Herzlich willkommen, das Zelt ist gar nicht nötig, denn wir haben ein Gästehaus!"
Damit unterstehe ich automatisch seinem Schutz und habe weder Gefahr noch Diebstahl zu fürchten. Filfilla lasse ich unabgeschlossen. Soll ich etwa riskieren, meinen großzügigen Gastgeber, der übrigens Victor heißt, durch Mißtrauen zu beleidigen?
An Hauptverkehrsstraßen und besonders in der Anonymität der Städte würde ich das Rad allerdings nicht ohne weiteres offen stehen lassen. Es wäre dort ein dummer Leichtsinn. Auf dem Land hingegen fühle ich mich sicher, weil die Tradition der Gastfreundschaft noch voll intakt ist. Demnach verliert der Gastgeber Gesicht und Ehre, wenn seinem Besucher etwas zustößt oder gestohlen wird. Er wird alles tun, um das zu verhindern.
Es versteht sich von selbst, daß man trotzdem nicht vor den Augen aller Leute seine Habseligkeiten ausbreitet. Das ist einfach eine unfaire Versuchung, hier, wo schon ein T-Shirt ein Schatz ist.
Victor gibt einem spielenden Kind einen barschen Befehl. Das Mädchen läßt sofort alles stehen und liegen, sammelt ein paar Zweige zusammen und kehrt damit eine der Hütten aus. Ein Feuer wird vor der Tür angezündet. Dann heißt er mich nochmals willkommen - für eine Nacht habe ich ein eigenes Zuhause!
Und dann macht mir Victor das größte Geschenk der Reise: vier Ölsardinenbüchsen. Er schenkt mir vier Ölsardinenbüchsen! Und als ich hungrig die erste öffne, glaube ich meinen Augen nicht zu trauen. Da steht drauf: „Hergestellt in Lübeck. Deutsche Welthungerhilfe". Angesichts meines knurrenden Magens fühle ich mich als ein berechtigter Empfänger dieser Hilfslieferung.
Ich starre eine Weile gedankenversunken in die Flammen. Heute habe ich die beiden Extreme des Feuers erlebt. Einerseits eine angsteinflößende, entfesselte Naturgewalt, der gegenüber Menschen klein und machtlos sind. Und jetzt, hier im Dorf, das Werkzeug, welches uns

zum Homo sapiens gemacht hat. Feuer hat den Menschen seit Tausenden von Jahren begleitet und ist schließlich ein Teil seines Wesens geworden. Hier, am Ende der Welt, ist es so logisch und klar: Feuer bedeutete unseren Urahnen Schutz vor wilden Tieren, Wärme und Licht. Es vermittelt Geborgenheit. Was in Europa recht oberflächlich als „Lagerfeuerromantik“ empfunden wird, geht in Wirklichkeit viel tiefer. Es ist nichts anderes als das degenerierte und verschüttete Gefühl unserer frühen Vorfahren.

Am folgenden Morgen beobachte ich Frauen, die mit vollen Kanistern auf dem Kopf an meiner Strohhütte vorbei von der Wasserstelle kommen.
Das bringt mich auf eine Idee. Mein voller Wassersack, kopfüber in die Zweige eines niedrigen Baumes gehängt, verbreitet einen Hauch von Badezimmercharme. Wenn man den Deckel nur geringfügig aufschraubt, tritt ein dünner Wasserstrahl aus der Öffnung, unter dem sich sparsam duschen läßt. Vier Liter reichen so für den ganzen Körper, inklusive Haare waschen. Das Gefühl danach ist (ast)rein! Mein Wassersack ist also ein absolutes Multifunktionsteil: Trinkwassertank, Buschdusche, nachts, prall aufgeblasen, ein komfortables Kopfkissen und bei Bedarf wahrscheinlich auch eine gute Schwimmhilfe.
Und Ounda Djallé hat doch noch alles gehalten, was die Karte versprochen hat!
Anderntags breche ich auf. Der Anstieg in die Bongo-Berge, die sich hinter Ounda Djallé aufbauen, hat es in sich.
Verflixt, meine Trinkflasche ist weg! Sie hatte sich auf der schlechten Piste aus der Rahmenhalterung gelöst und war unbemerkt zu Boden gefallen. Aber ich werde auf dieser miesen, steilen Bergpiste nicht kilometerweit für eine Plastikflasche zurückfahren! Sei's drum, hinter dem Bongo-Massiv soll es ohnehin feuchter sein, ich werde hoffentlich nicht mehr auf sie angewiesen sein.
Inzwischen habe ich gelernt, Verluste von Ausrüstungsteilen durch Diebstahl, Verlieren oder Kaputtgehen als einen natürlichen Vorgang zur Selektion und Reduzierung meines Gepäcks zu begreifen. Auf diese Art finde ich nach und nach heraus, wieviel - für unverzichtbar gehaltene, im Grunde aber überflüssige - Gegenstände ich auf meinem Fahrrad herumschleppe.
Heute ist aber der Wurm drin: Ständig kommen die Radtaschen in die Speichen. Das war doch sonst nicht so. Sicher, die Piste geht steil bergauf und ist hundsmiserabel, aber ... Es reicht! Genervt steige ich ab, um die Taschen umzupacken, damit sie sich nicht so weit nach innen wölben!

Das Rattern macht mich wahnsinnig. Da sehe ich die Bescherung! Mein Gepäckträger ist gebrochen! Die Stützstreben zu den Ausfallenden haben sich bei dem vielen Gepäck auf den schlechten Pisten verbogen und schließlich ist die rechte gebrochen. Außerdem bemerke ich, daß die Haken, mit denen die Taschen eingehängt werden, bei dem Gerüttel tiefe Kerben in das weiche Aluminium der Querrohre geschlagen haben. Mist. Nie wieder einen Träger aus Alu! Das kann man noch nicht mal schweißen. Für die Ersparnis von ein paar Gramm Gewicht habe ich mir jede Menge Ärger eingehandelt!
Den Bruch am Träger schiene ich mit einem kleinen Stückchen Holz und fixiere ihn mit einer Blumendrahtumwicklung. Diese Drahtbandagen sehen schon mal vertrauenerweckend aus. Durch Ruckeln mit der Hand läßt sich auf jeden Fall nichts mehr bewegen.
Autoreifenschläuche sind neben Draht das zweite Universalreparaturmittel, das ich immer dabei habe. In schmale Streifen geschnitten und stramm um die Tragstreben gewickelt werden sie die Schläge der Taschen in Zukunft gut genug abfedern. Ich packe alles in die Taschen zurück, hänge sie ein. Sieht stabil aus!
Die 25 Kilometer der saumäßigen Piste rauf zum Paß Col Quijoux sind die Feuerprobe. Großes Geröll, Kieselsteine. So sieht vielleicht ein trockenes Bachbett, aber bestimmt kein Verkehrsweg aus. Rütteln. Schlagen. Gnadenlos. Und dann dieser invalide Träger mit seinen Krücken aus Holz, Draht und Gummi, für 50 Kilogramm Gepäck - das ist doch gegen alle technische Vernunft. Jeden Augenblick muß das Ding seinen Geist endgültig aufgeben! Ich warte ängstlich auf den Krach in meinem Rücken, mit dem alles zusammenbrechen wird ...
Aber es hält. Und es sollte durch ganz Afrika halten, noch 10.000 Kilometer bis nach Kapstadt runter!
Schon seit Anbruch des Tages kämpfe ich mich mit Filfilla bergauf. Die schotterige Piste zwingt mich immer wieder abzusteigen, weil sich trockene Bachtäler quer durch die Piste gefressen haben. Dementsprechend steil geht die Böschung runter und auf der anderen Seite genauso hoch.
Oudda liegt in weiterer Ferne denn je! Ich haue die kleinsten Gänge rein. Hätte ja nie geglaubt, daß ich sie jemals wirklich brauchen würde. Das Treten geht zwar leicht, aber die schnelle Trittfolge bringt mich vollkommen außer Atem.
Schließlich wird die Piste so steil, daß das Vorderrad abhebt. Unmöglich, an dieser Stelle wieder aufzusteigen. Ich nehme von weiter unten nochmals Anlauf, gehe in den Wiegetritt und beuge mich dieses Mal mit dem Gewicht so weit wie möglich über den Lenker, um zu verhindern, daß Filfilla wieder scheut.

*Das Ereignis der Woche: Ein Weißer mit Rad und Gitarre, C.A.R.*

*Termitenpilze in verbrannter Buschlandschaft, C.A.R.*

Aber an der gleichen Stelle ist Schluß: Das Hinterrad dreht auf dem Schotter durch, daß die Steine spritzen. Ich lege mich bös auf die Nase. Verflucht!
Schließlich geht selbst mit Schieben nichts mehr vorwärts. Der Schweiß schießt mir aus allen Poren und verbindet sich in meinen Ledersandalen mit dem Staub zu einer zweiten, schlüpfrigen Haut. Mit dem ganzen Gewicht stemme ich mich gegen das Fahrrad, aber in diesen Schuhen habe ich keine Chance und rutsche weg.
Die Knie zittern. Mensch, Filfilla, so kriege ich deine 60 Kilo einfach nicht hoch! Ich habe das Gefühl, sie macht sich extra schwer und hilft kein bißchen mit! Selbst mit blockierten Bremsen rutscht das Rad, wenn ich nicht dagegen halte. Eine Pause ist also nicht drin.
Das Herz schlägt mir bis zum Hals. Ist das anstrengend. Gleich trifft mich bei dieser Hitze der Schlag. Wie lange soll das noch so weiter gehen?
Ich schaue nach vorne. Zwanzig Meter vor mir steht ein großes Warzenschwein mitten auf der Piste. Ein Eber, der mich in aller Seelenruhe anglotzt. Er hat vollkommen richtig erfaßt, daß mir mit dem Fahrrad die Hände gebunden sind. Ich kann ihn nicht mal fotografieren! Wenn ich jetzt das Rad loslasse, kollert alles den Hang runter.
Ein unartikulierter Laut kommt aus meiner Kehle. Wut, Erschöpfung, Verzweiflung. Daraufhin dreht mir das Schwein arrogant seine Hinterseite zu und verschwindet langsam, rechts der Piste, im Unterholz.
Kurz darauf schaffe ich es doch noch und bin oben. Endlich ein freier Ausblick auf die umliegenden Hügel und Berge. Ich habe das Gefühl, den Gipfel der Welt bezwungen zu haben. Im Nordwesten stehen riesige Rauchsäulen über dem Busch. Zum Glück ist das nicht meine Richtung. Und auch hier oben ist alles verkohlt, es muß noch vor kurzem gebrannt haben.
Erst einmal Frühstück. Und dann die Belohnung für die ganze Plackerei: Die Abfahrt!
Pustekuchen. Es ist die übelste Piste seit einem halben Jahr Fahrradfahren! Sand, umgestürzte, verkohlte Bäume, Geröll, das rippelige Grundgestein, Schlaglöcher, Wackersteine. Ich kann nur mit angezogenen Bremsen bergab fahren. Schneller als Schrittempo ist viel zu gefährlich. Eine Schrecksekunde, als der Vorderreifen beim Bremsen seitlich wegschmiert. Zum Glück habe ich meinen Fahrradhelm auf. Es geht noch glimpflich ab, Filfilla kracht zwar voll hin, aber nicht auf die Schaltungsseite. Ich kann im Stürzen noch rechtzeitig abspringen, es tut ein bißchen weh, aber weiter sonst keine Verletzungen.
Nachdem ich so lange von Pannen verschont geblieben bin, reißt das Pech nicht mehr ab: erst vier Reifenpannen, dann die Trinkflasche ver-

loren, der gebrochene Gepäckträger, und jetzt versagt auch noch der Fahrradcomputer. Er spinnt einfach total. Das Display springt grundlos in einem fort auf die verschiedensten Geschwindigkeiten. Was weiß ich, was in dieser mysteriösen Plastikschachtel los ist.
Ich reinige alle Kontakte am Zähler und verringere den Abstand zwischen Impulsgeber und Magneten am Vorderrad. Der Tacho funktioniert wieder. Uff!
Die letzte Entfernung, die ich vor dem Defekt abgelesen habe, waren die 37 Kilometer von Ounda Djallé bis zur Paßhöhe. Das ist Stunden her! Schlimm, weil mir damit die Basis zur Orientierung entzogen ist. Mein Gefühl für Entfernung und Fahrtdauer versagt vollkommen auf dieser schlechten, anstrengenden Piste. Ich kann nicht einschätzen, wie weit ich schon gekommen bin, treibe irgendwo auf dem 120 Kilometer langen Kartenabschnitt zwischen Ounda Djallé und Oudda.
Ich werde unruhig. Bin ich überhaupt noch auf dem richtigen Weg? Den ganzen Tag habe ich keine andere Menschenseele getroffen, das ist doch nicht mehr normal! Hätte ich meinen Kompaß noch, wäre wenigstens einwandfrei zu überprüfen, ob die Hauptrichtung stimmt!
Ein Bach, von Palmen und anderen exotischen Pflanzen überwuchert, fließt mitten über den Weg. In der Furt steht ein mächtiger Wasserbock und trinkt. Doch bis ich die Kamera raushabe, ist das Tier längst ins Unterholz geflüchtet. Schade, das wäre ein tolles Bild gewesen.
In der Folge schneiden immer öfter kleine Flüßchen ihre Furchen ins Land, Adern von dichter, grüner Vegetation im trockenen, staubigen und verkohlten Gelände. Ein gutes Zeichen?
Wieder Wasserrauschen! Diesmal bin ich vorsichtiger. Ein zweites Mal falle ich nicht darauf rein. Aber es ist tatsächlich ein großer Fluß, der über ein zwei Meter hohes Wehr stürzt. Das muß der Pipi sein (der Fluß heißt wirklich so!).
Ich bin erleichtert, das bedeutet, ich bin immer noch auf dem richtigen Weg, denn laut Karte folgt die Piste von jetzt an dem Lauf des Gewässers. Aus dem Fluß ragen ein paar Pfeiler - die einzigen Überreste der von den Franzosen erbauten Brücke. Alles vom Rad packen und einzeln ans gegenüberliegende Ufer tragen, anders komme ich nicht weiter. Drüben wird die Piste plötzlich um Klassen besser, läßt ein Tempo von zwanzig Kilometern zu!
Und mit dem Wechsel auf die andere Flußseite tauche ich schlagartig in das feuchtschwüle Klima der Tropen ein. Von einem Meter auf den anderen! Atemberaubend! In den sogenannten Galeriewäldern, die entlang des Flusses wachsen, umgeben mich Pflanzen und Tiere aus der Regenwaldzone. Gewächse, die bei uns als Exoten über die Theken der Blumenläden wandern, wuchern hier am Wegrand. Die Bäu-

me haben nicht mehr diese Buschgröße der trockenen Gebiete, sondern überschatten den ganzen Weg vor mir. Rauch- und Aschegeruch sind von einer Mischung aus Moder und süßlichem Blütenduft verdrängt worden. Und zum ersten Mal höre ich in Afrika die aufgeregten Klackerrufe von Papageien.
Die Sonne geht schon unter. Durch die Nähe zum Äquator ist die Dämmerung unglaublich kurz. Viel Zeit im Hellen bleibt mir nicht. Doch ich kann nicht schneller treten, die Beine sind aus Blei, die Kraft nach dem anstrengenden Tag ist einfach nicht mehr da.
Die Farben werden schwächer und verschwinden, werden von den Schatten verdrängt.
Es ist stockduster. Ich kann meine eigene Hand nicht mehr vor Augen sehen. An Radfahren ist nicht zu denken, breche mir bei den Baumwurzeln sonst den Hals. Ich tappe wie blind über den sandigen Pfad, stolpere. Hoffentlich laufe ich bei dieser Finsternis nicht gegen einen Ast.
Als nächstes platsche ich mit meinen Füßen in den aufgeweichten Matsch eines Rinnsales, das sich auf den Weg ergießt. Und was ist mit den Tieren? Höre Insektengeräusche, Blätter rascheln am Boden. Eine Maus? Eine Schlange? Wo bleibt das Dorf! Plötzlich ist die Warnung von Victor vor den Wildtieren wieder da. Sämtliche Sinne sind angespannt. Ein Zweig knackt. Ein paar Meter hinter mir, schon auf dem Weg! Ich fahre herum. Umklammere die Leuchtraketen fester, spanne den Abzug, und rufe: „Allo? Qui est-là?“
Wenn keine Antwort kommt, schieße ich!
Puh, es ist „nur“ ein Bauer. Ernesto hat einen Teil seiner Familie besucht und sich auf dem Heimweg verspätet. Er sagt, es sind nur noch drei Kilometer bis ins nächste Dorf. Ich kann ihn begleiten.
Die letzten 18 Kilometer bis Ouadda lege ich am nächsten Vormittag zurück. Der Ort lebt von Goldgräberei und Diamantenschürfen. Schon in der Kolonialzeit trafen sich hier alle möglichen Glücksritter. Davon ist allerdings kaum noch etwas zu sehen. Ein schläfriges Nest. Doch nur auf den ersten Blick. Abends, in meinem Zelt, direkt neben der Polizeistation, werden mir bei Taschenlampenlicht vier funkelnde Diamantenrohlinge zum Kauf angeboten. Heimlich, denn der Edelsteinhandel unterliegt strengen Auflagen.

Ich habe fünf Feinde beim Fahrradfahren, die ich hasse wie die Pest: motorisierter Verkehr, Gegenwind, Sackgassen, Tsetse-Fliegen und Sand. Der ist vielleicht der schlimmste von allen. Gegen weiche Pisten kann man als Radfahrer einfach nichts ausrichten. Weder Kraft, Fahrgeschick noch breite Reifen helfen da groß weiter.

Hinter Birini, ein Dorf, das zwar auf meiner Karte rumspukt, in Wirklichkeit aber gar nicht existiert, ist der Busch unwahrscheinlich dicht und grün, obwohl ich den Pipi-Fluß bereits in Oudda hinter mir gelassen habe.
Aber man soll sich nicht täuschen lassen: Diese üppige Vegetation steht auf Sand, weichem, weißem Sand, das sehe ich an der Piste, zu der es leider keine Alternative gibt, keine Fahrradhighways wie auf den Strecken bisher. Das undurchdringliche Dickicht des Busches reicht bis an den Wegrand. Ich fahre durch einen überdachten, grünen Pflanzenkorridor. Besser gesagt: Meistens schiebe ich.
Da vorne kommt schon wieder so eine weiche Stelle. Die tiefen Reifenspuren verraten mir das. Es gibt kein Vorbeimogeln an der Seite, wo es oft etwas fester ist. Also drauf, mit full-power und so viel Schwung wie möglich. Hoffentlich ist die sandige Passage nur zwanzig Meter, und nicht wie die letzte 200 Meter lang, dann hab' ich eine faire Chance durchzukommen.
Filfilla schlingert und schwimmt, verliert an Fahrt. „Komm, Mädchen, komm!" Wir stecken schon fast fest, ich trete wie ein Berserker in die Pedale. Es klappt, wir kommen nochmals flott. Doch zu früh gefreut, jetzt stecken wir mitten drin. Mist!
Ich atme keuchend, steige vom Rad. Der Schweiß läuft mir aus allen Poren. Ja, ja, ich weiß, das Wichtigste bei Sandstellen ist: stur geradeaus halten, komme was da wolle. Bei dem kleinsten Versuch zu lenken, verliert man die Kontrolle, das Vorderrad stellt sich quer und im selben Augenblick steht man. Also absteigen und schieben.
Die Anstrengung steht beim Schieben mit den zurückgelegten Metern in keinem Verhältnis! Es gibt keine Alternative zu radikal wenig Gepäck, das wird mir mehr und mehr klar. Weniger Gewicht bedeutet weniger Verschleiß - weniger Ersatzteile und Werkzeug - weniger Anstrengung - größere Geländegängigkeit - mehr Fun. Eigentlich simpel!
An Stellen, wo die Piste fester erscheint, probiere ich wieder zu fahren. Also in den Sattel und versuchen, mit zwei, drei schnellen und kraftvollen Pedaltritten erst einmal in Bewegung zu kommen. Das ist das Anstrengendste! Bei der langsamen Geschwindigkeit ist es aber doppelt schwer, die Balance zu halten. Ich wackle, kann den Lenker nicht gerade halten, der stellt sich quer und Filfilla steht wieder ... Scheiße, Scheiße, Scheiße. Absteigen - Aufsteigen - dieses zermürbende Hin und Her kann doch nicht ewig so weitergehen, oder ich komme nie nach Mouka!
Ab und zu einen Kilometer festes Terrain und die Hoffnung, daß ich mich durchgebissen habe. Dann die nächste Kette von Sandlöchern. Ich könnte schreien.

Als wäre das noch nicht genug, mache ich meine erste Bekanntschaft mit Feind No. 2: Tsetse-Fliegen! Verwandt mit unseren Bremsen, aber ungleich größer und robuster gebaut. Erschlägt man eine mouche tsé-tsé, fällt sie von der Haut zu Boden, strampelt benommen mit den Beinen. Nach zehn Sekunden stellt sie sich wieder auf die Füßchen und fliegt den nächsten Angriff. Um sie schachmatt zu setzen, muß man sie zwischen den Handflächen einklemmen und zerreiben. Alles andere überleben diese Monster. Bei der schwierigen Strecke brauche ich aber beide Hände am Lenker. Ich kann mich nicht wehren. Der Versuch wegzufahren ist lächerlich, weil sich die Insekten zwischen den Attakken auf meinen Taschen ausruhen und dreimal schneller fliegen, als ich jemals radeln könnte - auch auf festem Untergrund. Inzwischen sind über zehn der Biester auf meiner Fährte.
Tsetse-Stiche sind nicht nur schmerzhaft und verursachen dicke Beulen auf meiner Haut, sondern können auch sehr gefährlich sein. Als Überträger der tödlichen Schlafkrankheit sowie der Nagana-Rinderseuche sind Tsetses für die dünne Besiedlung großer Regionen Afrikas verantwortlich, und dafür, daß dort keine Rinderhaltung möglich ist. Für Wildtiere bedeutet das die Sicherung ihres Lebensraumes, denn sie sind gegen die Erreger der Nagana immun.
Plötzlich spüre ich wieder den Schmerz eines Stiches, auf dem Rücken, durch das T-Shirt. Vollkommen unerwartet. Ich versuche, das Saubiest zu erwischen. Lächerlich. Ich schreie vor hilfloser Wut. Zweimal lege ich mich auf die Schnauze, weil ich mit meinen Händen herumfuchtle, um die Insekten zu vertreiben, die Kontrolle über das Rad verliere und stürze.
Jetzt habe ich endgültig genug. Blutbeschmierte Haut. Brennende Stiche. Ich ziehe alle Kleidung, die ich dabei habe, übereinander an, inklusive Regenzeug. Bedecke mein Gesicht, die Hände, jede freie, einladende Hautstelle. Dadurch schwitze ich dreifach und sehe wahrscheinlich aus, als käme ich vom Mond. Das ist mir alles egal. Hin und wieder finden die Fliegen doch noch eine Lücke in meinem „Panzer“. Irgendwann, jenseits einer unsichtbaren Grenze, verschwinden sie so spurlos wie sie auftauchten.

## Hart an der Grenze

Mouka! Wenn ich an mein Nervenkostüm denke und die aufgezehrten Kräfte, kann ich nicht glauben, daß erst 10 Tage und weniger als 500 Kilometer in der Zentralafrikanischen Republik hinter mir liegen!
Das Zelt aufbauen, Wasser vom Bach holen, Abendtrinkwasser filtern sind die Routinearbeiten eines Reisetages. Weil der Dorfchef nicht anwesend ist, übernachte ich neben der Hütte eines alten Mannes. Er spricht fließend Französisch.
Meiner Erfahrung nach findet sich selbst in den kleinsten Dörfern eine Person, mit der man sich relativ gut verständigen kann. Das ist nie ein wirkliches Problem gewesen. Ansonsten bedient man sich der ganzen Palette von Geräuschen, Gesten und Grimassen der Zeichen- und Körpersprache, mit der man alles - bis hin zum Witz - erzählen kann. Das braucht zwar Zeit, aber die hat man ja.
Abends sitzen wir stundenlang am Feuer und reden. Der Ersatz für das fehlende Fernsehen im Busch.
„Stimmt es eigentlich, daß es hier in der Gegend Elefanten gibt?"
„Das war früher, vor drei, vier Jahren. Da hat es hier überhaupt noch viel Wild gegeben. Stell dir vor, die Elefanten sind nachts direkt am Dorf vorbeimarschiert und in die Plantagen eingedrungen, haben die Bananenstauden gefressen. Alles verwüstet. Das war schlimm für uns. Heute mußt du tief in die Wälder vordringen, wenn du überhaupt noch Elefanten sehen willst. *C'est sont les Braconniers,* alles wegen der Wilderer. Sie töten die Elefanten nur wegen des Elfenbeins und lassen das Fleisch liegen! Eine Schande! Elefantenfleisch, das muß lange gekocht werden, 4 bis 5 Stunden, aber es schmeckt gut!"
Am Kotto-Fluß - beim Warten auf das Übersetzen zum anderen Ufer - lernte ich einen der 52 Deputierten des zentralafrikanischen Einparteienparlaments kennen, den ich am folgenden Tag im Ort Bria, wo ich inzwischen eingetrudelt bin, wieder treffe. Er ist auf der Fahrt in die Hauptstadt Bangui. Dort wird er an einer von insgesamt zwei ordentlichen Sitzungen des Parlamentes pro Jahr teilnehmen.
Irgendwie kommen wir auf die Zeit unter französischer Herrschaft und unterhalten uns über die Aus-, Nach- und Nebenwirkungen des Kolonialismus. Mich überrascht seine Kritiklosigkeit gegenüber der ehemaligen Kolonialmacht.
„Sehen Sie, man muß objektiv sein", erklärt mir der Mann in westlicher Freizeitkleidung, der eine Hornbrille trägt. „Frankreich hat nicht nur genommen, sondern auch viel gegeben. Bevor die Franzosen kamen, lebten wir fast wie Tiere. Die Franzosen haben Schulen, Straßen, kurz

das Land aufgebaut. Ich bedaure lediglich, daß sie nicht länger geblieben sind. Und für diese Leistungen haben sie natürlich auch genommen. Geben und nehmen - das ist doch überall auf der Welt so. Wenn Sie bedenken, daß vor den Franzosen die Araber da waren, die das Land lediglich ausgebeutet und Sklaven gemacht haben, es ausbluten ließen. Ich empfinde jedenfalls keine Ressentiments gegenüber den Franzosen. Wenn man es genau nimmt, sind wir doch praktisch selbst Franzosen - mit anderer Hautfarbe zwar, doch wir sprechen dieselbe Sprache wie sie, kleiden uns wie sie, selbst die laxe Einstellung zur Arbeit haben wir mit ihnen gemeinsam. Offen gesagt, wenn wir etwas Geld haben, trinken wir. Na und? Die Leute hier haben nicht den inneren Drang, das Besitztum zu vermehren. Kommt jemand durch einen Diamantenfund in den Minen zu plötzlichem Reichtum, wird das Geld in der Verwandtschaft verteilt, für Vergnügen ausgegeben, anstatt es in eine bessere Existenz zu investieren. *C'est la fête!* Oder baut sich jemand von dem Geld ein schönes Haus mit Blechdach - offensichtliches Zeichen des Wohlstandes, denn Wellblech ist für viele unerschwinglich -, so wird es erst fünf bis sechs Jahre vor dem Einzug leer stehengelassen, um nicht den Neid und die Verwünschungen der Nachbarn und Freunde auf sich zu ziehen!"

Das ist unserer Mentalität vollkommen fremd, könnte man doch mit so wenig Einsatz so viel mehr erreichen. Aber langsam kann ich das alles ein bißchen nachvollziehen: Was bringt das, bei einer durchschnittlichen Lebenserwartung von 47 Jahren auf einen fernen Moment hinzusparen, in die Zukunft zu investieren, wenn einen bis dahin möglicherweise die Malaria umbringt oder ein korrupter Beamter einem das Geld abpreßt? Das Leben passiert jetzt und hier, nicht übermorgen, irgendwo und vielleicht!

Der Abgeordnete fährt einen dicken japanischen Four-Wheel-Drive. Er lebt offensichtlich sehr gut. Seine Meinung gibt nicht die Einstellung der einfachen Leute, sondern der europäisch erzogenen Elite in vielen afrikanischen Ländern wieder, welche die politischen Fäden und die wirtschaftliche Macht in den Händen halten und von Europa hofiert werden, weil sie die Garanten für eine enge wirtschaftliche und politische Anlehnung und damit für gute europäische Geschäfte sind.

Im Falle der C.A.R. ging es so weit, daß Frankreich den zum Jahreswechsel 1965/66 an die Macht geputschten Oberst Jean-Bedel Bokassa militärisch durch die 1.500 im Lande stationierten französischen Truppen und mit Finanzspritzen 13 Jahre lang stützte. Trotz massiver Menschenrechtsverstöße des Regimes und selbst dann noch, als sich der Emporkömmling in seinem Größenwahn 1977 zum Imperator des Zentralafrikanischen Kaiserreiches krönte. Die Inthronisation wurde der

von Napoleon I. nachempfunden, dem großen Vorbild Bokassas. Die Kosten in Millionenhöhe wurden zu einem guten Teil von der französischen Regierung in Paris übernommen.
Das Beispiel Bokassa ist besonders bizarr. Aber in vielen afrikanischen Ländern lenkt eine Oberschicht das Schicksal ihres Landes nach den Gesichtspunkten des eigenen Nutzens und dem ihrer Clans, anstatt im Hinblick auf das Wohl des Landes. Oft ist es diese Oberschicht, die die zweite, nämlich die wirtschaftliche Unabhängigkeit von Europa und eine afrozentristische Entwicklung verhindert. *Sie* ist es, die für ihren westlich ausgerichteten Lebensstil und ihre ehrgeizigen Pläne Devisen braucht und dem ganzen Land damit eine streng exportorientierte Wirtschaftsausrichtung aufzwingt. Und auch den nachfolgenden Teufelskreis aus schlechter Lebensmittelversorgung, fallenden Weltmarktpreisen, steigender Verschuldung und größerer Abhängigkeit vom Ausland.
Ich glaube nicht, daß das heutige Leben des Großvaters, bei dem ich in Mouka übernachtet habe, besser aussieht, als es vor der Kolonialzeit der Fall gewesen wäre. Ist Lebensqualität etwa von Französischkenntnissen, westlicher Kleidung und korrupter Bürokratie abhängig?

In Bria kann ich bei amerikanischen Diamantenaufkäufern, die in einem kolonialen Herrenhaus direkt am Fluß wohnen, endlich beliebig viele Dollars in CFA-Francs tauschen. Dann nichts wie raus, ich fühle mich unwohl bei Tafelsilber und Diener in Livree - das ist nicht mehr meine Welt.
Mit den Taschen voller Bargeld setze ich zum Sturm auf den Markt an. Hemmungslos. Da gibt es ein riesiges Angebot von Tropenfrüchten. Papayas, Bananen, Pampelmusen, Apfelsinen, Ananas, Zuckerrohr und verschiedenste Nüsse. Marktweiber in bunten Kleidern sitzen hinter riesigen Alu-Schüsseln voller weißen, süßlich riechenden Maniokschnitzeln. Bei einer kleinen Dieselmühle können die getrockneten, groben Stücke gegen etwas Geld zu feinem Mehl verrieben werden. Es gibt Rauchfleisch und Trockenfisch, um den ich aber einen großen Bogen mache, Gemüse, frische Erdnußpaste, gelblich-orangenes Palmöl und grünliche Kernseifenstangen.
Fasziniert beobachte ich, wie die Händlerinnen meine Einkäufe einpacken: zwei Bananenblattstücke, kreuzweise übereinandergelegt, um die Ware geschlagen und oben mit einem Grashalm zugebunden - fertig. Eine billige Einmalverpackung, in der die Lebensmittel, z.B. Erdnußbutter, frisch bleiben und nichts ausläuft. Und nach Gebrauch bedenkenlos wegzuwerfen.
Jede Menge kleiner Erfrischungen und Mahlzeiten werden feilgeboten,

die ich der Reihe nach im Stehen durchkoste: *Baigné,* Reiskuchen, in Fett gegarte Süßkartoffelstückchen, *Boulli,* eine Art Milchreis und verschiedene Backwaren. Ich schwelge im Eßrausch, bis zur Besinnungslosigkeit der Geschmacksnerven.
Insgesamt eine Woche ohne ausreichende Nahrung waren für mich ein traumatisches Erlebnis, das dazu geführt hat, daß von jetzt an in jedem Ort meine primäre Sorge der Füllungsgrad des Magens und die Organisation des Proviantnachschubs ist. Danach kümmere ich mich um das Problem der Unterkunft und erst anschließend, wenn diese beiden lebenswichtigen Dinge sichergestellt sind, bin ich offen für die Bekanntschaft mit Menschen oder interessiere mich für Sehenswürdigkeiten.
Die Diktatur des Darmes - für einen „aufgeklärten" Mitteleuropäer eine schockierende oder eine banale Erkenntnis? Auf alle Fälle eine wichtige! Nach meinen Erfahrungen bringe ich denjenigen Menschen Verständnis entgegen, die aus Hunger die Umwelt zerstören, damit aber ihre eigene Basis untergraben. Darf ich es mir, als bestens versorgter und gut abgesicherter Bürger eines Industriestaates, erlauben, den moralischen Zeigefinger gegen eine afrikanische Mutter zu erheben, die den letzten Baum für Feuerholz fällt, um ihren Kindern Nahrung zubereiten zu können?
Filfilla bereitet mir wieder Sorgen: Aus ihrem Tretlager kommt ein verdächtiges Knirschen. Nach dem Aufschrauben bestätigt sich der Verdacht: Sand, Gift aller beweglichen Teile, ist trotz der Dichtung eingedrungen! Eigentlich kein Wunder bei den Strecken, die hinter mir liegen. Erst nachdem ich die Lagerschalen gereinigt, geschmiert und neue Kugelringe aus meinem Ersatzteilvorrat eingesetzt habe, drehen sich die Kurbeln wieder ohne Nebengeräusche.
Die Wartung kostet mich einen weiteren Tage in Bria. Aber lieber hier, in Nähe der Fleischtöpfe des Marktes, einen unfreiwilligen Aufenthalt, als irgendwo in der Pampa.

Die Luft liegt wie Blei auf meinen Lungen, der Ruß der Waldbrände und die enorme Feuchtigkeit erzeugen ein unnatürliches, stumpfes Licht. Ich bin nach wenigen Metern im Sattel schweißgebadet. Frauen mit Körben voller Feldfrüchte und großen Bündeln Feuerholz auf dem Kopf kommen mir entgegen.
Der Kotto-Fluß wird von dichten Galeriewäldern begleitet. Mit kräftigen, schnellen Tritten treibe ich Filfilla durch den Urwaldtunnel, in dem moosige Lianen baumeln. Es herrscht grünliches Zwielicht, die Luft hat wieder diesen süßlichen Modergeruch - aber ich liebe diese duftgeschwängerte, zähe Luft. Das erste Mal seit Wochen macht Radfahren

wieder so richtig Spaß. Mit dem Gefühl eines vollen Bauches ist auch die Reiselust wieder da, die zwischenzeitlich doch bös geschleift wurde.
Zum ersten Mal koche ich mir meinen Maniokbrei, den sogenannten *Boule,* selbst. Das unbefriedigende Ergebnis sind verbrannte Finger, tränende Augen vom beißenden Rauch des nassen Holzes und eine Suppe, die Aussehen und Konsistenz von halbtrockenem, extrastarkem Tapetenkleister hat. Mit dem teigartigen Boule hat das nicht mehr viel zu tun. Mit untergemischter Erdnußpaste und einigen Bananen ist es aber noch eßbar.
In Ira Banda biege ich ab hinunter zum Fluß, will mich östlich des Kotto nach Bangassou durchschlagen, auch wenn die Fähre über den Fluß bereits seit sechs Jahren außer Betrieb ist, wie mir zwei Bauern erzählen. Seitdem ist die Piste vollkommen zugewuchert und wird nur noch von Fußgängern benutzt. Mit dem Fahrrad müßte das doch zu machen sein. Aber ich wäre fast an der unscheinbaren Trampelspur, die vom Hauptweg abzweigt, vorbeigefahren. Was für eine Vegetation in dieser kurzen Zeit hochgeschossen ist, unglaublich! Ein Dickicht aus Farnen, Dornenranken, Büschen und Bambusstauden.
Stimmt, eine Fähre gibt es hier weit und breit nicht mehr. Nur zwei, jeweils vielleicht fünf Meter lange Pirogen, die auf den Ufersand gezogen worden sind. Zwei kleine Fischerjungen setzen mich für etwas Geld und einige Angelhaken mit ihrem Einbaum zum anderen Ufer über. Eine kippelige Angelegenheit.
Der vielleicht 200 Meter breite, schwarzgrüne Fluß strahlt eine unwahrscheinliche Ruhe aus. Die Stimmung könnte mich süchtig machen. Nur ein leises Glucksen, wenn die beiden Jungen ihre Paddel eintauchen und entfernte Vogel- und Affenrufe, die aus den Kronen der riesigen Bäume längs des Kotto kommen. Sonst keine Geräusche. Das letzte Abendlicht erzeugt auf der schwarzen Haut der Kinder ein goldenes Schimmern. In einem kleinen Dorf, am anderen Ufer, schon außerhalb der Flußniederung verbringe ich die Nacht.
Am Ende eines anstrengenden Radeltages, der noch einmal durch trockenen Busch führte, erreiche ich nach 92 Kilometern endlich Bakouma.
O.k., sicherlich keine Rekordentfernung, aber ein langer Tag, angefüllt mit Hitze und Staub - und vielen Tieren. Schon beim Frühstück umschwirrten mich an einem Wasserloch ein Dutzend Schmetterlinge. Und in den Zweigen über mir kobaltblau und feuerrot schillernde Eisvögel, die immer wieder ins Wasser stürzten und mit einem kleinen Fisch im Schnabel auf ihren Platz zurückkehrten. Eine große Affenherde, die sich schimpfend aus einem wilden Orangenbaum zurückzog

und nichts als ausgekaute Schalen zurückließ. Familie Warzenschwein trottete neben der Piste durchs hohe Gras. Von den Tieren waren nur die schwankenden Schwänze zu sehen, die kerzengerade nach oben standen. Vater, Mutter und eins, zwei, drei, ja, drei Ferkel.
Wenn in einem Ort Weiße leben, bekomme ich das von den Afrikanern spätestens im zweiten oder dritten Satz mitgeteilt. Hier in Bakouma ist es ein holländischer Père, der die katholische Missionsstation führt.
Pater Henry ist ein komischer Heiliger. Schon nach kurzer Zeit weiß ich ziemlich genau, was er von den „primitiven, faulen und unzivilisierten Eingeborenen" hält, die „besoffen sind, sobald sie zu einem Pfennig Geld kommen."
Bin ich im falschen Jahrhundert, oder was? Ich dachte, diese Art von Missionaren wäre mit dem Ende des Kolonialismus endgültig ausgestorben. Diese Spezies haben ihr Schärflein dazu beigetragen, den Afrikanern Unterwürfigkeit gegenüber den Kolonialherren einzubleuen. Der Weiße zum Halbgott erhoben.
Dieses beschämende Kapitel ist immer noch nicht ganz beendet. Es kommt oft vor, daß sich Afrikaner kriecherisch an mich, den 21jährigen wenden, obwohl sie viel älter sind als ich. „Patron, Patron ...!"
Wie ich es hasse! Nach der afrikanischen Tradition müßte ich, der Jüngere, ihnen Respekt zollen! Zum Glück sind die Geistlichen immer häufiger schwarzer Hautfarbe. Und die Eigendynamik und das Selbstbewußtsein afrikanischer Kirchen ist durchaus mit dem der emanzipierten südamerikanischen vergleichbar.
Von Reisenden hat Pater Henry auch keine allzu hohe Meinung, ich muß mir einige spitze Fragen in dieser Richtung gefallen lassen. Später bekomme ich zufällig mit, daß er offenbar der Meinung ist, ich sei von zu Hause ausgerissen ... Aber er gestattet mir, auf der Veranda das Innenzelt aufzubauen.
Pater Henry ist Amateurfunker und hat eine riesige Antenne auf dem Dach. Täglich nimmt er mit Freunden in allen fünf Kontinenten Kontakt auf, von Alaska bis Australien.
„Junger Mann, woher kommst du eigentlich?"
„Aus Deutschland."
„Ah, und wo da?"
„Süddeutschland."
„Na, das ist ja groß, welche Gegend denn?"
„Vom Bodensee, ist dir das ein Begriff?"
„Ja, natürlich! Sag mal, kennst du zufällig das Dorf Moos?"
„Zufällig? Es ist sechs Kilometer von meinem Heimatdorf Gaienhofen entfernt!"
„So, so. Dann habe ich eine kleine Überraschung für dich: Ich spreche

nämlich mehrmals die Woche über Funk mit meinem Freund Otto Kötteritzsch, der in Moos wohnt. Wenn du willst, kann ich nachher mit ihm Kontakt aufnehmen!"

Eine kleine Überraschung sagt er! Und ob ich will! Das ist doch nicht fassen! Ich komme in das letzte Kaff am Rand des Urwaldes und spreche mit Otto Kötteritzsch in Moos, -zigtausend Kilometer nördlich von hier. Und es klingt, als säße er im nächsten Dorf!

„Otto ... hallo, Otto? Wie ist denn das Wetter bei euch? Was, minus ein Grad, neblig und trüb? Das tut mir aber leid, wir haben hier jeden Tag über 30 Grad! Otto, hör mal, kannst du meine Eltern benachrichtigen, daß ich gesund durch den Sudan durch bin? Paß auf, die Telefonnummer ist ..."

Schon zwei Stunden später ist Otto mit der Antwort wieder dran. Das Buschtelefon ist formidabel, und Otto könnte ich sowieso abknutschen, und das sage ich ihm auch. Er übermittelt tausend Grüße von Zuhause, und dann werde ich über Funk zum Patenonkel, für das ungeborene Kind von Matthew und Dörte Harris, guten Freunden aus Hamburg, bei denen ich die letzten Monate vor der Abreise wohnte. Die nächsten zwei Tage habe ich das Gefühl, drei Meter über dem Boden zu schweben!

In der Mission hat auch eine Gruppe von fünf japanischen Geologen ihr Camp aufgeschlagen. Mr. Yoshida und seine Crew kommen aus dem Großraum von Tokio und suchen hier im Dschungel nach Uranlagerstätten. Zuvor bekleidete Mr. Yoshida bereits den Managerposten einer japanischen Fischfangflotte und danach den eines Pestizidverkäufers für einen deutschen Chemiekonzern in Westafrika.

Und jetzt also Uran. Da kann sich einem als ökologisch bewußtem Menschen ja der Magen umdrehen. Aber er ist sympathisch und sehr höflich.

Meine Vorbehalte gegen ihn verschwinden vollkommen, als mich die Asiaten zu einer original japanischen Abendmahlzeit einladen! Er erzählt mir von seinem französischen Freund, der sich in Bangassou, der Grenzstadt zu Zaire, auf Dauer niedergelassen hat. Das Wichtigste aber: Dieser Monsieur Cuisenier besitzt ein großes Haus mit einer Dusche ... einer Dusche ... einer Dusche ... einer Dusche ...

Dieses Wort hämmert den ganzen Tag in meinem Kopf, zwingt mich schon bei der Morgendämmerung auf die Piste. Als ich die Mission verlasse, beginnen die Vögel gerade mit ihrem Konzert. Ich *muß* die 130 Kilometer nach Bangassou bis heute abend hinter mich bringen! Über Urwaldpfade, Lateritpisten und durch Schlammlöcher. Aber mit einem Tag Ruhe in den Beinen und der Dusche als magischem Ziel vor Augen, hänge ich mich voll motiviert rein.

Die Luft ist noch angenehm kühl, ideal zum Radeln. Das erste Stück geht kräftig bergauf, eigentlich komisch, denn in das Becken des Mbomou-Flusses müßte das Land ja abfallen. Rechts und links die traurigen Überreste von Bergregenwäldern. Erst gefällt und dann in Brand gesteckt. Ein gigantisches Mikadospiel von übereinandergestürzten, verkohlten Baumstämmen.
Ich habe mich doch nicht getäuscht: Nach vierzig Kilometern fällt die glitschige Matschpiste steil bergab und taucht in den Urwald. Die Luftfeuchtigkeit staut sich regelrecht zwischen den Bäumen. Wildes Wachstum von armdicken Lianen, Palmen und großen Bäumen mit mächtigen Brettwurzeln. Schmetterlinge schweben durch den Korridor, den die Piste im Wald hinterläßt.
Die Sonne steht inzwischen schon wieder so hoch, daß einzelne Strahlen wie Lanzen durch das Blätterdach in das Dunkel eindringen. In der feuchten Luft wirken diese Lichtbalken so plastisch, daß ich ihnen unwillkürlich ausweiche. Nicht so die Schmetterlinge. Wenn sie die Lichtstrahlen durchfliegen, blitzen sie urplötzlich in den schönsten Farben auf.
Hin und wieder sind kleine Lichtungen wie Flicken aus der Walddecke gerissen, auf denen Brandrodungsbauern ihre Plantagen angelegt haben, bepflanzt vor allem mit Bananen und Maniok.
Plötzlich befinde ich mich im Märchen: Die Pflanzen am linken Pistenrand, Bäume, Sträucher, Blumen und Kräuter, liegen unter dichten, milchigen Spinngeweben, auf 50 Meter Länge! Das muß der undurchdringliche Märchenwald sein, hinter dem Schneewittchen schläft! Kurz darauf Bambusstauden, Verwandte unserer Gräser, über 20 Meter hoch!
So ähnlich muß sich Gulliver im Land der Riesen gefühlt haben.
Die Strecke geht über kleine Bodenwellen, rauf und runter, nicht besonders anspruchsvoll zu fahren. Aber es macht Spaß, auf den Abschnitten mit Gefälle Anlauf zu holen und mit dem Schwung die nächste Steigung recht mühelos wieder hochzukommen.
Verdammt! Mein Fahrradhelm! Der Fahrradhelm ist weg! Vorhin baumelte er doch noch am Lenker! Muß beim Fotografieren der Spinnweben von der Lenkstange abgerutscht sein, als ich das Rad an den Wegrand gelegt habe. Also wohl oder übel zurück! Nachdem ich mein Gepäck im Unterholz versteckt und mir die Stelle genau einprägt habe, kehre ich um.
Das ist die dritte Sache, die ich beim Radfahren hasse: Eine Strecke mehr als einmal zu fahren! Und wenn es nur - wie jetzt - zwanzig Kilometer sind. Das hängt wohl mit meiner seltsamen Psyche als Long-Distance-Radler zusammen: Tausende von Kilometern machen mir

nichts aus, solange ich das Gefühl habe, daß mich jeder Pedaltritt dem großen Ziel Kapstadt irgendwie näher bringt. Aber wenn ich die gleiche Strecke hin- und zurückfahren muß, ist jeder Meter eine Überwindung! Ausgerechnet heute muß das passieren, wo ich unbedingt nach Bangassou kommen will!
Ich stehe vor einem neuen Problem: Helm und Gepäck habe ich zwar wiedergefunden, in der Zwischenzeit ist es aber von einem Ameisenheer in Besitz genommen worden! Hunderte der roten, zwei Zentimeter lange Tiere krabbeln über die Packtaschen! Mit meinem T-Shirt versuche ich, sie herunterzuschlagen. Aber als ich schon längst wieder unterwegs bin, werde ich immer noch mal von einem der übriggebliebenen Passagiere schmerzhaft gebissen.
Auf der zweiten Streckenhälfte wird das Land offener. Aber das Radfahren ist in der feuchtschwülen Hitze nichts anderes mehr als eine üble Plackerei. Ich darf darauf keine Rücksicht nehmen, will nicht pausieren. Weiter, weiter, nur weiter. Zahllose tiefe Bacheinschnitte - leider trocken - durch die man das Rad an der Hand führen und an der anderen Seite hochschieben muß, halten mich auf.
Immer wieder begegnen mir die einheimischen Radkollegen, meist schiebend, denn die steilen Anstiege sind mit den überladenen Eingang-Rädern nicht zu fahren. Und bergab entwickeln diese Gefährte eine immense Geschwindigkeit, die nicht mehr abzubremsen ist. Das ist wirklich lebensgefährlich, weil die Pisten unberechenbar sind. Immer wieder tun sich unerwartet tiefe Regenrinnen auf.
Die ersten Kaffeebüsche! Geerntete Kaffeekirschen, die vor den Hütten ausgebreitet werden und sich langsam von rot nach schwarz verfärben. Herrlicher Duft von frisch gerösteten Bohnen.
Ich pfeife aus dem letzten Loch, der ganze Körper klebt vor schmutzigem Schweiß, der rote Staub der Piste haftet wie Gummi auf der Haut. Mein Mund ist von der Säure der vielen Zitrusfrüchte zerfressen, trotzdem sauge ich noch gierig die letzten aus. Ich kann überhaupt nicht genug trinken, um meinen außerordentlichen Flüssigkeitsbedarf zu decken. Es scheint nur noch bergauf zu gehen, in endlos langen Dörfern schreiende Gören, die mir ans Gepäck gehen, auffallend viele Menschen haben einen Kropf.
Endlich die Fähre über den Mbomou. „Jetzt noch fünfzehn Kilometer", sagen sie. Das kann doch nicht wahr sein. Wie viele Berge noch, schreien meine verkrampften Muskeln.
Ich quäle mich weiter. „ESSEN" - „DUSCHE", das sind die Lockworte, die verhindern, daß ich einfach vom Rad falle, hechelnd im Staub liege, Speichel kotze. Das ist heute die absolute Schmerzgrenze! Nichts geht mehr. Ich kann nicht mehr treten. Aber das Rad rollt von alleine,

beschleunigt sogar! Es geht bergab. Ich muß da sein, die ersten Häuser tauchen auf - endlich, Bangassou!
Ich frage mich zur Tankstelle durch, sehe schon das bekannte Gesicht von Mr. Yoshida. Daneben, das muß Monsieur Cuisenier sein.
Er nimmt mein Aussehen gelassen hin - Gott sei Dank -, drückt mir eine kalte Limo in die Hand und bittet zu Tisch, als hätte man mit dem Essen nur noch auf mich gewartet. Ich wechsle das T-Shirt und setze mich dann - so schmutzig und verschwitzt wie ich bin - mit an die weiße Tafel. Ich muß in einem wunderbaren Traum sein. Denn vor mir häufen sich Baguette, Champignon-Omelette, Salat, holländischer Käse und zum Dessert sogar Crêpes!
Mit am Tisch, in tarnfarbener Jagdweste, sitzt Monsieur Bernard, auch er bereits seit 25 Jahren in der C.A.F. Er organisiert Jagdsafaris für betuchte Europäer und jammert über die Umwelt- und Naturschutzlobby. Jagdsafari-Anbieter, die früher aus eigenem Interesse die Wilderei verhinderten, würden jetzt von den Naturschützern ausgebootet, obwohl diese überhaupt nicht in der Lage wären, die Jagdkontrolle durchzusetzen! Durch das entstehende Machtvakuum würde den Wilderern Vorschub geleistet. Die Experten der Umweltschutzorganisationen seien überbezahlt und täten wenig mehr als reden. Als Beispiel führt er die Spitzmaulnashörner an: „Während sie sich drei Jahre lang über die Schutzmaßnahmen stritten, hat sich das Problem von alleine gelöst - die verbliebenen 25 Tiere sind inzwischen ausgerottet worden!"
Er sagt ja selbst, daß die Großwildpopulation der C.A.R. praktisch am Ende ist. Im nächsten Moment bittet er in der Runde um Entschuldigung, sich so früh zu empfehlen, aber morgen muß er raus in den Busch fahren, um seine neue Jagdpiste in ein noch relativ unberührtes Gebiet zu eröffnen. Heia Safari!
Der Rest der Gesellschaft beschließt den denkwürdigen Abend vor dem Fernseher. Wir sehen einen halbstündigen Videofilm über die medienträchtige Rekordfahrt von zwei französischen Ralley-Teams, die in vierzehn Tagen mit von Werbung zugekleisterten Landrovern vom Kap der Guten Hoffnung zum Nordkap fuhren. Kurz eingeblendet die Tankstelle von Monsieur Cuisenier. Mr. Yoshida ist von dieser technischen Gewalttour hellauf begeistert. Welch eindrücklicher Beweis für den Triumph des Menschen und seiner Technik über die Natur! Bei mir hinterläßt der Film einen faden Geschmack. Was für ein treffendes Symbol für unsere oberflächliche Gesellschaft, die sensationslüstern am Wichtigen vorbeihetzt!

Monsieur Cuisenier warnte mich sehr eindringlich vor den korrupten zairischen Grenzbeamten, und so traf ich zwei wichtige Vorkehrungen:

Ich versteckte mein Geld und legte mir eine griffige Geschichte zurecht. Auch der Vertreter der *Communauté des pagayeurs,* der Gemeinschaft der Berufspaddler, von dem ich über den Mbomou-Fluß gesetzt wurde, ermutigte mich nicht gerade.
„Mach' dich bei denen schon mal auf einiges gefaßt!“ sagte er und nickte dabei in Richtung des anderen Ufers.
Ich schob das Rad die Böschung hoch. Die afrikanischen Grenzgänger, die im gleichen Einbaum über den Fluß gekommen waren wie ich, hatte man nach der Entrichtung einer kleinen Gebühr passieren lassen. Man konzentrierte sich lieber auf den größten Fisch, der im Netz zappelte, und das war nun mal ich.
Da stand ein kleines, offenes Bambushäuschen, das mit Bananenblättern gedeckt war. Hinter einem großen Buch saß ein etwas korpulenter Zöllner in Uniform, dessen Aufgabe darin bestand, die Paßnummern der Einreisenden zu notieren.
Die erste Hürde für mich. Doch ohne den verdutzten Beamten überhaupt erst zu Wort kommen zu lassen, hielt ich ihm sämtliche Papiere, wie Reisepaß, Impfausweis und Empfehlungsschreiben vor die Nase. Aufgekratzt erzählte ich von meiner Reise. Dabei spielte ich die Rolle des naiven, unbedarften Studenten, der mit Fahrrad und Gitarre durch die Welt gondelt, im Sudan unter die Räuber fällt, bis auf den letzten Pfennig ausgeraubt wird und kaum mehr als sein nacktes Leben retten konnte.
Damit hatte ich die Initiative an mich gerissen, und ich ließ ihm keine Möglichkeit, sich an irgendeiner Stelle einzuklinken. Die Geschichten sprudelten nur so heraus. Ohne Unterbrechung. Nach zahllosen Auftritten an den abendlichen Lagerfeuern meiner bisherigen Gastgeber wußte ich sie inzwischen recht wirkungsvoll vorzutragen!
„Voilà - ca-là, c'est la cartouche! Sehen Sie, das ist die Gewehrkugel - sie war für meinen Kopf bestimmt - jetzt steckt ein Teil von ihr im Holz meiner Gitarre!“
„Mon Dieu!“
Er hatte den BIC-Kugelschreiber beiseite gelegt und hörte mit offenem Mund zu. Seine Neugier und Aufmerksamkeit verrieten Anteilnahme. Sehr gut. Er war mir auf den Leim gegangen!
„Imaginez! Stellen Sie sich mal vor: All mein Geld von den verruchten Banditen abgeknöpft - und dann besitzt vorher dieser Galgenvogel von Fährschiffer die Skrupellosigkeit, mir noch den letzten Franc aus der Tasche zu ziehen! Ich habe nichts mehr! A-b-s-o-l-u-t nichts!“
Ich drehte demonstrativ meine leeren Hosentaschen nach außen. Erst hatte ich ihn gegen seinen Willen zum Verbündeten gemacht und jetzt genoß ich es, wie er meiner Empörung zustimmen mußte. Nun konn-

te er mir gegenüber keine Forderungen stellen, ohne selbst ins moralische Abseits zu laufen. 1:0 für mich. Alles, was er noch hervorbrachte, war ein zaghaftes „Cadeau? - Geschenk?“ Ich überhörte es.
Auf der anderen Straßenseite wartete bereits sein Kollege auf mich. Er hatte das Carnet de Passage der Kraftfahrzeuge zu kontrollieren, deshalb fiel ich mit dem Fahrrad, streng genommen, nicht in seinen Zuständigkeitsbereich. Der Mann hatte das Geschehen bis hierher aufmerksam verfolgt. Ohne Umschweife kam er gleich zur Sache und bat mich um einen Diafilm als Geschenk. Ich lehnte seine Bitte mit dem Hinweis auf die wenigen Filme, die ich besaß, ab.
„Mais dites, mon chèr, sagen Sie, mein Bester“, fragte ich, „Sie haben doch bisweilen Probleme mit Magen und Darm, ist es nicht so?“
Eine rein rhetorische Frage, denn wer in Afrika hat das nicht! Meine besorgte Nachfrage schien ihm zu schmeicheln. Er bestätigte die Schnelldiagnose.
„Dann habe ich eine starke Medizin für Sie, die Ihr Leiden beenden wird!“
Das einzige, was jedem Menschen mehr am Herzen liegt als Geld, ist die eigene Gesundheit, kalkulierte ich. So konnte ich mich vielleicht billig aus der Affäre ziehen.
Tatsächlich. Zwei simple Kohletabletten band ich ihm als *das* Wundermittel gegen sämtliche Magen- und Darmbeschwerden auf!
Der Mann grinste zufrieden und ließ mich fahren. Na ja, schaden konnten sie auf alle Fälle nicht!
500 Meter weiter erreichte ich den eigentlichen Grenzposten. Der Chef der Zollmannschaft blickte finster drein. Er hatte inzwischen vom ersten Zöllner mitbekommen, daß irgendwas nicht ganz nach Plan lief.
Kein Gruß, nur ein unwirsches Nicken.
„Folgen Sie mir in mein Büro!“
Ich fühlte mich unbehaglich bei dem kompromißlosen Verhörton, den der Patron anschlug - eine harte Nuß.
„Ihre Papiere!“
„Bitte schön!“
„Haben Sie eine Kamera?“
„Ja.“
„Filme?“
„Ja.“
„Wie viele?“
„Drei.“
Ich dachte an die dreißig Filme im Gepäck und bekam feuchte Hände.
„Donc! Sie brauchen eine Fotografiererlaubnis für Zaire und die kostet 5.000 Francs français!“

Dabei griff er zu einem vorbereiteten Formular und begann es mit dienstlicher Miene auszufüllen. Die Art der Aufmachung des Papiers erinnerte stark an die Reisegenehmigung für die Zentralafrikanische Republik. Die war übrigens rein fiktiv gewesen, wie mir der Abgeordnete, den ich in Bria getroffen hatte, nachträglich bestätigte.
Natürlich forderte der Offizier nicht wirklich 5.000 FF, sondern würde über die angebliche Fotografiererlaubnis mit sich handeln lassen. Alles hat seinen Preis. Es mag helfen, wenn man sich vor Augen hält, daß die Schmiergeldforderungen, mit denen man in Afrika immer wieder konfrontiert wird, wie ein Spiel sind. Mal geschickter, mal dreister wird versucht, für kleine Gefälligkeiten oder mit skurrilen, erfundenen Vorschriften Geld zu verdienen. Ein Spiel, in dem der gewinnt, der gekonnter blufft und seine Trümpfe am geschicktesten ausspielt.
Die vielleicht wichtigste Spielregel bei diesem Kräftemessen: Ruhe bewahren. Demonstrativ zeigen, daß man alle Zeit der Welt hat und fest entschlossen ist, das Problem einfach auszusitzen. Hier und auf diesem Stuhl. Weiter ist darauf zu achten, daß man immer höflich und zuvorkommend, aber nicht kriecherisch reagiert. Gleichgültig, was der Gegenüber für einen Schachzug tut. Man ist freundlich, man bleibt freundlich. Niemals, aber auch wirklich niemals, rechthaberisch und europäisch arrogant andeuten, daß der konstruierte Tatbestand - wie hier die Fotografiererlaubnis, an den Haaren herbeigezogen oder schlichtweg erfunden ist. Darauf wird sehr empfindlich reagiert, denn indirekt würde man damit ja die Amtsperson der Lüge bezichtigen. Sie verlöre ihr Gesicht und infolgedessen würde sie sich eher auf die Behauptung versteifen als nachzugeben. Und dann wird man sehr schnell merken, wer wirklich am längeren Hebel sitzt. Im Gegenteil, ich muß meinem Gegenspieler eine Brücke bauen, eine Möglichkeit andeuten, wie er seinen Kopf aus der Schlinge ziehen kann, in die er sich unglücklicherweise selbst reinmanövriert hat.
Ich suchte fieberhaft nach einem Ausweg. Ja! Das könnte funktionieren!
„Sehen Sie, Monsieur le Commandant, ich verstehe Ihren Standpunkt sehr gut, die Vorschriften erfüllen ja einen wichtigen Zweck. Nur: Ich habe tatsächlich keinen Pfennig Geld bei mir. Ich muß mich bis nach Bondo durchschlagen, beim dortigen Postamt wird eine Geldsendung meiner Eltern auf mich warten!"
Jetzt kam der kritische Punkt:
„Aber Sie können doch mit einem offiziellen Schreiben bescheinigen, daß ich nur über drei unbelichtete Filme verfüge. Und bei der Ausreise läßt sich von Ihren Kollegen einfach kontrollieren, ob ich diese belichtet habe oder nicht!"

Dieser Konter kam einigermaßen überraschend. Seufzend legte der Beamte die Genehmigung in die Schublade zurück. Mit diesem seltsamen Vogel und seinem Fahrrad war einfach kein Staat zu machen! Resigniert stempelte er meinen Paß und schickte mich in die letzte Prüfung, zu dem Gesundheitsoffizier ins Nachbargebäude.
„Sie besitzen keine Choleraimpfung. Es wäre eine ausgesprochene Verantwortungslosigkeit meinerseits, Sie ins Land einreisen zu lassen!"
Ich hatte mich schon als Sieger gefühlt, jetzt kam die kalte Dusche.
„Hören Sie, ich habe vergeblich versucht, mich in Kairo impfen zu lassen!"
Er blieb knallhart.
„Geben Sie mir Geld, oder ich kann nichts für Sie tun und Sie müssen nach Zentralafrika zurück!"
Alles, nur das nicht! In der Brusttasche hatte ich noch 200 Franc-CFA - umgerechnet etwa 1,60 DM.
„Bitte verstehen Sie doch meine äußerst schwierige Situation - dies hier sind meine letzten Münzen ...!"
„Geben Sie her! Und Geschenke?"
„Rien! Nichts, nichts, nichts!"
Ich wartete ängstlich, aber er gab sich tatsächlich damit zufrieden. Ich war durch - dachte ich!
„Können Sie überhaupt Gitarre spielen?" fragte der Mann skeptisch. So kam ich nicht darum herum, noch lustlos zwei Lieder vor dem Grenzpersonal herunterzuschrubben. Daß sie mich dann laufen ließen, spricht nicht für meine Vorstellung. Nix wie weg hier, bevor sie es sich anders überlegten!
Drei Kilometer weiter stoppte ich erst mal und brüllte meine Erleichterung in den Wald raus. Zwei Kohletabletten und eine Mark sechzig - ich war weiß Gott mit einem blauen Auge davon gekommen!
Sauer wegen der Schikanen? Nein, sauer war ich eigentlich nie. Reisende, die nicht akzeptieren, daß in Afrika die Uhren anders gehen, sollen lieber zu Haus bleiben, als über die „Zustände" in „diesen Ländern" zu schimpfen. Man muß solche Grenzerlebnisse vor dem Hintergrund der desolaten politischen und wirtschaftlichen Situation sehen, die in vielen afrikanischen Ländern zu ausufernder Korruption führen, wobei Zaire allerdings eines der extremsten Beispiele ist: Mit 2.350.000 qkm, nach dem Sudan und Algerien flächenmäßig zwar „nur" der drittgrößte Staat Afrikas, ist er zumindest potentiell der reichste des Kontinentes. Denn der frühere Belgisch-Kongo besitzt überaus große Rohstoffvorkommen: Gold, Kupfer, Zink, Zinn, Silber, Kobalt, Cadmium, Uran, Steinkohle, Erdöl und Diamanten. In weiten Teilen eignet sich das Klima für den Anbau von Kakao, Kaffee, Ölpalmen, Erdnüssen, Kau-

tschukbäumen sowie Zuckerrohr. Und dann verfügt Zaire noch über die größten Urwaldreserven des afrikanischen Kontinentes.
Trotzdem zählt der Großteil der gut 35 Millionen Menschen des Landes zu den ärmsten in ganz Afrika. Diktator Mobutu hingegen, seit 1965 an der Macht, gilt als einer der reichsten Männer der Welt. Seine Bankguthaben im Ausland belaufen sich auf Milliarden von Dollars. Er und seine politischen Handlanger aus den oberen Rängen der Regierungspartei *Mouvement populaire de la Révolution,* in der jeder zairische Staatsbürger kraft seiner Geburt Mitglied wird, saugen das Land rücksichtslos aus, haben es an den Rand des wirtschaftlichen, sozialen und politischen Kollaps getrieben. Und diese Regierung läßt ihre Beamten in der Provinz am ausgestreckten Arm verhungern. Die unteren Ränge von Polizei, Militär und Administration sind vielfach auf die Nebeneinkünfte aus Bestechungen angewiesen, um trotz niedriger und unregelmäßiger Gehaltszahlungen ihre großen Familien ernähren zu können.
Wir haben nicht das Recht, uns als Richter über diese schreienden Mißstände aufzuspielen. Denn daß das Mobutu-Regime seit Dekaden das Zepter der Macht in der Hand hält, hat auch hier wieder sehr viel mit der finanziellen und militärischen Unterstützung zu tun, die es durch den Westen erfährt. Europa verdient einfach zu gut an den „Zuständen" in „diesen Ländern".

## Tropenwald, Termiten und Trampelpfade

Regenwald. Die Luft ist wie ein zäher, feuchter Schleim, aus dem du dich nicht befreien kannst, gegen den du vergeblich anstrampelst, der die Bewegungen unerträglich anstrengend macht und dein Gehirn verklebt. Das Atmen wird zur Arbeit. Es ist nicht so brütend heiß wie in der Wüste, wo zwar der Puls in den Schläfen hämmert und du denkst, jetzt gleich, jetzt kippst du mit einem Hitzschlag vom Rad, wo du aber wenigstens während der kühlen Nachtstunden Schlaf tanken konntest.
In den Wäldern ist es feucht-warm, den Temperaturunterschied zwischen Tag und Nacht gibt es kaum. Der Schweiß läuft 24 Stunden an dir runter. Hänge abends die naßgeschwitzten Kleider zum Trocknen über den Fahrradlenker, sie werden am nächsten Morgen noch genau so feucht sein. Die schwüle Luft weigert sich einfach, zusätzliches Wasser aufzunehmen. Deine Haut klebt, alles ist klamm - T-Shirt, Zelt, Schlafsack.

Das ist nicht der einzige Unterschied zu den ariden Tropen. Die Wüste ist seltsam still. Und tot. Aber hier kannst du dir überhaupt nicht mehr vorstellen, was das war: Stille? Permanent hast du Geräusche in den Ohren: das Singen und Krächzen der Vögel, Affengekreische, Insekten, die zirpen, surren, schnarren. Anfangs ist das interessant, dann ermüdend, ab einem gewissen Punkt nervtötend. Und schließlich fällt dir der Lärm nur noch auf, wenn es in seltenen Augenblicken mal wirklich kurz still ist. Beunruhigend still. Nachts wirkt die Geräuschkulisse geheimnisvoll - wenn du alleine irgendwo im Wald campierst, echt beängstigend. Kaum jemals ist zu erkennen, aus welcher Richtung die Laute nun eigentlich kommen. Sie kommen von überall gleichzeitig.
Anderes erregt deine Aufmerksamkeit: Schwarze Tausendfüßler mit feuerroten Beinchen, handlang und bleistiftdick, leisten dir bei den Pausen am Wegrand Gesellschaft. Schon nach einigen Tagen im Urwald haben Termiten den Zeltboden durchlöchert. Dann dringen Ameisenheere durch diese Löcher ein. Du wirst von ihnen geweckt, weil ihre Marschroute zum Beutel mit den Vorräten zufällig über deine Nase führt.
Und niemals hast du vorher die Aufsplittung einer einzigen Farbe in so viele Schattierungen gesehen! Es gibt hier alle Töne, die du noch irgendwie als „Grün" bezeichnen würdest. Vom Fast-Gelb des Zuckerrohrs bis zum Beinahe-Schwarz der Blätter einer Würgefeige. Das ist der Wald!
Diese Vielfalt berauscht deine Wahrnehmung, verwirrt, stumpft dich ab. Alles verschwimmt zu einer indifferenten grünen Masse.
Es lohnt nicht die Mühe, den Kopf zu heben, du weißt es. Da ist nichts zu sehen. Nichts Besonderes mehr. Nicht dein Bild von unberührten Regenwäldern, mit ihrem siebzig Meter hohen, etagenartigen Vegetationsaufbau. Für die Piste ist eine Bresche in den Wald geschlagen worden, an deren Rändern Sekundärwälder emporschießen. Diese junge Vegetation verwehrt dir den Blick auf den richtigen Wald, der erst dahinter beginnt. Du fährst also praktisch zwischen zwei grünen Mauern hindurch, stundenlang. Nur an Flußrändern und in bergigem Terrain ist das anders.
Da siehst du plötzlich, daß die Erzählungen von den Urwaldriesen wahr sind. Die Neugier und das Staunen kehren zurück. Hundert verschiedene Bäume mit ebenso vielen Blattformen. Übermannshohe Brettwurzeln, von Lianen überwuchert. An den Stämmen wachsen hellgrüne und rötliche Moospolster, in Astgabeln haben sich Gewächse eingenistet, sogenannte Epiphyten - Scheinschmarotzerpflanzen, wie z.B. Moose, Farne und Orchideen. Sie wachsen auf anderen Pflanzen, ohne diesen zu schaden, können so in den oberen Etagen des Waldes

Schlamm und Matsch - das "täglich Brot" des Urwaldradlers, Zaire

existieren, in die mehr Licht eindringt. Perfekte Anpassung an einen speziellen Lebensraum.
Du bereust, im trockenen Busch deine Schutzbleche abmontiert und einem überglücklichen Jungen geschenkt zu haben. Naiv zu glauben, daß es auch ohne sie gehen wird, nur weil du Gewicht sparen wolltest. Schau dich doch an! Am Ende des Tages von oben bis unten mit Matsch bespritzt. Er knirscht zwischen den Zähnen, brennt in den Augen, verklebt die Haare.
Und erst deine Unterschenkel, die Füße, das Fahrrad! Überzogen von einer roten Schlammkruste. Das wäre nicht weiter schlimm, Wasser zum Waschen gibt es jetzt genug. Aber die Bisse der *Black flies* an deinen Knöcheln machen dir Sorgen. Winzige Stechfliegen sind das, die ungehindert durch jedes Moskitonetz schlüpfen. Du denkst gar nicht mal an die Flußblindheit, die sie übertragen. Aber du bemerkst, daß sich diese kleine Verletzungen unter dem Schmutz entzündet haben. Jeder offene Kratzer wird in diesem Waschküchenklima zum Eiterherd. Deine Knöchel sind geschwollen, Auftreten schmerzt. Aber Pedalen, das geht. Noch ...
Waldlichtungen mit Plantagen - Bananen, Maniok, Yams -, was die Leute halt so täglich brauchen, auch ein paar Baumwoll- und Kaffeesträucher. Dadurch kündigt sich das nächste Dorf an.
Die Siedlungen liegen direkt an der Urwaldpiste. So ungefähr in Entfernung einer Tagesreise zueinander. Siebzig, achtzig Kilometer.
Mit einfachen, viereckigen Lehmhäusern, deren Mauern die gleiche Farbe wie der Boden besitzen. Kein Strom. Selten ein Blechdach. Ohne Fensterglas und Türen. Das Leben findet sowieso mehr draußen statt, im Schatten unter den offenen Gemeinschaftshütten, wo Mais- oder Bananenbier getrunken und palavert wird. Fast neben jedem Haus steht ein Papaya-Baum. Auf dem saubergefegten Boden sind rote Kaffeekirschen und weiße Maniokschnitzel zum Trocknen ausgebreitet worden.
In jedem Ort mußt du grüßen. Du hast nicht die Option, anonym durchzuradeln. Dafür sorgen schon die Kinder, die dich immer als erstes entdecken. Ihre „Touri, Touri!"-Schreie klingen wie Alarmsirenen, die ein ganzes Dorf aus seinem Dösen reißen können. Ein Weißer auf einem Fahrrad - kaum zu glauben, hat man so was schon mal gesehen oder davon gehört? Seht doch, er hat sogar eine Gitarre dabei! Sensationell! *La nouvelle de la semaine* - das Ereignis der Woche!
Ein Status, an den du dich gewöhnen mußt. Du wirst zur öffentlichen Person. Man hat ein Anrecht auf dich. Nach all den anderen Weißen, die im Land-Cruiser durch das Dorf gejagt sind, nur eine rote Staubwolke zurückließen, die sich über alles legte, nun endlich einer zum

Anfassen! Und er redet! Und lacht! Wirft sein Fahrrad und die Gitarre und seine Kleider unter einen der offenen Unterstände und springt raus in den beginnenden Regen. Tobt. Schreit. Was ist nur mit ihm los?

Endlich öffnet der Himmel seine Schleusen. Regen! Was für eine Wohltat! Die Schwüle entlädt sich in einem Wolkenbruch. Unvorstellbare Wassermassen prasseln auf Bauten, Bäume und Boden.
Ich reiße mir einfach die Kleider vom Leib, springe raus unter die Naturdusche. Dicke, kühle, nasse Tropfen klatschen auf die Haut, spülen Schweiß und Staub runter.
Die Leute stehen im Trockenen und gucken verständnislos zu. Was werden sie jetzt denken? Vielleicht daß es der Regentanz des weißen Mannes ist. Ich erkläre ihnen: der erste Regen! Seit Ungarn, seit fünf Monaten, der erste Regen! Da verstehen sie alle. Und was tun sie? Sie ziehen ihre Hemden aus und tanzen mit mir im Regen! Kinder, Kinder, bin ich glücklich.
Ich liebe das an den Menschen hier. Es wird emotional und impulsiv gehandelt, nicht ewig das Für und Wider abgewogen. Die Leute sind einfach anders. Ich habe das Gefühl, sie leben viel stärker aus dem Augenblick heraus, als wir das tun, sind offener, herzlicher, direkter.
Nach dem Guß ist die Luft etwas abgekühlt. Aber in dem Moment, wo die Feuchtigkeit zu verdampfen beginnt, ist sie so dick wie vorher.
Ich erfahre, daß die paar Hütten Mokozo heißen. Es könnte aber auch Zambeke, Likati oder Dulia sein. Freundliche Leute, viele Kinder, einfache Häuser. Da gibt es keine Unterschiede. Nicht auf den ersten Blick.
Bis mich Kanbo, ein schwarzer Knirps, vertrauensvoll an die Hand nimmt. Der Gang endet vor der Hütte seiner Familie.

Der Weiße wird überschwenglich begrüßt. Von Limbaya, von Bako und Ngwoyo. Ich muß mich setzen. Ich bin Gast! Allmählich bin ich mir bewußt, was Gast bzw. Gastfreundschaft in seiner ganzen afrikanischen Tragweite bedeutet, habe bemerkt, daß der Großvater für mich seinen komfortablen Sitz geräumt hat. Ausgerechnet er, dem jeder als dem ältesten der Sippe Respekt zu zollen hat. Und ich ahne, was für ein Schatz die beiden Hühnereier hier im Wald sind, die Mama für mich kocht. Heute wird nicht mehr gearbeitet, bis zum Abend wird kurzerhand „der Tag des europäischen Gastes“ ausgerufen.
Gastfreundschaft ist ein Recht, das der Reisende in Anspruch nehmen kann. Jeder, der sie gewährt, weiß, daß er genauso bereitwillig aufgenommen werden wird, wenn er unterwegs ist. Ein Gesetz, das auf Gegenseitigkeit beruht. Vor diesem Hintergrund kann ich mir vorstellen,

was viele Menschen empfinden, die nach Deutschland kommen. Gleichgültig, ob aus Afrika oder welchem Kontinent auch immer, ob als Geschäftsreisende, Touristen, Flüchtlinge. Wenn sie am eigenen Leib erfahren, was in Deutschland, diesem Land des Luxus, in dem der Trend inzwischen zum Drittauto geht, für eine Feindseligkeit gegenüber Fremden herrscht. Nach allem, was ich an Herzlichkeit und Großzügigkeit in Afrika empfangen habe, kann ich mich nur noch schämen, abgrundtief schämen! Wenn die Leute in Deutschland schon nicht aus Herzlichkeit so handeln - sehen sie dann nicht wenigstens, daß die Bundesrepublik als Exportland wirtschaftlich von „diesen Ausländern" abhängt, von seinem Ruf in der Welt lebt?

Diesen Abenden als Gast verdanke ich die schönsten Erlebnisse mit den Menschen Afrikas. Aber oft ist es mir schon unangenehm, wenn ich sehe, was die Leute für mich opfern, ohne mit der Wimper zu zukken.

Es dauert lange, damit klar zu kommen. Bis ich irgendwann begriffen habe: Diese überwältigende Gastfreundschaft ist, auch in Afrika, nicht umsonst.

Aber komm' bloß nicht auf die Idee, deine Gastgeber zu bezahlen. Willst du sie beleidigen? Du kannst ihnen ein Geschenk machen. Vielleicht etwas zu Essen, dafür, daß du verköstigt worden bist. Ein Paket Tee, etwas Zucker zum Beispiel. Fünfhundert andere Sachen bieten sich an. Begehrt sind immer die Radrenn-Werbekappen. Aber auch Feuerzeuge, Medikamente oder eine Billiguhr, ein Taschenmesser, eine Sonnenbrille. Wahrscheinlich klingt das jetzt seltsam, aber: Sogar dein Paßbild ist eine schöne Erinnerung! Schenke nichts, was wie ein Almosen wirkt. Nichts, was zu knauserig ist, das ist beleidigend. Je angesehener der Gastgeber, desto größer sollte deine Aufmerksamkeit sein.

Aber vor allem wird von dir als Reisender erwartet, daß du abends deine Gastgeber, manchmal ein ganzes Dorf, unterhältst. Bis nach Mitternacht. Wenn du von morgens bis abends im Sattel gesessen hast, heißt das Überstunden machen!

Die Fotos von Deutschland wandern von Hand zu Hand, werden bestaunt, mit aufgeregten Kommentaren versehen. Und die Bilder von meinen Verwandten rufen riesiges Interesse hervor. Die Familie hat in Afrika nun mal einen viel größeren Stellenwert als bei uns.

Das Bild über Europa und die Weißen ist hoffnungslos verzerrt. Einen armen Europäer gibt es in der Vorstellung hier nicht. In Europa erledigen Maschinen die Arbeit, das Geld liegt quasi auf der Straße herum und man muß kaum mehr zu tun, als sich zu bücken, um es aufzuheben.

Irgendwo ist dieses Klischee verständlich, denn die Europäer in Afrika gehören automatisch zur Oberschicht. Und jemand, der monatelang durch die Weltgeschichte reist, ohne zu arbeiten, muß ja wohl auch wohlhabend sein!
Daß der Komfort in Europa wesentlich größer ist, auch ein Mensch ohne Arbeit ein Dach über dem Kopf hat und einen Fernseher besitzt - mehr als die meisten Menschen hier - ist unbestreitbar.
Ich versuche, dieses Traumbild zu relativieren, erkläre, daß dieser Reichtum hart erarbeitet ist. Schildere einen normalen deutschen Arbeitstag, der um acht Uhr morgens beginnt und bis zum frühen Abend dauert. Mit einer halbstündigen Frühstückspause und einer Stunde Mittag, mehr nicht. Bei einem Mal zu spät kommen sagt der Chef noch nichts. Beim zweiten Mal gibt's eine Verwarnung, beim dritten Mal kann es dich die Stelle kosten.
Da wird ungläubig gelacht. Das klingt hier im Regenwald, auch in meinen Ohren, absurd. Wer sich im Urwald um die Mittagszeit aufs Feld stellt und arbeitet, hat bei einem Hitzschlag kein Mitleid verdient. Das ist höchstens ein Zeichen von Lebensmüdigkeit.
Die Gitarre ist ein unfehlbares Kommunikationsmittel. Ich spiele die ersten Töne, irgendwas von den Beatles. Lautlos huschen schwarze Gestalten ans Feuer, der Kreis schließt sich. Kleine Kinder, sie können gerade erst laufen, bewegen sich automatisch im Rhythmus mit. Bei diesem angeborenen Musikgefühl komme ich mir wie eine verschlafene Achtelpause vor.
Später holen die Bauern ihre Trommeln und dann singen und tanzen sie. Es ist das Afrika, von dem ich als kleiner Junge einmal geträumt habe: Urwaldgeräusche und Lagerfeuer. Schneller und schneller wirbelnde Trommelrhythmen. Lieder und Sprechgesänge. Ein Vorsänger singt *„iyo“* und die Tanzenden antworten mit tiefen und rhythmischen *„ummt“*-Rufen. Von dem Kreis der singenden Männer und Frauen sehe ich nur noch die blitzenden Zähne. Wahnsinn.

Zum Abschiedsfoto strömt das halbe Dorf zusammen. Wie bei jeder Aufnahme bisher entbrennt der Streit um die Insignien des Fortschrittes. Wer darf auf dem Bild den Helm tragen und wer das Fahrrad halten?
28. Januar. Ich verpenne das halbjährige Jubiläum auf der Straße. In der Realität haben diese Anlässe selten den Glanz, mit denen ich sie mir vorher ausgemalt habe ...
Die Piste vor mir nimmt - je nach Sonnenstand - zu jeder Tageszeit eine andere Farbe an. Mittags, wenn die Strahlen senkrecht stehen, ist sie rostrot und wird von einem halben Zentimeter trockenem Laterit-

puder bedeckt. Dieser Staub setzt sich in jeder Pore der Haut fest. Das ehemals weiße T-Shirt sieht aus wie eine verwaschene Batik. Rote Schlieren, wo sich Schweiß und Schmutz miteinander verbunden haben.
Ich höre in Gedanken eine Werbestimme sagen: „Oh je, das geht doch nie wieder aus dem Stoff raus!“ Gucke an mir runter, denke an die billige, unparfürmierte Kernseife und das trübe Flußwasser, mit dem ich heute abend waschen werde, ergänze für mich: „Im Gegenteil, da kommt noch Etliches hinzu!“ und muß unwillkürlich lachen.
Regenwald - das war in meiner Vorstellung immer topfebenes Land. Denkste! Leider führt die Piste quer zur Fließrichtung unzähliger kleiner Bäche. Zwischen jeder Niederung liegt höheres Terrain. Ein Hügel nach dem anderen grinst mich an. Ich kann's nicht mehr sehen!
Irgendwann starre ich beim Treten nur noch stumpfsinnig nach unten. Beobachte meinen Schatten. Genau unter dem Rad liegt er. Ein dunkler Fleck, der sich mit dem Senken und Heben der Beine verformt. Expandiert, kontrahiert - in ständigem Wechsel.
Selten, daß ich außerhalb der Dörfer Menschen treffe.
„Sakatoo!“ - ihr Gruß klingt wie gesungen.
Ich versuche, den musikalischen Klang zu imitieren. „Sakatoyoooooo!“ Offensichtlich gelungen. Sie drehen sich verwirrt um. Ein Weißer, der spricht wie sie? Hinter mir höre ich den erstaunten Ausruf: „Eh, eh, eh, eh, eh!“
In Dörfern wie Monga, Bondo oder Buta gibt es große katholische Missionsstationen mit Backsteinkathedralen und -refektorien - mitten im Urwald. Diese monströsen Bauten wirken völlig fehl am Platz. Die afrikanischen Lehmhäuser scheinen sich devotisch vor ihnen zu ducken. Wenige weiße Mönche und Nonnen sind als letzte Zeugen des Missionseifers der Kolonialzeit übrig geblieben. Ich lerne sie als hart arbeitende Idealisten kennen, die neben dem christlichen Glauben auch Bildungseinrichtungen und Krankenstationen in den Urwald gebracht haben. Wann immer ich bei ihnen um eine Übernachtungsmöglichkeit bitte, werde ich herzlich aufgenommen.

Erschöpft aber glücklich, erreiche ich nach sechshundert harten Dschungelkilometern den Aruwimi-Fluß. Eine kleine Fähre setzt mich zum gegenüberliegenden Ufer nach Banalia über.
Wenn ich den ganzen Tag im Sattel gesessen habe, ist meine Lust, abends noch groß zu kochen, sehr gedämpft. Also bleiben mir nur die kleinen Garküchen, in denen ich als Magenfüller meistens Reis, Kochbananen - auf Swahili *Matoke* - und *Ugali,* also Maniok- oder Maisbrei vorgesetzt bekomme. Dazu, je nachdem, ein Stückchen Fleisch oder

Fisch, dicke Bohnen oder Gemüse, das aus den Blättern der Maniokpflanze zubereitet wird und mit Spinat zu vergleichen ist.
Im Sudan habe ich auch schon mal Heuschrecken geknabbert und hier im Zaire Affenfleisch vorgesetzt bekommen - seit dem frage ich immer erst hinterher nach den Bestandteilen der Mahlzeit.
Aber ansonsten war der afrikanische Speisezettel bisher wenig exotisch, im Gegenteil. Da sind die roten Sardinenbüchsen aus Marokko und Blue-Band-Margarine in leuchtend gelben Dosen, die in den kleinen Urwaldläden erhältlich sind, eine willkommene Auflockerung der Kost.
Vor allem lebe ich aber von den herrlichen tropischen Früchten, die neben Affenfleisch und anderem Wild an der Piste zum Verkauf feilgeboten werden. Die Eßwaren liegen in den Dörfern auf zwei Meter hohen Bambus-Tischchen am Straßenrand, außerhalb der Reichweite von Ameisen und Termiten. Für rund eine Mark erstehe ich dort Avocados, Ananas, Apfelsinen, Passionfrüchte, Papayas, Zuckerrohr und Bananen. Vor allem Bananen! Täglich stopfe ich die zuckersüßen Liliput-Chiquitas gleich kiloweise in mich hinein. Noch Monate nach der Rückkehr in Deutschland sollte mein Appetit auf Bananen und Sardinen stark gedämpft sein ...
Am allermeisten vermisse ich Süßigkeiten. Bis ich eine formidable Entdeckung mache: gezuckerte Kondensmilch in Dosen. Beim Fahren sauge ich sie pur durch ein kleines Loch im Deckel aus, oder ich genieße sie zusammen mit den in Fett gebackenen *Baigné* oder *Cons,* wabenförmigen Brotlaiben. Welch ein Leckerbissen!

In Banalia finde ich eine dieser kleinen Garküchen, die selbstbewußt den Titel „Restaurant“ im Namen führt. Ich bin neugierig geworden und trete ein.
Es ist nicht mehr als ein grob zusammengezimmerter Bretterverschlag. Drei Tische mit klebrigen Wachstüchern und ein paar wackelige Stühle. Der Boden besteht aus festgestampfter Erde. Irgendwo dröhnt ein Radio zairische *Kwasa-kwasa*-Musik.
Die Speisekarte hängt an der Wand: Ein mit Holzkohle beschriftetes Stück Karton. Fisch („samaki“) oder Huhn („kuku“) mit Reis („wali“), wahlweise Maisbrei („ugali“) inklusive einer würzigen Soße für jeweils dreihundert Zaire, also etwas weniger als eineinhalb Mark. Der Gourmet-Schuppen wird von einer resoluten Frau mit ausladenden Hüften geführt. Oh Mama Kuzia, dein Essen war ein Gedicht! Schmatzend lecke ich mir die Finger ab - ein lautstarkes Kompliment.
Zum Spülen wird das knallbunte Plastikgeschirr kurz in einen alten Ölkanister voller trüben Wassers getaucht - das kommt bestimmt direkt

aus dem Fluß. In die „Küche" gucke ich besser gar nicht erst rein. Ich habe genug gesehen, möchte mir nicht nachträglich den Appetit verderben. Meistens sind das dunkle, verqualmte Verschläge, in denen ein Fliegenheer Regiment führt. Jedes Gesundheitsamt in Deutschland würde Großalarm auslösen.
Um die Hygiene mache ich mir kein großes Kopfzerbrechen mehr. Soweit es geht, halte ich mich an die Regel „Peel it, cook it or forget it", nehme also nur gekochte Speisen zu mir oder solche, die zu schälen sind.
Wesentlich problematischer ist da schon das Trinkwasser. Nach diversen Durchfallabenteuern lege ich jetzt großen Wert auf die Sauberkeit des Trinkwassers. Denn auf diesem Weg wird ein Spektrum unangenehmer, teilweise auch äußerst gefährlicher Krankheiten übertragen, das von Amöben, Lamblien, Cholera über Typhus und einige Wurmkrankheiten, wie Bilharziose, bis zur Gelbsucht reicht.
Der Magen gewöhnt sich an vieles. Aber weil Fahrradfahren bei diesem Klima, auf den schlechten Pisten, mit dem vielen Gepäck, körperliche Schwerarbeit ist, gehen auch schon kleinere Wehwehchen an die Substanz. Und durch das starke Schwitzen ist mein Verbrauch an Wasser überdurchschnittlich hoch, es ist sozusagen das Grundnahrungsmittel Nr. 1 - bis zu sieben Liter schütte ich täglich in mich hinein. Da ist das Risiko, mir etwas einzufangen, entsprechend groß.
Ich benutze für die Desinfektion einen Taschenfilter mit Pumpkolben, der das Wasser durch ein Keramikelement preßt und bis auf chemische Verunreinigungen und Salze alle Fremdstoffe herausfiltert. Also auch Mikroorganismen und Krankheitskeime. Mit dem Ding einen Liter Wasser zu reinigen, kostet einige Arbeit. Aber oft bin ich auf zweifelhafte Wasserquellen angewiesen - algige Teiche, verschmutzte Viehtränken, offene Wasserlöcher und faulige Brunnen. Niemals würde ich da freiwillig auf das Wundergerät in Taschenformat verzichten!
Ein anderes Problem: Wie verhältst du dich bei einer Einladung? Dein Gastgeber sieht, wie du schwitzt und läßt dir als erstes ein kühles Glas Wasser bringen. Und jetzt? Das Wasser runterkippen? Ablehnen, obwohl dir die Zunge am Gaumen klebt? „Danke nein" sagen, aber aus der eigenen Flasche trinken - und damit den Menschen vor den Kopf stoßen? Unbemerkt eine Desinfektionstablette ins Glas rutschen lassen und es eine Stunde nervös in der Hand drehen, bis das Mittel wirkt? Wenig realistisch! Ich entscheide das je nach Situation. Es ist ein Vabanque-Spiel, weil dem Wasser die Krankheiten nicht unbedingt anzusehen sind ...
Ein Spiel, das ich leider öfter verliere. Wieder einmal habe ich fürchterlichen Dünnschiß!

*Fahrradtransporter mit (Affen)-Frischfleisch, Zaire*

Auf den 35 Kilometern Fahrt von der Brücke über den Lindi-Fluß bis nach Kisangani mache ich Tempo. Keine Berge, die Piste ist leidlich gut. Ein Troß von - schließlich fünf - Holzkohle transportierenden Fahrradhändlern hängt sich in meinen Windschatten. Unsere kleine Karawane klingelt sich den Weg durch den zunehmenden Fußgänger- und Fahrradverkehr frei.

Die 300.000-Einwohner-Stadt ist das Siedlungszentrum der Provinz Haut-Zaire. Rundherum Urwälder, mit miserablen Pisten, die für die Dauer der Regenzeit praktisch unpassierbar sind. In diesen Monaten wird der Zaire-Fluß zur lebenswichtigen Schlagader für die Stadt. Riesige Lastkähne auf dem zweitwasserreichsten Fluß der Erde stellen die einzige zuverlässige Verbindung nach außen her.

Die erste wirkliche Stadt seit Khartoum! Unglaubliche Mengen von Menschen auf einem einzigen Fleck. So kommt es mir nach den Wochen in Wüste, Busch und Urwald zumindest vor. An einer Boulangerie mit richtigem Baguette (!) lädt mich ein braungebrannter Weißer in kurzen Hosen spontan zu sich nach Hause ein. Er knattert mit seinem Motorrad vorneweg, ich kurbele ihm durch die Stadt hinterher.

Der Gegensatz könnte größer nicht sein. Vor einigen Nächten saß ich noch in Mokozo, dem Dorf des kleinen Jungen Kanbo bei Trommelschlägen am Feuer, und jetzt halte ich mich im europäisch eingerichteten Haus von Antoine De Clerk, einem flämischen Belgier auf.

Elektrischer Strom, heiße (!) Dusche, geschmackvolles Wohnzimmermobiliar und eine warme Abendmahlzeit in distinguiertem Rahmen - das ist: am Eßtisch mit Porzellantellern, Messer und Gabel. In Deutschland das Minimum an Komfort, für mich aber schon die Fünf-Sterne-Kategorie. Es ist das Abgehobenste überhaupt, nach den Wochen in der Wildnis, wo zwei Trampelpfade einen Verkehrsknotenpunkt markieren und ein Bauchladen bereits ein Geschäftszentrum ausmacht, mit Antoine an der Hausbar über die Interpretation einer Beethovensymphonie vom CD-Player zu streiten.

Aber wir diskutieren auch über die politischen Umbrüche durch das Ende des kalten Krieges und die Zukunft unseres Planeten angesichts von Bevölkerungsexplosion und Umweltzerstörung. Solche Gespräche habe ich seit Wochen nicht mehr geführt, denn mit den afrikanischen Bauern, die ich unterwegs treffe, ist der gemeinsame Nenner, auf dem man sich verständigen kann, ein ganz anderer.

Monsieur De Clerk lebt seit 35 Jahren im Zaire - damals in den Fünfzigern noch Belgisch-Kongo. Er spricht die drei großen Sprachen des Zaire, Kikongo, Lingala und Kiswaheli fließend. Auch in den kleinsten Dörfern des Großraumes von Kisangani kennt jeder - zumindest vom Hörensagen - den Weißen, der nie in langen Hosen gesehen wurde und

immer mit einem Motorrad unterwegs ist. So entstehen Mythen.
23 Jahre war er Kautschuk-, Reis- und zuletzt Kaffeeplantagenbesitzer. Insgesamt fünfmal hat er seinen gesamten Besitz verloren und mußte von vorne anfangen.
Ich frage ihn, warum er nicht nach Belgien zurückgeht. Die Antwort kann ich mir nach sechs Monaten auf der Straße im Grunde selber geben. Zurück in das enge Leben in Europa, wo es für jeden Furz eine Bestimmung gibt und jeder Schritt doppelt und dreifach abgesichert ist? Zurück in die überfüllten Städte mit ihren engen gesellschaftlichen Konventionen? Ein geregelter Alltag ohne Herausforderung und Überraschung? Bis zur Rente unter der Fuchtel eines Vorgesetzten? Niemals! Lieber paßt sich Antoine den neuen Umständen an und disponiert halt wieder einmal um. Jetzt verdient er sein Geld mit einer kleinen Holzfirma.
Antoine versorgt mich mit wertvollen Tips für die weitere Strecke. Wahrscheinlich kennt kaum ein Europäer das Land besser als er. Sehr eindringlich warnt er mich davor, ohne Begleitung auf eigene Faust in den Urwald einzudringen.
„Sieh mal, ich kann nun wirklich behaupten, den Wald gut zu kennen, bin mir seiner Gefahren bewußt, weiß mit den Tieren umzugehen, bestimme dir alle zweihundert lokalen Baumarten. Mit wissenschaftlichen und einheimischen Namen. Und trotzdem: Im Zweifelsfall hilft das alles nichts! Einmal bin ich fünf Meter von der Piste weggetreten, um zu pinkeln. Habe mich hoffnungslos verirrt. Oben, unten, vorne, hinten - für uns sieht da drinnen einfach alles gleich aus. Du drehst dich orientierungslos um dich selbst. Wenn du zurückblickst, erkennst du nicht mal, wo du hergekommen bist. Irgendwann bin ich in einen kleinen Fluß gefallen. Ich folgte dem Wasserlauf, der sich später mit einem größeren Strom vereinigte und schließlich erreichte ich eine Siedlung. Nach zwei Tagen war ich wieder draußen. War ziemlich lange für einmal Pipi, nicht wahr?“

# Durch den Urwald zum Äquator

On the road again! Ein Teerband führt aus Kisangani heraus. Die Reifen singen, und die Kurbeln scheinen sich von selbst zu drehen. Gibt es etwas Schöneres als Radfahren? Wenn ich an die bisherige Pistenplackerei denke ... Es geht in Richtung Epulu und dann weiter auf den östlichen Rand des Kongo-Beckens zu. Gute sechshundert Kilometer Wald liegen nochmals dazwischen.

Nach 21 Kilometern Asphalttraum werde ich abrupt aus meinen Etappenträumereien in die Urwald-Realität zurückgeholt. Hundert, zweihundert Meter lange Abschnitte der Piste versinken im Matsch! Im Radumdrehen wird alles von aufgeweichtem, zähem Lateritboden verklebt. Felgen, Bremsen, Zahnräder.

Nichts rollt mehr. Ich stecke fest. Der Boden ist glatt wie Seife. Mühsam befreie ich mit einem Stöckchen die beweglichen Teile vom Gröbsten. Ich habe noch Glück, danach kann ich das Fahrrad von der Piste heben und neben den Schlammlöchern herschieben. Diese Alternative gibt's für motorisierte Fahrzeuge nicht. Wie wird das erst in der Regenzeit hier aussehen? Auf einmal klingen die Berichte glaubhaft, wonach ein Lkw in der Regenzeit zwei Monate für den Vierhundert-Kilometer-Abschnitt bis Epulu braucht.

Vier Tage Pause in Kisangani sind bei der anstrengenden, schmutzigen Schufterei schnell vergessen. Heute morgen noch geduscht, jetzt stinke ich bereits ein paar Meter gegen den Wind, und die frischgewaschenen, duftenden Kleider nehmen schon wieder die Ziegelfarbe der Piste an.

An den höhergelegenen Stücken ist die aufgewühlte Fahrbahn in der heißen Sonne getrocknet. Das ist fast noch schlimmer als die Schlammschlacht in den Senken, weil die Spuren hart wie Beton sind. Meter für Meter taste ich mich über die Rinnen und Huckel vorwärts. Bisher habe ich erst eine gebrochene Speiche gehabt, toi, toi, toi.

Die Waldkulisse entschädigt für alle Rackerei. Die Bäume wachsen buchstäblich in den Himmel. Im fünften Stockwerk über der Piste gellendes Kreischen. Eine Affenherde turnt dort oben durch die Äste. Atemlos - und schließlich mit steifem Hals - verfolge ich die gewagten Sprünge und artistischen Fangenspiele der Tiere, vielleicht zwanzig Meter über dem Boden, ohne Sicherheitsnetz.

Hinter der nächsten Wegbiegung kommt mir ein Junge mit Pfeil und Bogen entgegen. Behutsam folgt er mit einigem Abstand der Affenherde. Er hat die Bewegung einer Raubkatze. Die gleiche Eleganz, Umsicht und Geschicklichkeit. Als wir uns gegenüberstehen, sehe ich, daß es

kein Kind, sondern ein erwachsener Mann ist! Ein Pygmäe, Angehöriger der kleinwüchsigen Urbevölkerung der Regenwälder, die traditionell von der Jagd und dem Früchtesammeln leben.
Die kleinen Menschen, mit einer durchschnittlichen Körpergröße von 1,50 Meter, ziehen in Familiengruppen durch den Wald, ihre Laubhütten sind schnell an jedem Ort errichtet. Daneben leben aber auch schon seit Jahrhunderten die vom Körperbau größeren Wald-Bantu in den Regenwäldern. Sie sind seßhaft und beackern gerodete Waldparzellen.
Zwischen beiden Völkern hat sich eine Symbiose entwickelt: Die Pygmäen tauschen bei den Bantus für Honig, Wild und gesammelte Früchte das wenige ein, was sie für ihr Leben nicht aus dem Wald gewinnen können, wie z.B. Pfeil- und Lanzenspitzen aus Metall, Feldprodukte wie Bananen und Maniok oder auch Töpferwaren.
Heute ist die pygmäische Kultur in ihrem Fortbestand gefährdet. Neben der Zerstörung ihrer Wälder sind es - zynischerweise - ausgerechnet die staatlichen Programme zur Emanzipation und Eingliederung von Pygmäen in die Gesellschaft, die durch Seßhaftmachung die alte Lebensform verschwinden lassen.

Endlich! Nach fünf Tagen böser Plackerei erreiche ich Epulu am Ituri-Fluß. Fließendes Wasser, grünlich und kühl. Ohne an die Bilharziose-Gefahr zu denken, springe ich mit Kleidern in den Fluß. Erst einmal Schweiß und Pistenstaub abwaschen.
Auf einem warmen Felsen am Wasser seife ich mich und die Kleider gründlich ein. Dabei genieße ich das Panorama des Urwaldflusses mit seinen riesigen Bäumen, an dem lautlos eine Piroge vorbeigleitet. Eine aufregende Badezimmertapete!
Im Einzugsgebiet des Ituri-Flußes baut der World Wide Fund for Nature einen 13.500 qkm großen Regenwald-Nationalpark auf. In der Region überlappen sich Pflanzen- und Tierwelt der Urwälder des Kongobeckens mit denen des östlichen Hochlandes von Zaire. Das macht den Ituri-Wald zum artenreichsten Flachlandwald ganz Afrikas. Hier leben unter anderem Okapis, eine kleine Waldgiraffenart, die erst Anfang unseres Jahrhunderts das erste Mal von einem europäischen Forscher beschrieben wurde, der zwergenhafte Waldelefant, 23 Primatenarten, darunter die geschützten Schimpansen, auch verschiedene Duckerantilopen und Leoparden. Der Reichtum von Vogelwelt, Amphibien und Reptilien ist kaum zu überschauen, von den Insekten ganz zu schweigen.
Dr. Jefferson, der Leiter des WWF-Projektes, ist skeptisch, ob die Schutzmaßnahmen für den Wald nicht schon zu spät kommen, die Zer-

störung nimmt immer verheerendere Formen an. Er erläutert mir: Meistens sind es Goldgräber und Edelsteinschürfer, die als erste in bislang unberührte Gebiete vordringen. Nebenher machen sie Jagd auf Tiere, um sich mit Proviant zu versorgen. Schlimmer sind schon die Auswirkungen von kommerziellen Jägern auf den Wildbestand, die das Fleisch auf den Märkten im dichtbesiedelten Ostteil des Landes verkaufen.

Außerdem sind da die ausländischen Firmen, die Edel- und Nutzhölzer einschlagen. Danzer zum Beispiel. Die riesigen Kahlschlagschneisen rechts und links der Piste waren an der Straße seit Kisangani nicht zu übersehen.

Fast noch schwerwiegender als die unmittelbaren Waldschäden durch das Fällen von Urwaldriesen, die beim Umstürzen große Breschen in den geschlossenen Wald reißen, sind die Pisten, die die Holzfäller anlegen, um mit Trucks die mächtigen Stämme abtransportieren zu können. Auf diesen Pisten gelangen nämlich in der Folgezeit Siedlerfamilien schnell und problemlos tief in das Herz von bisher völlig unberührten Gegenden. Dort werden sie zu Keimzellen von großflächigen Rodungen. Es ist ein zynischer Witz, daß die Holzfällerfirmen zur Rechtfertigung ihres zerstörerischen Treibens noch prahlen, mit dem Wegebau etwas für die Entwicklung der Infrastruktur des Landes getan zu haben - mit Straßen, die ins Nichts führen.

Aber auch der enorme Holzverbrauch der Bevölkerung für Heiz- und Kochzwecke sowie für den Hausbau spielen eine wichtige Rolle für die zunehmende Bedrohung der Wälder. Aber letztendlich ist die Lage unüberschaubar geworden, weil der Landhunger der ständig wachsenden Bevölkerung immer schneller immer größere Waldflächen frißt.

Die ökologischen Zusammenhänge im Urwald sind sehr kompliziert. Der üppige Regenwald gaukelt einem riesige Bodenfruchtbarkeit vor. Die basiert aber nur auf einem perfekten Recycling-System von Nährstoffen. Jedes noch so kleine Blatt, das von einem Baum abfällt, wird - kaum liegt es am Boden - in seine Bestandteile zersetzt und dient anderen Organismen wieder als Nahrung, noch bevor die einzelnen Bausteine vom Regen ausgespült werden und dem Lebensraum verloren gehen. Es gibt keinen „Abfall", alles wird wiederverwertet. Auch die sehr hohe Niederschlagsmenge ist letztendlich auf einen lokalen Wasserkreislauf zurückzuführen. Der überwiegende Teil der verdunstenden Wassermassen bildet in höheren Luftschichten Wolken, die sich über dem Gebiet wieder abregnen, erneut verdunsten, abregnen usw. usw. Werden diese Kreisläufe durch die Rodung großer Waldflächen einmal durchbrochen, bleibt wüstenhaftes Gebiet zurück. Verloren als Wald, verloren als potentielle landwirtschaftliche Nutzfläche.

*Begegnung: zwei Männer vom Volk der Mbuti-Pygmäen, Zaire*

*Ein Teil der Mannschaft, die mich den Zentralafrikanischen Grabenbruch hochschob; Zaire*

In Epulu treffe ich Pim und Jana wieder. Seit Kisangani bin ich dem dänischen Motorradpärchen schon einige Male begegnet, weil sie mit ihren schweren Geländemaschinen auf den schlechten Pisten kaum schneller vorankamen als Filfilla und ich!
Wir drei und Yoshi, ein japanischer Tramper, ebenfalls mit Gitarre unterwegs, machen unter der Führung eines Mannes vom Pygmäenvolk der Mbuti eine halbtägige Regenwaldtour zu Fuß.
Das Licht ist gedämpft. Ständig zwingen mich tiefhängende Äste und Lianen zum Bücken oder Ausweichen, ich bleibe irgendwo hängen, stolpere über Baumwurzeln und habe das Gefühl, zwei linke Füße zu besitzen. Unser Guide ist doppelt so flink wie wir und muß immer wieder auf uns warten. Jetzt verstehe ich, welchen riesigen Vorteil der zwergenhafte Körperwuchs im dichten Wald darstellt!
Ich habe das dumpfe Gefühl, daß wir uns immer weiter von der Piste entfernen, aber gegen Mittag erreichen wir vollkommen unvermittelt wieder Epulu. Zehn Meter, fünf Meter, vier - drei - zwei - eins, und dann sind wir draußen. Eine Welt, wo es wieder Sonne gibt. Aber bis zum letzten Meter ist nicht zu ahnen, daß der Waldrand direkt vor einem liegt. So dicht ist die Vegetation!
Epulu hat einen kleinen Privatzoo. In einem großzügigen Gehege werden einige Okapis gehalten. Die Urwaldgiraffe hat ein wunderschönes kastanienbraunes Fell, das an den Oberschenkeln wie bei einem Zebra mit weißen Querstreifen durchsetzt ist, während die Läufe selbst rein weiß sind.
Außerdem werden im Zoo fünf Schimpansenwaisen aufgezogen, deren Eltern von Wilderern abgeschlachtet worden sind. Und in einem Terrarium liegen drei fette Gabun-Vipern. Die hochgiftigen Tiere sind in unmittelbarer Nähe von Epulu gefangen worden. Ihr Schuppenkleid besteht aus wunderschönen, verschiedenfarbigen Dreiecksmustern.
Am Abend sitzen wir am Ituri, machen eine heiße Musik-Session und erzählen uns Geschichten aus vielen hundert Tagen Afrika. Außer Wasserrauschen und den entfernten Stimmen des Urwaldes ist nichts zu hören.
Der Vollmond übergießt die schwarze Regenwaldsilhouette am anderen Ufer mit seinem Licht, wie mit phosphoreszierender Milch. Der ganze Fluß glänzt wie ein Strom aus flüssigem Silber. Hier also sammelt sich der Mondschein, wenn er von Blättern und Zweigen getropft ist ... Ein paradiesischer Fleck Afrika!

Einen Tag später bin ich wieder auf der Piste. Von der anderen Flußseite blicke ich nochmals zurück. Es ist später Nachmittag und die ausgeatmete Feuchtigkeit der gewaltigen grünen Lunge am Ituri ver-

schleiert meinen Blick zurück auf Epulu. Der blaßgraue Dunst erzeugt eine märchenhafte Stimmung. Ein Traum, der Wirklichkeit besitzt.
Den Tip für die „Abkürzung“ habe ich von einem Missionar bekommen. Jetzt fluche ich mit mir selbst. Was für ein Schwachsinn, sich noch kurz vor dem endgültigen Verlassen des Regenwaldgebietes auf dieses Windei einzulassen! Auf keiner Karte wird diese Strecke verzeichnet sein.
Das Terrain ist bergig und unübersichtlich. Vom ständigen Bremsenziehen beim Bergabrollen schmerzen die Unterarme. Bis auf einen kleinen Trampelpfad ist alles vollkommen zugewuchert. Die Bäche haben tiefe Einschnitte in den Boden gefräst. In dem grünen Dickicht schlittere ich die steilen Böschungen runter. „Brücken“ bestehen nur aus einem angefaulten, schlüpfrigen Baumstamm.
Ich verzichte darauf, abzupacken und die Taschen einzeln auf die andere Seite zu tragen. Zentimeter für Zentimeter balanciere ich das schwere Rad vorwärts. Ein Fuß rutscht ab, und ich bezahle die Faulheit fast mit einem Sturz in den Morast. Puh, da schlägt mir aber das Herz im Hals!
Auf der anderen Seite krabble ich die Böschung keuchend wieder hoch. Der Boden ist so glitschig, daß das Rad beim Schieben kaum zu halten ist. Weiterkommen messe ich nicht mehr in Kilometern, sondern hundertmeterweise.
Aber der Anblick des dichten Waldes ist einmalig. Kreischen, pfeifen und klicken von Papageien hallt durch das Dickicht. Freilich sind die Krachmacher kaum mal zu sehen. Über dem Schattenmosaik, welches das Blätterdach auf den Boden wirft, schweben hunderte von Schmetterlingen. Beim Fahren zähle ich innerhalb kurzer Zeit 13, 14 verschiedene Arten. Die Falter fliegen taumelnd an Regenpfützen auf und nieder, als wären sie vom süßen Blütenduft betrunken. Ein wunderschönes Farbenspiel. Am Wegrand eine erschlagene grüne Mamba. Zweige wischen beim Fahren durchs Gesicht - Urwald hautnah.
Plötzlich liegt einer von diesen Riesenbäumen vor mir quer über den Weg. Ich stehe direkt davor und kann nicht auf die andere Seite gucken! Da wird mir das erste Mal bewußt, *wie* riesig diese Monstren sind. Oder anders herum: Was für ein verdammter Wicht ich bin! Anscheinend wurde versucht, den Stamm durchzusägen und aus dem Weg zu räumen. Nach einem Viertel haben sie aufgegeben und lieber einen neuen Weg um den Baum herumgetrampelt ...
Ich erreiche einen Fluß. Endstation. Niemand ist zu sehen, keine Menschenseele weit und breit. Keine Brücke, keine Piroge.
Irgendwann tauchen zwei Goldgräber mit Schaufeln und Spülpfannen auf. Sie packen sich meine schwersten Gepäckstücke auf den Kopf

und zeigen mir eine Furt. Das Wasser geht „nur" bis zur Hüfte. Mir schießt ein unangenehmer Gedanke durch den Kopf: Den letzten beißen die Krokodile. Ein Scheißgefühl, ich bleibe den Männern direkt auf den Fersen.
Wie sieht Gold aus? Die Frage ist ziemlich naiv. Einer von ihnen zeigt mir grinsend eine Streichholzschachtel voller Goldstaub.
Die beiden Digger bestätigen, was ich sowieso schon geahnt habe: Seit langer, langer Zeit bin ich der erste Weiße in der Gegend und mit dem Fahrrad, ist das hier eine absolute Erstbefahrung. Es ist hier wirklich verdammt abgelegen, hinterwäldlerisch sozusagen. An einigen Stellen gibt es frische Rodungen. In den Lichtungen stehen die kleinen Hütten der Goldgräberfamilien.
Wenn mich die Kinder lautlos anrollen sehen, reißen sie angstvoll die Augen auf, lassen ihre Schultaschen und das Spielzeug fallen, rennen schreiend davon und verstecken sich im Gebüsch. Ähnliches habe ich zwar auch schon an anderer Stelle in Zaire erlebt. Aber hier laufen sogar erwachsene Frauen weg! Das macht *mir* angst.
Später erzählt ein *Mzee,* ein Greis, daß den Kindern mit Geschichten vom „Weißen Mann" angst gemacht wird. Im Grunde nicht anders als bei uns. Ich erinnere mich noch gut an „Wer hat Angst vorm schwarzen Mann ...?". Das Märchen vom „Weißen Mann" geht auf die Kolonialzeit zurück. Damals haben die Belgier Dieben und Rebellen zur Abschreckung die Hände abgehackt. Daraus ist dann die Sage entstanden: Weiße sind Kannibalen!

Nach einem knappen Monat im Zaire-Becken erreichte ich 150 Kilometer hinter Epulu den Rand der Regenwälder. Nach und nach ging der ursprüngliche Bewuchs in Plantagen über.
Knapp fünfzig Kilometer weiter stand ich in einer trockenen, staubigen Savanne ohne jeden Baum. Nur noch einige trockenresistente Agaven wuchsen am Wegrand. Das hier war früher einmal Regenwaldgebiet? Unmöglich! Eine Horrorvision. Um mich herum nichts als verödetes, totes Land.
Seit 1950 hat die Menschheit bereits die Hälfte aller tropischen Regenwälder der Erde „geschafft". Die Zerstörung ist unaufhaltsam, geht weiter, Tag und Nacht, in jeder Minute, jeder Sekunde. Jetzt, wo ich diese Zeile schreibe verschwinden ein paar Tier- und Pflanzenarten für immer von diesem Planeten. Das Tempo des Raubbaus nimmt ständig zu. Jährlich wird eine Fläche verwüstet, die fast der Größe der BRD entspricht - eine Dimension, die kaum vorstellbar ist.
In Bunia hatte ich endlich wieder einmal die Möglichkeit, die Nachrichten der Deutsche Welle zu hören.

*Urwaldriesen an einem - mal ausnahmsweise - guten Abschnitt der Strecke nach Epulu, Zaire*

Es war der 11. Februar 1990. In meinem Tagebuch notierte ich mir: „Oh Gott, bist Du aus Versehen gegen die Erdkugel gestoßen, daß sie sich verkehrt herum und doppelt so schnell wie vorher dreht? Nach 29 Jahren ist heute Nelson Mandela, Symbolfigur des schwarzen Widerstandes gegen den südafrikanischen Apartheitstaat, aus seiner Haft entlassen worden! Und die UdSSR hat verlautbart, daß von ihrer Seite einer deutschen Wiedervereinigung nichts im Wege stünde. Und nun der Lottoblock, wie immer ohne Gewähr ...!“
In der Nähe von Bunia erreichte ich den westlichen Rand des Zentralafrikanischen Grabens. Grüne Abhänge stürzten in die Tiefe. Vereinzelte Korallenbäume bildeten mit ihren feuerroten Blüten einen prächtigen Farbkontrast. Siebenhundert Meter unter mir lag Lake Albert. Damit war ich nach über dreitausend Kilometern Umweg zurück im Einzugsbereich des Nils!
Das Wasser des Sees glänzte im Morgenlicht wie eine riesige Platte aus reinem Gold. Drüben war das ugandische Ufer zu ahnen.
Ich wandte mich in Richtung Süden und fuhr die nächsten Wochen immer parallel zum Rift-Valley, in dem sich eine Reihe von Seen wie Perlen an einer Kette aufreihen, einer schöner als der andere: ganz im Norden Lake Albert, dann Lake Edward, Lac Kivu und schließlich Lake Tanganyika.

Der Äquator! Nach fast 10.000 Radelkilometern rollte ich im nördlichen Teil des Virunga-Nationalparks zum ersten Mal auf die Südhalbkugel hinüber! Irgendwo hier mußte die unsichtbare Linie durch das grüne, brusthohe Elefantengras laufen und den kleinen Pfad schneiden. Das war aus der Karte zu ersehen. Doch nicht das kleinste Schild wies darauf hin. Kein Wunder, denn ich befand mich abseits aller Pisten. Wildtierherden waren meine einzigen Zeugen. Wie oft hatte ich mir diesen Moment unterwegs ausgemalt!
Bisher ein aufregender Tag: Seit dem frühen Morgen war ich mit meinem Fahrrad in der Savannenlandschaft des Parks unterwegs. Unten, in der Ebene des Semliki-Flusses, der voller Flußpferde war, weideten mehr als hundert Tiere auf dem frischen Gras, das zwischen dem Schwarz der abgebrannten Steppe hervorsproß. Impalas, Büffel und Warzenschweine. Im großen Bogen radelte ich um Dornenbüsche herum, mitten zwischen den Tierherden hindurch. Während die Büffel nur flüchtig von mir Notiz zu nehmen schienen, erstarrte eine Herde der zierlichen Impala-Antilopen und beobachtete aufmerksam jede meiner Bewegungen. Wie auf ein unhörbares Kommando durchzuckte die Körper ein Impuls, wie ein elektrischer Schlag. In mehrere Meter weiten Sprüngen setzten die Tiere davon. Sagenhaft.

Die Landschaft wandelte nach und nach ihr Gesicht, die Büsche verschwanden. Wie eine grüne Matte stieg das baumlose Land zum westlichen Rand des Zentralafrikanischen Grabens sanft an.
Im brusthohen Elefantengras waren Tiere nur sehr schlecht zu entdecken, deshalb fühlte ich mich unsicher. Meine Sinne waren in Alarmbereitschaft. Denn wieso sollten sich die Raubtiere des Parks nur um die Ishango-Lodge am Uferstreifen des Edward-Sees aufhalten, der für die vielen Löwen bekannt ist, und nicht auch in den wildreichen, aber vom Wasser etwas entfernteren Gebieten? Also bitte hier keinen Plattfuß, Filfilla!
In meinem Rücken raschelte es. Ich blickte erschrocken über die Schulter zurück und mir stockte der Atem. Nicht vor Schreck - das Geräusch rührte nur von den Windböen her, die durch das Gras fuhren. Vor mir verbeugten sich synchron Millionen von Halmen mit silbrigem Glänzen. Was mich sprachlos machte, war die grandiose Landschaft in meinem Rücken. Eingebettet in afrikanische Savanne mit grasenden Wildtierherden lag der Edward-See, durch den die Grenze zu Uganda verläuft. Am Westrand wurde die Ebene vom Steilabbruch des Grabens begrenzt, während auf der gegenüberliegenden Seite das Rwenzorigebirge aufragte, dessen verschneite Gipfel immer wieder kurz aus den Wolken auftauchten.
Ein Meer aus wogendem Grün, ungezählte Tiere, die ich bisher nur aus Zoo und Fernsehen kannte - und ich mit dem Fahrrad mitten drin! Mich überkam ein unbeschreibliches Gefühl. Der Garten Eden für Radfahrer! Nach der feuchten Schwüle und dem grünen Tunnel der Urwaldvegetation war dieser Panoramablick eine Befreiung! Ich glaube, ich habe vor Glück sinnlos geschrien.
Nach 26 Kilometern Paradies wartete die Hölle auf mich. Ich hatte Druckgeschwüre am Podex und konnte vor Schmerzen kaum noch sitzen. Täglich bis zu acht Stunden im Sattel, Schweiß, Dreck und das feucht-heiße Klima der Urwälder - meinem Sitzfleisch war das alles andere als gut bekommen und forderte jetzt seinen Tribut.
Mit den Druckstellen laborierte ich schon eine ganze Weile herum. Alles hatte ich ausprobiert, verschiedenste Sattelpositionen, improvisierte Polster und Vaseline - nichts davon hatte wirklich geholfen.
Und jetzt baute sich da vor mir der Zentralafrikanische Grabenbruch auf. Fünfzehn Kilometer schlechte, steile Piste wanden sich auf 2.400 Meter Höhe. Normalerweise wäre das zwar schweißtreibend, aber problemlos machbar gewesen, in dem Zustand meines Hosenbodens war jedoch an Fahren kaum zu denken.
Bereits im untersten Bergdorf lief mir eine schreiende Traube von Kindern hinterher. *„Oh-lé-lé Muzungu, oh-lé-lé Muzungu!* - Bleichgesicht,

Bleichgesicht!" brüllten die Gören, was nur weitere Plagegeister anzog. Aus jedem Winkel kamen sie zur Piste gerannt, selbst von den Maisfeldern an den steilen Berghängen.
So etwas war ich inzwischen gewöhnt. Aber hier waren die Kinder besonders zudringlich - und „anhänglich". Bei meinem Schneckentempo am Berg konnte ich ihnen nicht davonfahren, beim besten Willen nicht. Ich hatte keinerlei Kontrolle über das, was da in meinem Rücken vor sich ging, hatte Angst, daß mir die Meute Gepäckteile vom Rad riß, oder noch schlimmer, sich von mir ziehen lassen wollte.
Trotzdem bildete ich mir ein, daß das Treten einfacher wurde. Nicht „trotzdem", sondern „wegen" der Kinder! Sie machten sich einen Spaß daraus, mir zu helfen und schoben Filfilla und mich die Steigung hoch! Fast die gesamten 15 Kilometer! In jedem Bergdorf wechselte die Mannschaft, die alten sprangen ab und liefen nach Hause zurück, neue übernahmen ihre Teamplätze. So wurde es unerwartet die komfortabelste Bergaufstrecke der gesamten Tour!
Heute weiß ich, warum Afrika so hervorragende Langstreckenläufer hervorbringt. Kaum daß sie gehen können, rennen die Kinder den ganzen Tag herum - und das, wie hier, in enormer Höhenlage. Laufen täglich mehrere Kilometer zur Schule und wieder zurück. Jagen in jeder freien Minute dem Fußball, der oft nur aus zusammengenähten Stoffetzen oder Bananenblättern besteht, ständig hinterher. Oder heften sich halt an die Fersen der wundersamen Erscheinung eines Radtouristen.
Dichte Wolken verhüllten die Paßhöhe, Nebel dämpfte alle Geräusche. Die Regenzeit hatte mich eingeholt und begleitete mich für die nächsten Wochen mit grauem Himmel und Schauern. Zum ersten Mal seit langem kramte ich mein Sweat-Shirt raus. Vor einigen Stunden, eineinhalb tausend Meter tiefer, war ich noch inmitten Afrikas gewesen, jetzt war es kühl wie in Europa. Was für ein Wechsel!
Zum Radfahren war das gemäßigte Wetter eigentlich optimal. Ich fuhr durch das wunderschöne Hochland über Musienne nach Lubero. Vierzig Kilometer ging es vorwiegend bergab, mein strapazierter Po machte das gerade noch mit.
Dann setzte ein ständiges Auf und Ab ein, das mir verdammt zusetzte, weil sich der Körper noch nicht an die dünne Luft in dieser Höhe gewöhnt hatte. Aber darauf konnte ich keine Rücksicht nehmen, mein Visum lief in fünf Tagen ab und bis dahin hatte ich noch fünfhundert bergige Kilometer auf schlechter Piste abzustrampeln, um rechtzeitig die Grenze von Burundi zu erreichen.
Sobald das Wetter aufklarte, merkte ich deutlich die Nähe zum Äquator, denn die Sonne stach dann unbarmherzig. Aber die Farben - das

leuchtende erdrot der Häuser, das satte Grün der Felder und das klare Blau des Himmels - gewannen eine unwahrscheinliche Intensität. An den Kuppen der „Hügel“ (immerhin 2.100 Meter hoch!) klebten Rundhausdörfer. Dahinter schossen weiße Wolkenpilze empor. Die strahlenden Knollenberge am Himmel vereinigten sich mit Donnergrollen zu dunklen Wänden und regneten mit voller Wucht ihre Wassermassen ab.
In den Bergen von Luofu waren viele Leute mit selbstgebauten Lastenrollern unterwegs, sogenannten *Trotinettes.* Sie sahen aus, als hätte bei ihrer Konstruktion Fred Feuerstein Pate gestanden, denn die Vehikel waren bis hin zu den Rädern ganz aus Holz gefertigt. Mit ihnen wurden schwere Dinge, wie Mehlsäcke, Bananenstauden, Feuerholz und Ölkanister transportiert. Und manchmal sah ich auch drei oder vier Kinder hintereinander auf der Querstrebe sitzen, die dann mit einem Affenzahn die Berge hinunterheizten ...
Bei Kayna-Bayonga stand ich plötzlich wieder am Zentralafrikanischen Graben. Der phantastische Ausblick stellte alles bisher Gesehene in den Schatten. Bis zu den Virunga-Vulkanen, auf der anderen Seite des Zentralafrikanischen Grabens, reichte die Sicht, mehrere hundert Kilometer weit!
Weil ich den südlichen Teil des Virunga-Nationalparks nicht per Fahrrad durchqueren durfte, verlud man mich für 52 km auf einen Lastwagen. Das gab mir Gelegenheit, meinen Schwur zu erneuern, niemals eine Reise mit öffentlichen Verkehrsmitteln zu unternehmen.
Schlaglöcher machten die Fahrt zu einer Tortur. Wir wurden derartig umhergeschleudert, daß die Vorderlampe von Filfilla zerbrach. Bei den hoffnungslosen Versuchen, in voller Fahrt Bilder von der sagenhaften Landschaft zu schießen, wurde fast die Kamera zerschmettert. Ausgerechnet jetzt konnte ich nicht anhalten!
Am Boden des Zentralafrikanischen Grabens lag der Edward-See. Hunderte von Antilopen und verschiedenen Gazellen, riesige Büffelherden, Warzenschweine, Kronenkraniche, Geier, Marabus und Paviane bevölkerten die Ebene, auf deren östlicher Seite die Virunga-Vulkane standen. Im schlammigen Wasser des Semliki-Flusses suhlten sich träge Nilpferdfamilien.
Von Rutshuru nach Goma, einer Stadt am nördlichen Ende des Kivu-Sees, sind es exakt 73 Kilometer. Dazwischen liegt ein langgezogener Paß. 45 Kilometer strampelte ich am darauffolgenden Tag zwischen den Bergflanken der Virunga-Vulkane aufwärts. Die Straße führte direkt am Nationalpark entlang. Links lag die zentrale Berggruppe mit den Kegeln von Mikeno und Karisimbi, schon auf dem Gebiet von Rwanda, rechts die beiden tätigen Vulkane der westlichen Gruppe,

Nyamuragira (3.055 m) und Nyaragongo (3.470 m). Mir wurde erzählt, daß bei klarer Sicht in der Dunkelheit der Widerschein ihrer glühenden Lava am Himmel zu sehen ist! Wegen des schlechten Wetters war mir dieses Schauspiel allerdings entgangen.
In der Nacht hatte es Bindfäden geregnet und frühmorgens trugen die Gipfel kleine, weiße Wolkenhäubchen. Langsam rutschten sie die bewaldeten Hänge herab, bis es hier unten anfing zu nieseln. Anscheinend war die Feuchtigkeit nichts Ungewöhnliches, die Bäume trugen lange Flechtenbärte.
Der Vulkanismus zeigte sich an schwarzen Lavafeldern, die so frisch waren, daß sie bis auf graue Flechten und Moose noch keinen Bewuchs zeigten. Die Piste lief direkt über das scharfkantige Gestein. In Schrittempo tastete ich mich vorwärts. Trotz meiner bisherigen Pistenerfahrungen schrieb ich ins Tagebuch: „Die schlechteste Piste bisher!“
Das sagt vielleicht mehr als ausführliche Beschreibungen. Auf der anderen Seite fiel der Weg steil zum Kivu-See ab. Alles versank im Regen, Goma war naß und grau. Ich hielt mich nicht weiter auf, das Visum war noch zwei Tage gültig, und bis Bukavu lagen weitere 200 Kilometer vor mir.
Landschaftlich war die Strecke entlang des Sees außerordentlich reizvoll. Aus dem Wasser stiegen steile Berghänge ins Hinterland auf. An den Stränden standen hellgrüne Bananenstauden, malerische Buchten und Inselchen luden zum Schwimmen ein. Am nächsten Tag bot sich ein weiterer spektakulärer Blick über den See auf die Kegel der Virunga-Vulkane. Aber meine Hoffnung, rechtzeitig in Bukavu zu sein, sank immer weiter. Ich mußte zwei Pässe überqueren und die Piste wurde ständig schlechter. Der Chef d'Office des Routes sollte mir mal im Dunkeln begegnen ...
So, als wären meine Flüche erhört worden, waren die letzten dreißig Kilometer von Katana nach Bukavu wunderbarer Teer. Die Gegend im Hinterland des Sees wirkte europäisch. Im letzten Dämmerlicht kam ich aus den Bergen zurück zum See. Auf dem Wasser spiegelten sich die Lichter von Bukavu und der rwandesischen Schwesterstadt Cyangugu. Geschafft!

Gleich morgens radelte ich zur Grenze. Bukavu hatte sich für den bevorstehenden Besuch der Staatschefs von Zaire, Burundi und Rwanda, also Mobutu, Major Pièrre Buyoya und Juvénal Habyarimana, geschmückt, die am Tag meiner Durchreise in der Stadt ein Arbeitstreffen abhielten. Das Ereignis warf hier in der Provinz lange Schatten voraus. Jedes Geschäft, das etwas auf sich hielt, war anläßlich des hohen

Besuches bunt beflaggt. Aufregung und erwartungsvolle Nervosität waren überall zu spüren. Mit heulenden Sirenen jagten schwarze Luxuslimousinen und Militärjeeps auf der geteerten Hauptstraße hektisch hin und her.
Auf meinem Weg zur Grenzstation radelte ich an den langen Reihen der wartenden Jubelchöre entlang, die den Straßenrand säumten.
Da brandete Applaus auf. Was, kamen sie schon? Wo denn? Ich reckte den Hals. Dann begriff ich. Aber nein! Die herausgeputzten Schulkinder kreischten auf, weil ich mit meinem abenteuerlich bepackten Rad vorbeikam. Lachend rissen sie die Hände hoch und winkten voller Begeisterung mit ihren kleinen bunten Papierfähnchen. Ich schaltete schnell, strich noch flüchtig die Haare aus der Stirn und ließ Filfilla freihändig rollen. Wie ein Monarch, huldvoll lächelnd und gütig winkend, nahm ich die Parade ab. Für einige Minuten fühlte ich mich wirklich wie ein König, denn Filfilla und ich hatten das chaotische Urwaldland Zaire ohne größere körperliche Blessuren durchquert, die technischen Probleme beschränkten sich auf zwei gebrochene Speichen, wir hatten gerade den Äquator überquert und standen nur noch wenige Kilometer vor der magischen 10.000 Kilometergrenze.
Der triumphale Abschied aus Zaire ging also voll in Ordnung, fand ich!

## Die Quelle der Träume

Der Grenzübertritt von Zaire hinüber auf die rwandesische Seite stellte sich als eine einstündige Formsache heraus, ohne die befürchteten Erschwernisse. Und nun machten die schlammigen Pisten des Urwaldlandes Zaire in Rwanda auch noch erstklassigen Teerstraßen Platz. Mit Kilometersteinen, Verkehrsschildern, Leitplanken, Seiten- und Mittelstreifen!
Ja, war ich denn überhaupt noch in Afrika?
Ich hatte verstärkte Zweifel diesbezüglich. Das konnte doch nur der Wunschtraum meiner strapazierten Radlerpsyche sein! Urdeutsch war auch das Wetter: Dunkle Gewitterwolken türmten sich am Himmel auf. Leider fuhr ich direkt auf sie zu. Unter dem Vordach eines Lehmhauses fand ich noch gerade rechtzeitig ein trockenes Plätzchen, bevor der Regen kam. Ich teilte den Unterstand mit einem urigen Hirten und seinen fünf wiederkäuenden Watutsi-Rindern. Die Tiere besaßen riesige, fast ein Meter lange, geschwungene Hörner.
Dann öffnete der Himmel schlagartig seine Schleusen. Unvorstellbare

Wassermengen fielen innerhalb kürzester Zeit aus den Wolken, und im Handumdrehen war die Fahrbahn „landunter“. Herabprasselnde Tropfen tanzten beim Aufschlagen auf den Asphalt. Es entstand der Eindruck, als bebte der Boden wie unter einem Preßlufthammer.
Aber so unmittelbar, wie der Wolkenbruch begonnen hatte, hörte er einige Minuten später wieder auf. Als wäre da oben einfach das Rohr zugedreht worden. Die Nässe tropfte vom Dach und den Pflanzen, das abfließende Wasser gurgelte und der noch warme Teer dampfte, aber die Luft war auf einen Schlag unangenehm abgekühlt.

„Wo radeln Sie hin? Nach Bujumbura? Hier, die Visitenkarte. Meine Frau ist zu Hause!“
Das entgegenkommende Auto hatte mit blockierenden Rädern gehalten. Ohne eine Antwort abzuwarten, reichte mir der europäische Fahrer ein weißes Pappkärtchen durchs offene Fenster.
„Thank you!“ murmelte ich noch verdattert, aber viel zu spät, denn der Geländewagen war schon wieder mit quietschenden Pneus angefahren und verschwand hinter der nächsten Kurve. Was sagte er noch? „Hier, die Visitenkarte, meine Frau ist zu Hause!“ - Donnerwetter, ein großzügiges Angebot!
Kurz hinter der Grenze führte die Straße vom Bergland Rwandas in den Zentralafrikanischen Graben hinunter. Zehn Kilometer nur steil bergab. Mein Vertrauen in die Asphaltdecke war unerschütterlich. Ohne an die Sturzgefahr durch Schlaglöcher zu denken, duckte ich mich tief über den Lenker und ließ Filfilla einfach rollen. Sie beschleunigte. Steine und Ölflecken des Teerbelags unter mir verwischten zu einem grauschwarzen Streifenmuster und die Speichen blitzten. Der Fahrtwind brüllte in den Ohren, die Augen tränten, ich hatte sie zusammengekniffen. Rückenwind trieb das Rad zusätzlich an. Es war sehr böig und ich mußte verflixt aufpassen, daß mich keine der Turbulenzen aus dem Gleichgewicht brachte. Denn durch das voluminöse Gepäck war das Rad nur schwer unter Kontrolle zu halten.
Die Angst unterlag der Lust am Geschwindigkeitsrausch. Schneller und schneller. Wow, wann waren Filfilla und ich das letzte Mal mit einem solchen Tempo hingejagt? Die Tachoanzeige kletterte bis auf beinahe siebzig Stundenkilometer! Was für den Autofahrer vielleicht nach leicht überhöhter Geschwindigkeit bei einer Ortsdurchfahrt klingt, ist auf dem Fahrrad schon beängstigend schnell und läßt kein rasches Anhalten mehr zu. Ich mußte mich ganz auf meine Reaktionsfähigkeit verlassen, um Straßenschäden auszuweichen.
An einer Spitzkehre öffnete sich ein weiter Blick in das breite Tal des Ruzizi-Flusses, der sich, vom Kivu-See kommend, in den Tanganyika-

See ergießt. Ein unvergeßlicher Blick, wie aus dem Flugzeug.
Viel zu schnell erreichte ich die Talsohle, wo es spürbar wärmer war als im Bergland. Nach dem hohen Speed der Talfahrt hatte ich das Gefühl, am Asphalt zu kleben und das Pedalen war doppelt anstrengend. Bereits zum Mittag hatte ich Rwanda im Transit durchquert.
Die Zöllner des burundischen Grenzpostens interessierten sich kaum für Papiere und Gepäck, sondern stellten nur neugierige Fragen zu der Reise. Mit den besten Wünschen, Hand zum Salut am Mützenschirm und der Versicherung, daß die Straße nach Bujumbura topfeben sei, wurde der Schlagbaum geöffnet, und ich fuhr in mein 14. Reiseland ein. Die Straßenqualität blieb unverändert gut.
Das Teerband vor mir verlief schnurgerade - kilometerlang. In den Maisfeldern wippten Webervögel auf den Stengeln der Pflanzen und zankten sich um die geklauten Körner. Ich hatte noch nie so unglaublich schöne Vögel gesehen. Einige der Tiere waren kanariengelb, andere tiefschwarz und mit neonroten Köpfchen. Besonders auffällig war ein Paradieswitwenmännchen, dessen Schwanzfedern die mehrfache Länge seines Körpers maßen. Das Tier konnte durch diese Schwanzlastigkeit kaum fliegen.
Die Zöllner hatten weitestgehend recht gehabt, die Straße war nicht übermäßig bergig. Nur die Flüsse, die vom hochaufragenden östlichen Rand des Zentralafrikanischen Grabens dem See-Bassin zuflossen, hatten sich mit ihrer erosiven Kraft so tief in den Untergrund eingegraben, daß die Straße an den Flußeinschnitten auf einer Strecke von mehreren hundert Metern bergab ging. Mitgeführte Schlammassen färbten ihr Wasser ockerrot.
Was ich normalerweise nur als schwache Steigung wahrgenommen hätte, verursachte jetzt große Anstrengung. Ich fühlte mich schlapp, meine Gesundheit bereitete mir zunehmend Sorgen. Nach wie vor hatte ich große Probleme mit dem Sitzfleisch. Die Druckgeschwüre waren zwar etwas zurückgegangen, aber noch keineswegs völlig abgeheilt. Verschlimmert dagegen hatten sich die Entzündungen an meinen Knöcheln. Um die tiefen Eiterherde herum war die Haut rot und geschwollen.
Zu allem Überfluß nervten mich auch noch die Kinder, die sich mir in den Weg stellten, dreist Geschenke forderten und schreiend hinter mir her liefen. Nur mit Mühe konnte ich sie abhängen.
Die Nacht verbrachte ich in einem Dickicht neben der Straße. Es war unerträglich schwül, und ich hatte Brechdurchfall. Ich konnte mich nur notdürftig aus meiner Trinkflasche reinigen und fühlte mich erbärmlich. Ohne Kleidung wälzte ich mich auf der verschwitzten Isomatte hin und her. Alles war ölig.

Über dem See Wetterleuchten und Donnergrollen, das lauter wurde und wieder abklang. Hin und wieder fielen einige Tropfen, die vom Mückennetz zu feinem Nebel zerstäubt wurden.
Die ganze Nacht war ich in latenter Alarmbereitschaft, um blitzschnell das Regendach über das Zelt zu ziehen, falls es anfing zu schütten. Solange es ging, schob ich es hinaus, um bei der Hitze nicht auf den leichten Luftzug verzichten zu müssen, der durch das Moskitonetz zu spüren war. Ich wagte sowieso nicht, das Zelt zu verlassen: Es wurde von hunderten, ja wirklich hunderten von Moskitos belagert, die auf den Moment lauerten, in dem mich ein neuer Brechanfall vor das Zelt treiben würde. Ein Teil der Plagegeister saß außen auf der Gaze und wenn ich mit dem Finger gegen das Zelt schnippte, flogen sie mit lautem Gesumme auf. Es war wie in einem monströsen Alptraum!
Gegen Mittag des folgenden Tages erreichte ich übernächtigt und gerädert die Hauptstadt Burundis, Bujumbura. Malerische Lage am Ufer des Tanganyika-Sees und gut zu überschauen - ansonsten hat die knapp 300.000 Einwohner Stadt keine besonderen Reize. Ich konnte mich nicht einmal richtig über den Kilometerstand von 10.067 freuen, ich hatte andere Sorgen. In einem medizinischen Labor ließ ich meinen Stuhl untersuchen, der Befund war wie befürchtet und erklärte den Durchfall der vorherigen Nacht: Amöben! Widerwillig griff ich zu starken Medikamenten.
In der Stadt trieb ich auch große Plastiksäcke auf, um mein Gepäck in Zukunft etwas besser gegen Niederschläge schützen zu können, mit denen ich jetzt, in der Regenzeit, täglich rechnen mußte.
Nach zweimonatlicher Durststrecke seit Khartoum endlich wieder Post von zu Hause! Elf Briefe und Postkarten. Ich stand vor der deutschen Botschaft und heulte vor Rührung und Freude. Oh du eisenharter Möchtegern-Weltenbummler!
Ich gab sofort ein Antworttelegramm nach Deutschland auf, wobei es mir gelang, den Schalterbeamten von der Tatsache zu überzeugen, daß Deutsch eine fürchterlich komplizierte Sprache mit ellenlangen Wörtern sei. Ich hatte jeweils einen ganzen Satz zu einem verwirrenden Buchstabenkonglomerat zusammengezogen, um die Wortanzahl niedrig zu halten und damit die Kosten zu drücken.
Dann suchte ich nach der Adresse, die ich am vorigen Tag erhalten hatte. Pena-Cuna - stimmt. Der gleiche Name wie auf der Visitenkarte. Zögernd drückte ich auf die Klingel und irgendwo in dem großen Haus ertönte eine Glocke. Frau Pena-Cuna war offensichtlich nicht so leicht aus der Fassung bringen. Da stand ein zotteliges, schmutziges, abgekämpftes und wahrscheinlich auch stinkendes Wesen am Sonntagmittag vor ihrer Tür und begehrte Einlaß. Und alles, was sie sagte, war:

„Mein Mann hat Sie aufgegabelt? Typisch Guillermo! Herzlich willkommen! Zuerst etwas Kaltes zu trinken oder ein heißes Bad? Ach was, Sie können auch beides zusammen haben!"
Die Frau war eine Fee, kein Zweifel!
Nach dem Bad fühlte ich mich porentief rein, dafür klebte an der weißen Badewanne ein dunkler Schmutzrand. In den sauberen Kleidern des Hausherren, die mir seine Frau Corinne zurecht gelegt hatte, fühlte ich mich wie ein neuer Mensch.
Das Haus war offen gebaut und besaß an Stelle von Fensterglas nur Mückengitter. Die Temperaturen fallen in Bujumbura das gesamte Jahr nicht unter zwanzig Grad, und bei der hohen Luftfeuchtigkeit ist es am angenehmsten, wenn durch das Haus immer ein kleiner Windhauch geht.
„Bevor wir geheiratet haben und Guillermo sich hier niederließ, die Schreinerei und die Baufirma aufbaute, ist er selbst viel in der Welt herumgegondelt. Er hat nie vergessen, wie häufig er eingeladen worden ist und schleppt jetzt öfter mal jemand mit an. Komm, nimm noch etwas von den Erdbeeren, Schlagsahne ist auch noch da!"
Abends kam Guillermo nach Hause. Er war ein lustiger, gutaussehender Mann. Einer von jenen Menschen, die immer wieder auf die Füße fallen, egal was passiert. Verbindlich und herzlich. Außer mir war noch Thierry zu Gast, ein belgischer Tischler auf Wanderschaft, der für ein paar Monate in Guillermos Firma arbeitete, um sein Reisebudget aufzustocken. Und Carmelo, der Vorsitzende des spanischen Judo-Sportverbandes, der in Bujumbura einen Lehrgang über die Kampfkunst des Aikido abhielt. Grotesk.
Dieser Traum dauerte vier Tage. Welche Herzlichkeit von meinen Gastgebern, ganz zu schweigen von dem Luxus eines weichen Bettes, des opulenten Essens und des Schwimmbades im Garten. Ich konnte regenerieren und mich der längst überfälligen Pflege meiner Ausrüstung widmen.
Aber das nächste große Ziel zog mich überstark an, mehr, als mich irgend etwas anderes halten konnte: Keine 150 Kilometer von hier, in den Bergen östlich des Tanganyika-Sees, auf rund 2.000 Meter Höhe entspringen die Nilquellen!
Auf einer vorzüglichen Teerstraße, die sich dicht am Ufer des Tanganyika-Sees hielt, fuhr ich genau nach Süden. Die Stimmung war düster. Über dem See standen drohende Wolkenbänke, das Wasser war bleigrau und stumpf. Wohl in Erwartung dieses Unwetters hatten die Menschen in den malerischen Fischerdörfchen ihre langen Pirogen hoch auf den Strand gezogen.
Ich war enttäuscht, weil das gegenüberliegende Seeufer von Zaire nur

hin und wieder von den Wolken freigegeben wurde. Dann und wann sah man dramatisch aufragende Bergketten. Im gleichen Rhythmus brach auch die Sonne für kurze Momente durch, und das schmutzige Grau des Wassers verwandelte sich unvermittelt in schillerndes Grün und Blau. Der See, mit 660 Kilometern Länge und 1.435 Meter Tiefe eigentlich ja schon ein Binnenmeer, ist eine launische Schönheit. Verlockend. Geheimnisvoll. Gefährlich.
Die Winde auf dem Wasser sind unberechenbar und können zu gewaltigen Stürmen anschwellen, die hohen Wellengang verursachen, sein Wasser ist mit Bilharziose verseucht und wird von reichlich Nilpferden und Krokodilen besiedelt - oh ja, die Warnung der Pena-Cunas vor dem Baden nahm ich sehr ernst. Die Hippos, die sich unauffällig am öffentlichen Strand von Bujumbura tummelten, hatte ich schließlich mit eigenen Augen gesehen. Aber auch die Erzählung meiner Gastgeber über einen Freund, der sich zu weit hinausgewagt hatte und von einem Krokodil angegriffen wurde, beeindruckte mich nachhaltig. Sie hatten damals am Ufer gestanden und bemerkten das Reptil, das sich ihm lautlos näherte. Voller Verzweiflung schrien sie, um ihn auf die drohende Gefahr aufmerksam zu machen. Endlich hatte er begriffen! Sie konnten sonst nichts weiter tun und mußten hilflos zusehen, was passieren würde. Er schwamm um sein Leben. Mit letzter Kraft gelang es ihm, sich vor der Panzerechse ans sichere Ufer zu retten ...

Nach 80 Kilometern, die ich auf der guten Straße schnell zurücklegte, wand ich mich bei dem kleinen Örtchen Rumonge endgültig vom Wasser ab, ließ Bananenplantagen und Ölpalmenpflanzungen hinter mir und begann mit dem Aufstieg in die Hügel am Fuß des Rift-Valleys.
Der Regen, mit dem ich den ganzen Tag gerechnet hatte, konnte jeden Moment losprasseln. Ich brauchte dringend einen Unterschlupf, sonst war ich in Sekunden klatschnaß, und an ein Weiterfahren war dann auf den lehmigen Pisten sowieso nicht mehr zu denken, weil sie glitschig wie Schmierseife werden, mit ihrem Matsch das ganze Rad verkleben und einen von oben bis unten einsauen. Das wußte ich nun schon nach einigen Kostproben der sturzbachartigen Regenfälle hier.
„Excusez-moi, monsieur ...“
Der angesprochene junge Mann war hilfsbereit und höflich. In dem reetgedeckten Schuppen seines Onkels durfte ich mein Moskitonetz aufspannen. Hier drinnen blieb es trocken, während draußen der Regen mit ganzer Wucht auf den Hof prasselte.
Die Wolken ließen die Nacht früher hereinbrechen, oder vielleicht kam es mir auch nur so vor, weil ich mich in Bujumbura schon wieder an den Luxus von elektrischen Strom gewöhnt hatte. Ich dachte an den kom-

menden Tag und studierte, wie schon so oft, die Karte. Inzwischen konnte ich Kilometerentfernungen und Ortsnamen der vor mir liegenden Zwischenetappe schon auswendig. Ich überschlug nochmals: Etwa 80 Kilometer und den Aufstieg ins Hochland - wenn ich früh aufbrach, konnte ich morgen wahrscheinlich noch die Nilquellen erreichen!

Der langgestreckte, „nur" bis zu 80 Kilometer breite Tanganyika-See wird an beiden Ufern von hohen Bergzügen eingefaßt, den Rändern des Zentralafrikanischen Grabens, die gleichzeitig die Wasserscheide zwischen Atlantik, Mittelmeer und Indischem Ozean darstellen.
Auf 15 Kilometer schlechter, steiniger Piste mit bis zu 14 % Gefälle mußte ich am folgenden Tag die insgesamt etwa 1.600 Höhenmeter zur Abbruchkante bewältigen. In stark ansteigenden Kehren kroch die Lehmpiste die Flanken des Grabenbruchs hinauf. Endlos wand sich der Weg vor mir höher und höher, in einen Einschnitt des Escarpements (Steilhang) hinein. Wenn ich mich umdrehte und zurückblickte, boten sich mir ein ums andere Mal atemberaubende Aussichten.
Jetzt, endlich, schälte sich das Küstengebirge auf der westlichen Seite deutlich aus dem Dunst. Schon tief unter mir lag die enorme Wasserfläche des Sees, davor breitete sich die Küstenebene mit den geometrischen Mustern der Plantagen ab, aus der fast ansatzlos die Bergflanken zu mir aufstiegen. Sie waren nur noch im unteren Bereich bewachsen - die Überreste der Urwälder Burundis, die heute ein schmales Band in den Bergen parallel zum See bilden, früher einmal aber fast die gesamte Landesfläche bedeckt haben müssen.
Es ist schierer Wahnsinn, auf welch steilen Berghängen hier oben noch Ackerbau betrieben wird - an Stellen, zu denen ich mich wegen ihres Gefälles kaum zu Fuß hingewagt hätte - und dann ohne jeden Erosionsschutz, ohne Terrassierung. Nach ein, zwei Jahren ist sämtlicher Mutterboden fortgerissen.
Deutliche Spuren dieser verheerenden Wirtschaftsweise tragen die Flüsse, deren schlammige Färbung hier bereits ins Ockerbraune geht. All das sind Tonnen abgetragener, fruchtbarer Erde, für immer verloren. Ich würde nicht mal meine Kleidung, geschweige denn mich selbst, in dieser Drecksbrühe waschen!
Erst beim Tagebuchführen in der Mittagspause fiel mir auf, daß heute mein 22. Geburtstag war. Mich hatte morgens niemand mit Kerze am Zelt geweckt, es hatte keine Geburtstagspost oder ein Ständchen gegeben - woher auch? Ohne Gesellschaft war der eigene Geburtstag unwichtig und trostlos, am besten man ging darüber hinweg. Und das Wetter dieses 2. Märztages hätte auch in Deutschland kaum schlechter sein können.

Regenwolken zogen über das Hochland, in das ich mit dem Fahrrad wie eine Bergziege empor geklettert war. Immer wieder fielen Schauer. Meine Turnschuhe waren durch die vielen Pfützen auf der Piste völlig durchgeweicht. Bei jedem Pedaltritt quatschten meine Füße, die vor Kälte bereits ohne Gefühl waren.

Die Landschaft hatte radikal ihr Gesicht verändert. Sie wurde nunmehr von grünen Hügeln und Flußniederungen geprägt, die zum größten Teil völlig verkrautet und versumpft waren. Es gab keinerlei Bäume bis auf Eukalyptuspflanzungen längs des Weges und vereinzelt auch in kleinen Schonungen. Und in den Bachtälern hatte stellenweise noch ein kümmerlicher Rest der ursprünglichen Bewaldung überlebt. Das Land, obwohl grün, wirkte karg und ausgeräumt.

Plötzlich sah ich sie, auf einer der Feuchtwiesen, nicht weit neben der Piste!

Die großen Vögel fielen in der tierlosen Landschaft schlagartig auf - zwei Kronenkraniche! Ich ließ Fahrrad Fahrrad sein und schlich mich so nahe als möglich heran.

Und dann bekam ich doch noch ein Geburtstagsgeschenk: Direkt vor meinen Augen begannen die beiden Tiere ihren rituellen Hochzeitstanz aufzuführen. Ich war wie gebannt von den ballettartigen Synchronbewegungen der beiden langhälsigen, schlanken Vögel. Mit der schwarzen Kappe, dem lustigen, goldbraunen Federbausch auf dem Kopf, dem leuchtend roten Kehllappen und dem grau-schwarzen Kleid zählt die Art zu den schönsten Vertretern der ostafrikanischen Vogelwelt. Aber leider ist auch dieses Tier, übrigens der Wappenvogel Ugandas, zunehmend in seinem Überleben bedroht.

Nach 57 Kilometer Piste traf ich auf eine neue Teerstraße, die sogenannte *Route Chinois,* die Chinesen-Straße, ein Entwicklungshilfebeitrag der Volksrepublik China. Sie verbindet Bujumbura mit Gitega, der zweitgrößten Stadt im Land. Ich war schon ziemlich kaputt und die Straße stieg nicht steil, aber beständig an. Fünfzehn Kilometer später wies ein Wegweiser nach rechts: „Source du Nil" - zur Quelle des Nils!

Die Landschaft auf den letzten Kilometern war so, wie ich mir Irland vorstelle: Grüne runde Berghänge, sanft geschwungene Täler, in denen Bäche plätschern und glucksen, wenig Bäume, am Himmel die tieffliegenden Wolkenfetzen eines abziehenden Schauers.

Das Ende der Stichstraße erweiterte sich zu einem Parkplatz. Da stand es nochmals: „Source du Nil", auf einem gelben Schild, von dem bereits die Farbe abblätterte. Der Ursprung des längsten Flusses der Erde! Und ausgerechnet an meinem 22. Geburtstag sollte der Traum in Erfüllung gehen! Ich stand an der Stelle, von welcher sich der Nil über die unvorstellbare Distanz von 6671 Kilometern durch den halben afri-

kanischen Kontinent in Richtung Norden schlängelt, bevor er ins Mittelmeer mündet.
Der Regen hatte inzwischen aufgehört, aber alles triefte nur so vor Nässe. Ungemütlich frisch hier oben, 2.000 Meter über dem Meeresspiegel - und die Stimmung trostlos.
„Wo ist denn jetzt die Nilquelle?“
Einer der herbeigelaufenen Jungen zeigte stumm auf die Böschung. Ich rannte hinunter.

Und *so* nimmt der große Nil seinen Anfang? Ein dünner Wasserstrahl quoll unter grünen Pflanzen zwischen den Steinen hervor, rann über ein Holzstück, und verursachte bei seinem Auftreffen auf den Boden ein leises Plätschern - Das war alles? Wie klein und profan!
Ich weiß selbst nicht, was ich eigentlich erwartet hatte, jeder Fluß beginnt ja mit einem Rinnsal. Aber ich war enttäuscht. Vielleicht wegen der Aura, die *„Caput Nili“,* das Haupt des Nils, umgibt. Vielleicht weil die Blüten, die meine Jugendphantasie getrieben hatte, in zu krassem Gegensatz zur Realität der Quelle standen. Vielleicht rechnete ich unbewußt die Anstrengungen auf, die mich die Verwirklichung des Vorhabens gekostet hatte und fragte mich nun, ob es sich überhaupt gelohnt hatte. Andererseits hätte das Erreichen der Quelle ohne Entbehrungen und Herausforderungen überhaupt keinen Wert für mich besessen. Vielleicht vergleichbar mit einem Wunsch, von dessen Erfüllung man so lange geträumt hat, der mit seiner Verwirklichung aber plötzlich an Begehrlichkeit verliert.
Anstatt Glück, Triumph oder vielleicht Stolz überwog vielmehr ein Gefühl von Leere. Denn eines meiner großen Ziele war weggefallen, und ich mußte mich neu orientieren, um die Lücke, die es hinterließ, aufzufüllen.
Alles andere ordnete ich der Absicht unter, Afrika mit dem Fahrrad zu durchqueren - sogar meine eigene Gesundheit. Aber um dieses große Vorhaben in Abschnitte zu unterteilen, die zu bewältigen waren, erschuf ich mir unbewußt Zwischenziele. Also Orte und Attraktionen, die ich unbedingt sehen wollte. Das war mein größter Fehler. Ich radelte von Ziel zu Ziel, welche im Augenblick des Erreichens ihren hintergründigen Wert, mich am Radeln zu halten, verloren. Bisweilen ließ mich die innere Unrast noch nicht einmal richtig auskosten, endlich an einem der ersehnten Punkte zu sein. Ich dachte schon an das folgende Etappenziel. Und wenn ich dort ankam, wieder an das nächste usw., usw.
Ein lateinisches Sprichwort sagt: *Quaerere fonti Nili* - nach den Quellen des Nils suchen, und meint damit, die berühmte Nadel im Heu-

haufen zu suchen. Es spielt auf die ungezählten fehlgeschlagenen Versuche an, die sagenumwobene Quelle des Flusses ausfindig zu machen. In einem etwas abgewandelten Sinne traf das auch auf mich zu: Ich befand mich auf einer beständigen Suche nach einer Reihe von Zielorten. Vergeblich, weil das, was ich auffinden wollte, auf dem Weg zwischen diesen Zielen lag und nicht an einzelnen Punkten!

Die Suche nach der Nilquelle ist fast so alt wie die menschliche Geschichtsschreibung. Bereits die Pharaonen strebten nach dem Wissen um den Ursprungsort des Nils und den Grund für die jährliche Überschwemmung. Ebenso zu späterer Zeit die Römer. Alle Expeditionen scheiterten im äußersten Fall an der Barriere der Sumpfgebiete des Weißen Nils südlich von Khartoum, oder an der Unzugänglichkeit des Äthiopischen Hochlandes, in dem der Blaue Nil entspringt.
Mit der Kolonisierung des afrikanischen Kontinents wuchs das strategische Interesse Europas an dem Flußsystem, an dessen Tropf der Sudan und Ägypten hängen. Wer die Quelle des Nils kontrollierte, würde auch die Macht im Niltal ausüben.
Spekulationen und Theorien trieben abstruse Blüten. Zahlreiche Abenteurer und Wissenschaftler lockte die Aussicht, als *der* Entdecker der Nilquelle in die Geschichte einzugehen. So waren diesbezüglich die Beziehungen zwischen den Forschern auch oft von Eifersüchteleien, Neid, Mißgunst und Haß geprägt. Als schließlich der Brite James Bruce 1770 die Quelle des Blauen Nils nahe des Tana-Sees im äthiopischen Hochland erreichte, beanspruchte er für sich den Titel, ihr Entdecker zu sein. Aller Wahrscheinlichkeit nach besuchte aber schon 132 Jahre vorher der portugiesische Geistliche Pedro Paez diesen Ort. Aber mal ganz abgesehen von diesen beiden, ist die Stelle den Äthiopiern schon lange als Ursprung des Blauen Nils, des *Abbai,* bekannt und wurde seit alters her verehrt. Das ist bezeichnend für die europäische Definition von „Entdeckung“: Das geographische Wissen der ortsansässigen Bevölkerung änderten - und ändern auch heute - nichts an dem Status eines „Weißen Flecks“ auf der Landkarte. Was für eine bodenlose Arroganz. Vor allem, wenn man weiß, daß die europäischen „Entdecker“ - sagen wir lieber Forscher - auf die Kenntnisse einheimischer Führer angewiesen waren. Keiner der genannten Männer hätte ohne die Hilfe arabischer Sklavenhändler jemals so weit ins Landesinnere vordringen können. Sie alle verließen sich auf Ortskundige und die Infrastruktur des Karawanennetzes mit seinen Versorgungspunkten und Siedlungen in Ost- und Zentralafrika. Der Verdienst der Europäer in der Erforschung Afrikas lag in dem Sammeln, der Systematisierung und Vernetzung von Kenntnissen, aber selten in Entdeckungen!

*"Was, das ist alles?" Die Nilquelle bei Rutovu in Burundi*

Es ist verständlich, daß diese eurozentrische Sichtweise viele Afrikaner erbost und Staaten dazu übergegangen sind, geographischen Landmarken, wie Bergen, Seen und Flüssen, aber auch Städten, teils neue, teils ihre ursprünglichen afrikanischen Namen zurückzugeben. Warum sollten sie Namen von längst verstorbenen europäischen „Entdeckern", Herrschern etc. tragen, die den afrikanischen Menschen nichts bedeuten, zumindest nichts Positives?
Der berühmte Missionar und Afrikaforscher David Livingstone, der in den Jahren 1849 bis 73 weite Teile des östlichen und südlichen Afrikas als erster Europäer durchstreifte, hielt den Tanganyika-See lange für die Hauptquelle des Nils, nach der er so lange geforscht hatte. Denn die enorme Wasserfläche paßte auf die Beschreibung eines ausnehmend großen Binnengewässers, aus dem laut verschiedener Berichte der Nil entspringen sollte. Er wußte damals nicht, daß der See eine geographische Kuriosität ist, weil er überhaupt keinen ständigen Abfluß besitzt. Nur periodisch, bei hohem Wasserstand, führt der Lukuga-Fluß das Wasser des Tanganyika-Sees ab und mündet dann aber nicht in den Nil, sondern in den Zaire-Fluß.
Livingstone war der richtigen Lösung schon sehr nah, denn die südlichste Quelle, die dem Nil Wasser zuführt, entspringt in rund 60 Kilometer Entfernung zum Tanganyika-See, jenseits der Kongo-Nil-Wasserscheide.
Livingstone galt bereits seit mehreren Jahren auf seinen Forschungsreisen als verschollen. Da wurde Henry Morton Stanley, ein amerikanischer Journalist, mit seiner Suche beauftragt. Zwei Jahre später, 1871, fand er ihn in der Stadt Ujiji am östlichen Ufer des Tanganyika-Sees, einem damaligen Stützpunkt der arabischen Sklavenhändler. Der Brite war von den Anstrengungen seiner Reisen gezeichnet und gesundheitlich bereits schwer angeschlagen. Der Ausspruch Stanleys bei dem Zusammentreffen hat Eingang in die Geschichtsbücher gefunden. Bekanntlich soll er gesagt haben: *„Dr. Livingstone, I presume?* - Dr. Livingstone, wie ich annehme?"
Die Wege der beiden Männer trennten sich bald wieder. Livingstone gab trotz seiner schlechten körperlichen Verfassung nicht auf. Er wollte lieber sterben, als ohne die Rätsel um die Nilquellen gelüftet zu haben, zurückzukehren. Der alte kranke Mann irrte immer weiter von seinem Ziel weg und starb 1873 in Chitambo, im heutigen Zambia. Stanley hingegen, der mit dem Auffinden Livingstones die vom New Yorker Herald gestellte Mission erfüllt hatte, kehrte zur Küste zurück.
Sir Hanning Speke hatte bereits 1858 als der erste Europäer den Victoria-See erreicht und die Meinung vertreten, dies sei das gesuchte Quellgewässer. Vier Jahre darauf gelang es Speke tatsächlich nach-

zuweisen, daß der Victoria-Nil aus dem gleichnamigen See gespeist wird und glaubte damit der Suche ein Ende gesetzt zu haben. Er ignorierte, daß auch der riesige See, der zwar nur eine Tiefe von 85 Metern erreicht, aber die unvorstellbar große Fläche von 68.000 qkm bedeckt und damit anderthalb mal so groß wie die Schweiz ist, über Zuflüsse verfügt. Der größte von ihnen, der Kagera, entspringt im Bergland von Burundi und wurde von dem deutschen Forscher Baumann erst 1892 als Quellfluß des Nils erkannt.

*Die* Nilquelle? Gibt es überhaupt *eine* Nilquelle? Vier verschiedene Staaten beanspruchen eifersüchtig für sich, Ursprungsland der einzigen wahren Nilquelle zu sein. Sie alle haben Recht und Unrecht zugleich.

Der viertausend Meter hoch gelegene Bujuku-See auf ugandischer Seite der schneebedeckten Rwenzori-Berge ist die höchstgelegene Nilquelle und wird von Schmelzwasser gespeist. Das paßt auf die Beschreibung des griechischen Geschichtsschreibers Herodot, der schon im 5. Jahrhundert v.Chr. aufgezeichnet hat, daß „der Nil aus schmelzendem Schnee herausfließe".

Um 200 n.Chr. berichtete Claudius Ptolemäus von „einem großen See zu Füßen der Mondberge im Süden Afrikas, aus der angeblich der Nil entspringe". Damit könnte die Stelle gemeint sein, an dem der Fluß den Victoria-See verläßt und zum ersten Mal den großen Namen trägt: der Victoria-Nil.

Der klassische Nil entsteht ja erst durch den Zusammenfluß von Weißem und Blauem Nil bei Khartoum und letzterer entspringt, wie schon erwähnt, nahe des Tana-Sees, im Äthiopischen Hochland.

Das Wetter besserte sich nicht. Also zog ich es vor, nach einer Nacht an der Quelle, dem vorerst südlichsten Punkt der Tour, so schnell wie möglich in den nördlichen Nachbarstaat, nach Rwanda zu kommen. Einmal noch alle Tanks mit dem geheiligten Wasser des Nils gefüllt, and off we go!

Bananenplantagen und verstreut liegende, gepflegte Gehöfte flogen an mir vorüber.

Sonntag. Eine regelrechte Völkerwanderung war im Gange. Aus einem Umkreis von zwanzig Kilometern strömten Bauernfamilien und Händler zusammen. Fahrräder, mit riesigen Kochbananenstauden beladen, wurden von schwitzenden Männern die Berge hochgeschoben. Zehn, fünfzehn schwatzende und lachende Frauen trugen mit aufrechter Haltung große, zylindrisch geflochtene Körbe voller Feldfrüchte. Sie waren in sagenhaft-bunte Kleider gehüllt, die in ganz Ostafrika *Khanga* heißen. Für unser Empfinden ist der afrikanische Farbgeschmack sehr gewagt. Aber diese Buntheit steht in wunderbarem Kontrast zu der dunklen Haut der Menschen. Und was man in Europa vielleicht als clownhaft empfinden würde, tragen afrikanische Frauen mit unvergleichlicher Ausstrahlung. Die Grazie, mit der sie selbst schwerste Lasten auf dem Kopf balancieren, paßt allerdings nicht zu den Kippen, die sie rauchen. Was für ein gräßlich stinkendes Kraut ist das! Kaum irgendwo sonst hatte ich bisher eine rauchende afrikanische oder arabische Frau gesehen.

Das Ziel all dieser Menschen war der Markt, *Sokoni* auf Kiswaheli. Ich blieb wie gebannt stehen. Farben wirbelten durcheinander, Stimmen mehrerer hundert Menschen mischten sich - es herrschte ein Treiben auf dem roterdigen Platz, das durch ein Wort treffend charakterisiert ist: Leben!

Der Markt ist ein wichtiger Teil des afrikanischen Alltags. Er übernimmt in Afrika viele andere Funktionen als nur die eines Handelsplatzes. Er ist zugleich Nachrichtenbörse, Gerüchteküche, Treffpunkt von Verwandten und Bekannten, Stammtisch, Kantine, Festplatz. Da wird gelacht, geprahlt, geschäkert, geliebt, gestohlen, gestritten und auch gestorben - nirgendwo sonst läßt sich afrikanisches Lebensgefühl so unmittelbar erleben wie auf einem Markt.

## Die sanften Riesen der Virunga-Vulkane

Ich wandte mich nach Norden, in Richtung Rwanda. Das Fahrradfahren machte trotz der guten Straßen keinen rechten Spaß mehr. Es ging ständig hoch und runter - und das außerordentlich steil! Bergauf schwitzte ich aus allen Poren, doch bei der hohen Geschwindigkeit bergab fror ich erbärmlich in der nassen Kleidung. Also mußte ich andauernd meine Montur wechseln.

Zum anderen aber waren es die ständigen Regengüsse, die mir die Lust verdarben. Ein ums andere Mal stand ich pudelnaß und fluchend am Straßenrand, hatte soeben Gepäck und mich selbst in den Regenschutz aus Kunststoff eingearbeitet, als der Schauer auch schon wieder vorbei war. Ein endloses Hin und Her.

Die Stimmungen gewannen durch das Wetter allerdings an Dramatik. Unvergleichlich, wenn Regenwolken alles in Schwarz hüllten und den Tag zur Nacht machten, wenn die Landschaft durch die abtrocknenden Niederschläge zu dampfen begann, und unbeschreibliche Lichtverhältnisse zustande kamen, wenn der Himmel kurzzeitig aufriß.

Die grünen Pflanzen wurden zu leuchtenden Smaragden, der ziegelfarbene Boden zu strahlendem Rubin und die Wolkenlöcher zu reinstem Saphir.
Das Land war unwahrscheinlich dicht besiedelt, aber es gab keine geschlossenen Ortschaften, sondern nur einzeln stehende Häuser längs des Teerbandes. Aus Frust am Radeln wurde essen zu meinem einzigen Vergnügen und so ließ ich mich bei jeder kulinarischen Gelegenheit aus dem Sattel neben die Straße locken. An einigen Plätzen bekam man *Brochettes,* das sind Ziegen- oder Rindfleischspießchen vom Holzkohlegrill, für knapp fünfzig Pfennig. Hier traf ich mit großer Verläßlichkeit auf die versammelte Zunft der Fahrradtransporteure, die am Grill selbstgebrautes Bier tranken und auf eine Wetterbesserung warteten.
Die Läden in Gitega waren mit Lebensmittel aus internationalen Hilfslieferungen vollgestopft, die den gut lesbaren Aufdruck: „Not for sale!" trugen. Ich erstand aus den veruntreuten Beständen eine dänische Dose Corned Beef.
Nach meiner kleinen Rundtour durch Burundi erreichte ich die Hauptstraße, die entlang der Oberkante des Zentralafrikanischen Grabens nordwärts, nach Rwanda führt. Die Ausblicke waren so spektakulär wie an der Stelle meines Aufstiegs bei Rumonge. Hier oben, im kühlen Klima auf über 2.000 Meter, wachsen die Erdbeeren, die es in Bujumbura gab.
Teeplantagen fraßen sich an den Hängen aufwärts, in den Urwald hinein. Die kniehohen Sträucher wirkten wie ein hellgrüner Teppich, die Farbe des Regenwaldes dahinter ging schon ins Schwarze. Einzelne Waldausläufer waren in den Bachtälern bis weit in das Kulturland hinein stehen geblieben.
Am Morgen zogen die Teepflücker in langen Reihen zum *Picking-Table,* zum Pflücktisch, wie die beschnittenen Teesträucher genannt werden, deren Blätter zu einer geschlossenen Fläche zusammengewachsen waren.
Mit Gesang nahmen sie die Arbeit auf. Für besonders gute Teequalität, die natürlich auch von Bodenart, Klima, Höhenlage, Pflanzentyp und Aufbereitung abhängt, gilt die alte Pflückregel: *two leaves and a bud,* es werden also nur Knospe und die beiden jüngsten Blätter der Zweige des Teestrauches geerntet. Billiger Tee wird auch mit älteren Blättern und Stengelteilen verschnitten.
Die Pflücker sammeln die frische Blattmasse in riesigen Körben auf dem Rücken und tragen diese dann zur Fabrik. Dort wird sofort mit der Aufbereitung begonnen, die die Schritte Welken, Zerkleinern, Fermentieren, Trocknen und Verpacken umfaßt. Bevor der Tee dann end-

gültig im Ladenregal steht, wird er zum Teil noch parfümiert, oft auch mit anderen Teesorten gemischt, um ihm ein ausgewogenes und charakteristisches Aroma zu verleihen.

In meinem Tagebuch notierte ich mir lapidar: „Ein Gewitter jagt mich den ganzen Nachmittag vor sich her, fängt mich schließlich ein, ich werde wieder mal klitschnaß. Mir ist kalt. Mißmutig strample ich durch das graue, bergige Land. Dieses Wetter macht meine Stimmung runter, so ist Radfahren bedrückend und öde. Ich bin froh, wenn ich weiterkomme, morgen Burundi verlasse ..."
Die Bauern nahmen den Regen gelassener hin. Konnten sie auch. Als Regenschirm hatten sie sich einfach frische Bananenblätter auf den Kopf gelegt, von denen das Wasser abperlte. Andere hatten sich eine Plastiktüte über das Haar gestülpt.
Durch die Feuchtigkeit wurden riesige Regenwürmer aus ihren Erdgängen vertrieben und krochen über den Asphalt: Zwei Fuß lang und so dick wie mein Daumen. Was war ich da froh, eine Dose Corned Beef im Gepäck zu wissen und nicht mehr alles, was sich bewegte, als potentielle Nahrungsquelle in Betracht ziehen zu müssen ...
Neben einem großen, leerstehenden Gebäude, kurz vor der Grenze zu Rwanda, schlug ich mein Zelt auf. Die Rettung! Ich war schon verzweifelt, weil überall Häuser standen und nirgends ein ungestörtes Plätzchen zu finden war.
Als ich morgens meine Nase aus dem Zelt steckte, um nach dem Wetter zu sehen, schallte es mir aus hundert Kehlen entgegen: „Bonjour, Père!" Ich rieb mir die Augen. Hundert Kinder in blauen Schuluniformen hatten mich belagert und gespannt darauf gewartet, daß sich etwas regte. Das Gebäude, neben dem ich übernachtet hatte, war eine Missionsschule, und für die Kinder mußte offensichtlich jeder Weiße ein Pater sein.

Viele Gemeinsamkeiten zwischen Rwanda und Burundi würden den Begriff „Schwesterländer" rechtfertigen. Die Ähnlichkeiten erschöpfen sich nicht allein in den geographischen Gegebenheiten, wie der Größe - beide sind jeweils etwas kleiner als Belgien - oder dem verträglichen Berglandklima (durchschnittliche Höhenlage: 1.400 Meter!). Parallelen bestehen auch in Sprache, Tradition und Gesellschaftsstruktur. Beide Staaten sind äußerst dicht bewohnt. Bei 7,9 Millionen Menschen in Rwanda ergibt das eine durchschnittliche Siedlungsdichte von 278 Einwohnern je qkm. Geht man von der tatsächlich bebaubaren Landfläche aus, kommt man sogar auf 400 Einwohner pro qkm. Damit ist Rwanda nach Ägypten das dichtestbesiedelte Land Afrikas!

*Spielzeug der Jungen zwischen Cairo und Cape Town: selbstgebaute Automodelle, dieses sogar mit Fernsteuerung. Rechts: Mädchen müssen früh im Haushalt mithelfen, hier beim Ölfrüchtestampfen.*
*Unten: Trotinette, afrikanischer Lastenroller der Marke "Fred Feuerstein"*

*Bilderbuch-Afrika nördlich von Kitale, Kenya*
*Unt.: Uhuru-Park und Skyline von Nairobi*

*Das Chamäleon ähnelt einem Mini-Drachen*
*Unt.: Schrille Schmuckschrecke*

*Mit drei Kriegern in der Massai-Steppe. Über dem rechten guckt der Kilimanjaro aus den Wolken*

*Unt.: Ostafrikanische Küstenlandschaft in der Tanga-Region*

*Spiel der Morgensonne im Segel der Dhau "Tuhifadhi"*
*Unt.: Fischerfrauen tragen am Morgen den nächtlichen Fang heim*

*Im Vergleich zu meinem Bike ist dieser Baobab in Zimbabwe riesig!*

*Unt.: Eine Aloe vor den zehn Meter hohen Mauern des "Great Enclosure" der Zimbabwe Ruinen*

*Sonnenuntergang an den 110 Meter hohen Victoria-Fällen*

Südafrika: Nur wenige Stunden mit schönem Wetter auf der Gardenroute
Unt.: Am Ende von Afrika: Der Bloubergstrand bei Cape Town. Im Hintergrund der Tafelberg mit der berühmten "Wolken-Tischdecke"

In Burundi stellt sich die Situation nicht ganz so dramatisch dar. Von den 5,9 Millionen Burundiern leben durchschnittlich jeweils 196 Menschen auf einem Quadratkilometer, die Siedlungsdichte der Bundesrepublik liegt mit 214 Ew./qkm geringfügig höher.
Anlaß zur Unruhe gibt auch die weitere demographische Entwicklung. Bei der gegenwärtigen Zuwachsrate verdoppelt sich etwa alle zwanzig Jahre die Zahl der Menschen. Nach Hochrechnungen reicht schon heute die Landfläche nicht mehr aus, um die Bevölkerung zu ernähren. Aber rund 90 % der arbeitenden Bevölkerung sind in der Landwirtschaft beschäftigt.
Beide Länder zeichnen sich durch Rohstoffarmut aus, hinzu kommt, daß sämtliche Im- und Exporte 1.700 Kilometer vom bzw. bis zum Hafen von Mombasa transportiert werden müssen. Keine günstigen Voraussetzungen, um Industrien anzusiedeln, die dringend benötigte Arbeitsplätze schaffen könnten - kein Wunder, daß die beiden Länder zu den ärmsten Afrikas zählen, mit wenig Perspektiven für eine Besserung ihrer Lage. Angesichts dessen ist die gut funktionierende Infrastruktur, wie Telefon, Post, aber auch die ausgebauten Hauptstraßen, überraschend.
Drei verschiedene Ethnien leben in den Ländern: Da sind die *Twa,* die Reste der pygmäischen Urbevölkerung, die in beiden Ländern jeweils nur noch etwa ein Prozent der Bevölkerung ausmachen. Ferner die *Watutsi,* in beiden Ländern die frühere Herrscherkaste, die im Mittelalter aus dem Norden, wahrscheinlich aus Äthiopien, einwanderten. Sie sind traditionell Viehzüchter und stellen in Burundi etwa 15 %, in Rwanda rund 10 % der Bevölkerung. Die meisten Menschen beider Länder sind den körperlich kleineren *Bahutu* zuzurechnen, einem Ackerbau treibenden Bantuvolk.
Die schlanken, großgewachsenen Watutsi errichteten zwei gut organisierte Königreiche, die von jeher unversöhnlich miteinander verfeindet waren: Rwanda und Urundi. Nach außen hin wußten sich die Staaten mit ihren starken Kriegerkasten sehr wohl zur Wehr zu setzen und wurden sogar von den menschenraubenden arabischen Sklavenhändlern gemieden.
Die ersten Weißen kamen erst Ende des vergangenen Jahrhunderts in das Zentralafrikanische Zwischenseengebiet: Eine von Gustav Adolf Graf von der Götzen geführte Expedition, die Vorhut der kaiserlich deutschen Kolonialmacht. Die deutsche Hegemonie über die beiden Königreiche, die administrativ zu einem Gebiet zusammengefaßt wurden, währte allerdings nicht lange: von 1899 bis 1916. Dann übernahmen die Belgier vom Weltkriegsverlierer die Kolonie, zuerst als Völkerbunds- und dann als UNO-Mandat. Deutsche wie Belgier benutzten die be-

stehende gesellschaftliche Hierarchie für ihre Machtausübung bedenkenlos aus, in der die Bahutu in einem sklavenähnlichen Lehensverhältnis zu der Aristokratie der Watutsi gehalten wurden.
Die Vorherrschaft der Minderheit führte in beiden Ländern, nach der Unabhängigkeit am 1. Juli 1962, zu massiven Auseinandersetzungen zwischen den Ethnien. Während die Hutus in Rwanda die politische Dominanz der Tutsi gewaltsam beenden konnten - man spricht von 10.000 Toten in der Herrenkaste und 100.000 ins Ausland Vertriebene - blieben die Machtverhältnisse in Burundi unverändert. 1972/73 betrieben die Tutsis nach einem vermeintlichen oder tatsächlichen - wie auch immer - Putschversuch von Hutus einen gnadenlosen Völkermord. Tutsis schlachteten systematisch alle gebildeten Hutus ab, die Greuel kosteten weit über 100.000 Menschen das Leben! Damit war der Widerstand der Hutus auf Dauer gebrochen.
In der Folgezeit wurde der Rassismus von Schwarzen gegenüber Schwarzen bewußt aufrecht erhalten, höhere Posten in ziviler Administration, Polizei und Militär Burundis blieben Tutsis vorbehalten.
1988 kam es wieder zu Massakern. Die Versuche von liberalen Tutsis, die Hutumehrheit nach allgemeinen Wahlen 1993 endlich an der Macht teilhaben zu lassen, führten in der jüngsten Vergangenheit erneut zur Ermordung von mehreren tausend Hutus durch das Tutsi-dominierte Militär, unter ihnen der neugewählte Präsident. Daß die Probleme auch in Rwanda nicht endgültig gelöst sind, zeigte sich, als Ende 1990 aus dem Nachbarstaat Uganda Rebellen einfielen, die sich vor allem aus vertriebenen Tutsis rekrutierten und das Land in Bürgerkrieg stürzten. Inzwischen sind bei undurchsichtigen Kämpfen und grausamen Massakern weitere 500.000 Menschen - hauptsächlich Tutsi - ermordet worden, Millionen andere wurden zu Flüchtlingen gemacht.
„Die Leute sind sehr nett und hilfsbereit hier. Das Problem ist nur: Gewalt ist für sie wie ein Glas Wasser zu trinken“, sagte der UNO-Sonderbeauftragte in Burundi, angesichts der jüngsten Eskalation des ethnischen Konfliktes.
Mich hat das in Afrika schockiert und irgendwo auch angst gemacht, daß zwischen Liebenswürdigkeit und einem ungehemmten Ausbruch von Brutalität oft nur eine Handbreit liegt. Freundliche Menschen, die mir offen und sensibel begegnen, mit mir lachen, aber im nächsten Moment einen Taschendieb zu Tode prügeln. Das sind für mich Gegensätze, die unerklärbar sind.

„Pays des Milles Collins“ - „Land der Tausend Hügel“ wird der zweite Zwergstaat in Zentralafrika auch genannt, und ich machte mir inzwischen schon keine Illusionen mehr darüber, daß es in Rwanda mit dem

ständigen bergauf-bergab endlich besser werden würde.
Rwanda empfing mich mit klarem blauem Himmel. In der wunderschönen Morgensonne fuhr ich über die Bergrücken, während die Täler noch unter dem weißen Schleier der Morgennebel schliefen.
Es gab nirgends ebene Flächen, nur runde Hügel, die von der Kuppe bis ins Tal mit Feldern überzogen waren, die in verschiedenen Grüntönen leuchteten. Die rostrote Erde bildete dazu einen phantastischen Farbkontrast.
Wie an zahlreichen anderen Stellen im östlichen Bergland von Zaire und Burundi, waren mit silber-bläulich glänzenden Eukalyptus-Bäumen Aufforstungen vorgenommen worden. Der Mentholduft der Bäume und des harzigen Holzes, das als Feuerholz benutzt wird, waren ständig präsent. Hier, in dieser Region, war das *der* charakteristische Geruch. Auffällig übrigens, daß in Rwanda wesentlich mehr Felder terrassiert sind als im Schwesterland Burundi. Überall zwischen den Bananenhainen und Maisfeldern standen blattgedeckte Bauernhäuser, die aber niemals einen Dorfverband bildeten, sondern gleichmäßig über das Land verteilt waren. Deshalb gab es nirgends die kleinen Restaurants und Verpflegungsmöglichkeiten, wie ich das bisher immer gewöhnt war. Und wegen der vielen Menschen an jedem Fleck bestand auch nicht die Möglichkeit, ungestört mit dem Zelt zu campieren.
Tausend Hügel - das traf es! Das Radfahren war beschwerlich, ich rechnete inzwischen mit einem Stundendurchschnitt von nicht mehr als 10 Kilometern. Auf diese Distanz gab es immer mindestens einen steilen, langgezogenen Berg, der dann auf der anderen Seite wieder auf dasselbe Niveau abfiel. Hoch und runter - permanent.
Ich war ungeschützt der Sonne ausgesetzt, die hier, knapp südlich des Äquators in der großen Höhe, brutal stach. Das zehrte an meinen Kräften. Die Beschwerden mit meinem Sitzfleisch und den entzündeten Knöcheln verschärften sich wieder. Zusätzlich fühlte ich mich durch den Durchfall, der mich trotz der Chemotherapie weiter begleitete, schwach und anfällig.
Das sonnige Wetter hielt nicht lange an, im Grau der Regenwolken kroch ich am folgenden Tag den Berg hoch, an dessen rückseitigem Hang Kigali liegt. Der Magnet, der mich magisch anzog, der mir wieder mal die Steigungen hochgeholfen hatte, lag im Zentrum der 160.000 Einwohnerstadt: Die Hauptpost, genauer gesagt, ihr Schalter mit den postlagernden Briefen. Aber die Türen waren verschlossen. Feiertag. Feiertag? Trauertag!
Vor dem Gebäude traf ich auf einen halben deutschen Motorradclub. In einer Bar traf sich schließlich eine Runde von 20 eisenharten Afrika-Travellern. Aber nach einer Stunde ging mir das Globetrottergesabber

und die kaputte Einstellung der Reisenden gegenüber den Afrikanern so auf den Senkel, daß ich das Weite suchte. Für einige von ihnen war nur ein guter Afrikaner, der sie nicht mit neugierigen Fragen belästigte und einen gebührenden Abstand zu der Ausrüstung und den PS-starken Gefährten einhielt. Puh - kann man das gleiche Land, das man durchfährt, tatsächlich mit so unterschiedlichen Augen sehen?
Ein Mehr an mitgeschleppten Wertgegenständen, wie Kamera, Fernglas usw. ist auch immer mit einem Mehr an Mißtrauen gegenüber den Menschen, die man trifft, verbunden - das hatte ich selber schon sehr stark so empfunden. Aber erst die vielen Kontakte zu Menschen machen eine Reise doch erst reisenswert und unverwechselbar - und nicht ein Gefährt, vollgestopft mit einer Sicherheitsmauer aus vertrauten Luxusgegenständen!
Das Gesprächsthema konzentrierte sich hauptsächlich auf den Informationsaustausch, wo man in den Weiten Afrikas Bier aufgetrieben hatte, und an welchen Orten man gemeinsame Freunde der Transafrika-Nomaden-Familie getroffen hatte. Ich verstand plötzlich die Verwunderung der Afrikaner über diesen beständigen Strom von weißen Menschen auf der absurden Suche nach Bekannten und Bier, der da ständig quer durch den afrikanischen Kontinent zieht.
Auf der Suche nach einer Übernachtungsgelegenheit keuchte ich die steilen Straßen Kigalis rauf und runter. Die Mehrzahl von ihnen war geteert, es gab Straßenbeleuchtung und eine ganze Reihe Repräsentativbauten. Vor einem Großteil der vornehmen Privathäuser und Botschaftsresidenzen standen Nachtwächter. Jedes zweite Auto schien ein protziger japanischer Geländewagen irgendeiner Hilfs- oder Entwicklungsorganisation zu sein.
Auch im Garten der Missionen, die gutgehende Gästehäuser betrieben, sei Camping undenkbar, so wurde mir von den Angestellten erklärt, ich sei schließlich in der Hauptstadt! So verschlug es mich in den Schlafsaal für Männer in der Presbyterianischen Mission, der sich unter Rucksacktouristen einer ungeteilten Beliebtheit erfreute. Mit den abgewetzten Rucksäcken, der trocknenden Wäsche und den verwegenen Gestalten sah es aus wie ein Heerlager.
Die Entzündungen an meinem Knöchel waren so schlimm geworden, daß mir bei jedem Schritt durch die Erschütterung ein Schmerz das Bein hochfuhr und wegen des Durchfalls mußte ich sowieso im Dunstkreis der Toilette bleiben. Also Hausarrest. Um mich etwas abzulenken, las ich viel während der kommenden fünf Tage und trug mein Tagebuch nach. Neben dem Schreibtisch, im Doppelstockbett, wälzte sich Burt, ein Brite, mit einem Malaria-Anfall und 40 Grad Fieber unruhig hin und her, während Lee, Ranger im Yellowstone-Nationalpark, mit seiner wei-

chen Stimme sang und gefühlvolle Western-Songs auf meiner Gitarre intonierte. Eine bizarre Stimmung.
Im Büro der rwandesischen Nationalparkverwaltung, beim Buchen des Gorilla-Besuchs, lernte ich Herrn Triller kennen. Der Kanzler der deutschen Botschaft in Kigali bot mir spontan seine Hilfe an und stellte damit mein Bild von dem paragraphentreuen Beamten im Auswärtigen Dienst auf den Kopf. Vollkommen unbürokratisch sendete er einen Schwung meiner vollen Filme auf sicherem Wege nach Deutschland zurück (ansonsten gab ich das belichtete Fotomaterial immer heimkehrenden Touristen mit. Zu diesem Zweck hatte ich extra fünfzig deutsche Briefmarken mitgenommen, die ich dann zusammen mit einem Adressenzettel, sowie einer kleinen Inhaltsangabe in das Filmdöschen gab. Es sind tatsächlich alle Filmrollen bei meinen Eltern angekommen).
Sodann vermittelte mich Herr Triller an eine französische Ärztin, die mich eingehend untersuchte. Gott sei Dank fielen die Tests auf Malaria, Flußblindheit und Amöben negativ aus, aber so ging das Rätselraten über die Ursachen meiner Beschwerden - der ständige Durchfall, das Schwächegefühl und das Hautjucken, das mich manchmal nahe zum Wahnsinn trieb - weiter.

Es war mit den entzündeten Knöcheln überhaupt nicht daran zu denken, per Fahrrad zu den Vulkanen zu fahren. Also zwängte ich mich in eines der übervollen Sammeltaxis, die so lange mit der Abfahrt warten, bis alle Plätze besetzt sind. Die Fahrt in den Nordosten des kleinen Landes hatte viel mit einer mörderischen Jagd auf Fußgänger gemeinsam. Ich war entsprechend froh, zwei Stunden später - unverletzt, lediglich etwas verspannt - in Ruhengeri zu sein.
Die Stadt liegt wie in einem gigantischen Amphitheater, das von der östlichen und zentralen Gruppe der Virunga-Vulkane gebildet wird. Nach ein paar Einkäufen lief ich die 17 Kilometer nach Kinigi, zum Nationalpark-Hauptquartier hinauf. Der Weg führte durch Felder direkt auf die Berge zu. Die Grenze des Reservats war ganz deutlich zu erkennen: Dort, wo der dunkelgrüne, fast schwarze Wald begann. Die Bewölkung riß auf und die Vulkane zeigten sich kurz. Ein wirklich sagenhafter Anblick!
Während Gahinga (3.474 m) und Visoke (3.711 m) noch die klassische Kegelform eines Vulkanes trugen, waren bei Sabinyo (3.534 m) und Mikeno (4.437 m) schon deutliche Abtragungen zu bemerken: Ihre Flanken waren von tiefen Rinnen zerfurcht. Nur dem Karisimbi (4.507 m), dem Kopf der Gruppe, gefiel es, sich weiter hinter den Wolken zu verstecken.

Wie lästige Fliegen sahen die Wolken aus, die die Gipfelregion der riesigen Berge umschwirrten. Im nächsten Moment zog es wieder zu. Ich hätte diesem Spiel der schnell fliegenden Fetzen aus Wasserdampf dort oben stundenlang zusehen können.
Am Gebäude der Nationalpark-Verwaltung schlug ich mein Zelt auf. Erst im schwachen Licht des Mondscheins waren die Berge vollkommen wolkenfrei. So, als wären sie tagsüber darauf bedacht gewesen, ein wichtiges Geheimnis zu hüten.

Am folgenden Morgen klärte mich Dr. Elizabeth Macfie, die amerikanische Leiterin der Veterinär-Station im Virunga-Nationalpark, über die gegenwärtige Situation der Gorillas und die Bemühungen zu ihrem Schutz auf.
Es gibt drei verschiedene Gorilla-Unterarten: den westlichen Flachlandgorilla, den östlichen Flachlandgorilla, sowie den Berggorilla. Der Berggorilla, mit wissenschaftlichem Namen *Gorilla gorilla beringei,* lebt in einem sehr begrenzten Gebiet von nur 710 qkm (das ist knapp die Fläche des Stadtgebietes von Hamburg!) in den afromontanen Nebel- und Bambuswäldern hier am Zentralafrikanischen Graben.
Das Habitat der Gorillas, ursprünglich ein zusammenhängender Vegetationsgürtel, ist stark geschrumpft und zerfällt heute bereits in zwei Stücke: zum einen in den Bwindi-Impenetrable Forest in Uganda und dann hier, etwa 15 Kilometer südlich davon, durch einen besiedelten Landkorridor getrennt, in die Nebelwälder an den Abhängen der Virunga-Vulkane. Der Nationalpark wurde bereits im Jahre 1925 gegründet. Damit ist er das älteste Tierschutzgebiet Afrikas, was aber nicht das allmähliche Verschwinden des Waldes verhinderte.
Ich erfuhr: Auch hier erwachsen die Probleme vor allem aus der Wilderei und der Rodung des Waldes für Landwirtschaftsflächen und Feuerholz. Unglaublich aber wahr: Es gibt immer noch Touristen, die abgehackte Gorillahände und -köpfe als originelle Souvenirs kaufen! Wenige Wochen vor meinem Besuch hatten Wilderer sogar ein gefangen genommenes Gorilla-Baby zum Verkauf angeboten.
Was sie nicht wußten: Der potentielle Interessent war ein Mitarbeiter des Nationalparks, der Alarm schlug. Man arrangierte einen fingierten Handel. Bei der Festnahme erlebten dann allerdings die Naturschützer ihr blaues - besser, ihr schwarzes Wunder: Es handelte sich nicht um ein Gorilla-Kind, sondern um einen schwarz-weißen Colobus-Affen, den die Tierhändler kurzerhand auf Gorilla „getrimmt" hatten: Der Schwanz des Tieres war abgeschnitten worden, das lange Fell und der Bart gestutzt. Sodann waren sie ihm mit schwarzer Schuhcreme auf den Leib gerückt und hatten die hellen Fellpartien nachgefärbt ...

Wir saßen im medizinischen Labor der Veterinärstation. Ständig plapperte uns ein Graupapagei dazwischen, der von Wilderern beschlagnahmt worden war. In bedauernswertem Zustand, ohne eine Feder am Körper, kam er vor zwei Monaten hier in die Pflege. Inzwischen hatte Liz ihn schon wieder ganz gut aufgepäppelt, sein Federkleid begann nachzuwachsen. Ein munteres Kerlchen, das ständig Rabatz machte. Nachdem der Papagei ein Bananenstück erhalten hatte, gab er erst einmal Ruhe und Liz konnte weitererzählen.

Die Konflikte zwischen Nationalpark und der lokalen Bevölkerung waren im Grunde schon von Beginn an vorprogrammiert. Denn die Bauern sehen nicht ein, warum sie den Wald direkt vor ihrer Nase nicht mehr wie bisher als Jagdgebiet und Holzreservoir nutzen dürfen.

Inzwischen hat auf seiten der Naturschützer ein Umdenken stattgefunden. Sie haben erkannt, daß es nicht reicht, wie in vergangenen Jahrzehnten, einfach riesige Gebiete zu Nationalparks zu erklären, um negative Einflüsse der Bevölkerung angrenzender Gebiete auf die Natur zu verhindern.

Für entgangene Jagdmöglichkeiten, Feuerholzquellen, Wasserstellen, Weidegründe und Landwirtschaftsflächen wurden die Menschen nicht entschädigt. Das hat natürlich nicht gerade zu einer positiven Einstellung und zum Verständnis für die Notwendigkeit des Natur- und Umweltschutzes bei den Einheimischen geführt, geschweige denn zum Einhalten der Regeln. Und die Profite aus dem Tourismusgeschäft blieben fast ausschließlich bei privaten Tour-Operators und den Regierungen hängen, die die Devisen dringend brauchen.

Diese Politik kann bei dem Druck, der durch die wachsende Bevölkerung auf geschützte Flächen ausgeübt wird, wie im extremen Beispiel der Virunga-Vulkane gut zu sehen, nicht weiter aufrechterhalten werden. Naturschutz muß in das Zentrum der regionalen wirtschaftlichen und sozialen Entwicklung gerückt werden. Im Interesse eines dauerhaften Schutzes müssen auch die Belange und Sorgen der Bevölkerung berücksichtigt werden.

Die jüngere Geschichte des Schutzes der Menschenaffen ist eng mit dem Namen einer Forscherin verknüpft: Diane Fossey. Die Amerikanerin verschrieb sich vollkommen der Erforschung der Berggorillas. Um so rapider ihre Zahl zurückging und sich diese wunderbaren Geschöpfe damit ihrer Ausrottung näherten, desto vehementer trat sie für den Schutz der sanften Riesen ein. Anfang der 80er-Jahre schlug Diane Alarm, weil die Zahl der Primaten in den Virunga-Bergen auf weniger als dreihundert Tiere geschrumpft war! Rechnet man noch die etwas über zweihundert Tiere im Bwindi-Forest hinzu, sind das noch nicht einmal sechshundert verbliebene Tiere. Damit gehört der Berg-

gorilla zu den am stärksten bedrohten Tierarten der Erde! Sie hatte sich mit ihrer Kompromißlosigkeit nicht nur Freunde gemacht. 1985 mußte sie für ihr konsequentes Engagement mit dem eigenen Leben bezahlen. Die Umstände ihrer Ermordung konnten nie restlos aufgeklärt werden, aber wahrscheinlich wurde sie, wie viele „ihrer" Affen, von Wilderern umgebracht.
Inzwischen engagieren sich eine ganze Reihe von Naturschutzorganisationen mit Finanzmitteln, Personal und dringend benötigter technischer Ausrüstung für die Rettung der Gorillas, darunter auch der World Wide Fund for Nature, die African Wildlife Society, der Diget Fund, die Fauna und Flora Preservation Society, die Zoologischen Gesellschaften von Frankfurt und New York und die Morris Animal Foundation. Sie arbeiten eng mit den offiziellen Regierungs- und Naturschutzbehörden der drei betroffenen Länder, sowie mit in der Gegend tätigen „Entwicklungshilfe"-Organisationen zusammen.
Die Maßnahmen setzen an verschiedenen Punkten an: Die weitere Erforschung der Gorillas durch das Karisoke-Forschungszentrum und ihre medizinische Betreuung sollen weitere Tierverluste verhindern. Die Verbesserung der Nationalparkinfrastruktur, sowie die Ausbildung von Touristenführern und Wildhütern ermöglicht eine verbesserte Überwachung des Schutzgebietes.
Mit Aufklärungskampagnen wird bei den Bauern in den umliegenden Dörfern für den Park geworben, denn der Wald ist auch für sie von entscheidender Bedeutung: als Erosionsschutz, Klimaregulator und vor allem als Wasserspeicher, der in der trockeneren Jahreszeit wie ein Schwamm allmählich seine Feuchtigkeit wieder abgibt. Durch Baumschulen- und Aufforstungsprojekte soll in absehbarer Zeit die Nutzholznachfrage der Menschen abgedeckt werden.
Eine gesteuerte Entwicklung hilft, den Tourismus als langfristige Einnahmequelle für das Land sichern. Inzwischen ist die wirtschaftliche Bedeutung des „Affentourismus" für Rwanda - auf lokaler wie auf nationaler Ebene - enorm: Die Region Ruhengeri hat durch die Arbeitsplätze im Park, durch die Ausgaben der Naturschutzorganisationen, vor allem aber durch die Touristen einen deutlichen Aufschwung genommen, und die Gorillas sind zu einer Hauptdeviseneinnahme des Landes geworden! Ganz zu schweigen von dem Image-Gewinn durch die wolligen Sympathie-Träger. Wer kannte vor dem Film „Gorillas im Nebel" schon Rwanda?
Das Maßnahmenpaket hat bisher gute Wirkung gezeigt: Die Zahl der überlebenden Gorillas hat sich stabilisiert, und es gibt sogar Anzeichen für eine leichte Zunahme. Die Situation sieht heute also wirklich nicht mehr vollkommen hoffnungslos aus, wenngleich noch kein Anlaß zu

überschwenglichem Optimismus besteht. Die weitere Entwicklung muß sich erst noch zeigen. Denn solange die Menschenzahl in der Umgegend des Parks weiterhin zunimmt, ist keine endgültige Entwarnung möglich!
Die Befürchtungen von Liz sollten sich schnell bewahrheiten. Mit dem Einfall der Tutsi-Rebellen Ende 1990 ist der Tourismus - zumindest in Rwanda - weitgehend zusammengebrochen und die Zukunft der Menschenaffen wieder ungewiß.

Am folgenden Tag steige ich an der Flanke des Karisimbi empor, in dessen Waldgürtel die Susa-Gruppe lebt, mit dreißig Tieren die größte der zu besuchenden Affenfamilien. Der höchste Berg der Virunga-Vulkane ist nach wie vor in Wolken gehüllt. Die klassische Zonierung afrikanischer Bergwälder ist hier, in seinem unteren Teil, schon nicht mehr zu erkennen: Der alpine Wald, der sich normalerweise in Höhen von 2.000 bis 3.000 Metern erstreckt, ist vollkommen abgeholzt. Dem schließt sich zwischen 2.500 und 3.300 Metern die Bambuszone an, bis etwa 3.500 Meter wächst der Montanwald, auf den Baumheide und Moorland folgen. Bei 4.500 Metern ist die Vegetationsgrenze erreicht, ab 4.750 Meter beginnt die Gletscherregion.
Gorillas - sind sie tatsächlich so toll, so einmalig, so unbeschreiblich? Jetzt bin ich wirklich gespannt. 80 US-Dollar als Student für einen Gorilla-Besuch - das ist für mich schon happig. Andererseits, denke ich, während ich Schritt vor Schritt setzte, wenn das überbevölkerte Rwanda 10 % seiner Landesfläche für den Naturschutz reserviert, ist eine entsprechende Entschädigung, die dem Land, seinen Menschen und Tieren zugute kommt, voll in Ordnung.
Oben, am Übergang zum Bambuswald, steht eine Metallhütte, in der zwei Ranger auf verlassenem Posten sitzen. Sie scheinen ganz glücklich über den unangekündigten Besuch. Kein Problem, ich kann in ihrem Häuschen übernachten. Je mehr Menschen, desto wärmer. Von hier oben genießt man einen einmaligen Blick auf den enthüllten Muhavura und die wabbernde, weißliche Wolkenmasse im Tal. Aber es ist verdammt kalt. Ich halte das schließlich nicht mehr aus und verkrieche mich schon um vier Uhr nachmittags in den Schlafsack.
Morgens um halb sieben gelingt es mir endlich, meinen Schweinehund zu überwinden und mich aus dem wärmenden Schlafsack zu schälen. Gespenstisch, wie die Wolken lautlos den Berg heraufziehen und alles in einen feucht-grauen Schleier hüllen. Mich fröstelt. Kurz vor der Nationalparkgrenze treffe ich auf die Gruppe, es sind zwei Guides und fünf Besucher, und zufällig alles Deutsche. Der Führer schärft uns nochmals ein, nicht mehr laut zu sprechen, kein Blitzlicht beim Foto-

grafieren zu benutzen und vor allem nichts Menschliches im Park zurückzulassen. Keinen Abfall, und wer nochmals aufs Klo muß, soll das hier tun. Sonst können gefährliche Infektionskrankheiten auf die Tiere übertragen werden. Im übrigen sollen wir einfach alles imitieren, was er tut, dann droht uns keine Gefahr. Die Gorilla-Familie ist so weit an Menschen gewöhnt, daß sie beim Besuch einer Touristengruppe weder mit Aggression noch mit Flucht reagiert. Solange man nicht die Tiere berührt und dem Chef des Affenclans direkt in die Augen schaut! Das könnte sonst vom Boß als aggressives Verhalten ausgelegt werden. Wir sind also gewissermaßen einem gegenseitigen Stillhalteabkommen oder Gentlemen's Agreement verpflichtet.

Der Trampelpfad durch das Dickicht des Bambuswaldes ist beschwerlich, einer der Parkwächter geht vorweg und schlägt mit der Machete die Dornenranken aus dem Weg. Ständig bleibe ich hängen, reiße mir ein Loch in das Regenzeug. Nachdem ich es ausgezogen habe, bin ich nicht glücklicher. Wie ich unmittelbar spüre, gehen wir gerade durch brusthohe Brennesselpflanzen: Meine Arme brennen wie Feuer.

Allmählich verändert sich die Vegetation, wir haben die Nebelwaldzone erreicht. Die Bäume tragen lange, hellgrüne Flechtenbärte, in denen sich die Luftfeuchtigkeit niederschlägt. Es sieht aus, als wären die Pflanzen über und über mit silbernen Perlenketten behängt.

Die ersten Gorillaspuren! Hier hat man sie gestern gesehen, verdeutlicht uns der Guard wortlos. Es sind verlassene Schlafnester, in denen frischer Kot liegt. Sie werden Abend für Abend von den Tieren mit abgebrochenen Ästen am Boden erbaut und dann mit Grasbüscheln und Moosen ausgepolstert. Von da ab ist es wirklich keine Kunst mehr, ihrer Fährte zu folgen. Sie haben eine breite Bresche von abgeknickten Zweigen und niedergetrampeltem Kraut ins Unterholz gewalzt. Diese Spur der Verwüstung erweckt bei mir tiefen Respekt und meine Spannung steigt.

Da! Zehn Meter vor uns erzittert ein kleiner Baum bis in den Wipfel. Im nebeligen Dickicht bewegt sich ein schwarzer Schatten. Jetzt hört man auch das Krachen, mit dem der Susa-Clan, die größte der an Menschen gewöhnten Affengruppen, wie eine Gang von Halbstarken in der Vegetation herumkrakeelt. Die beiden Wildranger imitieren das schwer beschreibliche Affengrunzen, um unseren Besuch anzukündigen. Wir werden nicht weiter beachtet, als wir uns vorsichtig in geduckter Haltung näherpirschen.

Das ranghöchste Männchen und damit Chef des Clans, der an der silbergrauen Färbung des Rückenfells erkennbar ist, räkelt sich auf dem Boden und läßt sich von jüngeren Tieren genießerisch das Fell pflegen. Die Beute der Läusejagd wird gleich verspeist. Zwei „Teenager" und ein

Kleinkind kugeln als lärmendes Knäuel durch die Botanik, bis sich der Knirps weh tut und kurz aufquiekt. Da wird es der Mutter, die ein paar Meter entfernt saß und die Szene mißtrauisch beobachtete, endgültig zu bunt. Sie springt auf und nimmt den pelzigen Winzling mit den großen dunkelbraunen Augen tröstend an die Brust. Die beiden Rowdies sind damit überhaupt nicht einverstanden, einer von ihnen steht trotzig auf und trommelt sich angeberisch auf die Brust.
Wir sitzen mitten dazwischen. Es ist wie im Film. Nein, noch viel schöner als ein Film. Es ist die Wirklichkeit. Die Verhaltensweisen und Bewegungen der Menschenaffen kommen uns alle sehr, sehr bekannt vor! Ich weiß, man soll sich davor hüten, Tiere zu vermenschlichen. Aber die Ähnlichkeit zu uns ist hier einfach umwerfend groß. Die Gorillas wirken wie liebenswerte, sanftmütige, vielleicht etwas tollpatschige Muskelprotze, die die Wirksamkeit eines neuartigen Haarwuchsmittels unter Beweis stellen.
Elvis lebt! Das dachte ich zumindest im ersten Moment. Einer der Youngster-Affen trägt einen Backenbart, der sich durchaus mit dem des King of Rock 'n Roll messen kann. Überhaupt haben sie alle einen individuellen Gesichtsausdruck, ein eigenes Wesen. Es gibt versonnene Charaktere und Hitzköpfe, neugierige, verspielte und eigenbrötlerische Individuen.
Die Mehrzahl der Tiere sitzt im Grünen verstreut, in kleinen Gruppen oder einzeln, und kaut. Mit großer Geschicklichkeit wird die härtere Rinde der pflanzlichen Nahrung mit den Zähnen geschält. Dem Schmatzen nach schmecken die knackigen Sprossen so saftig, wie sie aussehen. Dabei ist man sehr wählerisch mit dem, was gegessen wird und große Stücke der ausgerissenen Stengel und Triebe wandern als Abfälle auf den Boden. Mich erinnert das ein bißchen ans Muscheln essen: Wenig Inhalt und viel Müll.
Berggorillas ernähren sich ausschließlich von pflanzlicher Nahrung und Kleintieren, wie Insekten. Um mit dieser schmalen Kost in der Kälte dieser Höhenlage den großen Energie- und Eiweißbedarf ihres Organismus decken zu können, müssen sie den Großteil des Tages riesige Mengen an Grünzeug fressen. In der Zeit, die dann noch verbleibt, sind sie relativ inaktiv und schlafen sehr viel, um ihre Reserven zu schonen.
Dann stockt mir der Atem! Dem Silberrücken geruht es endlich, sich zu erheben. Es ist schon imponierend genug, mit einem der deutlich kleineren Weibchen auf Tuchfühlung zu sein. Aber der Drei-Zentner-Fleischberg, der da vor uns steht, läßt das alles vergessen. Irgendwo habe ich mal gelesen, daß ein ausgewachsenes Tier zwanzig Mal so stark sei wie ein erwachsener Mensch. Ich weiß nicht, wie man das

festgestellt haben will, denn die lebende Schrankwand sieht nicht so aus, als würde sie freiwillig an einer wissenschaftlichen Versuchsreihe teilnehmen. Ich betrachte mir ehrfurchtsvoll die Muskelpakete, die da unter dem schwarzglänzenden Fell spielen, und brauche keine wissenschaftliche Studie mit Kilopondangaben, um das zu glauben. Allein der Schädel des Alten mag die dreifache Masse eines Menschenkopfes haben, seine mächtigen Pranken lassen meine Hände als die kümmerlichen Patscher eines Kindes erscheinen.
Die Zeit ist viel zu schnell rum. Als die Guides den Aufbruch signalisieren, kommen wir wie aus einer Trance zurück. So vorsichtig, wie wir uns genähert hatten, entfernen wir uns wieder. Zuerst vermag niemand etwas zu sagen, aber dann reden wir alle zugleich. Wie alle anderen, die es erleben durften, werfen wir mit Superlativen um uns!
Ja, jetzt beginne ich die vielen „Wahnsinn!“s und „Einmalig!“s zu verstehen, die ich vorher immer gehört habe! Und für mich wird der engagierte Einsatz einer Diane Fossey nachvollziehbar. Die Stunde unter den Affen war wie eine Ewigkeit und verging gleichzeitig wie im Flug. Sie hat mich tief berührt, fasziniert - und vielleicht ein bißchen verändert.
Meine Knöchel haben die Tour weniger begeistert aufgenommen. Als ich vorsichtig den Turnschuh aufschnüre, ist der gesamte Knöchel bläulich-rot verfärbt, heiß und angeschwollen. Zwei weitere Tage wandern im Vulkangebiet sind damit gestorben. Niedergeschlagen kehre ich mit einer der deutschen Familien nach Kigali zurück. Als ich durch die Rückscheibe nach hinten blicke, steht sie da nochmals, die Kette der sechs Kegel, zum ersten Mal gestattet der Karisimbi einen Blick unter seinen Wolkenschleier. Die Luft ist so klar, daß rechts von uns das Tal eines der Nebenflüsse des oberen Kagera mit seinen tiefen Einschnitten wie eine Reliefkarte ausgebreitet liegt. Und ich schwöre mir: Ich komme wieder!

# Ostafrika

Traveller's-Tree

## Uganda: Zwischen Bürgerkrieg und Aufbruch

In Merama Hill, im Dreiländereck Rwanda-Tanzania-Uganda, überquere ich die Grenze. Mein Bild von Uganda ist von Berichten über die wahnsinnigen Greueltaten zu Zeiten Idi Amin Dadas und Apollo Milton Obotes geprägt. Militär und Polizei haben während dieser 14 Jahre 800.000 Menschen ermordet, fast ein Zehntel der damaligen Bevölkerung! Ich gebe offen zu, daß ich vor der Einreise nervöser als sonst bin.

Als ich von der rwandesischen Abfertigung zum ugandischen Grenzposten komme, glaube ich meinen Augen nicht zu trauen: Die Zöllner sitzen in der Morgensonne beisammen und spielen Scrabble. Ich versuche, mir diese entspannte Szene an den Grenzen der bisherigen Reiseländer vorzustellen - unmöglich!

„Was passiert, wenn es Streitigkeiten um einen Begriff gibt?" frage ich interessiert.

„The judge is here!" also ungefähr: „Der Richter ist das hier", erklärt einer der Uniformierten und schlägt mit der flachen Hand auf ein Oxford Dictionary. Kein Zweifel, damit bin ich wieder im anglophonen Bereich Afrikas. Von hier aus bis ans Kap der Guten Hoffnung gilt damit auf den Straßen Linksverkehr.

Nachdem die Runde vorüber ist, bittet mich der Immigration-Offizier mit britischer Korrektheit in sein Büro. Der Beamte blättert in meinen Papieren.

„Well, well. Das ist ja soweit alles in Ordnung, nur - als westdeutscher Staatsbürger brauchen Sie ein Visum für Uganda. Aber keine Sorge, ich kann es Ihnen ohne Probleme gegen 20 Dollar hier an der Grenze ausstellen."

Vor Abreise aus Deutschland habe ich mich über die Einreisebestimmungen jedes Landes informiert. Und da hieß es: Keine Visumspflicht für Uganda! Ich wittere sofort einen Versuch, mir Geld aus der Tasche zu ziehen. Na warte, du ahnst ja nicht, daß ich inzwischen schon mit einigen Wassern gewaschen bin!

Laut entgegne ich: „Das verstehe ich nicht! Ich war in Kigali in der Vertretung Ihres Landes, um ein Visum zu beantragen und der Schalterbeamte sagte mir, daß ich das als Deutscher nicht brauchte. Jetzt, vor vier Tagen!"

Das ist dreist geblufft. Der Mann wird unsicher. Er schickt mich für einige Minuten vor die Tür, in dieser Zeit legt er sich wohl eine neue Strategie zurecht. Schließlich ruft er mich wieder zu sich in die Amtsstube

Reiseroute
Ostafrika
200 km
SUDAN
ZAIRE
UGANDA
KENYA
Murchison Falls
Lake Albert
Victoria-Nil
Rwenzori
Fort Portal
Kampala
Jinja
Mt. Elgon
Kitale
Lake Baringo
Kasese
Äquator
Lake Edward
Merama Hill
Lake Victoria
Lake Nakuru
Mt. Kenya
Lake Naivasha
Nairobi
Lake Kivu
Kigali
RWANDA
Kilimanjaro
Mt. Meru
Arusha
Moshi
BURUNDI
Lake Tanganyika
Massai Steppe
Tanga
Pemba Island
TANZANIA
Sadani Game Reserve
Zanzibar
Bagamoyo
Dar-es-Salaam
Mikumi Nat. Park
Morogoro
Ifunda
Iringa
Uyole
Tukuyu
Kyela
Ngara
ZAMBIA
Chitimba
Nkhata Bay
Lake Malawi
MALAWI
Cape McLear
Zomba
Mwanza
Blantyre
MOCAMBIQUE
Nyamapanda
Tété
ZIMBABWE

und zeigt mir einen Zettel mit der handgeschriebenen Benachrichtigung von einer angeblich höheren Dienststelle, wonach deutsche Staatsbürger ab sofort der Visumspflicht unterlägen usw. usw. Datiert auf Mai vergangenen Jahres. Schlau. Er hat die Zeit wohl genutzt, dieses Schreiben schnell nachzuliefern! Damit ist der schwarze Peter wieder bei mir.
Ich setze ein betrübtes Gesicht auf: „Ja, ich sehe. Dann lag da in Kigali wohl ein bedauerlicher Irrtum vor, entschuldigen Sie. Das Problem ist nur: Ich habe mit dieser zusätzlichen Ausgabe von 20 Dollar nicht gerechnet und fürchte, mein Budget wird ohne sie nicht ausreichend sein, um unbeschadet nach Kampala zu gelangen. Dort könnte ich an neue Finanzmittel herankommen ... Sagen Sie - ist es nicht möglich, daß Sie mir eine vorläufige Einreisegenehmigung ausstellen, und ich lasse mir dann in Kampala auf dem Immigration Office das Visum nachträglich ausstellen? Ich bitte Sie inständig!"
So, jetzt hab ich dich!
Der Offizier ringt mit sich selbst. Schließlich gibt er nach.
„Also gut, ausnahmsweise! Sonst säßen Sie hier bei mir fest!"
Das klingt für mich wie eine unterschwellige Drohung. Ich danke ihm umständlich und mache mich schleunigst aus dem Staub.
Später erzählen mir zwei deutsche Touristen in Kasese, daß sich die Bestimmungen seit meiner Abfahrt aus Deutschland tatsächlich geändert haben. Der Beamte hat also mir zuliebe entgegen seiner Vorschriften gehandelt! Und ich bemerke auf meiner Fahrt durch Uganda, daß dienstliche Schriftstücke - in Ermangelung einer funktionierenden Schreibmaschine - oft handschriftlich aufgesetzt werden. So stellt sich mein Mißtrauen im nachhinein als vollkommen unberechtigt heraus. Ich bin tief beschämt und leistete in Gedanken tausend Mal Abbitte.
Dieses Erlebnis zeigte mir wieder, daß es in Afrika keine verläßlichen Informationen gibt. Visa-Bestimmungen und politische Machtverhältnisse können sich über Nacht ändern, in als sicher eingestuften Reiseregionen mag plötzlich Anarchie herrschen oder ein Grenzübergang abrupt seine Schranken schließen. Das weißt du nie vorher, und deshalb mußt du immer mit allem rechnen. Besser: Nie mit irgend etwas.

Obwohl der ugandische Bürgerkrieg offiziell bereits Anfang 1986 mit der Einnahme Kampalas durch die National Resistance Army des heutigen Präsidenten Yoweri Museveni geendet hat, sind die Spuren der Zerstörungen noch immer nicht restlos beseitigt. Schon auf den ersten Uganda-Kilometern sehe ich rechts und links der Piste ausgebrannte Hausruinen und gekappte Telegraphenleitungen. Nur notdürftig zugeschüttete Granatentrichter spicken die Fahrbahn. Und dann die Armut

*Weiß sich zu wehren - Beamtin der Ugandan Police Force*

der Menschen! Unvorstellbar, daß Uganda zur Zeit der Unabhängigkeit 1962 eines der wohlhabendsten Länder Afrikas gewesen ist, ein Land, das Winston Churchill einmal als „Perle Afrikas“ bezeichnete!
Die Bevölkerung der südöstlichen Landesteile hat unter dem Terror der Vergangenheit besonders gelitten, das berüchtigte Lubero-Triangle wurde systematisch entvölkert. Ihre Freundlichkeit und Fröhlichkeit ist um so erstaunlicher. Jeder scheint ein Lachen auf den Lippen zu haben.
Aber bereits die Zöllner und jetzt immer wieder Privatpersonen schärfen mir ein, niemals draußen zu übernachten, sondern wenn möglich auf Polizeistationen, denn durch den Bürgerkrieg sind noch sehr viele Waffen im Umlauf. Tagsüber ist die Lage anscheinend unter Kontrolle, aber nachts machen immer noch *Haramia,* Banditen, die Gegend unsicher.
In Ntungamo schlage ich nicht die Richtung nach Kampala ein, wie ich an der Grenze vorgegeben habe, sondern bewege mich über eine Nebenstraße nordwestlich auf Kasese am Fuß der Rwenzoriberge zu. Die Piste besteht aus Schotter, ist aber angenehm zu fahren. Von Hügeln zu sprechen, wäre nach den Erfahrungen in Burundi und Rwanda übertrieben. Nun ja, es gibt einige Steigungen.

Fußball ist auch in Uganda unbestritten Sportart Nummer eins. Im staatlichen Fernsehen wird alle vierzehn Tage „Football Made in Germany“ gezeigt und einige Ugander, die ich treffe, kennen die Spielernamen der deutschen Nationalelf besser als ich. Auf dem Bolzplatz einer Distriktschule, an der ich vorbeifahre, läuft gerade ein Spiel. 600, vielleicht auch 800 Zuschauer folgen gebannt der Lederkugel.
Da bemerkt irgend jemand von den Fans den *Muzungu,* den Weißen auf dem Fahrrad. Raunen geht durch die Menge. Plötzlich rennen die Menschen schreiend auf mich zu. Zuschauer, Spieler, Schiedsrichter. Ich bekomme es mit der Angst zu tun. Was hat das zu bedeuten? Will mich der Mob aufknüpfen? Da ist sie wieder, die unterdrückte Angst vor nichtkalkulierbaren Situationen in Uganda! Ich trete wie verrückt in die Pedale. Schneller! Willst du von dieser kreischenden Menge zerrissen werden?
Am nächsten Hügel blicke ich mich um. Das gibt's nicht! Niemand wird mir das glauben, man kann sich das einfach nicht vorstellen! Eine zweihundert Meter lange Menschenschlange, die japsend und ohne jeden Sinn brüllend hinter mir herläuft. Ich zerre meine Kamera raus, drücke zweimal rasch ab - da ist es schon zu spät. Die ersten haben mich eingeholt. Jetzt sehe ich: Sie lachen! Sie freuen sich! Sofort bin ich von quatschenden und kichernden Menschen umringt, die mich fast zer-

drücken. Ich bin nach einem halben Jahr Afrika schon einige Aufmerksamkeit gewöhnt, doch dies hier sprengt jeden Rahmen. Ich fühle mich an Bilder aus den Tagen der Beatles erinnert. *Muzungumania* sozusagen.

In dem Stimmengewirr tauchen immer wieder die gleichen drei Worte auf: *„Baisekeli", „Muzungu"* und *„Gitari".* Der Lärm und das Durcheinander drohen alle um das Vergnügen eines Interviews zu bringen. Deswegen sorgen einige Ältere mit ein paar kurzen, harten Sätzen für Ruhe. Sofort wird mir wieder etwas mehr Raum zugestanden. Ich atme auf. Mir werden alle möglichen Fragen gestellt, die die Leute bei meinem Auftauchen halt so beschäftigen. Vollkommen ungezwungen. Die Neugier wird nicht versteckt. Allmählich drängen die Menschen wieder näher heran, niemand will ein Wort verpassen.

„Ist das ein Motorrad?" „Bist du ein Chinese?" „Spielst du was auf der Gitarre?" „Woher kommst du?" ...

Daß ich einige tausend Kilometer von Europa hierher geradelt bin, interessiert niemanden ernsthaft. Aber als ich erzähle, daß ich heute morgen von Rwanda herübergekommen bin - fast zwei Tage Fußmarsch weit weg - ernte ich fassungsloses Staunen. Da wird an dem Fahrrad und der Ausrüstung rumgefriemelt. Berührungsängste - im wahrsten Sinne des Wortes - gibt es nicht. Ein Kind streichelt mit großen, staunenden Augen meine Haut, grabscht nach den ausgebleichten Haarzotteln.

Über Kontaktmangel mit den Menschen Afrikas kann ich mich bisher auf der Reise bestimmt nicht beklagen. Im Gegenteil, manchmal gibt es Momente, da wird mir alles zuviel: das Fehlen einer Privatsphäre, die vielen Menschen, die mich bedrängen, der Lärm. Dann bekomme ich Sachen schon mal in den falschen Hals.

Beispielsweise, wenn ich merke, daß die Leute über mich lachen. Von den Kindern über die Frauen bis zu den alten Männern. Für sie bin ich einfach ungeheuer komisch. Sie machen Witze über mich, die ich nicht verstehe. Verständlich. Wenn ich gut drauf bin, wie jetzt, ist das lustig, ich lache so herzlich wie alle anderen, mache Faxen und setzte noch einen oben drauf. Aber manchmal, wenn ich hungrig bin, schmutzig und erledigt, wirkt es feindselig und gehässig. Dann fühle ich mich wahnsinnig allein, verletzt, geprügelt, verarscht.

Die Reaktion der Afrikaner auf die Fahrradtour ist immer die gleiche: *„Eh, eh, eh!".* In diesem Ausruf der Verwunderung oder Überraschung schwingt zwar Anerkennung für die körperliche Leistung mit, aber zugleich ein mitleidiges Kopfschütteln angesichts dieser sinnlosen Anstrengung - so was bringt nur ein verrückter Muzungu fertig. Jeder halbwegs normale Mensch würde doch den bequemsten Weg wählen! Zu-

mal, wenn man so reich ist wie ein Europäer und sich ohne Probleme ein Ticket, wenn nicht sogar ein Motorrad oder Auto leisten könnte.
Vor dem Hintergrund der wirtschaftlichen Situation der meisten Menschen in Afrika ist die Motivation zu einer derartigen Reise wie meiner tatsächlich nicht mehr nachvollziehbar. Allein das Wort „Urlaub" dürfte vielen Afrikanern vollkommen unbekannt sein. So lautet auch eine der häufigsten Fragen, die mir gestellt werden: „How much does your government pay for the journey?" oder „What's your mission?". Da offensichtlich ist, daß man beim Radfahren nicht materiell gewinnen kann, glauben viele, daß zumindest ein reicher Gönner - in diesem Fall der Staat - hinter mir stehen muß, um mich, aus welchen Gründen auch immer, für die Anstrengungen und Gefahren reich zu belohnen.
Die ausdauerndsten Läufer aus meinem „Fanclub" hänge ich erst nach drei Kilometern ab. Der Weg folgt einem kleinen Flußtal. Papyrus! Im sumpfigen Gelände rechts und links der Straße wächst ein regelrechter Papyruswald. Drei, vier Meter hoch! Und es stinkt höllisch nach Schwefel - Vorbote der heißen Quellen, auf die ich von den Menschen immer wieder aufmerksam gemacht werde. Sie seien unübersehbar, kurz vor den Flanken des Flußtals.
Im Dämmerlicht stehe ich an den dampfenden Felsbassins, in denen sich das warme Wasser sammelt. Die halbe Bevölkerung eines nahegelegenen Dorfes hält sich in den Pools auf, vom Kind bis zur Oma, Männer wie Frauen. Durch den Schwefelgeruch und die Wasserdampfschwaden könnte man meinen, sie schmorten in der Hölle. Das Auftauchen eines Muzungus erregt auch hier wieder Aufsehen. Die jungen Frauen tuscheln und kichern, als ich mich bis auf die Unterhose entkleide und zu einer schwatzenden Gruppe in den Männerpool steige. Oh, ist das wunderbar, die müden Beine im warmen Wasser auszustrecken und die Muskeln zu lockern!
Anasthasias, der Mann zu meiner rechten Seite, ist Lehrer an der örtlichen Schule. Wir kommen ins Gespräch. Unvermittelt fragt er:
„Weißt du eigentlich, Toum-Toum, was für eine Ehre es ist, hier im Wasser liegen zu dürfen? Vor der Vertreibung des Kabaka Mutessa II., dem König von Buganda, ins Londoner Exil durch die Regierung Obote im Jahr 1967 waren die Quellen der Herrscherfamilie vorbehalten. Zur Straße hin war das Bad vor neugierigen Blicken durch einen Zaun geschützt!"
Das Königreich von Buganda war eines von vier hochentwickelten und mächtigen Königreichen, die Henry Morton Stanley vorfand, als er 1876 auf der Suche nach den Nilquellen als erster Europäer die Region nördlich des Victoria-Sees bereiste. Wie die Königreiche von Rwanda und Burundi wurden sie um 1500 gegründet.

Als Geographielehrer hat Anasthasias sozusagen ein berufliches Interesse an den Verhältnissen in Deutschland. Er schießt eine Frage nach der anderen auf mich ab: „Stimmt es, daß ...", „Ich habe gehört ...", „Wie ist das mit ..."
Der erstaunlichste Umstand ist für ihn, daß in Deutschland jedes Haus an das Elektrizitätsnetz angeschlossen ist und daß alle Straßen geteert sind. Und so kommt es schließlich, daß ich am nächsten Morgen vor den 56 Schülern seiner Klasse von Europa und meiner Radtour erzähle. Es ist mucksmäuschen still. Erst als ich zum Schluß noch Gitarre spiele, geraten die Kinder außer Rand und Band. Am besten gefällt ihnen das Lied *„Eo Jambo"*, das von meiner Radtour handelt. Ich habe es in Kiswaheli geschrieben, weil ich immer wieder gebeten worden war, auch afrikanische Lieder zu singen.
Nach Unterrichtsschluß steige ich mit dem Gefühl porentiefer Reinheit aufs Bike. Durch das gestrige Bad schimmert meine Haut wieder appetitlich rosa, wo ich vorher noch stolz falschen Teint präsentierte. Durch Reste von Urwald und große Teepflanzungen strample ich auf den Queen Elizabeth National Park zu. Der Direktor der Ankole Tee-Fabrik, die ich besichtige, warnt mich, nicht bei Dunkelheit weiterzufahren, in den vor mir liegenden Bergen gäbe es Goldminen, an denen sich allerlei Gesindel herumtreibt, und ich verspreche, vorsichtig zu sein.
An einer langgezogenen Steigung überholt mich ein qualmender Bus und verschwindet hinter der nächsten Kurve. Ein Schuß fällt. Unwillkürlich zucke ich zusammen. Wahrscheinlich ist da jemand auf Affenjagd, aber dieser Knall hat mit einem Schlag die Angstgefühle aus dem Sudan wieder lebendig werden lassen ...
Bergab kommen mir zwei Radfahrer entgegen. Sie winken schon von weitem - die Ugander sind wirklich überwältigend freundlich! Als sie auf Rufweite heran sind, höre ich sie schreien: „Hurry, hurry! Los, schnell, dreh um, Banditen haben einen Bus überfallen!"
Ach du meine Güte, deswegen der Schuß - und das direkt vor meiner Nase! Wir warten dann eine Viertelstunde unschlüssig, ich spiele schon mit dem Gedanken, umzukehren und auf direktem Weg nach Kampala zu radeln. Da überholt uns ein Lastwagen und fährt in die Berge. Nichts passiert. Als auch aus der Gegenrichtung ein Wagen unversehrt durchkommt, schieben wir die Räder mit etwas flauem Gefühl wieder bergauf, sondieren aber vor jeder Kurve die Lage. Schließlich traue ich mir zu, alleine weiterzufahren. An der nächsten Kehre tauchen drei Männer mit MP's auf. Ich reiße Filfilla rum und trete um mein Leben. Dieses Mal kriegt ihr mich nicht! Hinter mir Rufe und lautes Lachen.
„Hey, don't worry, we are policemen!"

Uff, nur Polizisten, die die Gegend nach den Banditen durchkämmen. Keine Ahnung, woher die so schnell aufgetaucht sind! Egal, jetzt nichts wie weg hier.
Im nächsten Dorf steht der ausgeraubte Bus, umlagert von einer Menge Neugieriger. Gott sei Dank wurde niemand verletzt!
Kurz vor Sonnenuntergang glänzt in der Ebene unter mir Lake George silbrig auf, dahinter treten die weißen Schneegipfel des Rwenzoris aus den Wolken - was für ein Anblick! Fünf Wochen ist es jetzt her, daß ich auf der anderen Seite des Gebirges stand!
Dann muß ich mich beeilen, denn die Sonne fällt wie ein Stein vom Himmel, viel Zeit bleibt mir nicht bis zum Einbruch der Nacht. Aber noch liegen vierzehn Kilometer schlechte Straße mitten durch den Queen Elizabeth National Park nach Katunguru vor mir.
Katunguru liegt am Kazinga-Kanal, welcher den George-See mit dem Lake Edward verbindet. Das schlammige Gewässer ist ein ideales Moskito- und Nilpferd-Revier. Nachts, so erzählt mir der Polizeichef, kommen die Flußpferde an Land und machen zusammen mit Büffelherden den Ort unsicher. Bei verdächtigen Geräuschen soll ich mich also nicht beunruhigen.
Nachdem ich mit ihm und seiner Familie einen interessanten Abend verbracht habe, führt er mich zu einem leerstehenden *Uni-Pot,* in dem ich mein Moskitonetz aufbauen kann. Uni-Pots sind die transportablen, achteckigen Metallhütten der ugandischen Polizei- und Militärkräfte, die aussehen wie überdimensionale Blechbüchsen.
Am nächsten Tag wird es brütend heiß. In den Bäumen an der Straße hängen die kugelförmigen Nester zeternder Webervögelkolonien. Auf dem Weg nach Kasese überquere ich wieder den Äquator - diesmal von Süden nach Norden. Im Schatten des Äquator-Schildes machen zwei einheimische Fahrradtransporteure ein Päuschen. Sie kommen mit getrockneten Tilapia-Fischen vom Lake George. Voller Genugtuung sehe ich, daß auch den einheimischen Profis in der Hitze der Schweiß in Strömen läuft.
Diese Fahrradspediteure, die mir im zentralen Afrika immer wieder begegneten, bestreiten mit ihren grundsätzlich hoffnungslos überladenen indischen und chinesischen Drahteseln den gesamten Handel zwischen den Dörfern in abgelegenen Busch- und Urwaldgebieten.
Fahrradtransporter spielen auch in Uganda eine wichtige Rolle im Handel. Meist begleite ich meine einheimischen Kollegen nur bis zur nächsten Steigung, wo sie absteigen und schieben müssen, während ich mit meiner Schaltung problemlos hochkomme.
Die Fracht, die *nicht* mit dem Fahrrad transportiert werden kann, gibt es nicht! Das wird mir täglich auf viele Arten eindrucksvoll demonstriert!

*Am Äquator im Queen Elizabeth Nationalpark, Uganda*

*Ancholi-Rinder in Uganda werden auf große Hörner gezüchtet*

Es gibt „Schüttgut"-Radler mit Säcken voller Holzkohle und Viehtransporter mit jämmerlich meckernden Ziegen, die quer auf dem Gepäckträger festgeschnürt sind, vorne an der Lenkstange zusätzlich drei flatternde Hühner. In Zaire sah ich ein Rad, das mit sieben erlegten Affen beladen war! Es gibt „Tanklaster", deren Kammern aus alten Plastikkanistern bestehen, in denen hochprozentiger „Sprit" schwappt - meist Palmwein oder auch Palmöl -, weiter „Südfruchtexpresse", die mit Bananenstauden zum nächsten Marktflecken unterwegs sind, und auch fahrende Kramläden, deren buntes Sortiment alles bietet, was für das Überleben im Urwald oder in der Savanne unverzichtbar ist. Vom Kunststoffkamm bis zum Kondom ...

Von den Männern des Pedalgewerbes erhalte ich immer die verläßlichsten Streckeninformationen. Sie kennen alle *Shotkati* („shortcuts"), also Abkürzungen und Schleichwege, wissen über Pistenzustand, Dörfer, Versorgungsmöglichkeiten und Wildtiere Bescheid.

Nachdem ich meine Fragen etwas abwandle, erhalte ich sogar Auskünfte über Wegentfernungen, deren Präzision in krassem Gegensatz zu dem Nonsens steht, den ich zuvor durch falsches Fragen provoziert habe. Inzwischen frage ich nämlich nicht mehr nach Entfernungen, denn die Vorstellungen der Menschen darüber, was ein Kilometer ist, gehen darüber meilenweit auseinander. Im wahrsten Sinne des Wortes. Ich erkundige mich nur noch nach Fußmarschdauer. Die läßt sich dann in Kilometer umrechnen.

Dabei ist allerdings zu bedenken, daß im ländlichen Afrika der Fußmarsch das Verkehrsmittel Nummer eins ist und die Leute einen entsprechend zügigen Schritt besitzen. In einem Fall erlebte ich, daß ein Mann innerhalb von 15 Stunden 80 Kilometer zu Fuß zurücklegte - fast soviel, wie ich mit dem Fahrrad schaffe!

In dünnbesiedelten Gebieten ist auch die Orientierung oft ein Problem, denn Straßenschilder sind an Weggabelungen in Wüste, Busch und Urwald spektakuläre Ausnahmefälle. Und wenn ich dann nach Stunden endlich wieder jemandem begegne, gibt es oft Verständigungsprobleme. Auf dem Land beherrschen viele Menschen, besonders ein Großteil der Frauen, die offizielle Verkehrssprache nicht. Das ist nämlich auch heute noch in einer ganzen Reihe von Ländern die Sprache der ehemaligen Kolonialherren. In Uganda also Englisch. Und die wird in der Schule gelernt, die längst nicht alle Kinder besuchen. Vor allem die Mädchen nicht, die schon früh zu Hause bei der Arbeit helfen müssen. Andererseits ist die Zahl der lokalen, afrikanischen Sprachen zu hoch, als daß ich sie mir auf der Durchreise alle aneignen könnte. In Uganda, knapp so groß wie die alte BRD, werden 33 verschiedene Sprachen und zahlreiche Dialekte gesprochen!

Um Mißverständnisse auszuschließen, sind manchmal regelrechte Umfragen notwendig. Ich vertraue dann der Aussage der Mehrheit. Allerdings mußte ich erst einmal das Geheimnis ergründen, *wie* Erkundigungen eingezogen werden. Inzwischen weiß ich: Eine Frage darf niemals so gestellt werden, daß sie die Antwort bereits in den Mund legt, z.B.: *„Hujambo Baba,* hier geht es doch nach Kasese, oder?“. Der ausgeprägte Höflichkeitskodex in Afrika zwingt den Befragten beizupflichten, auch entgegen besseren Wissens. Denn es gilt als grob und unhöflich, direkt zu widersprechen. Also muß die Frage umgedreht werden: „Hujambo Baba, *wo* geht es nach Kasese?“. Eine zögernde Beantwortung deutet darauf hin, daß die Frage nicht verstanden wurde, oder daß sich der Befragte nicht auskennt.
Um in kritischen Fällen sicherzugehen, frage ich auch noch nach der entgegengesetzten Richtung, aus der ich komme. Die Namen der Dörfer in meinem Rücken kenne ich ja und kann sie mit den Angaben überprüfen, die ich erhalte. Sind sie korrekt, gehe ich davon aus, daß sich der Befragte wirklich auskennt.
Über Kasese fahre ich weiter nach Norden, immer entlang des Rwenzori-Gebirges, das vor Urzeiten beim Einsacken des Zentralafrikanischen Grabens bis auf 5.109 Meter hochgedrückt wurde. *Rwenzori* heißt in der örtlichen Bakonjo-Sprache übrigens „Regenmacher“ - die Bezeichnung paßt. Weil fast immer in Wolken gehüllt, blieb die Existenz des Berges vor den Europäern bis 1889 verborgen. Während ich mich durch seine Ausläufer hügelauf, hügelab voranquäle, verwandeln Gewitterwolken den Fünftausender in einen geheimnisvollen Riesen, der nur ab und zu aus den Wolkenfetzen auftaucht, bis ich nicht mehr sicher bin, ob ich mir die Existenz des Berges nur einbilde.

In Fort Portal mache ich erst einmal einige Tage Pause. Ich bin bei einem Deutschen namens Mario Berger zu Gast, den ich in Kasese kennenlernte. Mario war Anfang der Siebziger Schlagzeuger des Jahres von Berlin, ist von Beruf Medizintechniker und Hobby-Funker aus Passion. Die Geschichte, die er mir erzählt, wie es ihn nach Uganda verschlagen hat, ist schon skurril. Während des Bürgerkrieges Anfang der Achtziger fing Mario den Hilferuf eines Missionars auf den Sese-Islands im Victoria-See auf. Rebellen bedrohten seine Krankenstation. Kurz entschlossen packte der Berliner seinen Koffer und flog nach Uganda, um dem Manne zu helfen. Zahllose Male machte er mit einem kleinen Boot die gefährliche Tour von den Inseln rüber zum Festland, um die Verletzten in Sicherheit zu bringen. Nach dem Krieg blieb er in Uganda, lernte seine ugandische Frau kennen und hat nun ein kleines Töchterchen. Inzwischen arbeitet er vor Ort in einem GTZ-Projekt.

In seinem Garten steht bereits ein weiteres Zelt. Es gehört Brigitte und Wolfram. Auch sie sind mit dem Fahrrad unterwegs, allerdings auf dem Weg nach Westafrika. Wolfram braucht dringend eine Pause, weil ihn die Malaria übel erwischt hat. Es stellt sich schnell heraus, daß sie ebenfalls über Ägypten und Sudan heruntergekommen sind. Sudan? Moment mal! Tatsächlich, Wolfram und Brigitte sind das Pärchen, von denen mir in Khartoum auf der Botschaft erzählt worden war, daß sie nach Nairobi geflogen seien!
Mario verfügt über Informationen, wonach die politische Lage bis zum Victoria-Nil unter Kontrolle ist. Wer weiß schon, ob und wann ich wieder nach Uganda komme? Kurzfristig entscheide ich mich, auf dem Weg nach Kampala einen 600-Kilometer-"Schlenker" über den Murchison Falls National Park zu machen ...
Nach den Urwäldern beginnt in Uganda ein neuer Abschnitt meiner Reise: Ich habe die Savannen-Gebiete Ostafrikas erreicht. Die Strecke von Butiaba am Albert-See zum Eingang des Kabalega- oder Murchison National Park (beide Bezeichnungen sind gebräuchlich) entspricht zum ersten Mal dem Bild, daß ich mir als Kind vom äquatorialen Afrika gemacht habe: Eine offene Savannenlandschaft mit vereinzelten Akazienbäumen überzieht die sanften Hügel.
Es ist brüllend heiß, die Sonne steht senkrecht. Am Parkeingang lege ich mich zu den Rangern unter einen großen Mangobaum, um zu warten, bis mit sinkender Sonne die Luft etwas abkühlt. Nachdem mir der Chef der Parkaufsicht erzählt, daß ihnen hier gestern ein Löwenrudel einen Besuch abgestattet hat, wage ich kaum zu fragen, ob ich überhaupt mit dem Rad in das Schutzgebiet darf.
„Tagsüber ist das in der Regel unproblematisch, weil die Tiere zum Großteil dösen. Nur eins mußt du dir unbedingt merken: Nachts hast du draußen definitiv nichts verloren, verstehst du mich?"
Natürlich beeile ich mich, ihm das zu versprechen.
Das deckt sich mit den Erfahrungen meiner Tour. Ich bin ohne größere Probleme durch insgesamt sechs Schutzgebiete geradelt. Dort wo die Einheimischen zu Fuß oder mit dem Rad unterwegs sind, traue ich mich auch mit Filfilla durch. Wobei verschiedene Teile des gleichen Parks auch unterschiedlich gefährlich sein können. Und: Die aufregendsten Erlebnisse mit Wildtieren auf der Reise habe ich ohnehin außerhalb von Nationalparks.
Was giftige Tiere, wie einige Schlangenarten oder Skorpione angeht: Die wenigsten habe ich lebend gesehen, sondern meist überfahren und erschlagen - dann aber die giftigsten Kaliber, wie Puffotter, Gabun-Viper, Mamba und Kobra. Die Tiere sind ungeheuer scheu und flüchten, sobald sie die geringsten Bodenerschütterungen spüren

(Schlangen können nicht hören). Deshalb ist es wichtig, im Busch oder im hohen Gras fest aufzutreten. Knöchelhohe Schuhe und lange Hosen schützen Füße und Beine, die bei einem Biß am meisten gefährdet sind.
Einzige Ausnahme und deswegen besonders gefährlich: Die Puffotter. Diese Schlange ist sehr träge und bleibt einfach liegen, läßt aber ein warnendes Geräusch ertönen, das wie Rauschen klingt. Allgemein gilt: Zelt immer gut geschlossen halten und die Schuhe morgens vor dem Anziehen ausschütteln - angeblich hat da schon mancher Skorpion drin übernachtet. Am meisten Angst habe ich immer noch vor den fliegenden „Raubtieren", den Moskitos, wegen der Gefahr der Malaria-Übertragung.
Die Pisten in dem Park hier sind etwas versandet, aber sonst gut zu fahren. Nach dreißig Kilometern sehe ich im trockenen Land ein blaues Band schimmern - der Victoria-Nil! Am anderen Ufer liegt die Paraa-Lodge bzw. das, was die Truppen Amins bei ihren Plünderungen davon übrigließen! Auch die Tierwelt des früher weltberühmten Parks hat unter den marodierenden Soldaten erheblich gelitten: Die Population von ehemals 15.000 Elefanten wurde auf kleine Reste dezimiert, die Nashörner vollkommen ausgerottet. Auch die spektakulären Krokodilbestände, die von betäubten und toten Fischen unterhalb der Murchison-Fälle leben, sind stark zurückgegangen, erholen sich aber allmählich wieder.
Nachdem mich ein Ranger beruhigt hat, daß die Leoparden und die Löwen, welche ab und zu am Zeltplatz vorbei schauen, „very friendly" seien, baue ich mein zusammenfaltbares Mobilhaus in Blickrichtung zum sagenhaften Sonnenuntergang über dem Nil auf. Dann besteige ich meinen Gaze-"Käfig", der mich heute nacht also vor den gefräßigen Mücken und den weniger gefräßigen Löwen schützen soll ...
Die eigentliche Attraktion des Nationalparks sind jedoch die Murchison-Wasserfälle. Mit zwei Rangern und sechs Touristen tuckert am nächsten Morgen ein Boot flußaufwärts. Gemächlich schippern wir an Nilpferden vorbei, die im seichten Wasser schnorcheln. Die Vielzahl der Wasservögel ist unüberschaubar. An der ein Meter hohen Flußböschung liegen Krokodile mit aufgerissenem Schlund in der Sonne und dösen. Es sieht aus, als hätten sie Maulsperre. Aber sobald wir zu nahe kommen, schießen sie mit einem Riesensatz über die Kante. Das Wasser spritzt nach allen Seiten, dann sind sie verschwunden. Donnerwetter! So eine Schnelligkeit traut man diesen massigen Echsen nicht zu! Und dann sehen wir tatsächlich noch drei Elefanten, die vielleicht hundertfünfzig Meter vor uns mit schlenkerndem Rüssel im Dickicht verschwinden ...

Das Wasser wird immer schaumiger, die Strömung stärker. Das Schiff biegt um eine Flußschleife. Da sind sie! Vor uns liegen die Murchison-Fälle! Der Nil wird durch eine nur fünf Meter breite Schlucht gepreßt. Kein gerader Fall, sondern das kochende Weißwasser wird von einer Wand an die gegenüberliegende und wieder zurückgeschleudert. In drei Stufen donnert der Victoria-Nil 120 Meter abwärts. Die unterste, sichtbare, ist immerhin 35 Meter hoch! Obwohl wir mit dem Schiff nicht noch näher heran können, ist es ein einmaliger Anblick. Wie gut, daß bisher alle Pläne gescheitert sind, an dieser Stelle einen Staudamm zu errichten!

Auf der Rückfahrt nach Kampala reißt mir noch innerhalb des Parks das Kabel für den Kettenüberwerfer. Es gibt angenehmere Stellen, um das Rad zu reparieren! Einige Topi-Antilopen und Impalas beobachten mich skeptisch, und ein riesiger Marabu landet nicht weit von mir und wartet auf mein letztes Zucken. Doch Löwen zeigen sich glücklicherweise nicht ...

Nach zwei strammen Radeltagen - zuerst durch Busch und dann durch die fruchtbaren Gebiete Südugandas - erreiche ich Kampala. Die große Zahl an Waisenhäusern längs der Straße ist auffällig. Deutliches Zeichen für die dritte Katastrophe, die Uganda nach Terrorherrschaft und Bürgerkrieg nun heimsucht: Aids. Insgesamt etwa 800.000 Menschen hat *Mubi,* der Dieb, in Uganda bisher das Leben geraubt und 30.000 Kinder ohne Eltern zurückgelassen! 10 % der Bevölkerung sollen infiziert sein. In der Altersgruppe zwischen zwanzig und vierzig ist die Immunschwäche schon heute die häufigste Todesursache. Für die betroffenen Familien ist das eine Tragödie, für die Wirtschaft des Landes katastrophal. Denn die Bevölkerungsgruppe der gut ausgebildeten und schwer ersetzbaren Fachkräfte ist besonders stark betroffen. Mir fallen immer wieder die Plakate auf, die in den einfachen Lodges vor „Slim“ (engl. für „dünn“) warnen, wie Aids auch genannt wird, weil die Erkrankten so fürchterlich abmagern.

Kampala ist - wie Rom - auf sieben Hügeln erbaut. Wer es sich leisten konnte, flog in den sechziger Jahren von Nairobi in die moderne Hauptstadt Kampala, um in den mondänen Geschäften seine Einkäufe zu tätigen.

Heute ist das eher umgekehrt. An der Hauptverkehrsstraße der 700.000 Einwohner zählenden Stadt stehen immer noch einige leere Fassaden von niedergebrannten Geschäften, es gibt ab und zu kein fließendes Wasser und auf die abendlichen *Power-Cuts,* also Stromausfälle, ist jeder vorbereitet. Aber die Menschen strahlen eine unwahrscheinliche Zuversicht und Geschäftigkeit aus.

*Murchison-Falls des Victoria-Nils, Uganda*

Als ich nach den Osterfeiertagen auf der deutschen Botschaft meine Post abhole, erfahre ich, daß sich meine Eltern telefonisch bereits besorgt nach meinem Verbleib erkundigt haben. Der Kanzler der Botschaft konnte sie beruhigen:
„In der Nähe von Fort Portal ist vor einigen Tagen ein weißer Radfahrer mit Gitarre gesehen worden - wer sonst sollte das wohl sein? Er lebt also noch!"
Die 200 Kilometer von Kampala über Jinja zur kenyanischen Grenze sind sagenhaft ausgebaut. Es rollt wie von alleine, warmer Rückenwind schiebt mich über die Straße. Ich werde in regelmäßigen Abständen von einem Motorradpolizisten überholt. Nachdem er schon eine ganze Weile hinter mir hergetuckert ist, um diesen weißen Radfahrer zu bestaunen, stoppt er jetzt vor mir wahllos Fahrzeuge, kontrolliert Führerscheine und Blinker, bis ich mich herangearbeitet habe und vorbeipedalt bin. Sofort höre ich dann hinter mir, wie er seine Maschine anwirft, schnittig an mir vorüberzieht, um weiter vorne wieder jemanden anzuhalten. Bisher habe ich nur erlebt, daß Autofahrer eine Panne vortäuschten, um mich noch mal in Ruhe begucken zu können ...
In den Urwäldern und Sumpfgebieten an der Straße gibt es die unglaublichsten Vögel. Ich komme überhaupt nicht voran, weil ich ständig bunte ornithologische Leckerbissen entdecke und mein Vogelbestimmungsbuch rauskramen muß: Kiebitze, Webervögel, Tokos, Turakos, Kormorane, Störche, Eisvögel usw. usw.
Für ein gutes Frühstück, bestehend aus *Chapati na Mayei* (mit Ei überbackenes, dünnes Fladenbrot), Milchkaffee und viel Obst vom Markt gebe ich meine letzten Uganda-Schillinge her, dann kurble ich zur kenyanischen Grenze.

## Mit dem Bike am Tor zur Hölle

Mein Bild von Kenya als dem Land der guten Straßen bekommt auf den ersten siebzig Kilometern von der Grenzstation Malaba nach Webuye arge Kratzer. Die A 104, meiner Karte nach eine gut ausgebaute Teerstraße, entpuppt sich als ein sieben Meter breiter Schlaglochstreifen im trockenen Buschland. Streckenweise sind vom Asphalt nur noch einzelne schwarze Platten übrig. Über diese achsenbrecherische Piste quälen sich schwerbeladene Tank- und Containerlaster hinüber nach Uganda und dann weiter nach Rwanda und Burundi. Sie kommen vom Hafen Mombasa, voll mit importierten Waren.

Die heulenden Lkws fahren kaum schneller als Fahrradtempo, weil sie ständig abbremsen, Löchern ausweichen und dann wieder anfahren müssen. Dabei wirbeln sie dichte rote Staubwolken auf und nebeln die ganze Piste ein. „*Hatari* - Danger!" steht in großen Lettern auf den Anhängern.

Wenn ich die vielen liegengebliebenen Fahrzeuge sehe, ist diese Warnung bestimmt keine Übertreibung. In Rwanda vor der Grenze zu Uganda sah ich an einer abschüssigen Strecke einen umgestürzten Tanklastzug, der dicht von Menschen umringt war, die in Kochtöpfen und Flaschen das auslaufende Benzin auffingen - eine weggeworfene Zigarettenkippe und die Katastrophe wäre perfekt gewesen! Oft warnen in Afrika vor Unglücksstellen abgebrochene Zweige und Steine, die aber in den seltensten Fällen dann nachher auch wieder von der Fahrbahn entfernt werden.

Auf dem Weg nach Kitale passiere ich die sogenannten „White Highlands", Hochlandgebiete in der Rift-Valley-Region, die sich durch gute Böden, hohe Niederschläge und ein gemäßigtes Klima auszeichnen. Ab Anfang des Jahrhunderts ließen sich hier vermehrt weiße Siedler nieder. Die schwarze Bevölkerung wurde entweder gezwungen, auf den Großfarmen zu arbeiten, oder sie wurde vertrieben.

Im Westen von Kitale erhebt sich der Mount Elgon, durch dessen sechs Kilometer weiten Krater die Grenze zu Uganda verläuft. Daß der Vulkan 4.321 Meter hoch ist, hält man kaum für möglich. Zum einen besitzt der Berg extrem flach auslaufende Hänge, zum anderen liegt Kitale selbst schon auf annähernd 2.000 Metern Höhe. Nicht ganz zufällig kommen einige der besten Langstreckenläufer Kenyas - die vom Volk der Nandi - aus diesen hochgelegenen Gebieten.

An einem wunderbar klaren Morgen verlasse ich Kitale nordwärts, in Richtung Turkana-See. Von der Höhe des Marich-Passes kann ich bis tief nach Uganda hineinblicken. Die Bergkette scheint die Regenscheide zwischen den fruchtbaren Hochebenen und dem trockenen Tiefland Nordkenyas zu bilden, in das ich mit 70 Stundenkilometern hinabrase. Das Gras ist ausgedorrt, außer Euphorbien, Dornenbüschen und Sisalpflanzen wächst hier nichts mehr. Dazwischen stehen immer mal wieder *Manyattas,* kleine strohgedeckte Rundhütten des Pokot-Volkes. Weiße Wolkenflocken gewähren der erhitzten Erde in ihrem wandernden Schatten eine kurze Kühlung. Sie sehen aus wie Wattebäusche auf einer riesigen Glasplatte, weil sie alle genau gleichhoch fliegen.

An einer Überlandbus-Haltestelle steht eine hübsche Kenyanerin im modischen Kostüm neben einem Pokot-Greis mit Pfeil und Bogen. Er trägt einen weiten roten Überwurf, die traditionelle Kleidung vieler

Nomadenvölker Ostafrikas. Wo das 20. Jahrhundert unmittelbar auf das ursprüngliche Afrika prallt, kommen manchmal die merkwürdigsten Bilder zustande ...
Doch was ist nur los mit mir? Ich fühle mich wie zerschlagen. Mit letzter Kraft erreiche ich Ortum, dann geht gar nichts mehr. An den Beinen habe ich wieder aufgekratzte, eitrig-entzündete Insektenstiche, die Lymphknoten in der Leiste sind geschwollen und schmerzen so stark, daß ich kaum gehen kann. Schüttelfröste jagen durch meinen Körper, und ich habe Halsschmerzen.
Zwei Tage Fieber, ich wälze mich in der brütenden Hitze unter dem Blechdach einer einfachen Unterkunft hin und her. Als ich schließlich wieder auf wackeligen Beinen stehe, muß ich schweren Herzens von dem Plan Abschied nehmen, mit dem Rad zum Turkana-See, dem „Jade-Meer“ im abgelegenen wüstenhaften Norden, zu radeln. Alles andere wäre verantwortungslos, solange ich nicht weiß, was mich knock out gehauen hat.
Also ändere ich den Kurs in Richtung Ostafrikanischen Graben. Die Piste von Sigor über Tot nach Loruk am Baringo-See führt größtenteils durch Buschwald. Stellenweise ist das Kerio-Tal stark versandet, die vierzig Kilometer an diesem Tag bis kurz vor Tot sind eine einzige Qual. Gegen die krankheitsbedingte Schwäche, die meine Beine lahmlegt, bin ich einfach machtlos. Ich habe das Gefühl, die Hitze drückt mich auf den Boden. Es ist so unerträglich heiß, wie nie zuvor auf der Tour. Aus den Wolken vor mir fällt Regen, der niemals den Boden erreicht, weil er vorher in der Luft wieder verdunstet. Aber er zaubert einen wunderbaren Regenbogen in den flimmernden Himmel.
An einer trockengefallenen Furt begegnen mir fünf Frauen, die große Bündel Feuerholz auf dem Kopf balancieren. Sie haben ihre Säuglinge mit einem großen Tuch auf dem Rücken eingebunden. Dadurch sind die Hände frei für das Holzsammeln und die Kleinen sind zufrieden, weil sie immer in Körperkontakt zur Mutter sind (auffällig, wie selten eines der schwarzen Kinder weint!). Buchstäblich alles wird in Afrika auf dem Kopf getragen: Schultaschen, frische Wäschestücke, Ackergeräte, körbeweise Gemüse und schwere Wasserkanister, und das über Kilometer!
Am folgenden Tag knallt die Sonne noch erbarmungsloser vom Himmel. Über Mittag werfe ich mich erschöpft in den Schatten einer Akazie. Meine Wasservorräte schrumpfen beängstigend schnell. Das schrille Zirpen der Grillen läßt mir den Kopf dröhnen. Am Fuß der Kamasia-Berge stoße ich endlich auf einen trüben, lauwarmen Bachlauf, dessen Wasser penetrant nach Kuhdung schmeckt, auch nach dem Filtern. Egal, runter damit, Hauptsache Flüssigkeit!

*In Kampala Spuren vom Krieg: rechts zerstörte Ladenfassaden*

*Auf einer Geröllpiste zum steilen Kito-Paß, Kenya*

Dann kommt der Kito-Paß. Mörderische Steigung. Kopfgroßes Geröll. Abartige Hitze. Als ich endlich oben stehe, bin ich völlig ausgepumpt, die Beine zittern.
Trotz alledem: Der Blick zurück ins Kerio-Tal ist sagenhaft! Links ragen die 3.370 m hohen Cherangani-"Hügel", rechts die Kamasia-Berge empor. Vom Plateau aus nach Süden sehe ich bis weit in den Ostafrikanischen Graben hinein.
Die Abfahrt ist keine Belohnung, sondern eine Strafe. Steine schlagen mir drei Löcher in den Schlauch, zweimal läßt sich ein Sturz nur verhindern, indem ich vom fahrenden Rad springe, Filfilla kracht voll auf den Schotter.
Ich komme nur schleppend voran, es wird viel zu schnell dunkel. Aber nachts scheint der Mond so hell, daß ich mich entschließe, die kühle Luft zu nutzen, um noch ein Stück voranzukommen.

Das „Robert's Camp", direkt am Ufer des Lake Baringo, ist der erste offizielle Campingplatz seit Budapest! Bis auf eine riesengroße Schildkröte, die hier zu Hause zu sein scheint, habe ich den ganzen, parkähnlichen Platz für mich allein. Denke ich. Dann bemerke ich, daß es weitere Gesellschaft gibt: Am Seeufer, fünfzehn Meter von meinem Moskitonetz entfernt, liegt ein ansehnliches Krokodil! Ich schätze es auf zweieinhalb Meter Länge. Panzerechsen dieser Größe sind eigentlich nur am Wasser gefährlich, wenn man in die Reichweite ihres Schwanzes kommt. Mit einem gezielten Schlag bringen sie ihre Beute aus dem Gleichgewicht und ziehen sie blitzschnell unter Wasser, um sie zu ersäufen.
Nachdenklich, ob ich mir den richtigen Schlafplatz ausgesucht habe, werde ich erst, als die Besitzer darauf bestehen, daß ich *vor* der Nacht bezahle und mir dann einen Zettel unter die Nase halten, auf dem steht, wie ich mich zu verhalten habe, wenn nachts die Nilpferde zum Grasen an Land kommen:
„1. Kein Licht machen, Nilpferde attackieren in der Dunkelheit Lichtquellen.
2. Bei Muttertieren mit Jungen besonders vorsichtig sein, die Tiere sind dann ausgesprochen aggressiv.
3. Im Falle eines Bullenkampfes (seit dem zehnjährigen Bestehen des Campingplatzes erst einmal vorgekommen!) sofort ins Auto zurückziehen, alles Licht löschen und ruhig verhalten ..."
Diese Alternative habe ich nicht. Mit einiger Spannung erwarte ich die Ereignisse der kommenden Nacht. Erst erscheint der Vollmond, dann die Hippos. Nach den Berggorillas wird das mein eindrücklichstes Tiererlebnis in Afrika: Zwei dieser drei Tonnen schweren Kolosse klettern

aus dem See und bewegen sich im Mondschein um mein Moskitonetz, mal in zehn, dann wieder in vier Metern Abstand! Traumhaft! Die Tiere - übrigens mit Schweinen verwandt - machen dabei Geräusche, die ungefähr so klingen, als wenn man auf einem nassen Autoreifen herumrubbelt. Beim Aufwachen am nächsten Morgen wandert mein skeptischer Blick am Körper hinunter - tatsächlich, alles noch dran!

Tektonische Kräfte im Innern der Erde ließen vor 65 Millionen Jahren einen gewaltigen Riß in der Erdkruste entstehen, der von Mocambique bis nach Südtanzania reicht, wo er sich in zwei Arme aufteilt: In jenen des Zentralafrikanischen Grabens, der sich im Südsudan verliert, und den des Ostafrikanischen Rift-Valleys, der durch ganz Ostafrika, Äthiopien, das Rote Meer bis zum Jordan-Tal läuft - insgesamt sechseinhalbtausend Kilometer lang! An den Bruchrändern der Verwerfungen drang geschmolzenes Gesteinsmaterial an die Oberfläche und erschuf die höchsten Berge Ostafrikas. Dreißig halbaktive und tätige Vulkane sowie die vielen heißen Quellen im Rift-Valley mit ihrem Ausstoß von Soda und Natriumkarbonat beweisen, daß diese tektonischen Prozesse bis heute andauern.
In die Risse des Grabensystems sanken ganze Landstriche ein, die mehrere hundert Meter unter dem umliegenden Land liegen. Der Verlauf dieser Depressionen läßt sich anhand der Lage der Seen Ost- und Zentralafrikas auf der Landkarte gut nachvollziehen.
Auf dem Weg nach Nakuru überquerte ich ein weiteres Mal den Äquator in Nord-Süd-Richtung. Die Stadt machte einen sehr gepflegten Eindruck, große Silotürme am Stadtrand demonstrieren ihre Bedeutung als landwirtschaftliches Zentrum im fruchtbarsten Gebiet Kenyas. Wie in anderen Städten des Landes war der hohe asiatische Bevölkerungsanteil auffallend. Ursprünglich von den Engländern Ende des letzten Jahrhunderts als billige Arbeitskräfte für den Eisenbahnbau ins Land geholt, ließ sich ein Großteil von ihnen nach Erfüllung des Kontraktes in Ostafrika nieder. In Kenya, Tanzania und heute auch wieder in Uganda sind sie aus Wirtschaft und Handel nicht wegzudenken.
Drei Tage hielt ich mich im Lake Nakuru National Park auf, der für seinen Vogelreichtum bekannt ist - über vierhundert verschiedene Vogelarten - mehr als in Mitteleuropa - wurden auf dem 200 qkm großen Gebiet bisher registriert.
Eine besondere Attraktion sind die Unmengen an Flamingos, die in den flachen Zonen des salzigen Sees nach einer bestimmten Algenart fischen, den Spirulinga. Bis zu 2 Millionen Vögel färben zeitweise den Uferbereich rosa. Dieses einmalige Naturschauspiel sah ich leider nicht. Wie mir Rod und Lona, zwei britische Ökologen vom WWF, die

ich bei der Forschungsarbeit im Park begleiten durfte, erklärten, hatten in diesem Jahr ungewöhnlich hohe Regenfälle zu einem Rückgang der Algen im See geführt und die Flamingos waren an andere Gewässer abgewandert. Aber die übrige Tierwelt im Park, u.a. Rothschild-Giraffen, Löwen, Büffel und Pelikane entschädigten mich dafür.
Auf dem Weg zum Hell's Gate National Park, im Hinterland des sechzig Kilometer weiter südlich liegenden Lake Naivasha, fuhr ich bei Nacht am Pistenrand in einen Dornenbusch. Trockene Zweige splitterten und glasharte, fingerlange Dornen bohrten sich in die Reifen. Zischend verloren sie ihre Luft. Das hatte gerade noch gefehlt! In der Finsternis war da nichts mehr zu flicken. Ich hing fest und mußte direkt neben der Straße campen.
Nach der Reparatur am folgenden Morgen spannte ich die Laufräder wieder ein, hievte meinen Gepäckberg auf den Träger und stemme mich in die Pedale. Schon nach hundert Metern waren die Schläuche erneut platt! Also das Ganze noch mal von vorne. Fluchend packte ich den ganzen Krempel wieder ab, stellte das Rad auf den Kopf und begab mich auf Lochsuche. So, das müßten jetzt aber alle gewesen sein. Denkste! Nachdem ich zwei weitere Male auf- und abgeladen hatte, gab ich entnervt auf und schob das Rad fünf Kilometer bis ins nächste Dorf, wo ich eine Wasserschüssel bekam. Mit der fand ich die letzten, haarfeinen Löcher. Insgesamt 22 Stück! Ich schwor mir: In Zukunft keine Nachtetappen mehr!
Am Ende der Afrika-Tour klebte auf den vier Schläuchen, mit denen ich fast 20.000 Kilometer abgeritten hatte, ein Flicken am anderen. Irgendwann nach der fünfzigsten Panne hatte ich unterwegs zu zählen aufgehört, weil mir das Spiel langweilig geworden war. Die genaue Zahl weiß ich also nicht. Aber durch die viele Übung hatte ich zum Schluß beim Reifenflicken eine rasende Geschwindigkeit drauf.
Rückblickend gab es, abgesehen von den häufigen Plattfüßen, auf der gesamten Tour keine großen technischen Probleme. Insgesamt zwei Speichenbrüche und ein paar gerissene Schaltungs- und Bremszüge, Verschleißteile halt. Es zahlt sich aus, nicht an der Qualität der Ausrüstung zu sparen und für die Robustheit des Materials ein paar Gramm Mehrgewicht in Kauf zu nehmen. Die lassen sich dann nämlich bei Ersatzteilen und Werkzeug wieder einsparen.
Als Geheimtip erwies es sich, drei Fahrradketten mitzunehmen, die ich im ständigen Wechsel immer jeweils ca. 1.000 Kilometer gefahren bin. Dadurch war der Verschleiß minimal und ich bin mit *einem* Zahnkranz und *einem* Kettenblattsatz von Deutschland bis nach Kapstadt gekommen, trotz Schlamm, Sand und Staub.
Und meine Klingel hat sich bewährt, ohne Witz! Das Besondere: Es

*Am Baringo-See der erste offizielle Campingplatz seit Budapest*

*Dies sind mörderische Akaziendornen. Mein absoluter Rekord: 22 Platten auf einen Streich; Kenya*

war eine *chinesische* Fahrradglocke, mit der die meisten Räder in Afrika ausgerüstet sind (so sie überhaupt eine haben). Diesen Klang kennt jeder und weicht, ohne sich umzudrehen, aus. Beim Klang einer fremdartigen Klingel habe ich es erlebt, daß die Menschen erst mal stehen bleiben und neugierig gucken. Das Gegenteil von dem, was ich erreichen wollte.
Abgesehen davon gab es aber auch einiges, was ich beim nächsten Mal besser machen würde. Für längere Touren kommt nur noch ein wartungsfreies Tretlager in Frage. Und oft habe ich mir geschworen, nie wieder mit einem einfachen Mountainbike-Lenker auf die große Reise zu gehen. Für Fahrkomfort, Haltung und Handgelenke ist das tödlich! Fahrradhelm mit Schirm gegen Sonnenbrand auf der Nase und ein Rückspiegel am Lenker für die eigene Sicherheit sind mir inzwischen wichtig. Außerdem fand ich heraus: Auch ein Fahrradständer ist kein Luxus! Es nervte zunehmend, wenn ich das Rad nirgends anlehnen konnte oder zumindest nicht an der Stelle, wo ich just ein Bild mit Filfilla aufnehmen wollte. Auch Thermometer und Höhenmesser halte ich für eine sinnvolle Ergänzung der Ausrüstung. Und nachdem meine Landkarten schnell zerfledderten und bis zur Unleserlichkeit verschmutzten, beklebe ich sie jetzt mit einer schützenden Folie.

Als ich in den Hell's Gate National Park radelte (meines Wissens der einzige kenyanische Park, der mit dem Bike besucht werden darf), war der unerfreuliche Flickmarathon vom Morgen schnell vergessen. Mein Gepäck hatte ich am Parkgate zurückgelassen - das Treten ging plötzlich so leicht, daß ich das Gefühl hatte, einen Turbolader unterm Hintern zu haben! Vor dem grandiosen Rift-Valley-Panorama pedalte ich durch Herden von Zebras, Straußen, Giraffen, Kuhantilopen und Impalas. Als sie auf dem saftig grünen Gras davonsprengten, sah ich das Spiel ihrer Muskeln unter dem glatten Fell.
Wildtiere vom Fahrrad aus zu erleben ist sicher eines der ganz großen Erlebnisse einer Radtour durch Afrika! Momente, die dich für jeden Tiefpunkt, jeden Schweißtropfen und Plattfuß entschädigen. Schlichtweg irre! Ohne Glasscheibe und Metallhaut um dich herum, mit akustischem und Geruchs-Erlebnis. Live.
Von den Anhöhen im Park reichte mein Blick im Norden bis ans jenseitige Ufer des Naivasha-Sees. Wenn ich mich umdrehte, erhob sich vor mir der Kegel des Longonot-Vulkans. Die geologische Aktivität des Rift-Valleys zeigte sich auch an weißen Dampfwolken, die an einigen Stellen des Naturschutzgebietes aus der Erde treten. Die schwefelhaltigen, heißen Quellen, die dem Park zu seinem Namen verholfen haben („Hell's Gate" heißt „Tor zur Hölle"), werden mit einem geothermi-

schen Kraftwerk sogar für die Energiegewinnung genutzt.
Auf der 90-Kilometer-Etappe von Naivasha nach Nairobi wirft mir mein revoltierender Magen wieder Mal einen Knüppel zwischen die Beine. Wenn du ein bißchen krank bist, und sei es „nur“ Durchfall, schlägt das immer gleich voll durch - das ist das Schlimme am Radfahren.
Lustlos quäle ich mich bei Gegenwind die 23-Kilometer-Steigung des ostafrikanischen Grabens hoch. Graue Wolken rauben dem Panorama die Show. Sie erlauben nur hin und wieder einen Blick hinunter in den abgrundtiefen Grabenbruch, zurück auf den Naivasha-See und in den Krater des Longonot.
Da ist er wieder, einer meiner fünf Radfahrfeinde, der mir bereits in der Türkei das Fürchten gelehrt hat: Der motorisierte Verkehr! Je näher ich Nairobi komme, desto gefährlicher wird er. Die Dieselschwaden der Laster und Busse schnüren mir den Hals zu, der aufgewirbelte Staub brennt in den Augen. Vor allem die *Matatus,* die überfüllten, klapprigen Sammeltaxis zischen bei ihren halsbrecherischen Überholmanövern wie Geschosse an mir vorüber und schüren die Angst vor einem weiteren Unfall! Täglich liest man in der Zeitung von grausamen Unglücken mit einigen Toten ...
Ein unheilvolles Pfeifen warnt mich noch eben rechtzeitig. Ängstlich drücke ich mich an den äußersten Fahrbahnrand. Im selben Moment bringt mich der Sog eines überholenden Lastwagens ins Schlingern. Bei dem Versuch, gegenzusteuern, krache ich zum x-ten Mal auf das zwanzig Zentimeter tieferliegende Straßenbankett aus Kies, Abfall und Glassplittern. Arme Felgen! Die humorvollen *Dereva* (Kiswaheli für „Fahrer“) drücken noch voll auf die Hupe, wenn sie kurz hinter mir, oder noch effektvoller, direkt neben mir sind. Diese „witzigen“ Nummern zwingen mich dann zu abrupten Reißern und panischen Schlenkern. Ich bin nur noch ein schmutziges Nervenbündel und wünsche sämtlichen Kraftfahrern Achsenbruch und Totalschaden ans Chassis. „N 104“ heißt das traumatische Straßenchaos. Nachdem ich gestern am „Hell’s Gate“ war, taufe ich den Streckenabschnitt nach Nairobi kurzerhand in „Highway to Hell“ um!
Von der Kuppe der Ngong Hills blicke ich auf die Massai-Steppe, die wie ein grünes Brett vor mir liegt. Unmittelbar reißt der Himmel auf. Das warme Licht der Spätnachmittagssonne projiziert leuchtende Flecken auf die endlose Ebene unter mir. In ihrer Mitte liegt die kenyanische Hauptstadt. Ihre Wolkenkratzer haben die Größe von Bausteinklötzen. Was für ein Blick!
Die Rücklichter des Feierabendverkehrs bilden endlose rote Perlenketten. Im Autostrom treibe ich durch die Vororte Upper Parklands und Westlands in die City der Millionenstadt. Ich bin in Nairobi!

Nairobi - das ist die erste afrikanische Kapitale nach Kairo, die mit ihren Teerstraßen, dem elektrischen Strom, der direkten Telefonverbindung nach Deutschland (!), den Werbetafeln, Hochhäusern, Geschäften und Supermärkten einer europäischen Großstadt gleicht. Bei Büroschluß hetzen afrikanische Geschäftsleute in dunklem Anzug und Krawatte und elegante Damen durch die City.

In einer Parallelstraße der River Road, mitten im Rotlichtbezirk der Stadt, finde ich eine preiswerte Unterkunft. Das „Malindi-Guesthouse" liegt im ersten Stock, direkt über einer der Bars. Wenn ich mich über das Geländer beuge, blicke ich direkt in die großen Aluminium-Kochtöpfe unten im Innenhof. Der süßliche Küchengeruch, eine Mischung aus Speisen, Holzkohlerauch, Abwasser und Bier ist überall. Die hämmernde Popmusik und das Gewirr der Stimmen aus der Bar verstummen nie vor vier Uhr morgens. Das ist African-City-Life - hautnah! Bisher erlebte ich vornehmlich das ländliche Afrika, habe mich nie länger in den Städten aufgehalten als unbedingt nötig. Durch den chaotischen Verkehr sind sie für den Fahrradfahrer oft ein Alptraum, und dann ist da noch die ständige Angst vor der vielen Kriminalität, die einem im Nacken sitzt.

Aber auch die Shanty-Towns sind ein Teil von Afrika, wie z.B. das Slumviertel Kariakoo, das vierhundert Meter weiter, auf der anderen Seite des Nairobi-Flusses beginnt. Ebenso die Bettler, die kleinen Trickbetrüger und Taschendiebe, das Heer der Menschen, die sich mit Geschäften über Wasser halten, die nur Pfennigbeträge abwerfen: Schuhputzer, Straßenbarbiere mit selbstgemalten Haarschnittafeln, Feuerzeugbefüller, Händler von Sonnenbrillen, Seife, Kassettenraubkopien, Obst- und Zigarettenverkäufer.

Viele von ihnen sind in der Hoffnung auf ein besseres Leben in die Stadt gezogen, wo doppelt so hohe Einkommen wie auf dem Land locken. Jetzt wohnen sie in Pappkarton- und Blechhüttensiedlungen, die die Stadtverwaltung in regelmäßigen Abständen mit Bulldozern niederwalzen läßt. Genauso beharrlich werden die Behausungen einen Tag später von den Rechtlosen wieder aufgebaut.

Diese Verelendung zwingt viele Frauen in die Prostitution und der internationale Sextourismus nimmt in den Ferienzentren an der Küste Kenyas schon erschreckende Ausmaße an. Allerdings habe ich auch den Eindruck, daß in verschiedenen Gegenden Afrikas Sex noch lockerer gesehen wird als bei uns. Zumindest erhielt ich unterwegs genügend eindeutig zweideutige Angebote. Aber durch die körperliche Arbeit des Radfahrens halten sich meine Triebe in erträglichen Grenzen und die Angst vor Aids tut ein übriges. Ansonsten möchte ich nur auf ein passendes Zitat, ich glaube von Rüdiger Nehberg, verweisen: Manche Sa-

chen muß mann auf Reisen eben selbst in die Hand nehmen ...
Das 12-qm-Zimmer teile ich mit drei Kenyanern: Bruce, Thomas und Isa. Thomas und Bruce gehören dem Volk der Luo aus der Gegend des Victoria-Sees an. Sie sind „Brüder“. Die genauen Verwandtschaftsverhältnisse bleiben für mich in Afrika allerdings oft im dunkeln, weil auch Halbbrüder, Vettern und enge Freunde als „Bruder“ bezeichnet werden.
Bruce ist der Sänger der „Jolly-Boys-Band“, mit 500.000 verkauften Singles eine der erfolgreichsten Benga-Beat-Bands in ganz Kenya. Isa hingegen stammt aus Somalia und ist zur Zeit ohne Job. Früher hat er mal als Lastwagenfahrer gearbeitet, aber dann wurde den somalischen Fuhrunternehmern die Geschäftsbasis entzogen und Isa stand - wortwörtlich - auf der Straße. Durch Beziehungen bekam er Arbeit in einer Bäckerei, bis ein Mehl-Engpaß wieder zu seiner Entlassung führte. Daraufhin jobbte er als DJ in einer Disco. Als seine Mutter, eine strenggläubige Muslimin, dies erfuhr, verbot sie ihm, weiter dort sein Geld zu verdienen. Jetzt hängt er den ganzen Tag im Guest-House herum und kaut *Miraa,* die Stengel und Blätter des Kat-Strauches, die eine aufputschende Wirkung besitzen - viele Lkw-Fahrer halten sich bei Übermüdung damit wach. Nachts kann er dann nicht schlafen und rezitiert stundenlang flüsternd Koran-Suren.
Als sein Bruder vor wenigen Monaten ein Visum für Kanada bekam, finanzierte Isa ihm ohne Zögern mit seinen Ersparnissen das Flugticket. Seitdem ist er abgebrannt, aber er weiß, wenn sein Bruder etwas mehr verdient, als er selbst unbedingt zum Leben braucht, wird er es zurück nach Kenya schicken, um ihm zu helfen. *„Hakuna matata!* Kein Problem!“ sagt er, meint aber wohl eher: Irgendwie wird es schon gehen. Bis dahin träumt Isa davon, eines Tages einen amerikanischen Mack-Truck über die Highways des Westens zu steuern. Die Solidarität innerhalb der Familien scheint grenzenlos zu sein, selbst noch hier, in der Stadt.
Beim Abendessen in einem jeminitischen Straßenlokal fällt mir zwischen all den kenyanischen Gästen ein Weißer auf, der so aussieht, als wäre er schon weit herumgekommen: Ausgebleichte Haare, braungebranntes Gesicht und funktionelle Reisekleidung - zwar nicht schön, dafür aber bequem und robust. Nachdem wir uns auf Englisch ein bißchen beschnuppert haben, stellt sich heraus, daß er aus dem Ruhrgebiet, aus Essen kommt. Dominik Collenberg ist ebenfalls zum Kap der Guten Hoffnung unterwegs, allerdings mit öffentlichen Verkehrsmitteln und, wo möglich, trampenderweise. Wir verstehen uns auf Anhieb, und ich genieße es, endlich mal wieder richtig Deutsch quatschen zu können. In den folgenden Tagen unternehmen wir viel gemeinsam.

Durch Dominik lerne ich auch Guy Benfield kennen. Der Neuseeländer ist wie ich mit dem Rad unterwegs. Bereits kurz nach meinem Unfall in der Türkei habe ich zum ersten Mal von ihm gehört. Damals erzählten mir zwei Münchener Tourenbiker, Mäxl und Wechsl, von einem Radler, der ein Hörgerät trage und ebenfalls das Ziel Kapstadt hätte. Es ist kaum zu fassen, daß ich ihn zufälligerweise ein knappes Jahr später hier in Nairobi kennenlerne!
Mich erwartet eine Nachschubsendung aus Deutschland mit Diafilmen, einem neuen Sattel (womit meine Sitzfleischprobleme hoffentlich der Vergangenheit angehören), Gummispinnen (weil die alten durch das Sonnenlicht schon ganz brüchig geworden sind), ein Reinigungselement für meinen Filter, einem Sternenführer und Ersatz für meine verlorengegangene Michelin-Afrikakarte.
Einen Großteil meiner Zeit in Nairobi verbringe ich beim Arzt. Es sind die „üblichen" Sachen, die meine Beschwerden verursachen: Amöben, Lamblien und allgemeine Entzündungen. Alle anderen Tests fallen negativ aus. Zu lange habe ich die Infektionen in meinem Körper unterdrückt, ohne mir die Zeit zu nehmen, sie richtig auszukurieren. Das hat sich in den letzten Wochen mit dem Fieber und der ständigen Schlappheit gerächt ...
Nach zwei Großstadtwochen, am 1. Juni, gehe ich wieder auf die Straße zurück. Nairobi war eine wichtige Zäsur. Auf dem zweiten Teil der Reise geht es auf der südlichen Hemisphäre in Richtung Kapstadt. Sozusagen nur noch „bergab".

## Tanzania: Land im Schatten des Kilimanjaro

An der Grenze zu Tanzania traf ich Guy wieder. Bis Arusha fuhren wir dieselbe Route und so lag es nahe, für diese Strecke zusammenzubleiben. Ohne besondere Vorkommnisse (!) brachten wir die kenyanische wie die tanzanische Grenzkontrolle hinter uns. Auf einem pechschwarzen Asphaltband radelten wir in den Nachmittag hinein. Der Himmel hatte das intensivste Blau, das man sich überhaupt nur vorstellen kann, Herden von weißen Wolken zogen vorüber.
Da, der Kilimanjaro! Im Osten gaben die Wolken in unregelmäßigen Abständen den Blick auf die verschneite Gipfelregion des 5.895 Meter hohen Berges frei. In der Massai-Steppe, die sich bis zum Horizont erstreckte, überragte der Kegel des erloschenen Vulkans jede andere Erhebung bei weitem. Ein Gigant!

Dunst verschluckte den Fuß des Berges, und es wirkte, als schwebe sein oberes Drittel in der Luft. Im ersten Moment hielt ich die weiße Schneefläche für Wolken, so unvorstellbar hoch lag sie - unerreichbar hoch, einfach nicht von dieser Welt. So hatte ich mir immer den Olymp, den Sitz der griechischen Götter, vorgestellt.
Die unzähligen geduckten Schirmakazien rechts und links der Straße hätten als Kulisse für einen Grzimek-Film dienen können. Als der Feuerball der Sonne hinter dem Horizont versank, loderte der Westen in tiefem Orangerot auf. Aber ganz weit hinten stand eine kleine Wolke vor der Sonne. Ihr Schatten zog sich wie ein dunkler Balken durch den glühenden Abendhimmel. Der lauwarme Wind zauste uns durch die Haare.
Freiheit! Ich hätte heulen können. Körper und Kopf schienen viel zu klein, um die Emotionen zu fassen, welche die abendliche Savannenstimmung in mir auslöste. Ich dachte nur: Wie arm ist das Dasein in Europa zwischen Arbeitsplatz, Supermarkt, Feierabendverkehr und Fernsehprogramm! Hier, in der ostafrikanischen Savanne, fühlte ich, daß ich lebe! Mit jeder Faser meines kleinen, schwachen Körpers spürte ich es. Guy empfand das gleiche. Ich las es in seinen blitzenden Augen. Wir lachten.
Zu zweit siehst du einfach mehr und nimmst vielschichtiger wahr, wenn es auch Situationen gibt, die alleine noch beeindruckender sind, wie z.B. in der Wüste. Erlebnisse, Eindrücke und Empfindungen zu teilen, war unwahrscheinlich bereichernd. Ich konnte Guy einfach anstoßen und sagen: „Hey, hast du das gesehen? Wahnsinn, was?“
Diesen fehlenden Austausch mit einer anderen Person empfand ich als den gravierendsten Nachteil am Allein-Unterwegs-Sein. Für mich blieb das Tagebuch als einzige Möglichkeit, die vielen Eindrücke gedanklich nochmals aufzuarbeiten, zu ordnen und zu formulieren. Natürlich konnten diese 299 engbeschriebenen Seiten nicht einen Reisepartner ersetzen, denn sie widersprachen mir nie und bereicherten mich nicht mit einer abweichenden Ansicht. Sie waren nichts als ein Spiegel, den ich mir vorhielt.
Im Gegensatz dazu war die Gitarre ein Reisebegleiter, der auch mal einen Ton von sich gab. Wie oft habe ich vor dem Zelt gesessen, die Farbspiele am Abendhimmel genossen und Gitarre gespielt. Während der dreizehn Monate sind so immerhin sieben Lieder entstanden.

Aus schlechten Erfahrungen mit Dornenkronen und Akaziendornen, die in schöner Regelmäßigkeit die Reifen durchbohrten, trugen Guy und ich die Räder zum Schlafplatz. Fünfzig Meter abseits der Straße, irgendwo im dichten Gestrüpp, bauten wir unsere Zelte auf.

„Weißt du, Toum-Toum, ich bin so froh, daß du heute nacht auf mich aufpassen wirst und ich in Ruhe schlafen kann!“ sagte Guy aus tiefstem Herzen.
Da wurde mir klar, was Guy, dieser kleingewachsene, zähe Kerl mit den blonden Wuschellocken und den blauen Augen, auf seiner Reise bisher eigentlich durchgemacht haben mußte. Ich möchte nicht behaupten, daß ich völlig normal bin, aber Guy war schlichtweg verrückt! Durch seine Taubheit verstand er keine andere Sprache als Englisch, und das nur, wenn er sein Hörgerät im Ohr hatte und die Sprechbewegungen des Mundes beobachten konnte! Und dann radelte er durch Afrika - allein!
Ich glaube, er mußte sich selbst beweisen, daß sein Wille stärker als die Behinderung war. Wenn ihm das gelang, würde es sein weiteres Leben radikal verändern. Als mir dieser Mut und diese Willenskraft bewußt wurde, empfand ich, neben der Sympathie für den Bike-Buddy, einen tiefen Respekt.
Ich wußte selbst nur zu gut, wie unerläßlich der Gehörsinn beim Radeln ist. Wie willst du ohne Gehör den gefährlichen Verkehr bemerken, der sich von hinten nähert und dich rechtzeitig vor den motorisierten Feinden in Sicherheit bringen? Und ich konnte seine Gefühle nachempfinden, wenn er irgendwo in der Wildnis sein Zelt aufbaute. Du bist totmüde, möchtest nichts als schlafen, kannst aber einfach nicht abschalten, weil ein Ohr immer draußen am Zelt bleibt und angestrengt auf verdächtige Geräusche lauscht. Guy mußte den Gehörsinn besonders in der Dunkelheit vermissen. Er ist das einzige „Frühwarnsystem“, das dich nachts auf eine drohende Gefahr durch Menschen oder Tiere aufmerksam macht.
In den vielen Monaten auf der Straße wurden meine Sinne immer sensibler, ich bekam einen unglaublich leichten Schlaf. Beim geringsten verdächtigen Geräusch war ich sofort hellwach und saß aufrecht im Schlafsack. Das gab mir ein gewisses Selbstvertrauen. Ich war zwar zivilisationsgeschädigt, aber offensichtlich noch nicht vollkommen degeneriert ...

Ursprünglich hatte ich die Afrika-Tour ja unfreiwillig ohne Reisegesellschaft begonnen. Inzwischen nahm ich die besonderen Schwierigkeiten als Einzelreisender aber ohne Bedauern in Kauf. Denn überraschenderweise überwogen die Vorteile, allein unterwegs zu sein, bei weitem die negativen Seiten.
Das fing beim Fahrradfahren an: Auf jeden Fall ist die Pannenanfälligkeit bei zwei Bikes doppelt so groß. Und ohne Begleitung konnte ich immer so viel und so schnell fahren, wie ich wollte, mußte niemandem

hinterherhetzen, brauchte auf keinen zu warten. Es gab auch keinerlei Unstimmigkeiten oder Reibereien, was bei einer langen Reise zu zweit unvermeidbar ist. Ich lernte, Entscheidungen zu treffen und Verantwortung für mich selbst zu tragen.

Weil ich allein war, suchte ich viel den Kontakt mit der afrikanischen Bevölkerung. Ich wäre vor Einsamkeit ja verrückt geworden, wenn ich nicht mit anderen Menschen kommuniziert hätte. Deshalb war es mir auch gelungen, innerhalb von drei Monaten, seit Kisangani im Zaire, Kiswaheli zu lernen. Inzwischen verstand ich das meiste und konnte recht flüssig sprechen. Die guten Teerstraßen in Ostafrika ließen es zu, ein- oder sogar freihändig zu fahren. Während ich stundenlang durch gleichförmige Ebenen kurbelte, lernte ich aus meinem kleinen Kauderwelsch-Sprachführer Vokabeln. Im nächsten Dorf konnte ich die neuen Worte im Gespräch mit mindestens fünfzig hochmotivierten Nachhilfelehrern, die mich zu umringen pflegten, sofort in der Praxis ausprobieren.

Manchmal schüttelte ich nur den Kopf über andere Reisende, die in Zweier- oder Dreiergruppen, bis hin zu ganzen Lastwagenfuhren voll, durch den Kontinent reisten, und viel zu sehr miteinander beschäftigt waren, um sich noch für die einheimischen Menschen zu interessieren. Zu zweit zu radeln war für mich jetzt mal eine interessante Abwechslung. Unbestreitbarer Vorteil einer Radtour zu mehreren ist die geringere Gepäckmenge, die der einzelne dann transportieren muß. Zelt, Kocher, Werkzeug usw. werden ja nur in einfacher Ausführung gebraucht und so hat jeder insgesamt weniger zu schleppen. Und: Dem Gegenwind ist man nicht ganz so hilflos ausgeliefert. Das nutzten auch Guy und ich aus: Wir fuhren abwechselnd im Windschatten des anderen.

Die Landschaft war trockener als am vorhergehenden Tag, der Dornbusch wich gelblichen Grasflächen mit bis zu drei Meter hohen, roten Termitenbauten. Vor uns tauchte ein weiterer Berg auf. Wir fuhren direkt auf die Nordseite des 4.556 Meter hohen Mount Meru zu, hinter dem sich die Stadt Arusha verbirgt. Vor rund 250.000 Jahren wurde er durch eine gewaltige Explosion auseinandergerissen und besitzt deshalb nicht mehr die klassische Vulkanform, sondern einen zackigen, zerklüfteten Gipfel.

Links von uns war nach wie vor der Kilimanjaro zu sehen. Durch die flimmernde Hitze hier unten in der Savanne wirkten die Gletscher des Beinahe-Sechstausenders vollkommen unwirklich. Kein Wunder, daß die deutschen Missionare Krapf und Rebmann, die in der Mitte des letzten Jahrhunderts als erste Europäer von der Existenz schneebedeckter Berge - Rebmann vom Kilimanjaro, Krapf vom Mount Kenya -

berichteten, ungläubig ausgelacht wurden. Hatte man jemals vorher solch einen Schwachsinn gehört? Schnee am Äquator?!
Während Wolken die beiden Berge mehr und mehr einhüllten, wurde es in der Ebene immer heißer. Der Wind, der über die Haut strich, brachte keine Abkühlung mehr. Es war das unangenehme Gefühl, als würde uns der warme Luftstrahl eines Haarföns direkt ins Gesicht blasen.
An der Straße standen drei großgewachsene Männer in roten Gewändern, die sich auf ihre Speere stützten. Massai-Krieger! Wir hielten an.
„*Habari za asubuhi?* - Wie sind die Nachrichten vom Morgen?" fragte ich.
„*Ah, mzuri tu. Na Habari za safari?* - Nur gut. Und was gibt's Neues von der Reise?" fragte der Mittlere zurück, der einzige von den dreien, der Kiswaheli sprach.
„*Njema!* - Wir kommen voran!"
Von nahem sahen wir, wieviel Zeit die Männer auf ihre Schönheit verwendet hatten: Ihre Haare waren zu vielen kleinen Zöpfchen geflochten und mit Ockererde rot gefärbt. Um Stirn und Hals trugen sie bunte Perlenketten, in den Ohren Ringe. Den roten Stoff mit dem blauen Karomuster hatten sie sich wie eine Toga um die Schultern geschlungen. Außer dem Speer trug noch jeder eine Holzkeule. Die Sandalen standen im krassen Gegensatz zu ihrer traditionellen Kleidung: Sie waren aus alten Autoreifen hergestellt worden, Modell „Dunlop Special" ...
Die Massai sind Nomaden, die bis heute vor allem von der Viehhaltung leben. Dabei ziehen sie im Wechsel der Jahreszeiten in ihren Weidegebieten umher, was wichtig ist, um eine Übernutzung des trockenen Lebensraumes zu verhindern.
Einst waren sie bei den meisten Nachbarvölkern wegen ihrer militärischen Überlegenheit gefürchtet, die auf ihrer Unerschrockenheit und ihrer Gesellschaftsform beruhte. Bis heute erlegen junge Männer als Mutprobe Löwen nur mit dem Speer!
Die männlichen Massai durchlaufen drei verschiedene Alterskasten: Die Jungen werden im Alter zwischen 14 und 18 durch verschiedene Initiationsriten zu Kriegern, sogenannten *Moran.* Nun dürfen sie sich die Haare wachsen lassen. Sie leben mit den Mädchen ihrer Altersstufe in Dörfern zusammen, ohne mit ihnen verheiratet zu sein. Ihre Aufgabe ist es, Sippe und Vieh gegen Feinde zu verteidigen. Früher versuchten sie auch, neue Weidegründe zu erobern und durch Viehdiebstahl die eigenen Herden zu vergrößern. Das ist nach ihrem Empfinden kein Unrecht, weil Gott - so sagen die Mythen - zu Anbeginn der Zeit den Massai alles Vieh überlassen hatte. Nach rund acht Jahren endet die Kriegerzeit, sie müssen ihre Haarpracht abrasieren, heiraten und gründen

dann eine Familie. Fortan können sie als Sprecher im Ältestenrat die Politik der Sippe mitbestimmen.
Die Massai, deren Stammland sich vom südwestlichen Kenya bis weit nach Tanzania hinein erstreckt, sind sehr konservativ. Bis heute haben sie sich gegen die meisten Neuerungen gewehrt und sich einer Europäisierung widersetzt. Nur Dinge, die ihnen unzweifelhaft positiv erscheinen, nehmen sie in Anspruch - etwa die künstliche Wasserversorgung, den offiziellen Bus oder die Gelegenheit, sich als Fotomodell bei Touristen schnell ein paar Schilling zu verdienen.
Auffällig war für mich, daß sie sich niemals anbiederten, im Gegenteil, sehr stolz waren, manchmal auch arrogant forderten. Dieses gesunde Selbstbewußtsein empfand ich angesichts der Unterwürfigkeit vieler Afrikaner den Weißen gegenüber als sehr positiv und es bestärkte mich in dem Gefühl, daß sich Afrika auf die alten Werte besinnen muß, wenn es die politische Misere und die wirtschaftliche Abhängigkeit, in der es gefangen ist, abschütteln will.
Schließlich erreichten wir die Ausläufer des Mount Meru. Die Straße stieg steil an und überquerte an der Westflanke des Berges einen Sattel. Es folgte eine rauschende, dreißig Kilometer lange Abfahrt hinunter nach Arusha, das direkt an der Südseite des Vulkans liegt. Nach diesem Radeltag waren Guy und ich „well done“: Von oben hatte uns die Sonne die Haut gnadenlos rotgebrannt, von unten die Wärmeabstrahlung des schwarzen Asphalts gebraten!
Weil es im YMCA keine freien Räume mehr gab, spannten wir unsere Zelte in der Empfangshalle der Jugendherberge auf. Am nächsten Morgen hatte ich starke Schmerzen in der linken Pohälfte, unter der Haut war eine Verhärtung zu spüren. Ich mußte danach ein - wörtlich genommen - sehr einseitiges Leben führen: Vor Schmerzen konnte ich nur auf der rechten Backe sitzen, auf der rechten Seite liegen etc. Verdammt, es war zum Verzweifeln: Mit soviel Elan war ich von Nairobi aus gesund gestartet und jetzt nach drei Tagen das schon wieder!

Zwei der wirtschaftlichen Pfeiler in der Region um Arusha sind Kaffeeanbau und Tourismus. Am Uhrturm, in der Nähe der Hauptpost, wird man ständig von Schleppern angeredet, die einem Safaris in die weltberühmten Tierschutzgebiete von Lake Manyara, Ngorongoro-Krater und Serengeti verkaufen wollen.
Übrigens hatte die Ostafrikanische Gemeinschaft bis zu ihrem Auseinanderbrechen 1977 den Hauptsitz in Arusha. Hinter der Gemeinschaft verbarg sich ein Binnenmarkt der Länder Uganda, Kenya und Tanzania, die auch infrastrukturelle Einrichtungen wie Häfen, die Eisenbahn, eine Fluglinie und das Postwesen gemeinsam unterhielten.

Das Ende dieser Zusammenarbeit kam nicht ganz überraschend, wenn man die damaligen Gegensätze zwischen den politischen und wirtschaftlichen Systemen der Länder betrachtet: Uganda, das kleinste der drei, litt seit 1971 unter Diktator Amin. Kenya, das wohlhabendste Mitglied, betrieb eine erklärt kapitalistische Politik und Tanzania, der größte aber zugleich ärmste Staat, versuchte den afrikanischen Sozialismus des damaligen Präsidenten Julius Kambarage Nyerere umzusetzen. Nyerere war von Beginn an einer der führenden Köpfe der Unabhängigkeitsbewegung, die 1961 mit der Loslösung von Großbritannien erfolgreich war. Er verzichtete 1985 auf eine erneute Kandidatur für das Amt als Staatsoberhaupt, bisher ein einmaliger Vorgang in Afrika. Aus gutem Grund ist er im eigenen Land bis heute sehr hoch angesehen. *Mwalimu,* also „Lehrer", wird er genannt und das bezieht sich nicht nur auf seinen ursprünglichen Beruf. Er versuchte, seine hohen Ideale vorzuleben, ist bescheiden und belesen, hat Shakespeare ins Kiswaheli übersetzt. Seine Politik erreichte entscheidende Verbesserungen im Bildungssystem und in der medizinischen Versorgung, auch in benachteiligten Gegenden des Landes. Und im Gegensatz zu den beiden nördlichen Nachbarländern spielen ethnische Zugehörigkeiten in Tanzania in der Politik oder für die Aufstiegsmöglichkeiten praktisch keine Rolle, Kiswaheli ist die allseits akzeptierte Nationalsprache. Diese Vorteile werden sich für die Zukunft des Landes als sehr wichtig erweisen. Das ändert aber nichts an der Tatsache, daß die sozialistische Planwirtschaft Tanzania an den Rand des Bankrottes trieb. Unter Nyereres Nachfolger Hassan Ali Mwinyi fand eine Liberalisierung der Wirtschaft statt, die bis heute anhält.

Als Guy nach zwei Übernachtungen in Richtung Malawi aufbrach, wurde ich ganz kribbelig und versuchte ebenfalls, weiterzuradeln. Die Entfernung nach Moshi, die Stadt am Fuße des Kilimanjaros, betrug zwar nur 79 Kilometer, aber die waren die Hölle, trotz der atemberaubenden Ausblicke auf den Berg. Wenn nicht der größte Teil der Strecke abschüssig gewesen wäre, hätte ich das mit meinem schmerzenden Hinterteil nie geschafft.
Drei trübe Tage hing ich dann in dem verschlafenen Städtchen Moshi rum. Mit viel Zweckoptimismus redete ich mir ein, daß es mir am nächsten Tag endlich besser gehen würde.
Ich war im „Liberty-Hotel" untergekommen, einem alten, vermoderten Kasten aus der Kolonialzeit mit ziemlich verstaubtem Charme. Draußen nieselte es, alles grau in grau. Die Regenzeit machte ihrem Ruf wirklich Ehre. Bei diesem Wetter war das Hotel ungemütlich, dunkel und zugig. Im Bett war es da noch am erträglichsten. Nur ein Teil des Kiliman-

jaros guckte aus der Wolkensuppe hervor, der Rest war nicht einmal zu ahnen. So langsam beschlich mich der Verdacht, daß der höchste Berg Afrikas nur seine Schuhe hingestellt und sich heimlich davongestohlen hatte, um mit Rwenzori und Mount Kenya, den beiden anderen 5.000ern Afrikas, irgendwo anders eine Runde Skat zu spielen ...
Schließlich rang ich mich zu einem Arztbesuch durch. Das „Kilimanjaro Christian Medical Center" liegt außerhalb der Stadt am Hang des Berges. Es ist ein monströser, unpersönlicher Kasten, das größte Krankenhaus im gesamten nördlichen Tanzania.
Ein britischer Doktor raubte mir mit seiner Diagnose alle Illusionen: Abszeß. Mindestens eine Woche Pause und hochdosiert Antibiotika. Geschnitten werden mußte das Eitergeschwür vorerst glücklicherweise nicht!
Nach diesem deprimierenden Befund entschloß ich mich, nicht länger im Schatten des unsichtbaren Berges zu sitzen und zu warten, wie sich meine Laune weiter verschlechterte. Ich begrub meinen Traum von der Kilimanjaro-Besteigung und fuhr mit einem Überlandbus die rund 320 Kilometer zur Hafenstadt Tanga an der Küste des Indischen Ozeans. Von dort wollte ich mit einem Schiff nach Zanzibar übersetzen, um mich - am Sandstrand und unter Kokospalmen - gründlich auszukurieren.
In dem Moment, als ich im Bus saß, wußte ich, daß ich einen kapitalen Fehler begangen hatte: Ich war von allen Seiten eingequetscht, hatte sowieso nur wieder einen von den Katapultsitzen im hinteren Busteil ergattern können, die bei der kleinsten Bodenunebenheit so „schön" wippen. Für mein morbides Hinterteil war die zwölfstündige Fahrt reines Gift. Die Luft im überfüllten Bus ähnelte einem Brutschrank: heiß und feucht. Ich saß auf den Plastikpolstern in der warmen Pfütze meines eigenen Schweißes.
Der Bus stoppte an jeder Kalebasse, um weitere Fahrgäste und ihre Gepäckberge an Bord zu nehmen. Von der malerischen Landschaft konnte ich nur flüchtige Blicke erhaschen. Rechts der Straße dehnte sich die flache Massai-Steppe bis zum Horizont aus, Schirmakazien und Baobab-Bäume prägten das Bild, später auch Sisalplantagen. Auf der anderen Seite begleiteten uns anfangs die Pare-Berge, anschließend dann die Usambaras in Richtung Süden. Die Felsen ragten steil aus der Ebene bis auf 2.400 Meter auf. Ein dramatischer Anblick.
Wenn der Wagen anhalten sollte, um einen Fahrgast aussteigen zu lassen, hauten die Fahrgeldeintreiber, die sich geschickt zwischen den Körpern hindurchschlängelten, mit einem Metallgegenstand auf das Chassis des Busses. In dem Lärm, den das Gefährt bei seiner Jagd durch die Schlaglöcher machte, und bei der Fülle in dem Kasten war dies das einzige Signal, das vorne beim Fahrer zuverlässig ankam.

Sobald einer der kleinen Marktflecken längs der Strecke erreicht wurde, stürmte eine Armada von Kindern auf den Bus zu und balgte sich um die Plätze unter den Fenstern, wo sie dann Seife, vor allem aber Orangen, Erdnüsse und Backwaren feilboten - „Drive-in-Gastronomie“ à la Afrika ...
Spät abends erreichten wir endlich Tanga, nach Mombasa und Dar-es-Salaam der drittgrößte Hafen an der ostafrikanischen Küste. Im Gegensatz zum kühlen Klima des Hochlandes war es an der Küste unerträglich heiß und schwül. Mitten im afrikanischen Stadtteil Ngamiani mit seinen Swaheli-Häusern, die in strengen Schachbrettmustern angeordnet sind, fand ich eine billige und saubere Absteige.
Am nächsten Morgen bekam ich einen kleinen Kulturschock. Nach dem christlich-afrikanischen Inland war die Küste deutlich von der muslimisch-arabischen Swaheli-Kultur geprägt. Frauen trugen Kopftücher und schwarze *Bui-Buis,* die typischen langen Kleider, die Männer fezähnliche Kopfbedeckungen und auch *Kanzu,* arabische Männerbekleidung. Die Moscheetürme im Stadtbild waren unübersehbar.
Ziemlich unvorbereitet stolperte ich über alle möglichen Spuren der deutschen Kolonialvergangenheit. Die wilhelminischen Bauten der deutschen Ostafrikaverwaltung mit ihren Arkaden und Giebeln und ein Uhrturm aus dem Jahre 1901 muteten vor der Kulisse von Kokospalmen und Baobab-Bäumen schon etwas seltsam an. Staunend stand ich auch vor einem Straßenschild mit dem vertraut klingenden Namen „Eckernförder Avenue“, der allerdings auf die aktuelle Partnerschaft zwischen den beiden Hafenstädten zurückgeht. Einige Grabsteininschriften auf einem Soldatenfriedhof aus dem ersten Weltkrieg verrieten das erschreckend rassistische Selbstverständnis der deutschen Kolonialisten.
Im Hafen erfuhr ich, daß gerade erst ein Frachtschiff nach Zanzibar abgedampft war. Das nächste sollte angeblich erst in einer Woche auslaufen. Was jetzt? So schnell gab ich meinen Plan nicht auf. Also lief ich die Kaianlagen ab, fragte überall nach einer alternativen Transportmöglichkeit. Schließlich stand ich an der Anlegestelle der Dhaus. Dhau ist ein arabischer Segelschifftyp, mit dem schon im 9. Jahrhundert Handel zwischen dem Persischen Golf und der ostafrikanischen Küste betrieben wurde und die heute noch im küstennahen Verkehr eingesetzt werden. Warum eigentlich nicht? Im Grunde wäre es ja ein Traum, mit einem dieser romantischen, alten Holzboote überzusetzen!
Der Immigration-Officer machte mir einen dicken Strich durch die Rechnung. *„Pole sana, lakini ...* - es tut mir sehr leid, aber die Überfahrt mit Schiffen ohne Motor ist zu gefährlich und für Touristen deshalb prinzipiell verboten“, erklärte er knapp.

*Land über den Wolken: Kilimanjaro, höchster Berg Afrikas, 5.895 m*

*Die dreißig Menschen auf der Unglücks-Dhau "Majereha" nach einer Nacht voller Angst*

# In Seenot vor Zanzibar

Wellen schlagen leise gegen die Holzplanken des alten Segelschiffes. Von Deck aus beobachte ich, wie die Sterne auf dem schwarzen Wasser zu weißlichen Streifen zerlaufen. Die zwanzig Meter lange Dhau „Tuhifadhi" liegt auf Reede und wartet darauf, mit dem ablandigen Wind des frühen Morgens endlich auslaufen zu können. Es ist vielleicht drei Uhr in der Frühe, als das Segel gesetzt wird. Die Befehle des Steuermanns sind leise. Es ist eine erfahrene Mannschaft und jeder weiß ohnehin, was er zu tun hat.

Von der Hafenbehörde unbemerkt hatte ich mich um elf Uhr abends in der Dunkelheit zurück zum Pier geschlichen und war aufs Schiff geschlüpft. Jetzt liege ich mit fünfzehn einheimischen Passagieren auf der Ladung, die aus Körben mit Zitrusfrüchten, Bohnen- und Mehlsäcken besteht. Unser Ziel: Zanzibar, vielleicht sechzig Kilometer über das offene Meer. Zuerst verrät nur ein leises Glucksen unter den Planken, daß wir fahren. Allmählich entfernen sich auch die Lichter von Tanga.

Der Sonnenaufgang ist dramatisch. Am Horizont bauen sich riesige Wolkentürme auf. Es ist ein unwirkliches Licht, wie nach einem Gewitterschauer. Die Mangrovenwälder an der Küste leuchten vor dem dunklen Himmel in neongrün auf, das Wasser ist schwarzblau. Dabei ist es fast windstill. Am späten Vormittag dümpelt das Schiff immer noch in Sichtweite zu Tanga. Weiter als fünf Kilometer sind wir bisher nicht gekommen!

An Bord wird eine hitzige Debatte zwischen Kapitän und Passagieren geführt, die ich mit meinen lückenhaften Swaheli-Kenntnissen nicht ganz verstehe. Ein Teil der Leute will zurück an Land, weil sie sich mit einer motorisierten Dhau, die am kommenden Abend Tanga verläßt, eine schnellere Ankunft in Zanzibar hoffen. Aber der Kapitän weigert sich, denn dann müßte er ja das Geld für die Passage wieder rausrücken. Schließlich ändert das Schiff seinen Kurs und steuert doch die Küste an. Ich schließe mich den Passagieren an, die von Bord gehen.

Am Strand steht eine Menschenmenge. In ihrer Mitte liegt ein dreieinhalb Meter langer Hai, den zwei Fischer angelandet haben und jetzt zerteilen.

Nach 6 Kilometern Fußmarsch bin ich wieder in Tanga und genausoweit wie vorher. Eine Nacht später probiere ich es nochmals. Die Dhau „Majereha" ist mit zwölf Metern Länge wesentlich kleiner als das vorherige Schiff. 25 Menschen und jede Menge Gepäck drängen sich auf dem überladenen Bötchen zusammen - und damit aufs offene Meer?

*Riesiger Haifisch am Indischen Ozean, Tanzania*

*Bananentransporter auf dem Weg zum Markt*

Wir liegen verdammt tief im Wasser. Der mickrige Außenborder spottet der Bezeichnung „motorisiert“ und vertreibt mein mulmiges Gefühl nicht. Mit tuckerndem Motor und unter Segeln stechen wir bei Dunkelheit in See. Kaum haben wir den Wetterschutz der vorgelagerten Inseln verlassen, brist es auf. Gestern hatten wir zu wenig Wind, heute entschieden zuviel - wenn das mal gutgeht ...
Die Dünung des Indischen Ozeans rollt von Steuerbord an. In der Dunkelheit wirken die Wogen wie schwarze Berge. Das Schiff stampft und schlingert, hat bereits starke Schräglage. Der kleine Holzrumpf wird von den Wellen angehoben, fällt ins Tal der Wogen zurück und wird gleich darauf von der nächsten wieder hochgerissen, wie ein Spielball hin- und hergeworfen. Achterbahnfahren. Mein Magen zieht sich zusammen.
Mit dem Sturm kommt der Regen. Schauerwand nach Schauerwand prasselt herunter. Alle von uns sind klitschnaß bis auf die Haut, aber niemand beachtet Kälte und Nässe.
Gierig saugt das alte Holzboot das Regenwasser auf. Immer tiefer liegt die Nußschale im Wasser, zusätzliches Gewicht ist tödlich! Zwei Leute schöpfen pausenlos Wasser aus der Bilge. Die Brecher klatschen gegen die Bordwand und breiten ihren Gischtmantel über uns aus. Irgendwann wird uns eine dieser Seen unter Wasser drücken!
Mit vereinten Kräften versuchen wir Männer, das angerissene Segel zu reffen, an dem der Wind wütend herumzerrt. Das ist kein Spiel mehr. Die Planken sind verdammt glitschig. Mit einer Hand suche ich nach Halt, während die andere am Seil zieht. Wer bei den ruckenden Bewegungen den Boden unter den Füßen verliert und über Bord geht, ist verloren. Keine Chance, bei Nacht jemanden in dieser kochenden See wieder aufzufischen!
Endlich ist das Segel zusammengerollt. Da knickt unser letzter Strohhalm: Der Außenborder wird von einem der Brecher ersäuft, wir treiben ohne Antrieb und Steuerung ab!
Die mühsam unterdrückte Angst ist jetzt voll da. Was, wenn uns die nächste Welle voll an der Breitseite erwischt? Wir haben doch nicht mal eine Chance, schwimmend an Land zu kommen! In welcher Richtung liegt überhaupt das Ufer? Und dann die Haifischgefahr - das Tier von heute morgen ist mir noch schrecklich gut in Erinnerung! Verflucht, was zum Teufel treibe ich auch mitten in der Nacht auf dieser verdammten Nußschale im Indischen Ozean? Ich mache doch eine Radtour durch Afrika!!!
Uns bleibt keine Wahl: Wir müssen versuchen, zwischen den Böen das Segel zu setzen, um nicht völlig vom Kurs abzukommen. Das nasse Tuch ist doppelt schwer, das Palmseil schneidet tief in die Haut ein.

Eine Weile geht das recht gut. Einer gibt das Kommando, und die anderen ziehen. Dann passiert, was passieren mußte: Wir bekommen den Baum nicht mehr rechtzeitig runter, der Wind fährt hinein, reißt uns das Seil aus den Händen. Wie eine Peitsche schlägt es uns um die Ohren. Das Segel bläht sich, wir neigen uns nach Lee. Um Gottes Willen, die Böe drückt das Boot um! Das ist das Ende, wir kentern. Wasser schlägt herein.
In diesem Augenblick reißt der Segelstoff. Der Druck auf den Mast ist weg und die „Majereha" richtet sich im letzten Moment wieder auf. In allerletzter Sekunde. Wahnsinn! Wir können es kaum fassen.
Irgendwann läßt der Wind nach, und es gelingt uns, das zerrissene Tuch notdürftig zu reparieren. Die meisten an Bord haben sich in der Nacht mehrmals übergeben, niemand hat ein Auge zugetan. Wir sind abgekämpft. Den Satz von einem Mitreisenden, der bei Morgengrauen bleich und erschöpft am Mast lehnt, werde ich nie vergessen: „*Wallahi,* bei Gott, nie wieder mit dem Schiff, das nächste Mal nehme ich das Flugzeug, koste es, was es wolle!"

Diese Lektion reichte, ich akzeptierte den Willen der Meeresgötter. Nach der Rückkehr zum Festland unternahm ich keinen weiteren Versuch, nach Zanzibar zu kommen.
An der Küste war es auch schön. Ich blieb in einem winzigen Fischerdorf, das am Rand eines Kokospalmenhains stand. In der Gezeitenzone wuchsen Mangrovenwälder, die von weißen Sandstränden durchsetzt waren. Auf dem blaugrünen Wasser dümpelten kleine Dhaus und die Auslegerboote der Fischer. Für ein wenig Geld paddelte mich ein Junge zu unbewohnten Inselchen hinaus. Das Meer hatte Badewannentemperatur und lud zum Schwimmen ein, ich hatte den Eindruck, das Salzwasser beschleunigte das Abheilen des Eitergeschwürs. So kam ich - zwar anderswo als ursprünglich geplant - doch noch zu meiner Woche Urlaub.
Von Tanga fuhr ich mit meinem Rad entlang der Küste nach Süden, in Richtung Dar-es-Salaam. Meist blieb die Piste in einigen hundert Metern Entfernung zum Strand. Die Sonne stach vom klaren Himmel, es war staubig und heiß. Aber wichtiger war: Mein Sitzfleisch ertrug die 50 Testkilometer bis Pangani ohne große Beschwerden! Dort setzte ich mit der Fähre über den Pangani River. Etwas zuversichtlicher stemmte ich mich jetzt in die Pedale.
Der Weg verlief durch Kokospalmenwälder und später durch riesige Sisalplantagen. Aus den fleischigen, spitzen Blättern der mannshohen Sisalpflanze werden in einem aufwendigen Prozeß Fasern für Säcke und Taue gewonnen. In symmetrischen Abständen waren die trocken-

resistenten Agaven auf Hunderten von Hektar von der Küste bis weit ins hügelige Hinterland gepflanzt worden. Beim Vorbeifahren ergaben sich aus den kilometerlangen Pflanzenreihen geometrische Muster, die sich ständig veränderten.
Die Piste wurde spürbar schlechter, der Abstand zwischen den Dörfern immer größer, und um mich herum schloß sich der Busch. Es wuchsen Borassus-Palmen und ab und zu lagen versumpfte Tümpel am Weg, die mit Seerosen zugewuchert waren. Auf einem 30-Kilometer-Abschnitt hatte ich mit tiefem Sand zu kämpfen. In einem halben Tag legte ich gerade mal 25 Kilometer zurück.
Die Nähe zum Meer verriet sich nur noch durch den Kokospalmensaum zu meiner Linken. Es gab nichts Wunderbareres, als ab und zu auf einem der Stichwege den Kilometer zum Strand zu fahren und sich im Meer abzukühlen.
Die Piste schien nicht mehr befahren zu werden. Ich hatte immer größere Schwierigkeiten, den Wegverlauf zu erkennen. Mehrmals mußte ich umkehren, weil die Autoreifenspuren im Nichts verschwunden waren. Sie hatten unbemerkt eine andere Richtung genommen, waren zugewuchert oder verweht.
Flache Salzpfannen und Busch wechselten sich ab. Nur die vielen Tierfährten verrieten, daß ich bereits mitten im Sadani Game Reserve war. Unvermutet passierte ich die Überreste einer Lodge, die längst aufgegeben worden war. Sie lag direkt am Strand. Die leerstehenden Häuser mit den glaslosen Fensterrahmen, durch die der Passatwind wehte, boten einen deprimierenden Anblick. Vor den Häusern lag das Wrack einer einmotorigen Cessna. Mit Mühe entzifferte ich die verblichenen Buchstaben auf dem Rumpf: „Donation of Frankfurt Zoological Society".
„*Ndege ameteremka zamani sana!* - Der Vogel (Bem.: in Kiswaheli gibt es nur ein Wort für „Vogel" und „Flugzeug") ist schon vor langer Zeit runtergekommen. Ich glaube 1976", erzählte mir ein Game Warden, der als Verwalter von einer Tonne Schrott und 6 Hausruinen in der Einsamkeit ausharrte.
Dann ging es durch Savannenlandschaft hinunter zum Wami River. Hier, in der Nähe zum Wasser, sah ich nun viel Wild, vor allem Warzenschweine, aber auch Antilopen und eine Horde Grüner Meerkatzen. Und als Krönung: Zehn Giraffen! Selbst bei vollem Galopp wirkte es, als bewegten sich die riesigen Tiere in Zeitlupe - faszinierend!
Nachdem ich einen deutschen Wasserturm aus dem Jahr 1910 passiert hatte, der verlassen in der Wildnis stand, bildete dichtes Elefantengras ein undurchdringliches Gestrüpp. Endstation! Das hatte ich bisher noch nicht erlebt: Auf meiner guten alten Michelin-Karte war eine Piste ein-

gezeichnet, die überhaupt nicht existierte! Der matschige Boden war von Büffelspuren zerpflügt. Ich legte Filfilla hin und folgte dem Wildwechsel erst einmal zu Fuß weiter. Zwei Kilometer später stand ich am Wami River. Sein Wasser war schlammig-braun. Jetzt sah ich, was los war: Ich hatte mich weder verirrt, noch war die Karte fehlerhaft. Drüben am anderen Ufer lag eine Treidelfähre, und die war gesunken. Seitdem war die Vegetation ins Kraut geschossen, hatte die Piste zugewuchert.
Was jetzt? Wegen der Krokodilgefahr war nicht daran zu denken, die dreißig Meter ans andere Ufer zu schwimmen oder mich am Drahtseil entlangzuziehen.
Dann fiel mir auf, das das Game Reserve der Karte nach an seiner Westseite durch die Eisenbahnlinie Dar-es-Salaam - Moshi begrenzt wurde. Das wäre natürlich eine Möglichkeit! Ich drehte um und gelangte bei dem alten Wassertank wieder zurück in etwas offeneres Terrain. Von dort aus radelte ich querfeldein durch den Busch, direkt auf die Eisenbahn zu. Die konnte ich nicht verfehlen! Tatsächlich erreichte ich nach 15 Kilometern die Schienen. Auf der Eisenbahnbrücke gelangte ich über den Fluß und nach weiteren 25 Kilometern Holperstrecke entlang der Gleise kam der erste Bahnübergang.
Genau zum Sonnenuntergang, drei wilde staubige Tage nach dem Aufbruch von Tanga, rollte ich in Bagamoyo ein.

Die kleine Stadt Bagamoyo besitzt ein unbeschreibliches Flair: Vor der Kulisse von Kokospalmen stehen halbverfallene Gebäude aus der Kolonialzeit, afrikanische Lebensart mischt sich mit der muslimischen Swaheli-Kultur. Gebäude wie die Boma - der ehemalige Gouverneurspalast -, das Fort oder das alte deutsche Zollhaus sind die Spuren aus den Jahren 1887 bis 91, als der Ort Sitz der deutschen Verwaltung war. Seine Geschichte als bedeutender Handelsplatz reicht viel weiter zurück. Im 19. Jahrhundert markierte Bagamoyo den Endpunkt der arabischen Karawanenroute vom Tanganyika-See an die Küste und war deshalb ein bedeutender Umschlagplatz für Salz, Kopra, Trockenfisch, Elfenbein und Sklaven. Siebzig Tage dauerte der Marsch damals. Der Ortsname selbst deutet noch auf diese Vergangenheit hin: „Baga moyo!" heißt auf Kiswaheli soviel wie „Wirf dein Herz hin!". Denn hatte eine Karawane die Küste erreicht, mußten die Sklaven die letzte Hoffnung auf Flucht aufgeben. Von hier aus wurden sie nach Zanzibar verschifft, um auf den Gewürzplantagen der arabischen Großgrundbesitzer zu arbeiten oder weiterverkauft zu werden. Bagamoyo war aber auch der Ausgangsort für die Expeditionen der Afrika-Forscher Burton, Speke und Stanley.

Die Spuren der Swaheli-Kultur gehen bis ins 9. Jahrhundert zurück. Noch heute sind an der gesamten ostafrikanischen Küste - von Somalia bis Mocambique - Ruinen von Palästen, Moscheen, Häusern und Gräbern zu finden. Ihre Erbauer waren persische, arabische und indische Händler.
Diese unabhängigen Stadtstaaten betrieben einen intensiven Seehandel mit den Anrainerstaaten des Indischen Ozeans. Zu Beginn des 16. Jahrhunderts stießen die Portugiesen bei der Suche des Seeweges nach Indien an die ostafrikanische Küste vor. Damit endete die zweihundertjährige Blütezeit der Swaheli-Kultur, denn bald kontrollierten die Portugiesen den Handel in der Region. Ab 1699 wurden sie mehr und mehr verdrängt, ihren Platz im Machtgefüge übernahmen die Oman-Araber. Sie bauten in Ostafrika von Zanzibar aus ein großes Wirtschaftsimperium auf, dessen Reichtum auf Elfenbein, Sklaven und Gewürznelken fußte, bis sich Großbritannien in der Region engagierte und 1873 mit seiner Macht ein Verbot des Sklavenhandels durchsetzte.
Das deutsche Kolonialabenteuer wurde von einem Mann namens Carl Peters initiiert, der 1884 an der Festlandküste gegenüber von Zanzibar - also praktisch im Hinterhof der Engländer - mit afrikanischen Machthabern für seine Deutsch-Ostafrikanische Gesellschaft Verträge abschloß, von denen das Deutsche Reich schließlich seine Gebietsansprüche ableitete. Briten und Deutsche einigten sich bereits 1886 auf die Respektierung der jeweiligen Interessensphären und legten die heute noch gültige Grenze zwischen Kenya und Tanzania fest. Daß Carl Peters von den Afrikanern „Bluthand" genannt wurde, charakterisiert die grausamen „Unterwerfungskampagnen" der Kolonialtruppen im Inland, die bis zum I. Weltkrieg noch nicht abgeschlossen waren. Allein infolge des Maji-Maji-Aufstands im Süden Tanzanias, der sich gegen die Zwangsmaßnahmen der Deutschen richtete, sollen 250.000 Menschen ums Leben gekommen sein.
Diese bewegte Geschichte erklärt, warum die Kiswaheli-Sprache von der Grammatik und vom Syntax zwar eine Bantu-Sprache geblieben ist, sich in ihrem Wortschatz aber jede Menge arabische, englische, portugiesische, indische und deutsche Begriffe wiederfinden lassen.

Bei Sonnenaufgang nahm ich ein letztes Bad im warmen Indischen Ozean. Die verbleibenden 65 Kilometer nach Dar-es-Salaam wurden zu einem angenehmen Vormittagsritt durch kühle Kokospalmenwälder, vorbei an kleinen Dörfern und mächtigen Mango- sowie Cashewnuß-Bäumen.
„Dar-es-Salaam", kurz gesagt „Dar", ist arabisch und bedeutet soviel

wie „Hafen des Friedens". Der Name täuscht: Die Stadt machte einen verlotterten, häßlichen Eindruck auf mich. In den Straßen lag Abfall herum und die Fahrbahndecken wiesen unzählige große Schlaglöcher auf.
Am Askari-Monument, mitten im wirtschaftlichen Zentrum der Stadt, saßen verstümmelte Lepra-Kranke unter den Markisen und bettelten. Und das Klima in der Stadt war der Hammer: Gut über dreißig Grad bei 90 % Luftfeuchtigkeit! Mir lief der Schweiß in Strömen herunter. Nachts kühlte es kaum ab. Der einzige Weg, im stickigen Hotelzimmer etwas Schlaf zu finden, war, zu duschen, nackt und pitschnaß unter das Moskitonetz zu flüchten und den Deckenventilator auf Sturm zu stellen ...
Ohne Reue verließ ich bereits nach zwei Tagen Dar und fuhr zurück ins Inland. Rückenwind verwöhnte mich, als ich auf dem gut ausgebauten Tanzam-Highway in Richtung Westen pedalte, und sogar der Autoverkehr hielt sich in Grenzen. Was kann Radfahren schön sein - manchmal hatte ich das fast schon vergessen!
Mit regelmäßigen, kraftsparenden Kurbelbewegungen spulte ich täglich über 100 Kilometer ab. Auf der zehntägigen Fahrt zur malawischen Grenze erlebte ich nochmals die ganze Schönheit und Formenvielfalt der ostafrikanischen Landschaft. Von einem Kilometer auf den anderen konnte sich ihr Gesicht völlig ändern. Den ersten Tag war ich von gleichförmigem Busch eingeschlossen. Bei Morogoro tauchten südlich der Straße die bis zu 2.646 Meter hohen Uluguru Mountains auf. In dieser sonst trockenen Region mit Sisalplantagen und Baobabbäumen sind sie ein regelrechter Regenfänger.
Es folgte die Etappe durch den Mikumi National Park. Ein besonderer Kitzel, denn das Schutzgebiet ist für seine großen Elefantenherden bekannt. Aber ich hatte keine Alternative, die Straße führt nun mal mitten durch den Park. Große Tafeln warnten: *„Hatari - wanyama wa porini -* Danger, wild animals next 50 km!" In der Savanne beiderseits der Straße grasten zwar Giraffen, Gnus, Zebras, Impalas und ein verlorener Büffel. Aber keine Jumbos! Die Elefantenabbildungen auf den Warnschildern am Straßenrand blieben die einzigen Dickhäuterexemplare, die ich zu sehen bekam ...
Westlich von Mikumi wand sich das Teerband die feuchten, bewaldeten Hänge der Rubeho-Berge hoch. Nach einer rasanten Fahrt hinunter zum Ruaha-Fluß war ich wieder in einer vollkommen anderen Welt. Wo ich in dem schmalen Flußtal auch hinguckte, sah ich gelblich-grüne Kandelaber-Euphorbienbäume und riesige, blattlose Baobabs mit ihrem wirren Astwerk. Das Wasser des Ruaha stand im krassen Gegensatz zu der brüllenden Hitze und der urzeitlich wirkenden Trockenvegetation. Angesichts der vielen Affenbrotbäume fiel mir wieder die

Fabel ein, die eine Erklärung für das seltsame Aussehen des Baobabs bietet: Demzufolge war, als Gott vor langer, langer Zeit die Erde erschuf, der Baobab nie mit seinem Aussehen zufrieden. Irgendwann wurde dem Schöpfer die Nörgelei zu bunt, er riß den ganzen Baum aus und rammte ihn kopfüber in die Erde zurück - und seitdem wächst er mit den Wurzeln nach oben ...
Auf der Straße machten sich immer wieder Pavian- und Meerkatzensippen breit. Nachdem ich in Mbuyuni den Fluß überquert hatte, besaß das Land fast schon Wüstencharakter.
Wie ein Adlerhorst steht die Stadt Iringa auf einer natürlichen Felsburg, die sich aus einer Hochebene erhebt, die selbst schon auf 1.600 Metern liegt. Riesige, abgeschliffene Granitformationen umgaben mich. Die Temperaturschwankungen zwischen Tag und Nacht waren in Zentraltanzania extrem: Während ich nachts und am frühen Morgen vor Kälte schnatterte, schwitzte ich tagsüber bei der Treterei ohne Ende.
Bei Ifunda wurde ich plötzlich mit deutschem Herbstwetter konfrontiert: Es war trüb und kalt, der Nebel schlug sich in feinen Tröpfchen in meinem Bart und auf den Armen nieder. Das paßte zu den ausgedehnten Nadelholzschonungen, mit denen vor Sao Hill riesige Flächen aufgeforstet worden sind.
Hinter Makambako fiel die Straße einige hundert Höhenmeter ins Tiefland um Igawa und Chimala ab, aus dem einzelne Zeugenberge emporragten. Es wurde wieder heiß und staubig.
In voller Bergabfahrt, bei Tempo fünfzig, platzte mir der Hinterreifen! Irgendwie schaffte ich es, Filfilla, ohne zu stürzen, zum Stehen zu bringen. Dann sah ich die Bescherung: Es war einer der neuen Reifen aus Nairobi! Nach nur 800 Kilometern hatte es ihn zerrissen - offensichtlich Materialfehler!
Uyole lag dann wieder 1.700 Meter hoch, inmitten einer kargen Landschaft, die mich entfernt an die Osttürkei erinnerte: Karge Bergrücken ohne Bäume, gelbliches Gras. Durch das Tal fegte ein schneidender Wind.
Nachdem ich in acht Tagen 1.000 Kilometer zurückgelegt hatte, gönnte ich mir einen Tag Pause. Ich stieg in einer billigen Truckdriver-Herberge ab, die gleichzeitig Stundenhotel war.
*„Kabila lako gani?“* fragte mich die Besitzerin des Etablissements mißtrauisch. Richtig - die Sparte „Stammeszugehörigkeit“ hatte ich in dem Meldebuch an der „Rezeption“ offengelassen.
*„Andike ‘Mguu manjano’* - trage ‘Gelbfüßler’ ein, Mama!“ - was eine Anspielung auf meine badensische Abkunft war.
*„Haya* - alles klar“, nickte sie zufrieden, trug die Information nach und verschwand in ihrem Kabuff.

*Vor Uyole, Tanzania: "Road closed" - das gilt für alle anderen, den Radler hält nichts auf*

*Landschaft am Malawi-See*

In meinem Zimmer stand ein durchgelegenes Bett und eine rußende Petroleumlampe. Und weil es keine Dusche gab, spülte ich im Innenhof mit einer Schüssel kalten Wassers den schlimmsten Schmutz von der Haut. Spartanischer Ressort zum Ausspannen.
Über einen steilen, zehn Kilometer langen Schotterpaß ging es vom Mbeya-Tal hinüber in den südlichsten Teil des ostafrikanischen Grabens, in dem der Malawi-See liegt. Es folgte eine sagenhafte Abfahrt hinunter nach Tukuyu, das unter den Deutschen Neu-Langenburg hieß. Linkerhand beherrschte der 2.961 Meter hohe Rungwe-Vulkan das Panorama. Das erklärte die guten Böden, welche durch die hohen Niederschläge (bis zu 3.000 mm!) zu einem idealen Landwirtschaftsgebiet werden. Die Berge waren von hellgrün leuchtenden Teeplantagen überzogen. Bis auf ein paar lustige weiße Wolkenflocken war der Himmel klar. Links von mir zogen sich die Berge des Grabenbruchs als endlose Kette bis zum Horizont hin und dann, ganz tief unten, bemerkte ich eine große blaue Fläche - das nördliche Ende des Malawi-Sees!
Die letzten Kilometer in Tanzania waren eine einzige Großbaustelle: Eine Münchener Firma verwirklichte ein Projekt, das Malawi an das tanzanische Straßennetz anbinden sollte. Die schönen neuen Straßenschilder, Fahrbahnmarkierungen und Bushaltestellen wirkten vollkommen deplaziert ...
Kurz vor der abendlichen Zollschließung erreichte ich den tanzanischen Schlagbaum. Durch die Hatz zur Grenze war ich naßgeschwitzt, und auch meine Papiere, die ich im Bauchgurt direkt auf der Haut trug, waren trotz der Plastiktüte völlig durchweicht und stanken nach Schweiß. Australische Traveller, die den Kontinent von Süden her bereist hatten, warnten mich bereits in Dar-es-Salaam: „Die Zöllner in Kyela sind knüppelhart!"
Tatsächlich wurde es die penibelste Kontrolle der gesamten Reise. Auf der Suche nach nicht deklarierten Devisen, die dann beschlagnahmt werden konnten, drehten die Beamten meine Packtaschen von innen nach außen, falteten jedes einzelne Kleidungsstück auseinander, untersuchten mißtrauisch die Gitarre und spähten unter den Sattel. Sie versuchten, die Pfropfen an den Lenkstangenenden abzunehmen, ich mußte vor ihren Augen meine Schuhe ausziehen und dann zählte der Senior Border Officer meinen Dollar-Bestand persönlich nach, weil er mir nicht traute. Aber mir war nichts anzuhängen, schließlich mußte man mich ziehen lassen.
„*Kwa heri, Tanzania!* Auf Wiedersehen, Tanzania!" verabschiedete ich mich grinsend.
„*Safari salama* - friedliche Reise!" wurde mir dann aber doch noch gewünscht ...

## Malawi: Die Luft ist raus

Über eine Brücke gelangte ich auf die andere Seite des Grenzflusses, wo die malawischen Zöllner auf einer Bank saßen und die Abendsonne genossen. Ich grüßte auf Kiswaheli.
„Here in Malawi, we do speak English or Chichewa. But no Swaheli!" sagte der Border Officer pikiert.
„Anyway, welcome to Malawi!" meinte er dann versöhnlich und bat mich würdevoll, für ihn und seine Untergebenen ein Lied zu spielen. In seinen kurzen Khaki-Hosen, mit dem kecken Barett, seinem Exerzierstock und den blankgewichsten Stiefeln wirkte er britischer als jeder Engländer.
Das wird auch von Kamuzu Hastings Banda gesagt, dem greisen Staatschef Malawis. Er führte das Land am westlichen Ufer des Malawi- (oder Nyassa-Sees) 1964 in die Unabhängigkeit, in dem er noch heute mit harter Hand regiert. Der konservative schwarze Politiker, von Hause aus Mediziner, nahm bereits 1968 als erster afrikanischer Staatschef diplomatische Beziehungen zu Südafrika auf und ist bekannt für seine starke Aversion gegen Hippies und Kommunisten.
Um sein Land vor den schädlichen Einflüssen dieser subversiven Elemente zu bewahren, verfügte His Excellency, the Life President, daß kein Mann mit langen Haaren nach Malawi einreisen darf. Auch jede hosentragende Frau muß damit rechnen, an der Grenze zurückgewiesen zu werden.
Die eigentlichen Einreiseformalitäten erfolgten seltsamerweise erst in Ngara, rund zwanzig Kilometer hinter der Grenze zu Tanzania.
Um bei der anstehenden Haarkontrolle im besten Licht zu erscheinen, traf ich meine Vorbereitungen. Der Nyassa-See gilt als bilharziosefrei und so zögerte ich nicht lange, ein Bad in dem kristallklaren Wasser zu nehmen, um Schweiß und Straßenstaub von der Haut zu waschen. Dann parfümierte ich mich reichlich mit einem schweren, süßlichen Duftwasser.
Für prekäre offizielle Akte wie diesem führte ich ein extra „Behördenhemd" mit, das ich, fein säuberlich in eine Plastiktüte eingewickelt, am Grunde meiner Packtaschen aufbewahrte. Ich kramte es hervor und zog es an, denn Afrikaner legen einen außerordentlich großen Wert auf Körperpflege und gute Kleidung. Zum Beispiel überraschte mich mehrmals auf der Tour, daß Bekannte von mir, die immer nur auf das Beste gekleidet waren, in sehr einfachen Verhältnissen lebten. Dementsprechend haben viele Menschen kein Verständnis dafür, wenn wohlhabende Europäer in abgerissener Kleidung herumlaufen. Sie

empfinden es als Verachtung oder Beleidigung, wenn man es nicht für nötig hält, sich in ihrer Gegenwart ordentlich zu kleiden. Das gilt für Beamte in ganz besonderem Maße.
Aber was sollte ich mit meiner blonden Lockenpracht tun, welche die kritische Länge bereits deutlich überschritt? Ich machte die Haare naß, schmierte reichlich Vaseline hinein und stopfte sie, so gut es eben ging, unter den Fahrradhelm. Hoffentlich verlangte niemand von mir, die Kopfbedeckung abzunehmen ...
An der Grenze füllte ich die obligatorische Anzahl afrikanischer Einreise-Formulare aus. Niemandem fiel auf, daß ich in der Wärme den unförmigen Kunststoffhelm aufbehielt und so brachte ich den Grenzübergang ohne irgendwelche Zwischenfälle hinter mich. Der Aufwand hatte sich gelohnt. Wie ich später erfuhr, mußte sich Dominik bei seiner Einreise nach Malawi tatsächlich vor den Augen der Zöllner die Haare schneiden lassen!
Der Straßenabschnitt von der Grenze bis nach Karonga war noch nicht fertiggestellt, und die Baustellenlaster hatten mich schnell wieder von oben bis unten eingestaubt.
Malawi schien das ideale Fahrradland zu sein. Keine einzige Wolke war am Himmel zu sehen, dabei war es nicht zu heiß, weil ständig ein angenehmer Wind ging, der sogar noch von hinten kam. Die Teerstraßen befanden sich in hervorragendem Zustand, und es gab so gut wie keinen Verkehr. Eine Handvoll Wagen pro Tag, mehr nicht. Die Landschaft war malerisch. Es war sehr trocken, die Vegetation trug vorwiegend braune und gelbliche Farben. Im Gegensatz dazu war das Wasser des Malawi-Sees, der mich linkerhand begleitete, tief blau. An seinem östlichen Ufer hoben sich die rötlichen Livingstone Mountains aus dem Dunst, die noch zu Tanzania gehören.
Es gab nur wenige Ortschaften und demzufolge war auch die Versorgung mit Lebensmitteln etwas schwierig. In den kleinen Restaurants bekam ich meist *Mpunga,* wie der Maisbrei jetzt hieß, mit einer scharfen Soße und sprottenartigen Fischchen vorgesetzt, die mit Kopf, Schuppen und Gräten verzehrt wurden. Ansonsten ernährte ich mich vorwiegend aus meinem Vorrat an Coconut-Cookies, den hervorragenden malawischen Kokosnußplätzchen, die es in jedem kleinen Geschäft zu kaufen gab.
Obwohl Straßen und offizielle Gebäude, wie Banken, einen gepflegten Eindruck machten, war die Landbevölkerung bitter arm. In keinem anderen Land Afrikas wurde ich so penetrant um Geld angebettelt wie in Malawi! Das verdarb mir die Freude am Fahrradfahren, auch die wunderschöne Landschaft konnte das nicht wettmachen. Irgendwann, als mir die Gören wieder ihre „Give me-Give me“-Chöre entgegenschrien,

lief das Faß über. Ich flapste den perplexen Kindern ein scharfes „Oh, shut up!“ hin.

Mein unbeherrschter Ausbruch war ein alarmierendes Zeichen. Allmählich wurde ich reisemüde. Mein Interesse an Neuem schwand, weil ich bis oben hin mit Eindrücken vollgestopft war. Immer öfter wollte ich nichts als meine Ruhe haben. Wenn ich auf der Straße angesprochen wurde, mißtraute ich erst einmal, daß dahinter eine Bitte um etwas Geld stand.

Spätestens an diesem Punkt wäre es Zeit gewesen, die Reise zu unterbrechen, um das Erlebte aufzuarbeiten. Meine Bereitschaft, Tag für Tag weiterzuziehen und ein Dutzend neuer Gesichter und ihre Geschichte kennenzulernen, sank immer weiter. Aber ich gönnte mir diese Pause nicht, obwohl mir schon zwei abschreckende Beispiele demonstriert hatten, wozu das führen konnte! Einmal der deutsche Straßenbauingenieur an der tanzanisch/malawischen Grenze mit seinem verdeckten Rassismus, der seit Jahren in der „Entwicklungshilfe“ tätig war. Und zum anderen Lona, eine Kalifornierin, die ich in Nairobi kennenlernte. Sie tourte bereits fünf Jahre lang mit dem Rad um den Globus, schaffte aber einfach nicht mehr den Absprung. „Alles was ich sehe, ist eine Wiederholung von Erlebnissen in anderen Ländern, auf anderen Kontinenten“, erzählte sie. Wonach suchte sie also noch?

Hinter dem Örtchen Chitimba wand sich die Straße in Serpentinen für zehn Kilometer bergauf. Immer wieder boten sich einmalige Ausblicke auf den türkisfarbenen See, kleine Fischerdörfer und weiße Sandstrände. Bei einer Pause erzählte man mir von einem anderen Radfahrer, der vor einer Woche hier entlanggeradelt war. Vielleicht Guy, der Neuseeländer?

Im Hochland von Malawi war es deutlich wärmer. Ich war entsprechend froh, nach dem 182 Kilometer langen Inlandsabstecher über Mzuzu bei Nkhata Bay zurück an den See zu gelangen.

Am Strand von Nkhata Bay traf ich tatsächlich Guy, der vollkommen überrascht war, mich schon hier zu sehen. Er wähnte mich noch irgendwo am Indischen Ozean. Wir tauschten unsere Erlebnisse seit der Trennung in Arusha aus. Auch ihm fiel die starke Bettelei der Kinder in Malawi auf.

Ich schob einen schönen, erholsamen Badetag ein. Als sich unsere Wege dann wieder trennten, vereinbarte ich mit Guy ein Treffen in Cape Town. Falls etwas dazwischen kommen sollte, versprach er mir zu schreiben. Das war das letzte, was ich von ihm hörte. Ich hoffe, daß er nur meine Adresse verloren hat, so wie ich die seine, und daß ihm auf dem letzten Stück nach Südafrika nicht noch irgend etwas Ernsthaftes zustieß ...

Ich folgte wieder dem Seeufer. Die Piste war sandig und staubig, die Sonne knallte. Nur stellenweise berührte der Weg den Strand, so daß ich mich mit einem Sprung ins kühle Wasser erfrischen konnte. Es war so heiß, daß die befeuchtete Kleidung bereits nach einer halben Fahrradstunde wieder getrocknet war.
Ich war frustriert, wie schnell ich mich an die guten Straßenbeläge in Malawi gewöhnt hatte. Das Radeln auf dem 140 Kilometer langen Pistenstück, durch Schlaglöcher und über Wellblech, raubte mir die Kräfte, ich schien an der Stelle zu kleben, was meine Laune nicht unbedingt verbesserte. Abends tauchten höllisch viele Moskitos aus ihren Verstecken am Wasser auf und fielen über mich her. Der tadellose Vollmond stand über dem spiegelglatten See und beleuchtete einen Muzungu, der unter Fluchen im Gestrüpp sein Zelt aufbaute und dabei wild um sich schlug.
Als Krönung dieses miserablen Tages fand ich dann keinen Schlaf, weil es durch das Zusammentreffen von 6. Juli, dem Independence Day, und des Wochenendes viele Besoffene gab, die gröhlend an meinem Zelt vorbeitorkelten. Überhaupt konnte Radfahren in Afrika am Wochenende zum Spießroutenlaufen werden, wenn Männer einen Teil ihres Einkommens in Bier angelegt hatten und mich teilweise auf beängstigende Art und Weise anmachten.
Je schlechter meine Moral wurde, desto wichtiger war die Verpflegung. Nkhotakota, durch das ich am folgenden Tag kam, besaß einen Supermarkt, wo ich meine eigenartigen Eßbedürfnisse stillen konnte: eiskalte Milch, Coca-Cola, eine Dose Ananas und Kondensmilch.
Im Restaurant nebenan gab's Reis und Fleisch. Irgendwie kam ich mit David ins Gespräch, einem malawischen Truckdriver.
„Bist du Südafrikaner?" fragte er mich mißtrauisch.
Ich verneinte und seine Miene entspannte sich. Wie gegenwärtig rund 250.000 andere malawische Männer hatte er in Südafrika gearbeitet, weit weg von Haus und Familie, die er höchstens einmal im Jahr besuchen konnte. Sein Mißtrauen gegenüber den Weißen in Südafrika war trotz der bröckelnden Apartheit unerschütterlich. Verbittert von zwanzig Jahren im rassistischen Südafrika erzählte er mir Geschichten über die erniedrigenden Schikanen „durch die Buren".
Manches davon klang für mich unglaubhaft, aber auf alle Fälle wuchs meine Spannung auf Südafrika. Zum Beispiel erzählte er, wie Weiße in den schwarzen Arbeiterunterkünften Gratis-Kondome verteilt hätten, die mit Geschlechtskrankheiten infiziert gewesen seien, um diese in den gegnerischen Frontstaaten auszubreiten ...
An einer Lagune des Sees teilte ich im Abendlicht das Badewasser mit Nilpferden, danach fühlte ich mich wunderbar sauber, und auf einem

kleinen Friedhof fand ich auch die ersehnte Nachtruhe, die mir am Abend vorher so gefehlt hatte. Die Welt sah wieder freundlicher aus.
Die nächsten Tage kurbelte ich durch eine staubige Ebene, über der die Luft vor Hitze flimmerte. Die klobigen Äste der Baobabs schienen sich wie die Tentakel riesiger Kraken zu bewegen.
Nach diesen eintönigen Tagen voll stumpfsinniger Treterei, ohne Seeblick und Erhebungen, wurde die Landschaft wieder interessanter. Zeugenberge tauchten auf. Zwischen den Rundhütten der Dörfer spielten Kinder und Hühner scharrten nach Nahrung. In Malawi gab es das schönste Federvieh, das ich auf der ganzen Reise gesehen habe. Bunte Hähne stolzierten aufgeplustert umher, eine wahre Augenweide.

Nahe seines südlichen Endes ragt in den 600 Kilometer langen Malawi-See eine Halbinsel, die den Namen eines Freundes von David Livingstone trägt: Cape McClear. Die Landzunge hebt sich mit ihren bewaldeten Hängen und den gigantischen Granitfelsen deutlich von der Umgebung ab. An ihrer Spitze liegt eine Bucht mit feinem Sandstrand. Bei Sonnenuntergang erreichte ich diese Bay, in der sich ein Ort bestimmt einen halben Kilometer am Strand entlang zog. Er bestand aus Hunderten von Bast- und Lehmhäusern. Der rote Sonnenball entzündete den Himmel in den unglaublichsten Farben. Fischer fuhren mit ihren Pirogen auf den See hinaus. Die Fänge der vorhergehenden Nächte waren auf großen Tischen am Strand zum Trocknen ausgebreitet. Unter den Ästen eines Baobab-Ungetüms zerstampften Mädchen mit großen Holzmörsern unter rhythmischem Gesang das Mehl für die Abendmahlzeit. Dieses regelmäßige Klopfen war für mich das vertraute Geräusch eines abendlichen afrikanischen Dorfes und gleichzeitig das Signal, mich nach einem Schlafplatz umzusehen, weil es bald stockdunkel sein würde.
Am nächsten Morgen sah ich, daß der Ort eine seltsame Mischung von traditionellem Fischerdorf und Touristenresort darstellte. Es schien eine friedliche Koexistenz zu sein. Eine einzelne, knallgelbe Telefonzelle stand am Strand und wirkte zwischen all den Hütten völlig deplaziert. Ich konnte kein Kabel entdecken, das den öffentlichen Fernsprecher mit dem Telefonnetz verband, aber er schien tadellos zu funktionieren und war ständig besetzt.
Die Touristen - die hauptsächlich aus Südafrika kamen und hier einen Teil der kalten Jahreszeit verbrachten - wohnten in einfachen Unterkünften. Einreisebestimmung hin oder her, es lag ein Hauch von Hippieatmosphäre in der Luft. Für die Abendmahlzeit konnte man bei den Fischerfrauen eine Bestellung aufgeben, die sich dadurch etwas hinzu verdienten.

Am westlichen Ende der Bucht lagen Granitfelsen im flacheren Wasser, der sogenannte Otter's Point. Er ist Teil eines Unterwasser-Nationalparks, der die einmalige Fischwelt des Malawi-Sees schützen soll. Mit geliehener Taucherbrille und Schnorchel bestaunte ich im klaren Wasser die Buntbarsche, die wegen ihrer schönen Färbung bei Aquarianern sehr beliebt sind und in die ganze Welt exportiert werden.
Am Rande des Schutzgebietes hatte der WWF ein Education Center in traditionellem Baustil errichtet, in dem das Ökosystem und die Tierwelt des Sees anschaulich erklärt und in Aquarien sogar einige der Fischarten gehalten werden. Auf Schautafeln wurde die wirtschaftliche Bedeutung des Gewässers erläutert - neunzig Prozent der Proteinversorgung Malawis wird durch Fisch aus dem See gedeckt - und auf die interessante Biologie der Buntbarsche eingegangen. Sie zählen zu den Maulbrütern, d.h., die Elterntiere tragen die befruchteten Eier bis zum Schlüpfen im eigenen Maul, um sie so vor Feinden zu schützen.
Die Artenvielfalt von Buntbarschen im Malawi-See hat sich aus wenigen Stammformen herausgebildet. Jede dieser Spezies besitzt ganz spezielle Nahrungsanforderungen, so daß viele verschiedene Fische auf engem Raum zusammenleben können. Das Verbreitungsgebiet seltener Arten ist auf wenige Buchten begrenzt, die in der weiten Wasserfläche des Sees wie Inseln voneinander getrennt sind und so gelten sie, ähnlich wie die Darwin-Finken auf den Galapagos-Inseln, als Beweis für die Evolutionstheorie.
Nach drei Tagen Ausspannen kehrte ich auf die Straße zurück. Ich wurde von einem kleinen Pick-up überholt, der ein mächtiges Boot transportierte. Sein Bug ragte weit über das Fahrerhaus des Wagens hinaus. In dem offenen Schiff saßen noch acht Extrapassagiere, und es sah aus, als wäre der Kutter von einem Wirbelsturm aus dem Wasser gerissen und auf dem Kleinlaster abgesetzt worden ...
Beim Mittagessen saß ich mit malawischen Soldaten am Tisch. Sie waren in Mocambique stationiert und hatten Fronturlaub. Ihre Truppe eskortierte Güterzüge durch die Bürgerkriegsgebiete des Nachbarlandes zu den Hafenstädten Beira und Nacala. Mein schmaler Appetit wurde durch ihre Berichte über die Greueltaten der Renamo-Rebellen nicht größer, und ich fragte mich schon, ob es nicht doch sicherer gewesen wäre, durch das politisch unruhige Zambia nach Zimbabwe einzureisen, als mit dem Militärkonvoi auf der Transitroute durch Mocambique.
Der Bürgerkrieg im Nachbarstaat bedeutet eine große wirtschaftliche Belastung für Malawi. Weil das Land zunehmend auf die weitentfernten südafrikanischen Häfen und Dar-es-Salaam in Tanzania ausweichen muß, kämpft es mit den höchsten Im- und Exportkosten der Welt.

*Telefonzelle in Cape McClear, Malawi*

*Mit dem Militär-Konvoi durch Mocambique. Fotografieren verboten!*

Und dann leben inzwischen eine Million mocambiquanische Flüchtlinge in Malawi, das selbst nur rund neun Millionen Einwohner zählt!
Dann kam der erste bedeckte Tag in Malawi. Dicke Regenwolken fielen, es roch nach feuchter Erde und die Straße glänzte vor Nässe. Obwohl ich drei Tage ausgespannt hatte, fühlte ich mich wie zerschlagen. Mich fröstelte, ich hatte Bauchschmerzen, leichtes Fieber und gräßlichen Husten. Das Rätselraten ging los. Was war das schon wieder? Ein normaler Infekt, Malaria, oder was sonst? Egal, wie beschissen ich mich fühlte: Hier an der Straße konnte ich nicht bleiben und darauf warten, daß es mir besser ging. Also quälte ich mich weiter.
An der Straße ins Hochland stand streckenweise ein Curio-Shop neben dem anderen, wo ganz nach Touristengeschmack Andenken wie Schmuck, bunte Stoffe und schön geschnitzte Klappstühle aus Ebenholz verkauft wurden. Die Stühle gefielen mir wirklich, aber ich hatte beim besten Willen keinen Platz mehr auf dem Rad, und so mußte ich wie bisher auf Souvenirs verzichten.

Über die kleine Universitätsstadt Zomba gelangte ich einen Tag später ins Hochland nach Blantyre. Blantyre, die größte Stadt Malawis - mit 200.000 Einwohnern aber immer noch sehr überschaubar -, wurde 1876 als Missionsstation gegründet und nach dem schottischen Geburtsort David Livingstones benannt.
Obwohl der Unabhängigkeitstag bereits fast zwei Wochen zurücklag, drohte die Stadt noch immer in den Nationalfarben Rot, Grün und Schwarz zu ertrinken. Jede Straße wurde von Fahnenstangenalleen gesäumt, zusätzlich dazu waren an jedem Laternenpfahl zwei weitere Flaggen befestigt. Über den Hauptstraßen wölbten sich rot-grün-schwarze Triumphbögen mit Lichterketten, auf denen die Zahlen 26, 64 und 90 prangten, also die Dauer der Unabhängigkeit, das Unabhängigkeitsjahr und das aktuelle Datum. Jedes öffentliche Gebäude, Geschäfte und sogar Privathäuser waren mit dreifarbigen Holzplättchen verziert, die geometrische Formen bildeten und das Porträt von *Ngwazi,* dem Landesvater Kamuzu Banda, umrahmten.
Doppelstockbusse verbreiteten im Straßenbild ein englisches Flair. Im Stadtteil Limbe beantragte ich das Transitvisum für Mocambique, welches ich bereits einen Tag später abholen konnte. Nachdem ich auch meine Besorgungen - wie Geld tauschen und Post nach Deutschland aufgegeben - erledigt hatte, brach ich am späten Nachmittag noch zum 85 Kilometer entfernten Grenzort Mwanza auf.
Mein Gesundheitszustand machte mir Sorgen, ich wußte, daß ich eigentlich ins Bett gehörte. Aber im teuren Blantyre konnte ich nicht länger als unbedingt nötig bleiben. Lieber wollte ich zusehen, so schnell

wie möglich nach Harare, in die Hauptstadt von Zimbabwe, zu kommen.
Die Staubstraße führte direkt auf die sinkende Sonne zu. Vor mir brach das Hochland von Malawi ins Tal des Shire Rivers ab, dem Ausfluß des Malawi-Sees. Wie Pappfiguren standen die Bergketten am jenseitigen Ufer hintereinander, die niedrigste ganz vorne, die höchste hinten - wahrscheinlich lag sie schon in Mocambique. Die Farbabstufungen reichten von schwarz bis blaßgrau - berauschend.

Kurz davor hatte ich bemerkt, daß mein Stuhlgang vor Madenwürmern wimmelte. Das war der Grund für die Bauchschmerzen in den vergangenen Tagen, klar!

Was ich später erst in Deutschland erfuhr: Ich hatte mir außerdem Hakenwürmer eingefangen, wahrscheinlich beim Barfußlaufen am Indischen Ozean. Die Larven dieser ekelhaften Parasiten dringen durch die Fußsohlen in den Körper ein, wandern in der Blutbahn zur Lunge und durchbohren die Lungenbläschen. Das führt zu starkem Hustenreiz, die Larven werden ausgespuckt und verschluckt. Im Magen-Darm-Trakt angelangt, vermehren sie sich und werden schließlich ausgeschieden. Der Infektionskreislauf ist geschlossen. Sie waren die Ursache für die fürchterlichen Hustenanfälle, die mich seit einigen Tagen so quälten.

Nach und nach bekam ich die Quittung dafür, daß ich mich nie gründlich genug auskuriert hatte und sämtliche Warnungen meines Körpers in den Wind schlug. Jetzt sagte er mir ziemlich deutlich: Ich kann nicht mehr, ich will nicht mehr, sieh zu, daß du endlich nach Hause kommst!

Filfilla rauschte die Kehren zum Fluß hinab. Dunkelheit fiel über das Tal wie der Schatten eines Raubvogels. Lautlos, bedrohlich. Als ich die Brücke erreichte, war es bereits rabenschwarze Nacht, der tosende Fluß war nur zu ahnen. Ein paar Polizisten bewachten das strategische Ziel, schließlich waren wir hier im Grenzgebiet zum Bürgerkriegsland Mocambique.

„Ein Tourist? Mit dem Fahrrad? Um die Zeit und ohne Licht?“

Was sie außerdem dachten, verschwiegen sie höflich. Bereitwillig gaben sie mir Auskunft: Noch 30 Kilometer bis Mwanza, davon die letzten zehn auf Teer ...

Ich überwand meine Erschöpfung und die Angst vor der Dunkelheit und ging dieses verdammte letzte Stück noch an.

Der Vorderstrahler war schon in Zaire kaputtgegangen, meine Taschenlampe vermißte ich seit Cape McClear. Und der schwache Schimmer der Sterne reichte nicht, um Hindernisse rechtzeitig zu erkennen und auszuweichen. Aber was für eine Wahl hatte ich denn? Sollte ich zwanzig Kilometer bis zur Straße schieben? Wenn ich radelte, konnte ich die Zeit wenigstens halbieren!

Zum Glück war die Piste mit hellem Schotter aufgeschüttet, so war der Wegverlauf wenigstens zu ahnen. Doch immer wieder geriet ich an den sandigen Pistenrand, verlor die Kontrolle über das Rad und stürzte. Oder ich fuhr ungebremst auf dicke Steine und tiefe Schlaglöcher. Filfilla schien jedes Mal aufzuheulen. Dieser Eiertanz forderte volle Konzentration und verausgabte meine letzten Kräfte.

Hin und wieder stand eine Hütte im Busch, rechts oder links des Weges, was ich aber nur bemerkte, wenn ich den Rauch spürte, gedämpfte Stimmen hörte oder den Widerschein der kleinen Feuer durch die Zweige flackern sah. Dann schloß sich wieder die Nacht um mich und ich war allein mit meinen quälenden Gedanken und den körperlichen Schmerzen. Über mir blinkten ungerührt die Sternbilder von Zentaur, Skorpion und dem Kreuz des Südens.

Aus meinen Augenwinkeln sah ich etwas Weißes an mir vorüberhuschen. Zögernd kehrte ich um. Im Schein meines Feuerzeugs las ich auf dem hellen Stein: Mwanza, 20 Kilometer. Mein Kopf brachte irgendwie zusammen: Das bedeutete noch einmal zehn Kilometer Piste und ebensoviel auf Teer.

Plötzlich spukten wieder die Schauergeschichten von den bestialischen Renamo-Rebellen in meinem Kopf herum und sie klangen auf einmal verdammt realistisch! Ich trieb mich wieder an.

Warum handelte ich so ungeheuerlich verantwortungslos? Was war schon ein Tag mehr oder weniger, wenn es um meine eigene Sicherheit ging? Aber ich hatte längst aufgehört, nüchtern zu denken. In diesen Grenzsituationen funktionierte mein Körper wie eine Maschine, es war, als wäre ein Hebel umgelegt worden, der den Kopf abschaltete, das Notkraftaggregat anstellte und gleichzeitig ein Lämpchen zum Blinken brachte, und auf dem stand: „Kapstadt". In diesem Moment zählte alles andere nicht mehr, keine Angst, keine Schmerzen, keine Vernunft. Als ich endlich die Asphaltstraße erreichte, war es bitterkalt geworden. Deutliches Zeichen, daß ich allmählich in den Winter auf der Südhalbkugel kam. Beim Atmen stieß ich kleine Wölkchen aus. Die eisige Luft war für meine kranke Lunge wie Gift.

Es war immer noch nicht Feierabend. Die letzten zehn Kilometer gingen noch einmal steil bergauf. Endete das nie?! Immer wieder suchte ich hoffnungsvoll vor mir nach Lichtern. Brauchte ich eine halbe oder eine ganze Stunde? Total ausgebrannt, frierend und naßgeschwitzt zugleich, rollte ich in Mwanza ein. Irgendwann fand ich einen Lastwagenfahrer, der bereit war, mich am nächsten Morgen durch Mocambique mitzunehmen. Fünfzig Kwacha wollte er, mir war alles egal jetzt. Ich schmiß meinen Krempel auf seinen offenen Anhänger, rollte dort oben meine Isomatte aus und vergrub mich im Schlafsack.

# Südliches Afrika

Zulu-König Shaka, 1825, Südafrika

## On the Gun Run

Ich werde vom Anlassen des Dieselmotors geweckt, reibe mir verschlafen die Augen. Der Morgen beginnt gerade erst zu dämmern. Bis der Truck an der Grenze ist, bleibe ich noch in meinem Schlafsack liegen. Durch die Vibrationen rutsche ich auf der Ladefläche hin und her, und die verblassenden Sterne über mir vollführen einen tollen Derwischtanz.

Am malawischen Schlagbaum hole ich meine Sachen vom Anhänger. Hundert Meter weiter, im Niemandsland, nimmt mich Peter, der Truckdriver, wieder an Bord.

Er ist ein flotter Geschäftemacher: Während wir vor dem mocambiquanischen Grenzposten stehen und warten, werden Kartons voller Lebensmittelkonserven auf einen Pick-up umgeladen. Die Kisten waren unter einer Plane verborgen, die scheinbar achtlos auf dem Anhänger lag. Zöllner und Soldaten schauen währenddessen angestrengt in eine andere Richtung.

Lastwagen nach Lastwagen rollt in den Grenzstreifen zwischen den Schlagbäumen, wo ein Fahrzeugkonvoi zusammengestellt wird. Denn alleine durch den Tété-Korridor nach Zimbabwe zu fahren, wäre unverantwortlich. Zu oft haben die Renamo-Rebellen auf dieser Strecke schon Fahrzeuge überfallen und Menschen ermordet.

Im Grunde wird seit 1966 in Mocambique gekämpft. Als die Kolonialmacht Portugal das afrikanische Land nach über zehn Jahren Unabhängigkeitskampf durch die Frelimo (Frente de Libertacao de Mocambique) 1975 in die Unabhängigkeit entließ, kehrte nur kurz Ruhe ein. Die neue Ära stand unter keinem guten Stern. Die 250.000 portugiesischen Kolonialisten, welche Wirtschaft, Politik und Verwaltung kontrolliert hatten, verließen fluchtartig das Land. Es gab niemanden, der die vakanten Stellen hätte besetzen können. Hinzu kamen die Zerstörungen des Krieges, Naturkatastrophen und der umstrittene sozialistische Regierungskurs des Präsidenten Samora Machel.

Weil das unabhängige Mocambique die schwarzen Befreiungsbewegungen in den rassistischen Nachbarländern Rhodesien und Südafrika unterstützte, wurde von den beiden Ländern die Renamo (Resistencia Nacional Mocambicana) als Gegenkraft zur linken Regierung aufgebaut. Ziel war die Destabilisierung von Mocambique - und das ist der rund 15.000 Mann starken Renamo mit Sabotageakten, Überfällen und Terroranschlägen auf die Bevölkerung auch voll gelungen. Über eine halbe Million Tote, hunderttausende Waisenkinder, nahezu sechs

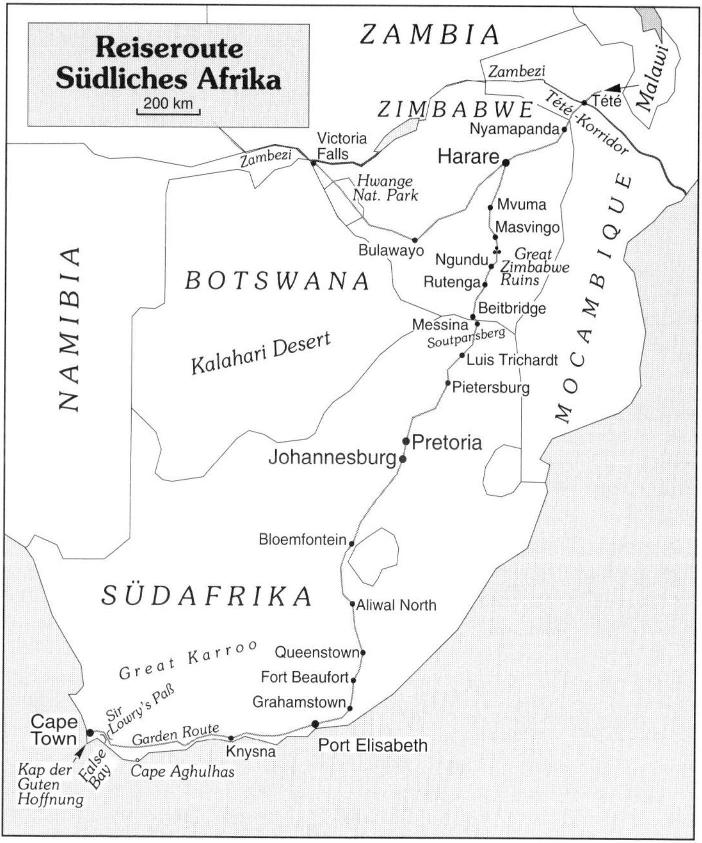

*Soapstone-Zebra, Great Zimbabwe*

Millionen Flüchtlinge, in einem Land, das eine Bevölkerung von 14 Millionen Menschen besitzt - das ist die bisherige Bilanz des Bürgerkrieges ...
Neben einigen Pkws besteht der Konvoi aus mindestens sechzig Transportern. Dazwischen eingesprenkelt eine Handvoll Panzerspähwagen der malawischen Armee. Eigentlich niedlich - was sollen sie im Ernstfall denn schon zum Schutz des kilometerlangen Fahrzeug-Wurmes ausrichten, der sich kurz nach Sonnenaufgang endlich in Bewegung setzt?!
Wir fahren irgendwo in der Mitte. Die Kette der Zugmaschinen vor uns scheint endlos, die ersten Wagen verschwinden bereits hinter der Hügelkuppe, auf die wir zufahren.
Mir ist übel vor Aufregung, ich kann nichts dagegen tun. Irgendwie erinnert mich das alles an den Überfall im Sudan. Aber die anderen fühlen sich auch unwohl in ihrer Haut, die Fahrer drücken aufs Tempo.
Dann passieren wir die ersten Fahrzeugwracks. Ausgebrannte, verrostete Metallskelette. Zerrissene Container, deformierte Anhänger. Die Straße befindet sich in einem erbärmlichen Zustand. Das erste Mal seit einer halben Stunde sagt Peter ein Wort: „1987 war hier die Hölle los. Von einem Bergrücken haben die Renamo-Rebellen mit Granatenwerfern einen ganzen Konvoi niedergemetzelt. Die Löcher hier in der Straße sind alles Bombentrichter ..."
„Ganz schön viele!"
„Das kann man wohl sagen. Verdammt viele!"
Der Busch ist absolut verlassen, keine Menschenseele ist zu sehen. Hin und wieder zerbombte Häuser, ausgebrannte, verlassene Hütten. Mein Gott, ist das deprimierend!
Ein zehn Kilometer langer Abschnitt der Straße wird instandgesetzt, wir müssen auf eine Staubpiste ausweichen. Die Sicht sinkt unter zehn Meter, aber jeder bleibt auf dem Gaspedal. Soldaten mit Maschinenpistolen, alle 20 Meter einer, stehen zum Schutz der Straßenarbeiter da.
Peters knapper Kommentar: „Nachts gehen die Bautrupps mit ihren Decken alle in den Busch zum Schlafen - aus Angst vor Rebellenüberfällen!"
In Moatize, kurz vor Tété, wird zum ersten Mal angehalten. Der Ort ist arm und verwahrlost. Der Gegensatz ist seltsam. Nachdem draußen auf dem Land nur verlassene Siedlungen zu sehen waren, pulsiert hier das Leben förmlich. Wahrscheinlich suchen die Menschen im Schatten der Militärgarnisonen größerer Orte Schutz vor der Rebellenmiliz Renamo, über die es zuhauf Berichte von schlimmsten Greueltaten gibt.

Wir dürfen nicht aussteigen, fotografieren ist sowieso streng verboten, aber durch die offenen Seitenscheiben der Konvoi-Lastwagen blüht der Schwarzmarkthandel. Meist sind es spindeldürre Kinder, die Teile von Militär-Uniformen, aber auch andere Kleidungsstücke und Rasierklingen - keine Ahnung, warum es ausgerechnet die im Überfluß gibt - feilbieten. Für eine Handvoll Zim-Dollars oder malawische Kwacha wechseln sie den Besitzer.
Peter winkt herablassend einen abgerissenen Jungen zu sich. „Was soll der Armee-Mantel kosten?"
„Fünfzehn Zim-Dollar."
„Zehn und das halbe Brot hier!" sagt mein Fahrer und winkt verführerisch mit dem Toast.
„Nein, fünfzehn!"
„Dann eben nicht!" sagt er und kurbelt demonstrativ die Scheibe hoch.
„Heh, Driver, gib das Brot und die Dollar!"
Als der Junge weg ist, sagt er mir mit fettem Grinsen: „Na also! Den Mantel verkaufe ich in Harare locker für 35 Dollar!" Plötzlich verspüre ich den Wunsch, ihm ins feiste Gesicht zu schlagen.

Tété, am westlichen Ufer des Zambezis, muß einmal eine wunderschöne Stadt gewesen sein. Eine blendend weiße Hängebrücke überspannt den Fluß. Der Wasserstand ist niedrig, überall lugen Sandbänke über die Oberfläche. Die hohe Zahl an Truppen in der Stadt ist auffällig, aber ansonsten gibt es keine sichtbaren Spuren eines Krieges.
In den Bergen, außerhalb der Stadt, warten wir zwei Stunden auf den Gegenkonvoi von der zimbabwischen Grenze. Das zimbabwische Militär übernimmt uns hier, die malawischen Truppen kehren ebenfalls um und begleiten die entgegenkommenden Fahrzeuge.
Peter, der Truckdriver, will sein Geld haben. Unsere Abmachung war ganz klar: Bares erst an der Grenze zu Zimbabwe, wenn wir auf der sicheren Seite sind! Schließlich gebe ich nach, hole es widerwillig aus dem Versteck im Fahrrad. Kaum hat er die Scheine in der Hand, verschwindet er mit zwei Frauen, offensichtlich Prostituierte, in der Schlafkoje hinter dem Fahrersitz ... Sein Beifahrer zuckt nur resignierend mit den Schultern:
„Seit wir gestern Lilongwe verlassen haben, Nummer 4 und 5. Er ist ein Tier! Um Aids schert er sich einen Teufel. Er sagt, er ist sowieso schon alt und hat nicht mehr lange zu leben, was interessiert ihn da der Tod?"
Ich bin sprachlos, würde ihn höchstens auf Ende vierzig schätzen. Aber in Afrika ist das schon ein respektables Alter.
In Uganda wurde das Phänomen zuerst beobachtet: Entlang der Überlandstraßen verbreitete sich Aids überproportional schnell. Der Grund:

Es waren die Lastwagenfahrer, welche die Krankheit von den Prostituierten der Ballungszentren in die Dörfer an den Straßen brachten. Und von dort aus immer weiter, von einem zum nächsten.
Den militärisch gefährlichen Teil der Strecke haben wir ohne Zwischenfälle hinter uns gebracht. Jetzt scheint das wirkliche Risiko zu kommen: Niemand hält mehr die Reihenfolge im Konvoi ein, jeder überholt jeden. Es geht nur noch darum, als erster an der Grenzabfertigung zu sein, bevor um sechs Uhr abends der Zimbabwe-Schlagbaum geschlossen wird. Die Wettfahrt von sechzig Truckdrivern mit ihren schweren 30-Tonnern gleicht einem Elefantenrennen auf handtuchschmaler, schwarzer Laufbahn. Mit Dauergehupe und Seite an Seite, geht es mit über hundert Sachen auf Bergkuppen zu. Haarsträubend. Schwer abzuschätzen, wieviel Autowracks an der Straße auf solche Duelle zurückgehen und welche von den Rebellen zur Strecke gebracht wurden ...
Längs der Straße gibt es schon wieder Dörfer. Aber schockierend zu sehen, wie Hunderte von Kindern am Straßenrand stehen und mit resignierenden Gesten um Essen betteln. Sie tun das wahrscheinlich bei jedem Konvoi. Noch nie hat jemand angehalten. Sie wissen: Auch dieses Mal wird niemand anhalten. Trotzdem stehen sie da, während der Konvoi vorüberdonnert. Der Boden unter ihren Füßen bebt und sie schlucken den aufgewirbelten Staub.
Bei der Grenzabfertigung kommt es fast zur Schlägerei. Während sich die schwarzen südafrikanischen Trucker und die weißen Touristen im Konvoi sich brav in die Reihe stellen, drängeln sich Fahrer aus Malawi und Zimbabwe hemmungslos vor. Der Trick ist einfach: Man gesellt sich zu einem Bekannten in vorderster Front, beginnt eine Plauderei und - schwups! - steht man mit an der Spitze. Nachdem wir zwei Stunden gewartet haben, ohne einen Meter vorgerückt zu sein, kommt es zu Handgreiflichkeiten, erregtes Stimmenchaos - nichts geht mehr. Und nur noch eine halbe Stunde bis das Border-Office schließt. Africa at it's best!
Mein Fahrer zählt auch hier wieder zu den Meister-Pushern. Er ist mit allem durch, als ich gerade bei der mocambiquanischen, der ersten Abfertigung, an der Reihe bin! Also raus, Krempel vom Laster holen und wieder hinten anstellen.
Der Custom Officer von Zimbabwe holt mich mit meinem ganzen Besitz ins Séparée, fragt mich zweimal, ob ich wirklich alle Devisen deklariert habe. Ich denke an die eiserne Reserve in meinem Superversteck, aber sage trotzdem mit fester Stimme „Ja!“. Daraufhin geht er zielstrebig zum Rad und zieht die Hundert Dollarnote hervor. „Und was ist das?“

Jetzt bin ich fällig! Der einzige, der von dem Versteck eine Ahnung haben konnte, war der Driver. Dieser Hundsfott!
„Haben Sie außerdem noch etwas 'vergessen', in den Schuhen, oder Strümpfen?“
Als Antwort ziehe ich meine Schnürsenkel auf. Als ich Anstalten mache, die speckigen Boots auszuziehen, wehrt er ab: „Ist nicht nötig, lassen Sie!“
Und dann kam das Mysterium. Keine Schmiergeldforderung. Keine Strafandrohung. Einfach nur: „So, dann füllen Sie bitte ein neues Deklarationsformular aus. Wir wünschen Ihnen einen angenehmen Aufenthalt in der Republik Zimbabwe!“ Ein Erlebnis, daß mich mit allen anderen Grenzstories ausgesöhnt hat.
Na klar, ich spiele gerne noch was auf der Gitarre für die Beamten bei der Abfertigung! Später merke ich, daß ich einen der beiden Tretlagerschlüssel und meinen Pulli auf dem Lkw liegen ließ.

## Dampfende Ungetüme und donnernder Rauch

Trotz meiner Krankheit legte ich die 238 Kilometer vom Grenzort Nyamapanda nach Harare in zwei Tagen zurück. Die Aussicht auf eine längere Ruhepause und einen Arzt hielt mich im Sattel. Da an der mocambiquanischen Grenze keine Bank existierte, hatte ich bei einem Lastwagenfahrer nur meine restlichen malawischen Kwachas in Zimbabwe-Dollars umtauschen können.
Es war eine weite, hügelige und extrem dünn besiedelte Landschaft, durch die ich rollte. Gegen Mittag führte die Straße an kleinen Rundhütten vorbei durch ein weites Tal, dessen Flanken aus riesigen, runden Granitkuppen bestanden. Das Gras zwischen den grauen Felsen war vom Vieh der Bauern auf Golfrasenhöhe abgefressen worden, und an einigen Stellen traten unübersehbare Schäden durch Überweidung zutage.
Plötzlich hörte ich in der Nachmittagsstille Trommelschläge: Nicht weit neben der Straße tanzten vielleicht fünfzig Schulmädchen um einen Baobab-Baum im Kreis. Another day in Africa!
Auf den 95 Kilometern bis Mutoka gab es keinerlei Versorgungsmöglichkeit, dort dann aber gleich zwei Bottle Stores, wie die Bars in Zimbabwe hießen. Um mein Abendessen war es schlecht bestellt, denn mein Geld reichte gerade noch für eine doppelte Portion Fried Potatoes mit Ketch-up. An die 140 hungrigen Kilometer bis Harare, die am näch-

sten Tag zu bewältigen waren, wollte ich gar nicht erst denken. Der Besitzer des Imbißladens sah meine Gitarre und fragte hoffnungsvoll:
„Spielst du nachher für uns?"
„Wenn ich noch eine Mahlzeit bekomme ...", antwortete ich augenzwinkernd.
„Ich meine das ernst!"
„Ich auch!"
So saß ich in dem rammelvollen Fast-Food-Laden und spielte, was die Gitarre hergab. Inzwischen ging der Hut für mich rum - ein ziemlich seltsames Gefühl, wenn man in Afrika als Europäer immer zum oberen Ende der Gesellschaft gezählt hat ...
Nach der „unplugged-session" wurde groß für mich aufgetischt. Als ich spät abends den Imbiß verließ, um nach einem Platz für mein Zelt zu suchen, kam ein afrikanischer Mann hinter mir hergelaufen. Er hatte mir vorher interessierte Fragen zu der Reise gestellt.
„Take it, Toum-Toum. It's because I like people, who sacrifice themselves!" sagte er und steckte mir einen weiteren Geldschein zu. Das Frühstück war gesichert.

Der zweite Tag in Zimbabwe war ein ständiges Auf und Ab. Die Straße verlief quer zu einer Reihe von Flußsenkungen, die jedoch meist trokkengefallen waren. Wieder prägten Granitformationen das Landschaftsbild. Manchmal nur einzelne, abgerundete Blöcke, dann wieder gewaltige, inselbergartige Erhebungen. Es war heiß, und ich vermißte den kühlen Wind vom Vortag. Luftspiegelungen ließen den Teer vor mir zu einem zähen schwarzen Brei schmelzen.
Unerwartet tauchten fünfzig Kilometer vor Harare in der staubig-braunen Landschaft Traktoren, Gewächshäuser und grüne Felder auf. Sie wurden von riesigen Wassersprengern beregnet.
Zimbabwe zählt zu den wenigen Ländern Afrikas, die in größerem Maße Nahrungsmittel, vor allem Mais und Weizen, exportieren. Andere wichtige Agrarprodukte sind Tabak und Baumwolle. Während der Kolonialzeit und der Ära unter der weißen Regierung von Ian Smith mußten die afrikanischen Bauern weißen Siedlern Platz machen. Sie wurden systematisch auf Ackerstandorte mit mageren Böden und geringen Niederschlägen abgedrängt, die überbevölkerten *Tribal Trust Lands,* welche später *Communal Lands* genannt wurden.
Trotz des Versprechens von Robert Mugabe, des ersten schwarzen Präsidenten des Landes, eine Bodenreform zugunsten der afrikanischen Landbevölkerung durchzuführen, bewirtschaften auch heute noch etwa 4.000 weiße Großfarmer die ertragreichsten Anbauflächen. Diese *Commercial Farming Areas* bedecken etwa die Hälfte der land-

wirtschaftlichen Nutzfläche. Dem stehen fast eine Million Kleinbetriebe in den Communal Lands gegenüber! Denn der Staat ist auf die Erlöse aus dem Export von Agrarprodukten angewiesen, die nach wie vor die wichtigste Deviseneinnahmequelle Zimbabwes sind. Kleinbauern aber betreiben in erster Linie Subsistenzwirtschaft zur Eigenversorgung und produzieren keine oder kaum Überschüsse, die verkauft werden können.

20 Kilometer vor Harare beginnt der edle Villenvorort Midlands mit seinen weiten Straßen und gepflegten Gärten. Die Hauptstadt Zimbabwes wurde 1890 von weißen Kolonisten gegründet und ist wie alle großen Städte des Landes schachbrettartig angelegt. In der City gibt es Hochhäuser, Fußgängerzonen, Modegeschäfte, Straßencafés, Kinos - der Gegensatz zum Bürgerkriegsland Mocambique könnte nicht größer sein! Ich kam aus dem Staunen gar nicht mehr heraus!

Die Sable Lodge in der Selous Avenue war *die* Globetrotter-Unterkunft in der Stadt. Alle, die mit Rucksack, Motorrad oder Fahrrad auf der letzten Etappe zum Kap der Guten Hoffnung einen Zwischenstopp in Harare einlegten, schienen hier abzusteigen. Die schöne alte Villa mit Swimming-Pool im Garten war sehr spartanisch eingerichtet - ganz mit Teppich ausgelegt, im Grunde nichts anderes als ein einziges, großes Matratzenlager. Irgendwo zwischen den vielen Rucksäcken und Isomatten fand ich noch ein freies Plätzchen.

Der nächste Morgen brachte eine tolle Überraschung. Ich wachte auf und glaubte meinen Augen nicht zu trauen: Neben mir lag Dominik in seinem Schlafsack und grinste mich an! Seitdem wir uns in Nairobi das letzte Mal gesehen hatten, war eine Menge passiert, und es gab entsprechend viel zu erzählen.

Während der drei gemeinsamen Tage in Harare genoß ich die Annehmlichkeiten eines Stadtaufenthaltes in vollen Zügen: gute Restaurants, Post von zu Hause, Kinobesuch, flanieren. Doch meine Beschwerden hatten sich nicht gebessert, vor allem nachts quälten mich die Hustenanfälle. Nach dem Wochenende suchte ich als erstes einen Arzt auf. Er diagnostizierte starke Bronchitis. Erst bei der Tropennachuntersuchung in Deutschland fand sich mit den Hakenwürmern der wahre Grund für die Beschwerden.

Am letzten Tag in Harare stießen Dominik und ich auf das Traveller-Traum-Telefon. Es war ein scheinbar defekter öffentlicher Fernsprecher, mit dem man für 20 Cents unbegrenzt telefonieren konnte! Überallhin! So überraschte ich meine Eltern in Deutschland mit einem ausgedehnten Anruf. Die Sache mit dem Gratis-Telefon sprach sich sehr schnell herum, und nachts um elf Uhr war die Schlange der Wartenden vor dieser sozialen Einrichtung noch sehr, sehr lang ...

Bevor ich die letzte Etappe nach Südafrika angehen konnte, mußte sich mein Körper dringend etwas regenerieren. Deshalb ließ ich Filfilla in der Sable Lodge stehen und fuhr zusammen mit Dominique per Bus und Bahn zu den Victoria-Fällen im äußersten Nordwesten des Landes, nahe des Vierländerecks von Zambia, Namibia, Botswana und Zimbabwe. In Bulawayo, der zweitgrößten Stadt des Landes, legten wir einen Zwischenstopp ein.
Direkt neben uns auf dem Campingplatz von Bulawayo zeltete ein Berliner, Herbert Lindenberg, der für ein halbes Jahr durch das südliche Afrika radelte. Es war jedes Mal etwas Besonderes, einen Biker-Kollegen zu treffen, und so tauschten wir unsere Erfahrungen aus. Aufgrund Herberts Schilderung wuchs meine Spannung auf Südafrika.
In Bulawayo ist noch sehr viel von der Atmosphäre einer britischen Kolonialstadt zu spüren: Großzügig angelegte Straßen, victorianische Prachtbauten und gepflegte Parkanlagen mit exotisch blühenden Pflanzen prägen das Stadtbild. Doch alles wirkte zwei Nummern provinzieller und verschlafener als in Harare. Der Anblick vieler Autos versetzte einen um zwanzig Jahre zurück. Sie schienen so lange wie irgend möglich gefahren zu werden. Kraftfahrzeuge sind, ähnlich wie viele andere eingeführte Dinge in Zimbabwe - z.B. dringend benötigte Ersatzteile für die Industrie -, fast unerschwinglich. Aus dem gleichen Grund setzt die staatliche Eisenbahngesellschaft im Güterverkehr noch heute Dampflokomotiven ein: Als Energiequelle ist die lokale Kohle wirtschaftlicher als teuer importierter Dieselkraftstoff.
Dominik und ich besorgten uns für den folgenden Tag eine Genehmigung, um auf dem Führerstand einer dieser Dampfloks zu den Victoria-Fällen mitreisen zu dürfen.
Nicht weit vor den Toren der Stadt liegt im Matopos National Park der Mann begraben, der Ende des letzten Jahrhunderts die imperialistische Politik Großbritanniens im südlichen Afrika entscheidend geprägt hat: Cecil Rhodes. Nach ihm wurden sogar zwei der kolonialen Territorien benannt: Nordrhodesien, das heutige Zambia, und Südrhodesien - jetzt Zimbabwe. Mit südafrikanischen Diamantenminen hatte er sich ein Vermögen erworben und machte seinen Einfluß und Reichtum geltend, um den Traum einer englischen Landbrücke von Kapstadt nach Kairo zu verwirklichen. Hinter diesem Engagement standen aber auch handfeste wirtschaftliche Interessen. Nach Goldfunden im südafrikanischen Witwaters Rand wurden weiter nördlich, in den Ländern der Völker Matabele und Mashona, ähnlich reiche Vorkommen vermutet.
Die Inbesitznahme des Landes glich dem Ablauf europäischer Kolonisierungen in allen Kontinenten. Zuerst schloß Cecil Rhodes' Firma, die

British South Africa Company (BSACo), einen Feundschaftsvertrag mit König Lobenguela und erwarb die Schürfrechte für Mineralvorkommen im Matabele-Land. Zwei Jahre später, 1890, wurde das Gebiet von der BSACo kurzerhand besetzt und nach drei weiteren Jahren der König gestürzt. Die folgenden Aufstände in 1893 und 1896/97 wurden blutig niedergeschlagen und sind heute noch als der erste *Chimurenga,* als Befreiungskrieg, bekannt.Während all dieser Jahre strömten immer mehr weiße Siedler ins Land.
Erst 1922, zwanzig Jahre nach Cecil Rhodes' Tod, endete die formelle Herrschaft seiner privaten Firma BSACo über das als British Central Africa bezeichnete Gebiet von Zambia, Malawi und Zimbabwe. Die Mehrheit der weißen Wähler entschied sich gegen einen Eintritt in die südafrikanische Union, und so wurde Südrhodesien eine selbstregierte Kolonie. Ab 1930 begann der systematische Aufbau einer nach Rassen getrennten Gesellschaft. Per Gesetz wurde die Vorrangstellung der Europäer verankert, was beschönigend als „Parallele Entwicklung" oder „Zwei-Pyramiden"-Politik bezeichnet wurde ...
Im zweiten Weltkrieg nahm die Wirtschaft der Kolonie durch die Produktion für das Mutterland einen rasanten Aufschwung. Das führte zu einer zweiten Einwanderungswelle von Weißen, vor allem aus England und Südafrika. Von 1953 bis 1963 bildete das Land mit Nordrhodesien und Nyassaland die Zentralafrikanische Föderation. Sie brach auseinander, nachdem die Nachbarländer als Zambia und Malawi unter schwarzen Regierungen von England unabhängig wurden.
Die rund 200.000 weißen Siedler in Südrhodesien dachten jedoch überhaupt nicht daran, die politische Macht abzugeben. Premier Ian Smith erklärte 1965 die einseitige Unabhängigkeit von Großbritannien und griff gegen die schwarze Opposition hart durch. Die Führung des Widerstandes ging - soweit sie nicht im Gefängnis saß - ins Exil der Frontstaaten, um von dort aus den bewaffneten Widerstand zu koordinieren. Unter „Frontstaaten" wurden die Länder Sambia, Botswana, Mocambique, Tansania und Angola zusammengefaßt, die eine aktive Rolle im politischen und militärischen Kampf gegen die rassistische Regierung Rhodesiens spielten. Sabotage-Akte und Hinrichtungen politischer Gegner in diesen Ländern durch den rhodesischen Geheimdienst sorgten immer wieder für großes Aufsehen.
Der sogenannte 2. Chimurenga begann 1965 mit sporadischen Rebellentätigkeiten und eskalierte ab 1972 zum grausamen Bürgerkrieg, vor dem eine Million Menschen nach Zambia und Mocambique flüchteten. Die Kämpfe zwangen die weiße Regierung an den Verhandlungstisch.
Ende 1979 wurde mit dem Lancaster-Abkommen ein Waffenstillstand

und freie Wahlen vereinbart, aus denen die ZANU-Partei des Rebellenführers Robert Mugabe als überlegener Sieger hervorging. 1980 erfolgte die Umbenennung von Rhodesien in Zimbabwe. Die neugewählte Regierung beschwor die Aussöhnung der ehemaligen Kriegsgegner, denn sie wußte, daß Kapital, private Wirtschaftsinitiative und weiße Fachkräfte zur Lösung der Probleme des jungen Staates unerläßlich waren. Obwohl die Hälfte der weißen Bevölkerung - rund 100.000 Menschen - aus Angst vor Übergriffen und wirtschaftlichen Restriktionen das Land verließ, kontrollieren die Dagebliebenen bis heute große Teile der Wirtschaft. Doch die politischen Umwälzungen verliefen insgesamt friedlich.

Auf den Gleisen am Lokschuppen des Güterbahnhofs von Bulawayo standen jeweils vier, fünf Lokomotiven hintereinander, insgesamt bestimmt über 20 Stück. Traumhaft! Wie mächtige, träge Dinosaurier aus längst vergangenen Zeiten wirkten sie, die überall sonst ausgestorben sind, aber hier durch einen glücklichen Zufall überlebt hatten. Die Stahldrachen spuckten Glut, Qualm, Ruß und Dampf. Die Männer, die dazwischen herumturnten, wirkten winzig. Sie entschlackten Kessel, putzten Lampen, füllten Wassertanks und schmierten die Maschinen ab.
Dominik und ich meldeten uns im Büro von Joe, dem Schichtführer.
„Ihr fahrt mit der No. 605, der ‘Bubi’, aus der 20er Baureihe!“
Erstes Tageslicht drang ins Zimmer, als Joe uns Kaffee aus dem Pott von der glühenden Herdplatte einschenkte. „Bubi“ sollte erst gegen acht Uhr aus dem Schuppen kommen, das gab uns die Gelegenheit, zwischen den Loks und in der Reparaturwerkstätte umherzustreifen. Ein Abenteuerspielplatz für große kleine Jungs.
„Wat is, könn wa denn nu richtig fachsimpeln?“ Wir drehten uns überrascht um. Die deutsche Stimme in unserem Rücken gehörte Uwe Bergmann. Der gebürtige Sauerländer arbeitete seit 20 Jahren in Hamburg bei der Post und stand nun kurz vor der Frührente. Seine wahre Lebenserfüllung sind Dampflokomotiven. Wann immer sich die Gelegenheit bietet, reist Uwe für die letzten Exemplare dieser aussterbenden Gattung rund um den Globus und dokumentiert sie in Bild und Wort. Unter anderem hat er ein von der Fachwelt anerkanntes Buch über den Einsatz von Dampflokomotiven als Zugmaschinen bei der Zuckerrohrernte in Indonesien verfaßt. Also ein wirklicher Experte. Was für ein Glücksfall, mit ihm zusammen auf dem Führerstand der Lok zu stehen!
Der Zugführer legte mit breitem Grinsen die Finger an den Mützenrand, betätigte kurz die schrille Dampfpfeife und löste die Bremsen.

*Dampflokomotive im Bahnhof von Bulawayo, Zimbabwe.*

*Von oben gesehen: die mysteriösen Ruinen von Great Zimbabwe*

Langsam setzte sich das verwirrende Ensemble von Schubstangen, Kolben und Rädern in Bewegung. „Bubi“ gewann an Fahrt und verließ mit einer langen Kolonne von Güterwaggons, sowie einer angehängten Diesellokomotive, den Bahnhof von Bulawayo. Der Zug schnaufte in Richtung Victoria Falls.
Uwe erklärte uns die Handgriffe des Lokpersonals, die Funktion der ganzen Hebel, Druckmesser, Zeiger und Handräder. Auf jede Frage wußte er eine Antwort.
„Das wichtigste Instrument im ganzen Führerhaus ist dieses einfache Glasröhrchen: Der Wasserstandsanzeiger. Denn wenn die Höhe des Wassers im Kessel unter einen gewissen Mindestpegel fällt, wird das Eisen rotglühend, verformt sich unter dem enormen Druck und - Bäng! - kommt es zur Kesselexplosion!“
Der Lärm der Maschine erschwerte die Verständigung. Die Kohlenförderschnecke rumpelte, der Kessel war ein rotglühendes, fauchendes Höllenloch, abgelassener Dampfdruck entwich mit ohrenbetäubendem Zischen. Im Hintergrund listete uns die niederdrückende Stimme von Uwe die chronologische Liste der letzten Kesselexplosionen auf, weltweit: „... Bitterfeld, Mitte der siebziger Jahre bei der DDR-Reichsbahn, acht Tote, und Brasilien, in den Achtzigern, drei Tote.“
Nun ertappte ich mich immer wieder dabei, wie ich besorgt die schwankende Wassersäule überprüfte.
Wenn „Uns-Uwe“ von seinen Lokomotiven sprach, nein, dozierte, so tat er das mit einem Gesicht, das vom Weltuntergang zu künden schien. Seine ganze Erscheinung, die traurigen, blauen Augen, der klagende Tonfall und die dunkle Kleidung - Shorts, T-Shirt und Kappe, alles in Pechschwarz - schienen schmerzerfüllt zu sagen: „Was haben wir denn noch von einer Welt zu erwarten, in der man Dampflokomotiven skrupellos ausrangiert und aufs Abstellgleis schiebt?“ In Wirklichkeit verriet die schwarze Kleidung von Uwe Erfahrung, denn Dampflokfahren ist ein heißes und rußiges Geschäft: Dominik ähnelte inzwischen einem Indianer in voller Kriegsbemalung, wahrscheinlich sah ich nicht besser aus.
Die Höchstgeschwindigkeit, die unsere Eiserne Lady vorlegte, betrug respektable sechzig Stundenkilometer. Dazwischen blieb der Zug immer mal wieder vor Signalen stehen oder hielt an Bahnstationen, um Wasser nachzutanken. Bei einem dieser Stopps ging Uwe „von Bord“, um mit dem Gegenzug nach Bulawayo zurückzukehren.
Wie meinte der Lebenskünstler noch? „Völkerverständigung - das ist, wenn du in der Türkei im Führerstand einer Dampflok mit Heizer und Zugführer deinen Cis kebab am offenen Kessel brätst!“
Dominik und ich nutzten die Gelegenheit und kletterten in das Führer-

haus der Diesellokomotive, die drei Waggons hinter „Bubi“ hing, um der Hitze und dem Schmutz auf der Dampflok zu entkommen. Durch den Kohlenstaub brannten mir schon die Augen.
Erst jetzt konnten wir das afrikanische Savannenpanorama genießen, an dem wir gemütlich vorüberzuckelten: Rundhütten mit Strohdächern, Trockenwald und riesige, kahle Baobab-Bäume. Drei Waggons vor uns rollte die Dampflok durch Busch- und Grasland - ich kam mir wie in der Prärie des Wilden Westens vor.
Im warmen Licht des Abendrotes fuhr der Zug in den Hwange National Park ein. Der Zugführer betätigte die Pfeife, um das Wild von den Gleisen zu jagen. Riesige Gnuherden, Giraffen, Impalas und Zebras brachen vom Bahndamm weg. Atemberaubend!
Die Lok verschmolz mit der Dunkelheit. Sporadisch explodierte vor uns ein kleines Feuerwerk, wenn glühende Kohlestückchen durch den Ascherost auf die Schienen fielen. Unsere Unterhaltung war längst versiegt. Wir waren beide im Bann von Afrika gefangen!

Die Victoria-Fälle des Zambezi-Flusses sind eines der ganz großen Naturwunder Afrikas! Wie die Pyramiden, ein magischer Platz. Die große Ansammlung von Touristen spielt da überhaupt keine Rolle. Ihre Faszination wird auch durch profane Dinge, wie Souvenir-Verkäufer, Pommes-Buden, Cola-Werbung und Kamera-Klicken nicht wirklich gestört. Sie sind gewaltig. Und zeitlos. Waren da und werden immer da sein, gleichgültig, was um sie herum passiert. Daß Livingstone sie 1855 als erster Weißer besuchte und ihnen ihren heutigen Namen verlieh, festigte seinen Ruf als hervorragender Afrika-Forscher. In der Geschichte der Wasserfälle ist es eine unbedeutende Anekdote, an welche die zambische Stadt Livingstone nahe der Fälle mit ihrem Namen bis heute erinnert.
Das ortsansässige Makololo-Volk sprach von *Mosi-oa-tunia,* was soviel wie „Hier tost Rauch“, oder frei übersetzt „Donnernder Rauch“ bedeutet. Der Ursprung dieses Namens ist offensichtlich und unüberhörbar: Zuerst bemerkten wir die aufgewirbelten Gischtwolken über den Fällen. Sie waren kilometerweit zu sehen. Durch den ständigen Niederschlag der Gischt ist in unmittelbarer Nähe zu dem Wasserfall sogar ein kleiner Regenwald entstanden - inmitten des trockenen Grenzgebietes zu Zambia, das drüben, auf dem anderen Flußufer beginnt. Und was von Ferne wie dumpfes Gewittergrummeln klang, wuchs zu ohrenbetäubendem Dröhnen an, je näher wir dem Naturschauspiel kamen.
Direkt an den Victoria-Fällen war ich sprachlos, nicht nur im sprichwörtlichen Sinne: Jeder Redeversuch wurde von den donnernden Was-

sermassen übertönt. Einen Meter vor Dominik und mir öffnete sich eine senkrechte, 110 Meter tiefe Schlucht, in die auf 1,7 Kilometer Breite der Zambezi hinabstürzt! Einschlägige Reiseführer nennen unvorstellbare Zahlen: Angeblich bis zu 550 Millionen Liter schießen jede Minute über die Kante - das entspräche einem Gewicht von 550.000 Tonnen! Was für eine Wucht!

Ich war süchtig danach, die weißen, schaumigen Wasserkaskaden bei ihrem freien Fall mit den Augen zu verfolgen. Die Formen des fliegenden Wassers waren ewig gleich und doch immer anders. Der grünliche Fluß machte während des Sturzes eine Metamorphose zu schwerelosem, weißem Schaum durch. Beim Auftreffen, tief unten in der brodelnden Schlucht, fand die geheimnisvolle Rückverwandlung zu Wasser statt.

Bei Sonnenschein blitzten Tropfen wie Millionen Diamanten, und über dem Schauspiel wölbte sich ein wunderbarer Regenbogen. War der Himmel bedeckt, trat das bedrohliche Fauchen des prasselnden Wassers in den Vordergrund meines Bewußtseins und erzeugte eine apokalyptische Stimmung. Zur Zeit von Sonnenauf- bzw. untergang schwamm die Sonne wie ein orangener Ball an der Abbruchkante, und die Spray am Himmel leuchtete in aufwühlendem Rosarot. So entstanden im Tagesverlauf ständig neue Eindrücke, und ich staunte immer von neuem.

Neben den Victoria-Fällen gab es eine weitere Attraktion: Das unter Travellern legendäre Frühstücksbuffet auf der Terrasse des stilvollen Victoria Falls Hotels. David, der Brite mit dem Malaria-Anfall in Kigali, hatte mir zum ersten Mal davon vorgeschwärmt. Seine Schilderung war keiner Fieberphantasterei entsprungen, sondern bare Realität, davon ließen Dominik und ich uns überzeugen: Körbe mit aller Art Backwaren, wie Brötchen und Baguette, Schüsseln voll mit herrlichem Obstsalat, Eier mit Speck, Sausages, Käse, Kaffee, Tee, Obstsäfte, Cornflakes, Müsli, Yoghurt und von allem soviel man wollte ...

Es war ein ruhiger, sonniger Morgen. Dann kreischten plötzlich Touristinnen auf und gingen unter den Tischen in Deckung, dickbäuchige Männer grabschten nach ihren Kameras und brachten sie in Sicherheit. Eine Gang von Grünen Meerkatzen überfiel das Frühstücksparadies. Die Affen stießen Gläser und Tassen um, Saft und Kaffee verfärbte den weißen Damast, Besteck fiel zu Boden. Noch bevor das Personal in Livree reagieren konnte, waren die Tiere mit den geraubten Leckerbissen in die Bäume geflüchtet, wo sie genüßlich ihre Beute verspeisten ...

Nach zwei Tagen an den Fällen verabschiedete ich mich von Dominik, der von hier aus durch den Caprivi-Streifen nach Namibia weiterreiste,

während ich mit vier afrikanischen Geschäftsmännern nach Harare, zu Filfilla, zurücktrampte. Irgendwo an der Hauptstraße zwischen Bulawayo und Harare machten wir nachts eine kurze Pause und vertraten uns die Beine, zu fünft war es doch reichlich eng in dem Kleinwagen. Als wir weiterfuhren, begannen die vor Stunden schweigsam gewordenen Männer wieder zu reden.
„Do you remember? In those days of the dissidents ..."
„Oh yes, I do! Ja, ich erinnere mich an die Dissidentenzeit!" meinte ein anderer.
„Da wäre einem verdammt mulmig gewesen, bei Nacht auf offener Strecke anzuhalten ..."
Sie spielten auf die Jahre nach der Unabhängigkeit an, in denen das Zweckbündnis zwischen Mashonas und Matebeles aus Bürgerkriegstagen zerbrach. Die Mashona stellen mit 77 % der Bevölkerung die stärkste Ethnie, demzufolge dominieren sie die Politik, aus ihren Reihen kommt der Präsident - und auch die Hauptstadt liegt auf ihrem Land. 17 % der 9 Millionen Zimbabwer zählen zum Volk der Matebele, die von den Zulus abstammen und erst zu Beginn des 19. Jahrhunderts aus Südafrika einwanderten. Bulawayo ist das Zentrum ihres Siedlungsgebietes.
In den ersten zwei Jahren der schwarzen Regierung waren beide Seiten - die Matebele mit der ZAPU-Partei, die Mashona mit der ZANU - in der Regierung vertreten. Als man auf ZAPU-Anwesen große Waffenlager entdeckte, wurde der Verdacht eines Putschversuches laut, ZAPU-Kopf Joshua Nkomo wurde aus der Regierung ausgeschlossen. Daraufhin starteten ehemalige Matabele-Rebellen Anschläge und Überfälle, die zu erheblicher Einschränkung der öffentlichen Sicherheit führten und erst aufhörten, als Ende 1988 die beiden Parteien nach langen Verhandlungen zu ZANU-PF vereinigt wurden und Nkomo in die Regierung zurückkehrte.

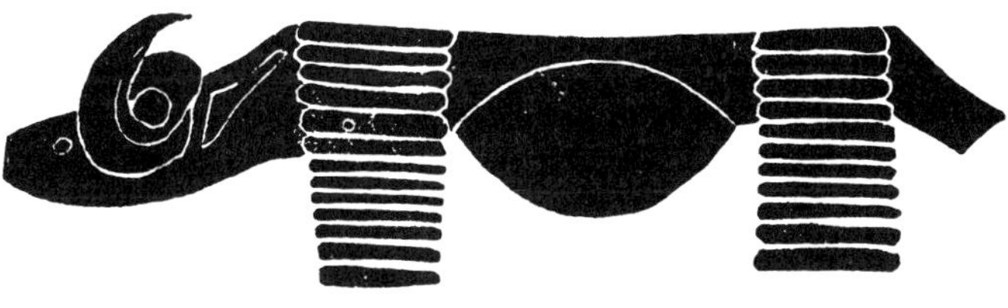

*Nackenstütze in Form eines Wasserbüffels, Zimbabwe*

# Mysteriöse Ruinen und ein nächtlicher Besuch

Der Besuch der Victoria-Fälle war mit meinem einjährigen Jubiläum auf der Straße zusammengefallen. Inzwischen dachte ich immer öfter an das ersehnte Ziel meiner Odyssee: Kapstadt. Mit Zimbabwe war ich im südlichen Afrika angelangt. Trotzdem lagen bis zur Südspitze des Kontinentes noch mal 3.000 Kilometer vor mir. Bei einem strammen Tagespensum von 100 Kilometern bedeutete das volle 30 Tage - angesichts meiner angeschlagenen Gesundheit kam mir das endlos weit vor ...

Entmutigt startete ich zur letzten Etappe. Die Straße südlich von Harare war topfeben, trotzdem fiel es mir mächtig schwer, einigermaßen in Gang zu kommen. Der Himmel war bedeckt und die Luft so kühl, daß ich beim Radfahren eine lange Hose tragen mußte.

Links und rechts der Straße erstreckten sich riesige Farmen. Für Tage fuhr ich an endlosen Stacheldrähten entlang. Eingezäuntes Land - wo sonst hatte es das bisher in Afrika gegeben? Und kein Mensch, kein Haus weit und breit! Nur Wild. Warzenschweine vor allem, die sich bei ihrer Flucht in den Drähten verhedderten. Um einen Schlafplatz zu finden, mußte ich bei Einbruch der Dunkelheit Fahrrad und Gepäck über den Zaun wuchten. Hungrig und fröstelnd kroch ich in den Schlafsack.

Ab dem zweiten Tag war der Himmel wieder blau, aber von links vorne blies ein schneidender, kühler Wind. Solange ich in die Pedale trat, war mir einigermaßen warm. Doch sobald ich anhielt, kühlte ich mit den naßgeschwitzten Kleidern auf der Haut rasch aus. Und dann diese kilometerlangen Hügel, hoch und runter, durch eintöniges Buschland, immer nur geradeaus! Der Gegenwind bremste so stark, daß ich auch bergab kurbeln mußte. Radfahren - ein Hobby? Bei dem Gedanken konnte ich noch nicht mal müde lächeln.

Am Rand des Bergbaustädtchens Mvuma passierte ich die Abraumhalden und Förderschächte einer Goldmine. Neben den Edelmetallvorkommen, welche im letzten Jahrhundert die Weißen ins Land gelockt hatten, besitzt Zimbabwe auch wertvolle Lagerstätten an Chrom, Asbest, Lithium, Eisen, Kohle, Nickel und Kupfer.

Während das Land bisher offensichtlich weißen Farmern gehörte, die es für extensive Viehwirtschaft und Jagd nutzten, wurde der Wechsel der Eigentümer vor der Stadt Masvingo durch Ziegen, Abholzen des Busches, Überweidung, Bodenerosion und mehr Leben an den Straßenrändern offensichtlich. Das konnte nur überbevölkertes Communal Lands der schwarzen, verarmten Landbevölkerung sein!

Die Felsen längs der Straße trugen politische Parolen der Oppositionspartei ZUM, die gegen die Bestrebungen von Mugabe protestierten, Zimbabwe in einen Einparteienstaat umzuwandeln.
Nach dem gepflegten Städtchen Masvingo erreichte ich im letzten Tageslicht die Zimbabwe-Ruinen. Sie liegen nahe des Südufers des Lake Kyle und haben dem heutigen Staat ihren Namen gegeben. Auf dem Fußballplatz hinter dem Great Zimbabwe Hotel schlug ich mein Lager auf - solch einen ebenen Zeltplatz hatte ich seit langem nicht mehr gehabt.
Schon frühmorgens streifte ich durch die Ruinen. Die Luft war sehr frisch, doch auch besonders klar. Ich schien der erste Besucher des Tages zu sein.
Von einer Anhöhe aus bot sich mir ein phantastischer Überblick über die gesamte Anlage, die der schwäbische Afrika-Forscher Carl Mauch im September 1871 als erster Europäer betrat. Bis heute gibt sie den Archäologen noch einige Rätsel auf. In der Ebene zu meinen Füßen lagen einzelne Mauerkomplexe verstreut, die größtenteils umgestürzt oder zusammengebrochen waren.
Aus ihrer Mitte stach ein auffällig gut erhaltenes Bauwerk hervor: ein zehn Meter hoher, ringförmiger Granitwall mit einem Durchmesser von 100 Metern: The Great Enclosure! Von nahem sah ich, daß seine Mauern aus Bruchsteinen bestanden, die mit winzigen Fugen und ohne Mörtel aufgeschichtet waren - daher also der Name *„Zimbabwe“*, der soviel wie „Häuser aus Stein“ bedeutet.
Der Zutritt ist nur durch eine kleine Aussparung an der Nordseite der Umfassung möglich. Im Innern ein Irrgarten von kleineren Mauern, die z.T. von Bäumen beschattet werden. Am auffälligsten ist ein massiver, zehn Meter hoher Steinkegel, der allgemein als „konischer Turm“ bezeichnet wird. Tatsächlich aber tappt man über seine ursprüngliche Funktion völlig im dunkeln.
Die Geschichte der Ruinen läßt sich zu erfreulich großen Stücken re konstruieren. Erste menschliche Siedlungsspuren im Bereich der archäologischen Fundstätte wurden auf 300 v.Chr. datiert. Die aufsehenerregenden Stadtruinen hingegen, die als die größten präkolonialen Steinbauten südlich der Sahara gelten, wurden um 1300 von einer Bantu-Kultur erbaut, die seit dem 11. Jahrhundert über die gesamte Region herrschte. Schon damals wurde Ackerbau und Viehhaltung betrieben, man beutete Gold-, Kupfer- und Eisenvorkommen aus. Und mit den arabischen Handelsniederlassungen am Indischen Ozean existierte ein reger Warenaustausch: In den Ruinen wurden u.a. arabische und sogar chinesische Gegenstände gefunden! Zu dieser Zeit müssen rund 10.000 Menschen in der Stadt gelebt haben.

Daß all dies Spuren einer schwarzafrikanischen Kultur sein sollten, wollte so mancher Weiße, der die Afrikaner für „minderwertig“ hielt, nicht wahrhaben. Lieber wurden die abenteuerlichsten Thesen über den Ursprung Zimbabwes aufgestellt, von denen Phönizier und die Königin von Saba noch die harmloseren sind. Verständlicherweise spielten und spielen die Ruinen eine entsprechend große Rolle für das Selbstbewußtsein der schwarzen Bevölkerung Zimbabwes.
Was weiterhin ungeklärt bleibt, ist der Grund für das abrupte Ende der blühenden Kultur um 1500.

Am frühen Nachmittag verließ ich die beeindruckende Anlage. Trotz zweier Reifenpannen radelten sich die ersten fünfzig Kilometer mit Rückenwind wie von selbst. Aber sobald ich zurück auf der Hauptstraße zur südafrikanischen Grenze war, stand mir der schweinisch kalte Wind wieder direkt ins Gesicht, und ich hatte das Gefühl, einen Bleiklotz hinter mir herzuziehen.
Granit, Granit, Granit - das gesamte Land schien auf Granit zu stehen. Gigantische Felsbuckel, wie von Hand rundpoliert. Vor diesen „Granitkopjes“ wirkte alles niedlich und nichtig: die Dörfer wie Spielzeug, ich selbst so klein. Das Licht des späten Nachmittags warf dramatisch lange Schatten.
Hinter Ngundu unterstützte mich endlich ein stetiger Rückenwind. Kraftvoll drückte er mich vorwärts, daß die Kilometersteine nur so vorbeiflogen. Da machte das Treten auf einmal wieder Spaß.
Das Low Veld im Süden von Zimbabwe ist die tiefstgelegene und trockenste Gegend des Landes - Harare liegt auf 1.539 Metern, also 1.000 Meter höher! Es war das letzte Malariagebiet, daß ich durchquerte. Trotzdem ging ich das Risiko ein und setzte die Medikamente ab.
Von einem Tag auf den anderen setzte ein extremer Temperaturwechsel ein. Jetzt lief der Schweiß in Strömen und brannte in den Augen. Es war drückend heiß. Busch und Teer zerliefen zu schmutzigen, schwarzbraunen Schlieren. Der kalte Südwind lag in meiner Erinnerung schon wieder Jahre zurück. Fata Morganas zauberten silbrige Wasserpfützen auf die Straße. Ich sah viel Wild. Im verlassenen Busch, gute dreißig Kilometer hinter Rutenga, tanzte vor mir ein weißer Punkt. Beim Näherkommen entpuppte er sich als Schild: „Biltong Kalahari Farm“. Darunter stand ein kleiner Kiosk.
Die Hitze machte ihn zu einer traumhaften Oase: Eiskalte, frische Milch mit und ohne Fruchtgeschmack, phantastische Meat Pies, Fleischtörtchen gab es dort. Und natürlich auch Biltong, luftgetrocknete Wildbretstreifen. Der Laden in der Mitte der Einöde genoß regelrechte

Berühmtheit. Ein dickes Buch mit Kommentaren von Leuten aus aller Herren Länder bewiesen seine Popularität. Verkaufsschlager schien „Giraffenmilch" zu sein, eine Art Bananenmilchshake.
Richie, ein Angestellter des weißen Farmbesitzers, hatte irgendwie einen Narren an mir gefressen und schenkte mir die eiskalten Getränke schneller nach, als ich sie runterkippen konnte. Wenn der gewußt hätte, was in meinem Bauch so alles Platz hatte ...
Wir kamen ins Gespräch und er klagte, daß sich seit der Unabhängigkeit für die schwarze Landbevölkerung nichts spürbar geändert habe, im Gegenteil, selbst das Nötigste zum Leben fehle.
Beiläufig erwähnte Richie, daß am vergangenen Tag Saddam Hussein in Kuweit einmarschiert war. Wir hatten den zweiten August 1990. Das schlug wie eine Bombe ein.
Durch diese Nachricht wurde meine begrenzte, überschaubare Welt vollkommen auf den Kopf gestellt. Mir schien das alles so unbegreiflich weit weg und doppelt unwirklich zu sein. Den Mangel an Informationen hatte ich bisher überhaupt nicht als Manko empfunden. Viel wichtiger als der Lauf der Weltgeschichte waren mir im vergangenen Jahr die Problemchen und Sorgen meines täglichen Traveller-Daseins gewesen: Habe ich meine Malaria-Tabletten genommen? Wo gibt es ein wenig Zucker aufzutreiben? Wie stehen die neuesten Schwarzmarktkurse in diesem und jenem Weichwährungsland?

Die letzte Nacht in Zimbabwe zeltete ich „in the middle of nowhere", irgendwo im Dickicht. Schon als ich die Heringe des Zeltes in den Sand bohrte, hörte ich die ersten Hyänen. Kein angenehmes Gefühl, in dieser Abgeschiedenheit. Das Gelächter jagte mir einen Schauer über den Rücken. Ich mußte an zwei Spanier denken, die mir erzählt hatten, wie ihnen in Zimbabwe nachts von Hyänen der Vorratsbeutel mitsamt dem halben Zelt weggerissen worden war ...
Wollte mir das „wilde" Afrika nochmals die Zähne zeigen, bevor ich ins europäisierte Südafrika kam? Na gut! Alles hatte ich bisher irgendwie durchgestanden. Also das auch noch.
Fluchend setzte ich das Zelt in der Abenddämmerung nochmals um. Mit einem Dornenbusch als Rückendeckung fühlte ich mich schon etwas sicherer. Dann sammelte ich einige faustgroße Steine, die einzige wirkungsvolle Waffe, die ich besaß. Signalraketen, Taschenlampe und das aufgeklappte Messer lagen weiter griffbereit neben meinem Kopf, damit ich im Notfall das Zelt aufschneiden konnte und schnell rauskam. Jetzt empfand ich die dünne Nylonhaut um mich herum zwar als Schutz, aber sie konnte auch zu einer verhängnisvollen Falle werden ...

Eine Zeitlang blieb alles ruhig. Der Mond ging auf.
Da - was war das eben für ein Geräusch? Komisch! Plötzlich brach die Melodie der afrikanischen Nacht ab. Keine Grille zirpte mehr. Mir schlug das Herz im Hals, der Puls dröhnte in der Stille. Ich hielt den Atem an und schloß die Augen, konzentrierte mich ganz auf Gehör und Gespür. Jeder Muskel im Körper war angespannt, es zerriß mich fast. Die Sekunden wurden zur Ewigkeit. Jetzt wieder! Löwen! Jetzt noch Löwenbrüllen! Das war zuviel. Mein Selbstvertrauen bröckelte und diese namenlose Angst war wieder da. An Schlaf war nicht mehr zu denken. Stundenlang horchte ich auf verdächtige Geräusche im Klang des Insektenorchesters und beobachtete das Mondschattenmuster auf der Zeltplane. Aber irgendwie brachte ich auch diese endlose Nacht ohne Schlaf hinter mich.
Schließlich wagte ich, vorsichtig das Moskitonetz zu öffnen. Draußen sah ich den Mond mit seinem silbrigen Licht, das die Büsche in unheimliche Wesen verwandelte. Wendete ich meinen Blick, schienen sie sich in meinen Augenwinkeln plötzlich zu bewegen. Blaßgraue Wolkensilhouetten mit weißem Mondlichtrand wanderten über den Himmel. Dazwischen blitzten viele Sterne auf. Kassiopeia erkannte ich, Skorpion, Krone und das Kreuz des Südens. Durch meine Alarmbereitschaft brannte sich das alles als unvergeßliche Nacht in meinem Kopf ein, was sonst „nur“ ein Sternenhimmel auf der Südhalbkugel gewesen wäre.
Ich schäme mich nicht, zuzugeben, daß dies eine der Situationen auf der Tour war, wo ich mir vor Angst förmlich in die Hosen machte. Klingt das übertrieben? Vielleicht für jemanden, der in einer gepflegten Reihenhaussiedlung im Randbezirk von München oder Hamburg wohnt. Aber jeder, der mal draußen in der Wildnis geschlafen hat, weiß, was ich meine.
Als es hell wurde, schien die furchteinflößende Dunkelheit Jahre zurückzuliegen. Mein Selbstvertrauen war ein kleines Stückchen größer geworden, ich war wieder einen Millimeter gewachsen, in dieser unvergleichlichen Nacht. Dann fand ich die Löwenfährte: Zwanzig Meter vor dem Zelt. Ich hatte also nicht geträumt.

*Holzschnitzmuster, Malawi*

# Durch Schnee und Kälte nach Kapstadt

Nach der Überquerung des Grenzflusses Limpopo kündigten sich große Veränderungen an: Der Zollbeamte, der hinter einer dicken Panzerglasscheibe saß, war weiß, die Verständigung erfolgte über einen schmalen Schlitz. Das glich ja der Sterilität einer deutschen Sparkassenfiliale! Die Abfertigung verlief zügig, ja, unspektakulär. Und in meinem abgewetzten, schweißdurchtränkten Reisepaß klebte nicht etwa ein schwer entzifferbarer Stempel, wie von den bisherigen Grenzübergängen, sondern ein computerlesbarer Strichcode - deutliche Spuren der einzigen afrikanischen Industrienation.
Ich passierte ein Schild mit der Aufschrift: „South Africa welcomes you", vor mir wurde der Schlagbaum geöffnet. And here it comes: Seit Deutschland das 20. und letzte Reiseland der Tour! Es ist August und damit südafrikanischer Winter, von dessen kühlen, ja teils eisigkalten Temperaturen ich noch keine Vorstellung hatte.
Über keinen anderen Staat hatte ich im voraus soviel Gegensätzliches gehört. Entweder wurde Südafrika in den Himmel gelobt oder rundweg verdammt. Ähnlich extrem fielen meine eigenen Erfahrungen aus: Das Verhalten der Schwarzen traf mich wie ein Holzhammer. Mit dem Überschreiten der Grenze traten sie mir zurückhaltend, devot, manchmal auch feindselig gegenüber. Oft wurde ich mit „Master" angesprochen. Sie zeigten keinerlei Neugier, mein Gruß blieb meistens unerwidert - das hatte es nirgends sonst in Afrika gegeben! Durch meine Hautfarbe wurde ich erst einmal zum Feind abgestempelt. Manchmal hatte ich das Gefühl, daß es mir gelang, diesen Ring aus Mißtrauen mit Lachen oder einer verbindlichen Geste zu durchbrechen. Aber jeder Witz, jedes Aussichherauskommen hatte das Risiko, daß die Leute es falsch verstanden und es das Gegenteil bewirkte.
Die Weißen hingegen reagierten mit überschwenglicher Gastfreundschaft, ich wurde so oft und so herzlich eingeladen wie überall sonst in Afrika auch. Aber von Messina, dem Ort der Einreise, bis nach Kapstadt wurde ich immer wieder mit der gleichen Frage konfrontiert: „... ist Südafrika nicht viel besser, als es in der Presse Europas dargestellt wird?". Offensichtlich fühlte man sich als Opfer einer parteiischen, unfairen Schmutzkampagne und erwartete eine Solidarisierung, zu der ich mich nicht zwingen ließ, bevor ich mir ein eigenes Bild gemacht hatte.
Schon auf der ersten Etappe von Messina nach Louis Trichardt bekam ich einen gehörigen Vorgeschmack auf das, was mich in Südafrika auf den Hunderten von Kilometern nach Kapstadt noch so erwartete. Die Straße war hervorragend ausgebaut - zu gut fand ich, denn über Kilo-

meter führte der Teer schnurgerade durch das karge, menschenleere Bushveld von Nordtransvaal und gab mir das Gefühl, nicht vom Fleck zu kommen. Ich pedalte durch die Eintönigkeit von grauem, verhangenem Himmel, braunem Gras und weitgehend entlaubtem Buschwerk. Eine blühende Aloe am Fahrbahnrand bedeutete schon eine große Abwechslung. Bei einer Pause entdeckte ich eine tote Hornviper auf dem Schotterbankett. Ich häutete das Reptil und behielt das wunderbare Schuppenkleid.
Die letzten Tage in Zimbabwe hatte ich zu energisch aufs Tempo gedrückt, nun fiel ich in das obligatorische Loch, meine Beine waren müde und schwer. Es war kalt, kalt und nochmals kalt - und selbstverständlich kam der Wind von vorn. Mühsam quälte ich mich die Soutpansberge hoch.
Vom Mountain View Hotel an der Südkante des bis zu 1.753 m hohen Gebirges hat man einen grandiosen Blick auf den funkelnden Lichterhaufen der kleinen Stadt Luis Trichardt, tief unten. Ich traf Hotelbesitzer Paul an der Straße, wo er mit einer Luftpistole aufdringliche Affen von seinem Grundstück verscheuchte. Wir kamen ins Gespräch, und er bot mir sofort an, im Garten des Hotels zu zelten. Er stand den politischen Veränderungen in Südafrika sehr pessimistisch gegenüber. Er meinte, die Weißen könnten dabei eigentlich nur verlieren, erwartete sogar für die Zukunft einen Bürgerkrieg und schürte meine Angst vor der Unberechenbarkeit der Schwarzen.
Morgens, bei Nebel und Eiseskälte, brachte mir der Zimmerservice köstlichen, heißen Kaffee ans Zelt - einmalig! Danach fiel es mir etwas leichter, mich aus dem molligen Schlafsack auf den zugigen Fahrradsattel zu schwingen.
Das Gesicht der Landschaft hatte sich nicht verändert, der eiskalte *Headwind* - Gegenwind - blies mit unverminderter Stärke. 60 Kilometer vor Pietersburg markierte ein stelenförmiges Denkmal den Wendekreis des Steinbocks. Es fielen sogar einige Regentropfen - da war das Klima am nördlichen Wendekreis bei Assuan aber wesentlich tropischer gewesen ...

Ich saß in Pietersburg vor einem Imbiß - auf Afrikaans, der kapholländischen Sprache der Buren, heißen sie lustigerweise *Wegneem-Etes,* also „Wegnehm-Essen" - am Boden und versuchte, mit bloßen Fingern eine Portion fettige, kalte Chips zu bewältigen. Ich war total durchgefroren und steif.
„Mann, Sie sehen aus, als kämen Sie von weit her!"
Ich blickte auf, vor mir stand ein vielleicht 45jähriger Mann. Wir kamen ins Gespräch und ich erfuhr, daß Nico Smith Fluglehrer war und er am

*Südafrika: Geradeausstrecken bis zum Horizont und Gegenwind, Gegenwind, Gegenwind ...*

Airport von Pietersburg arbeitete. Er war deutscher Abstammung, und nicht ohne Stolz erzählte er mir, daß seine Familie unter den ersten europäischen Siedlern war, die sich in Südafrika niederließen. Waschechte Buren also. Man konnte in Südafrika kein Gespräch führen, ohne - eher früher als später - auf das leidige Thema Politik zu kommen, aber Nico entsprach mit seinen liberalen Ansichten nicht meinem vorgefaßten Bild vom konservativen, sturen Buren.
„Sieh mal, die politischen Veränderungen in Südafrika kommen, sie sind einfach nicht aufzuhalten, und das ist o.k. Die Schwarzen beginnen Funktionen zu übernehmen und ihre Angelegenheiten selber zu regeln - ohne unsere Einmischung. Siehst du zum Beispiel das Gebäude dort drüben? Es ist die Radiostation von 'Voice of South Africa'. Schwarze machen dort Programm für Schwarze. Ohne weiße Bevormundung."
Am nächsten Morgen schaute ich bei Nico im Tower des Flughafens vorbei. Wir saßen hier oben gemütlich im Warmen, aber draußen, hinter den blau getönten Panoramascheiben, waberte dichter Nebel, es war naßkalt. Bei diesem Anblick fröstelte mich.
Außer den verschwommenen Umrissen von Turbopropmaschinen war nichts zu sehen. Eines der Flugzeuge ließ den Motor warmlaufen.
„Nicht viel los, zu dicke Suppe heute. Er probiert es trotzdem!"
In diesem Moment flog die Tür des Kontrollraumes auf, ein Bekannter von Nico, der von meiner Reise gehört hatte, stürzte herein und drückte mir einen 50-Rand-Schein in die Hand:
„Für ein schönes Essen unterwegs! Cheers Toum-Toum!"
Ich brabbelte verwirrt ein „Dankeschön!". Im nächsten Moment sahen wir seine Gestalt über das nebelige Flugfeld hasten. Er zwängte sich ins Cockpit der einmotorigen Maschine, schloß die Tür und verriegelte sie. Dann ruckte das Flugzeug an und rollte zur Startbahn.
„Hey man, I'm tellin' you ..." Nico schob seine Baseballkappe mit der Aufschrift „Captain" in den Nacken und stieß geräuschvoll die Luft aus. „Ich bin zwar noch nie Fahrrad gefahren, aber ich habe auch schon einiges erlebt!"
Wortlos deutete er auf eine gerahmte Schwarzweißfotografie an der Wand. Mit viel Phantasie konnte ich rekonstruieren, daß der Trümmerhaufen auf dem Bild wohl mal ein Flugzeug gewesen sein mußte.
„Mit 160 Meilen in der Stunde gegen 'nen Berg geflogen ..."
Seine Erzählung wurde vom Funkruf des Flugzeuges unterbrochen, das den Final Check durchlaufen hatte und um die Startclearance bat.
„Der Militärflughafen sagt, es ist frei. Alles Roger, ihr könnt starten. Gebt uns Bescheid, wenn ihr durch die Wolken kommt, damit wir wissen, wie dick die Suppe noch ist."

Nico wendete sich mit dem Mikrophon in der Hand mir zu, zwinkerte spitzbübisch mit dem Auge und sprach dann weiter:
„Toum-Toum möchte nämlich *nicht* im Nebel starten. Und er wünscht euch einen guten Flug! Over."
„In Ordnung, machen wir! Over!" krächzte das Funkgerät mit Afrikaaner-Akzent. Die Maschine raste über die Startbahn, am Tower vorbei und verschwand im Nebel. Wenig später riß der Himmel auf und die Sonne kam raus - das war für mich der Startschuß.
Zum Abschied sagte Nico: „Toum-Toum, wenn du auf der Strecke bleibst, ruf' mich an, ich komm Dir mit dem Auto zur Hilfe."
„Wenn ich bis hierher gekommen bin, werden die letzten 2.000 Kilometer auch zu schaffen sein!"
Er lachte: „Stimmt. Aber denk dran - life is an experience, you won't get out of alive!"

Die weiße Bevölkerungsgruppe Südafrikas bildet keine homogene Einheit, wie man als Außenstehender vielleicht annehmen könnte. Die europäische Besiedlung Südafrikas begann 1652 mit der Gründung einer Versorgungsstation für die Schiffe der niederländisch-ostindischen Gesellschaft, aus der sich später Kapstadt entwickelte. Um 1800 siedelten bereits rund 20.000 Europäer an der Südspitze Afrikas. Nach der endgültigen Besetzung der Kapkolonie durch die Briten im Jahr 1806 wichen die holländisch-, deutsch- und französischstämmigen Siedler, die sich selbst als „Afrikaaner" bezeichnen, der Herrschaft der verhaßten Briten ins Landesinnere aus. Ab 1834 zogen sie in mehreren Wanderungsbewegungen, dem sogenannten „Großen Treck", nach Nordosten.
Die spätere Unterwerfung der entstandenen Burenrepubliken durch Großbritannien und der anschließende Burenkrieg haben nicht gerade zu einer Annäherung von englisch- und afrikaanssprechenden Weißen beigetragen. Bis heute gibt es auf beiden Seiten gewisse Vorbehalte. Während Transvaal und der Orange Free State überwiegend von den konservativen Buren geprägt sind, ist in Natal und der Kapprovinz der liberalere britische Einfluß stärker spürbar.
Die kleinen Städtchen Potgietersrus, Naboomspruit, Nylstroom und Warmbad, durch die ich auf dem Weg nach Pretoria kam, gehen alle auf burische Gründungen zurück. Die Hauptstraße mit den Geschäften, Supermärkten und Imbißstuben schien überall „Vortrekkerstraat" zu heißen, die Häuser waren von gepflegten Gärten umgeben, und allmählich gewann ich den Eindruck, daß die Schwarzen im Land eine kleine Minderheit stellten, weil sie kaum irgendwo zu sehen waren. Das lag aber daran, daß noch 1990 der überwiegende Teil der Schwarzen

per Gesetz in den überbevölkerten Homelands bzw. Wohngebieten (Townships) zu leben hatten. Dies wurde erst im Zeichen der Reformen unter De Klerk 1991 aufgehoben. Tatsächlich liegt der Bevölkerungsanteil der Schwarzen bei über 70 %, der der Weißen hingegen nur bei knapp 20 %.

Pretoria, nach Johannesburg, Kapstadt und Durban eine der größten Städte des Landes und administrative Hauptstadt Südafrikas, hinterließ bei mir den Eindruck einer langweiligen, konservativen und überwiegend weißen Beamtenstadt. Vielleicht ist es kennzeichnend, daß ich ausgerechnet am Toilettenhaus des städtischen Campingplatzes das einzige Schild „Blanke Mans - European Men“ in ganz Südafrika sah. Diese Trennung nach Rassen von Restaurants, Bussen, Bibliotheken, Badestränden bis hin zu Parkbänken, die sogenannte „Petty Apartheit“, also „kleine“ Apartheit, wurde erst kurz vor meiner Einreise, zu Beginn des Jahres 1990, gänzlich abgeschafft.
Das Union Building, das Regierungsgebäude auf der Meintjeskop, der Church Square mit dem Standbild von Altpräsident Paul Krüger, die modernen Gebäude in der Innenstadt, der Großstadtverkehr und all die weißen Gesichter - nichts erinnerte mich daran, daß ich mich überhaupt noch auf dem afrikanischen Kontinent befand. Eigentlich war ich darüber ganz froh, denn das federte den Kulturschock etwas ab, der mir bei der Rückkehr nach Europa noch bevorstand ...
Sechs Kilometer südlich der Stadt, auf einem der Bergzüge, die Pretoria umgeben, erhebt sich ein vierzig Meter hoher, bombastischer Granitbau: Das Vortrekker-Monument. Es erinnert an die entscheidende Schlacht 1838 am Blood River zwischen Buren und Zulus, die sich vehement gegen das Vordringen der Weißen ins Landesinnere wehrten. Am 16.12., dem Tag der Schlacht, bei der Tausende von Zulu-Kriegern umkamen, fällt die Sonne mittags durch die Kuppel auf einen Granitsarkophag, auf dem in Gold steht: „Ons vir jou, Suid-Afrika“, also „Wir für dich, Südafrika“. Ich habe das Gefühl, es ist nicht ein Denkmal, sondern ein regelrechtes Nationalheiligtum der Buren, in dem die Geschichte als Religion glorifiziert wird.
Sechzig Kilometer weiter im Süden war ich in einer vollkommen anderen Welt. Über den Stadtteil Hillbrow kam ich nach Johannesburg rein, kurz Joburg, oder, wie die Schwarzen sagen, *Egoli,* die Stadt des Goldes. Wow, eine imposante Skyline, mit dem Carlton-Center und all den anderen Wolkenkratzern, dem Fernsehturm und dem eigenartigen Diamond-House, dem Stammsitz des Edelsteinkartells von De Beers, das die Form eines geschliffenen Diamanten besitzt.
Im Großraum der Stadt leben fünf Millionen Menschen - davon allein

in Soweto, dem schwarzen SOuth-WEstern-TOwnship um die drei Millionen. Noch vor gut hundert Jahren breitete sich auf der 1.750 Meter hochgelegenen Ebene, auf der Joburg liegt, eine karge Steppenlandschaft aus. Nachdem 1886 ein Digger das erste Gold entdeckte, vollzog sich eine rasante Entwicklung. Die Edelmetallvorkommen zog Tausende von Menschen an, um 1900 war die Einwohnerzahl bereits auf 100.000 Menschen angeschwollen.
Johannesburg entwickelte sich zum wirtschaftlichen und industriellen Zentrum des Landes. Bis heute ist Südafrika der größte Gold- und Diamantenproduzent der Welt. Doch die Goldförderung erfordert einen gigantischen Aufwand: Aus einer Tonne Gestein sind durchschnittlich nur 15 Gramm Gold zu gewinnen! Inzwischen sind die südafrikanischen Minen am Witwatersrand bis zu 3.859 Meter tief in die Erde getrieben worden.
Die Straßen der City sind voller buntem Leben, ein liberaler Geist ist spürbar. Ich wohnte im YMCA, wo die verschiedenen Hautfarben ganz unverkrampft miteinander umgingen. In einem Einkaufs-Center, das von einem Asiaten geführt wurde, las ich eine Werbung für den Winterschlußverkauf - mit kritischem politischem Unterton: „Der Ausnahmezustand ist aufgehoben, jetzt können wir rausgehen und für den Winter kaufen, was immer *wir* wollen ..."
Was für die Weißen gilt, ist auch für die Schwarzen in Südafrika zutreffend: Sie sind alles andere als eine einheitliche Gruppe. Zwei der neun größeren Völker und ihre politischen Parteien kämpfen um die Vormacht unter den Schwarzen: Die Zulus mit der Inkhata-Freedom Partei unter Mangosuthu Buthelezi und die Xhosa mit dem African National Congress, dem Nelson Mandela, der erste schwarze Präsident Südafrikas, vorsteht.
Seit der politischen Liberalisierung 1989 sind bei Auseinandersetzungen der beiden Gruppen rund 30.000 Menschen ums Leben gekommen. Täglich flimmerten Berichte von grausamen Morden und regelrechten Schlachten in den Townships über den Fernsehschirm. Ich konnte nicht verstehen, warum sich die Schwarzen gegenseitig bis aufs Blut bekämpften, anstatt sich zum Schulterschluß gegen die Weißen zu vereinigen. Inzwischen ist nachgewiesen worden, daß konservative Weiße in Polizei und Politik, die sogenannte „Dritte Kraft", die bestehenden Gegensätze zwischen Zulus und Xhosa geschickt ausnutzten und die Kämpfe weiter anheizten. Teile und herrsche ...

# Eine Reise endet nicht mit dem Zurückkommen

Schon nach einem Wochenende in der Stadt trieb mich die Unrast wieder auf die Straße zurück. Am Rand einer Elendssiedlung im südwestlichen Außenbezirk von Joburg hatte die Riot-Police, eine spezielle Unruheeinheit der südafrikanischen Polizei, die Straße gesperrt. Grellgelb lackierte Panzerfahrzeuge blockierten die Fahrbahn, neben mir startete ein Hubschrauber zum Aufklärungsflug. Eine blauuniformierte Truppe schwarzer Polizisten hielt mich auf. Ihr Einsatzleiter erklärte mir: „In dem Township jenseits der Kreuzung toben blutige Ausschreitungen - wenn Sie weiterfahren, werden Sie die Siedlung nicht wieder lebend verlassen, das versichere ich Ihnen!“
Ich kam mit den jungen Männern ins Gespräch. Sie glaubten kein Wort von meiner Afrika-Tour - bis ich ihnen einen Zeitungsausschnitt zeigte, der meine Reise belegte. Sie hatten Vertrauen gefaßt und sprachen erstaunlich offen über ihre Probleme. Kein beneidenswerter Job: Für die Weißen waren sie Handlanger an den gefährlichen Hot Spots, von den schwarzen Landsleuten wurden sie als Kollaborateure der Regierung verachtet.
Mir blieb nichts anderes übrig, als umzukehren und auf die Autobahn auszuweichen. Nach dreißig Kilometern wurde ich von einer Verkehrsstreife gestoppt. Die Beamten forderten mich streng auf, bei der nächsten Abfahrt von der Autobahn zu pedalen, ein Strafmandat bekam ich glücklicherweise nicht - es wäre das erste der gesamten Reise gewesen.
In Vereeniging erkannte mich die Verkäuferin eines Supermarkets auf Grund der Berichte über meine Reise in verschiedenen Johannesburger Zeitungen. Sofort bildete sich eine Traube von interessierten Leuten, ich mußte Autogramme (!) geben. Offene Münder, Kopfschütteln und unverhohlene Bewunderung. Es waren immer die gleichen Reaktionen, welche die Radtour von Deutschland quer durch Afrika im Land an der Südspitze des Kontinentes hervorrief. Ich hatte oft den Eindruck, weniger wegen der körperlichen Leistung, als des wundersamen Umstandes halber, lebend durchgekommen zu sein. Ich begann mich zu fragen, was für ein verzerrtes Bild die Menschen in Südafrika vom schwarzen „Rest“ dieses Erdteils hatten. Daß alle Menschen blindwütige Terroristen waren? Während der Fahrt durch Südafrika bemerkte ich immer wieder erstaunt, wie perfekt die Trennung der Lebensbereiche der verschiedenen Hautfarben war. Es herrschte auf allen Seiten einfach eine totale Unkenntnis über die wahren Verhältnisse „bei den anderen“. Diese Unwissenheit schürte die Angst.

*Die südafrikanische Riot-Police vor ihrem schwersten Fall: Radfahrer der unbekannten Art*

*Erstes Hinweisschild in Richtung Kapstadt. Nur noch 1.200 km*

Die Waren in meinem Einkaufswagen brauchte ich nicht zu bezahlen, die Verkäuferin weigerte sich, das Geld anzunehmen. Typisch südafrikanische Herzlichkeit - so was möchte ich einmal in Deutschland bei Aldi an der Kasse erleben! Und Lazarus, ein schwarzer Fahrradbote der Standard Chartered Bank, ließ es sich nicht nehmen, mich mit seinem Dienstfahrrad bis zum Ortsausgang zu begleiten, bis er sicher wußte, daß ich auf dem richtigen Weg nach Kroonstad war. Sein eiliger Auftrag mußte eben so lange warten ...

Das Land wurde flacher und flacher, Rinder- und Schafweiden erstreckten sich bis zum Horizont. An den Viehtränken drehten sich Windräder im kalten Wind. Ab und zu eine Farm oder ein Baumgrüppchen - sonst nichts, was den Rundumblick stören konnte.
Bei Kroonstad türmten sich Abraumhalden des Goldbergbaus neben der Straße auf. Von Cyanidverbindungen aus dem Aufbereitungsprozeß waren die künstlichen Berge schwefelgelb gefärbt.
Zehn Kilometer hinter Bloemfontein an der Straße nach Aliwal North der erste Wegweiser in Richtung „Kapstaad" - Junge, wie oft hast du davon geträumt! Es sind tatsächlich nur noch 1.500 Kilometer, d.h., wenn alles gutgeht, wird in zwei Wochen die Tour zu Ende sein! Du kannst es einfach nicht mehr erwarten. Kopf und Körper wollen nicht mehr, du hast die Schnauze voll. Jeden Tag über 100 Kilometer abstrampeln - mein Gott, es gibt doch noch etwas anderes, als nur Fahrradfahren! Diese letzten Tage werden ein reines Pedalen auf Ankommen, werden zur gnadenlosen Selbstquälerei, eine Reise an die Grenze des psychisch und physisch Ertragbaren.
Sehnsüchtig schaust du hinter den Autos her, die an dir vorüberzischen. Überlege mal, wenn du nur die Hälfte dieser Geschwindigkeit hättest! Und warm haben die's. Auf den kilometerlangen Geradeausstrecken dauert es ewig, bis die Wagen verschwunden sind. Die Straße kriecht über das wellige Land, auf jeder der Hügelkuppen vor dir taucht sie wieder auf - immer etwas kleiner. Du willst es genau wissen, merkst dir eine Landmarke und stoppst mit dem Kilometerzähler. Erst zwei Stunden bzw. 45 Kilometer später passierst du die Stelle!
Der verchromte Klingeldeckel reflektiert Kopf und Oberkörper. Wem gehört diese von Anstrengungen ausgehöhlte Fratze? Der Körper ist doch keine Maschine. Wie kann er über den großen Zeitraum diese unglaublichen Anstrengungen erbringen? Inzwischen vermeidest du alle überflüssigen Bewegungen und Gedanken. Du brauchst alle Reserven für das Treten. Von der Umgebung nimmst du nur das Nötigste wahr, ziehst dich immer weiter in dein Schneckenhaus zurück. Erschöpfung und Kälte lassen nichts anderem Platz. Schon einen Stift zu

halten, fällt irrsinnig schwer. Das Tagebuch wird nur noch mit abgehackten, knappen Notizen gefüttert. Sie beschränken sich auf die Aufzählung der eingenommenen Mahlzeiten und die zurückgelegten Kilometeretappen. Ein wirres Geschreibsel mit englischen Begriffen durchsetzt, weil du die geistige Anstrengung scheust, nach den deutschen Wörtern zu suchen. Irgendwann brechen die Aufzeichnungen ganz ab. Zarte Wolken schieben sich wie ein Schleier vor die Sonne, der Wind erstirbt. Die Ruhe vor dem Sturm.
Ein Antarktis-Tief mit Gegenwind in Sturmstärke fegt über die Berge hinter Aliwal North. Gegenwind. Wie nüchtern das klingt. Du *haßt* ihn. Dein schlimmster Feind. Immer mit dem längeren Atem, grundsätzlich stärker als du selbst. Wie eine mächtige, unsichtbare Faust packt und schüttelt er dich, bremst dich gnadenlos aus, preßt dich an die Wand. Zitternd vor Kälte und fluchend stemmst du dich in die Pedale. Viertkleinster Gang rein, Tempo 7 km/h! Bei voller Pedalkraft. Der eiskalte Wind pfeift schadenfroh mit doppelter Stärke durch die Speichen, zerschneidet dein Gesicht, tötet deine Finger ab. Die Berge ringsum tragen weiße Kappen, Schneeflocken schlagen ins Gesicht. Es geht nicht mehr! Aber es muß! O.k., o.k., zehn Minuten Pause für einen Schluck widerlich kaltes Wasser und ein Foto, länger nicht, sonst frierst du an. Es kostet große Überwindung, ein Bild zu machen. Mit steifen Fingern stellst du die Kamera ein.
Das Rad lehnt an einem Kilometerstein. Noch 40 km bis zum nächsten Dorf, kein Haus weit und breit. Nur braune Grasflächen, die sich allmählich weiß färben, einige entlaubte Pappeln. Alles, was du an Klamotten hast, ziehst du übereinander. Bis auf ein T-Shirt. Das opferst du, zerreißt es, wickelst dir die Fetzen um die Hände, Plastiktüten drüber. Damit dir nicht die Finger am Lenker festfrieren. Und dann weiter.
In Jamestown, ein kleines Kaff, der Name spielt eigentlich keine Rolle, sitzt du stundenlang im Windschatten einer Hauswand, frierst erbärmlich, weil die Kleider naßgeschwitzt sind, weigerst dich, wieder rauszugehen in den Sturm. Du mußt dich treten. Vor dem Paß über die Stormberge sagt ein Schild, es ist die kälteste Ecke Südafrikas. Ach nee!
Am höchsten Punkt der Straße zwanzig Zentimeter Schnee, der Boden ist hart gefroren, es ist Abend, doch du kriegst nicht mal die Heringe in den Boden und mußt dich ohne Licht noch den Paß hinuntertasten. Du fällst wie tot in den Schlafsack. Am nächsten Morgen weckt dich die Kälte kurz vor Sonnenaufgang. Zelt zusammenlegen geht nicht, weil das Gestänge über Nacht eingefroren ist. Also zitternd warten, bis die Sonne hochkommt und alles aufgetaut hat, dann Klamotten packen und weiter, weiter, weiter.

Über Queenstown durch das Homeland Ciskei, über die Winterberge (welch passender Name!) nach Fort Beaufort, auch das bei Gegenwind. Dann endlich wärmer! Über Grahamstown nach Port Elizabeth. Für die landschaftlichen Schönheiten Südafrikas, an denen du vorübertrittst, hast du keinen richtigen Blick mehr. Jetzt zählt nur: Ankommen!

Jeder in Südafrika hat mir die letzten 800 Kilometer, die Garden Route zwischen der Industriestadt Port Elizabeth und Kapstadt, als die schönste Strecke des Landes beschrieben. Von alledem ist nichts zu sehen - tiefhängende Wolken, Nieselregen und ungemütliche Kälte laden nicht gerade zum Bleiben ein.

Mißmutig reiße ich meine Kilometer ab. Solange ich radel, ist mir wenigsten einigermaßen warm! Vorbei an den riesigen, grünen Schafsweiden um Humansdorp, über die große Brücke, welche die Stormsriver-Schlucht überspannt. Auf dem Rastplatz an der Brücke stehen acht chromblitzende Motorräder. Die Jungs mit den heißen Öfen vom Wings-Motorradclub aus P.E. (Port Elizabeth) haben den Grill angeworfen und laden mich zum *Braai,* dem südafrikanischen Barbeque ein. Sie sind Coloureds, also „Farbige“, die 10 % der Bevölkerung Südafrikas stellen. Khoi, die Urbevölkerung am Kap, Weiße, malaiische Sklaven und die schwarzen Bantuvölker sind ihre Vorfahren.

Dann in den nebelverhangenen, dunklen Tsitsikama Forest mit seinen Stink- und Yellowwoodbäumen. Hinter Knysna riskiert die Sonne einen kurzen Blick durch die Wolken, ich kann mir vorstellen, wie schön es hier wäre, wenn das Thermometer fünfzehn Grad nach oben kletterte. Rechts der Straße liegen eine Reihe von Lagunen: Swartvlei, Rondevlei, Langvlei. Links eine hohe Dünenkette, dahinter der kilometerlange Sandstrand von Wilderness.

Aber schon als ich das Küstenplateau nach George emporklimme, zieht es wieder zu. Ein Autofahrer gibt Blinkzeichen und deutet aufs Meer. Da sehe ich es: Draußen in der Bucht steigt in Abständen eine Dampfsäule in die Höhe - ein Wal!

Bei Mossel Bay, die Stelle, an der Bartolomeu Diaz 1488 erstmals Südafrika betrat, verläßt die Straße die Küstenlinie. Auf den weiten Ebenen vor dem Karoo-Gebirge gibt es keinen Windschutz mehr, verbissen kämpfe ich mich weiter voran. Gegenwind, Gegenwind, Gegenwind - ich könnte heulen! Es ist, als wollte Afrika auf den letzten dreihundert Kilometern mit aller Macht verhindern, daß ich per Fahrrad nach Kapstadt komme ...

Hinter Swellendam pustet mich der Wind fast von der Straße, an der Seite ein Wegweiser zur Südspitze Afrikas: „Cape Aghulhas 97 km, Suidpunt van Afrika.“

*Ich werde von einem Antarktis-Tief in der Karoo eiskalt erwischt*

*Nach fast 19.000 Kilometer Strampelei: Der Traum wird wahr, vor mir schält sich - noch kaum sichtbar - der Tafelberg aus dem Dunst!*

Bin ich überhaupt noch in Afrika? Schauerwände, tieffliegende Wolken und der Sturm von vorn - ich komme mir eher vor wie am Cape Horn, oder in den Roaring Fifties. Auf dem verlassenen Campingplatz in Riviersonderend bin ich der einzige Gast. Kein Wunder bei dem Wetter. Wer ist schon so verrückt, im Winter zu zelten, geschweige denn, eine Radtour zu machen?!
Durch riesige Apfelbaumplantagen geht es aufwärts. Plötzlich reißt der Himmel auf. Ich stehe oben auf dem Sir Lowry's Paß - oder auf dem Gipfel der Welt, das ist jetzt das Gleiche. Der Sturm boxt mich zur Steinmauer am Abgrund. Da stehe ich und starre auf das Panorama. Minutenlang. Die Böen zerren an meiner Regenkleidung. Unter mir liegt die silberne Sichel der False Bay und die Cape Flats, dahinter zeichnet sich die Silhouette des Tafelberges ab, zu seinen Füßen liegt ... CAPE TOWN!!!
Ich brülle sinnlos in den Wind. Morgen ist alles zu Ende! Die Anstrengungen. Die Hochrechnungen von Kilometerentfernungen und Etappenzeiten bis nach Kapstadt. Das Frieren. Die Quälerei. Endlich Ruhe! Wie habe ich das geschafft? Wenn ich meine ersten Tagebuchseiten lese, kann ich's selbst nicht fassen:
*„Donnerstag, den 27. Juli 1989: Oberhalb von Kempten, am Waldrand einer dieser Allgäuwiesen, schlage ich zum ersten Mal das Zelt auf. Ohne Abendbrot vergrabe ich mich im warmen Schlafsack, so erschossen bin ich von den 114 Kilometern. Auf den letzten 30 Kilometern bekam ich fürchterliche Schmerzen im linken Knie, jeder Pedaltritt eine ängstlich erwartete Qual, gehen kann ich gar nicht - und das bereits am ersten Tag ...!"*
Und dann die Eintragung vom nächsten Tag:
*„Freitag, den 28 Juli 1989: Ich habe es befürchtet: Der Zustand des linken Knies hat sich nur unwesentlich gebessert und heute liegen satte 160 Kilometer bis München vor mir. Wenn ich die knapp 10 Kilometer nach Kempten mit dem Knie bewältige, probier ich's, ansonsten muß ich schon am zweiten Tag kapitulieren, mit meinem Grundsatz brechen, die ganze Strecke von Gaienhofen bis nach Kapstadt mit dem Rad zurückzulegen und nur als letzten Ausweg andere Verkehrsmittel zu benutzen! Demoralisierend, diese Aussicht!"*
Diese letzten sechzig Kilometer nach Kapstadt kann mir niemand mehr nehmen! Aber heute tue ich keinen einzigen Pedaltritt mehr. Gute, alte Filfilla. Sie übernimmt die Arbeit für mich, rollt und rollt, alle Kehren hinunter in die Ebene der False Bay.
Auf der Camping Site in Somerset West, 40 Kilometer vor Kapstadt, baue ich zwischen den Wohnwagen einiger weißer Rentner das letzte Mal auf dieser Reise mein zerlöchertes, gammeliges, treues Zelt auf.

Die transportablen „vier Wände“ waren immer ein Stück vertraute Umgebung und Intimsphäre für mich, selbst an den verlassensten und unheimlichsten Orten, an denen ich bisweilen übernachten mußte. Durch das Zelt war ich nie auf Gastfreundschaft angewiesen, es garantierte meine Unabhängigkeit und Ruhe. Und die brauchte ich zwischendurch immer wieder! Ohne Zelt durch Afrika - das wäre eine große Einschränkung von Freiheit und Komfort gewesen. Paradoxerweise schließt sich beides in diesem Fall nicht aus.
Der direkte Weg von Somerset West nach Kapstadt führt über die Autobahn. Diese Freiheit nehme ich mir für die letzten Fahrradkilometer. Soll ein Polizist wagen, mich von der Fahrbahn zu schmeißen!
Beim Flughafen erwische ich eine falsche Abfahrt und lande mitten in Crossroads, dem berüchtigsten schwarzen Township von Cape Town! Auf diese Weise lerne ich auch die Kehrseite der Stadt kennen, von der alle Werbeprospekte behaupten, sie sei einer der schönsten der Welt. Abfall fliegt auf der Straße herum, menschliche Behausungen, die ihrer Bezeichnung spotten: Es sind schmutzstarrende, rostige Wellblechbuden.
An einem kleinen Roundabout stehen arbeitslose schwarze Tagelöhner und warten darauf, für einen schlechtbezahlten Job aufgepickt zu werden. Ich frage nach dem Weg in Richtung City, dann verschenke ich alle Ausrüstungsgegenstände, für die ich nun keine Verwendung mehr habe: Nahrungsmittel, Kleidung, Kochtöpfe. Was soll ich sie mit nach Hause schleppen? Sie gehören nach Afrika, hier bleiben sie.
Zwei schwarze Südafrikaner haben die Szene aus ihrem zerbeulten japanischen Kleinwagen beobachtet. Sie rollen langsam heran und bestehen darauf, mich mit ihrem Fahrzeug zu eskortieren. Zumindest bis zur Grenze des Indian Quarters, des indischen Viertels, ein paar Straßenblöcke weiter, ab da sei ich wieder sicher ...

Wahrscheinlich kann es niemand von euch nachvollziehen, aber nach all den Tausenden von Kilometern habe ich es nicht mehr fertig gebracht, mit Filfilla die letzten fünfzig Kilometer von Cape Town zum Kap der Guten Hoffnung zurückzulegen.
Mit der Ankunft in Kapstadt war das ultimative Ziel, mit welchem ich mich in so vielen Situationen aufgeputscht hatte, ausgereizt. Meine Psyche war vollkommen ausgebrannt. Der geschundene Körper wollte im Grunde ja schon seit mehr als dreitausend Kilometern nicht mehr Radfahren. Seitdem hatte ich rücksichtslos von meiner physischen Substanz gezehrt. Und dann nochmals einen halben Tag mit Gegenwind in Sturmstärke kämpfen? Nichts ging mehr! Kein Zentimeter. Natürlich war ich maßlos enttäuscht! Blödsinn eigentlich, denn was soll

das: Du hast so viel geleistet, was würde die Fahrt zur Kapspitze noch verändern oder beweisen? Komm lieber einigermaßen gesund nach Hause!
Ich tröstete mich mit dem sagenhaften Blick vom Tafelberg. Im Süden sah ich die Kaphalbinsel im Dunst verschwinden - da lag es, das Kap der Guten Hoffnung - nach Norden schaute ich direkt auf Kapstadt, Signal Hill und die Blouberg Bay.
Hier war ich an der Schmerzgrenze, zum ersten Mal mußte ich ein Ziel aufgeben, das ich mir gesteckt hatte. Im selben Moment verstand ich, daß diese Afrika-Durchquerung per Fahrrad im Grunde wertlos ist. Das, was zählt, wovon ich in Zukunft profitieren werde, sind die Erlebnisse und Erfahrungen von unterwegs. Der Weg ist das Ziel! Jetzt endlich habe ich die Lektionen von Menawashei im Sudan, von den Nilquellen und von vielen anderen Momenten der Tour begriffen, als meine Zielstrebigkeit schwere Dämpfer bekam.

Drei Tage später fahre ich mit dem Bus zurück nach Johannesburg, und am folgenden Abend geht mein Lufthansa-Freiflug vom Jan-Smuts-Airport zurück nach Frankfurt. Filfilla ist natürlich auch an Bord.
Im Oberdeck der Boeing 747 befinden sich pro Reihe nur vier luxuriöse 1.-Klasse-Sessel. Mit meiner ausgebleichten Mähne, der sonnenverbrannten Haut und den abgerissenen Kleidern errege ich Aufsehen unter den gepflegten Geschäftsleuten in Schlips und Krawatte. „Was macht der denn hier?“ lese ich aus ihren verwunderten Blicken.
Der Jumbo beschleunigt. Die Startbahnbefeuerung rast am Fenster vorbei. Wir werden in die Sessel gedrückt. Die Boeing hebt ab, und die Lichter von Johannesburg, die letzten Spuren von Afrika, werden schnell kleiner und verschwinden ganz, als wir in die Wolkendecke stoßen.
Jetzt werde ich binnen 10 1/2 Stunden in Jet-Geschwindigkeit zurücklegen, was ich vorher mühsam während 13 Monaten erstrampelt habe. Ein seltsames Gefühl! Ein sehr zwiespältiges dazu. Einerseits die riesige Freude, in ein paar Stunden Eltern, Geschwister und Freunde wiederzusehen. Es sollte einen tollen Empfang geben: Sie waren mitten in der Nacht von allen Ecken Deutschlands nach Frankfurt gekommen, nur um morgens rechtzeitig um sieben am Flughafen zu stehen!
Andererseits die Angst vor dem Zurückkommen in eine Welt, die mir fremd geworden ist. Nachts werde ich die typischen Geräusche, den afrikanischen Sternenhimmel mit seinen Sternschnuppen und wandernden Satelliten vermissen. Ein Jahr lang habe ich unter freiem Himmel gelebt, jetzt werde ich mich plötzlich wieder den ganzen Tag in en-

gen, stickigen Räumen aufhalten müssen. Beim Fahrradfahren konnten meine Gedanken umherstreifen, wohin sie wollten, manchmal dachte ich stundenlang an gar nichts. Im Studium, das vor mir liegt, wird von mir verlangt, mich zwei Stunden lang auf die Lösung einer Mathematikaufgabe zu konzentrieren.
Auch das will ich nicht verschweigen: In Afrika stand ich als Weißer, zumal mit dem Fahrrad, immer im Mittelpunkt, um Kontakte brauchte ich mich nicht zu sorgen. Jetzt bin ich von einem Moment auf den anderen wieder einer, der unter allen anderen nicht auffällt, muß lernen, auf Leute zu- und einzugehen, muß meinen Individualismus und meine Freiheit auf ein sozial verträgliches Maß zurückschrauben. Bis ich mich halbwegs wieder eingelebt hatte, sollte ein halbes Jahr vergehen.

Ist damit das Kapitel Afrika für mich zu Ende? Bestimmt nicht! 1992 habe ich meinen Bruder Georg auf einer gemeinsamen Fahrradtour durch Tanzania mit dem „Afrika-Virus" infiziert, und während dieses Buch in den Druck geht, bin ich mit meinem Bike bereits wieder in Tanzania unterwegs. Jambo, Africa!

*Reinhard Pantke*

# Bikebuch Neuseeland

**Der komplette Radreiseführer für die Kiwi-Inseln**

Neuseeland ist und bleibt das absolute Traumziel vieler Mountainbiker und Tourenradler! Dieser Radreiseführer beschreibt alle wichtigen Dinge einer Biketour durch den schönen Inselstaat - Planung, Hinflug, Routenauswahl und Tourenvorschläge, populäre Strecken und lohnenswerte Abstecher, Übernachtungs- und Wandermöglichkeiten, Hintergrundinfos über Land und Leute, praktische Tips für unterwegs und vieles mehr. Der Autor ist langjähriger Radreise-Profi.
Mit Radreise-Tips zu den Fiji-Inseln!

*Über 350 Seiten, viele Farb- und SW-Fotos und Karten, ISBN 3-929920-16-6, DM 36.80*

*Clemens Carle*

# Rad-Abenteuer Panamericana

**45 000 km von Feuerland bis Alaska**

Startpunkt: Feuerland. Ziel: Das Eismeer in Alaska. Und wie Feuer und Eis war diese Bike-(Tor)Tour auf - und noch viel öfter neben - der berühmten "Traumstraße der Welt", der Panamericana, der längsten Straße der Amerikas, die für C. Carle erst nach 45 000 Kilometern, 17 Ländern und nach drei Jahren zu Ende war!

Informativ, realistisch und einfühlsam geschrieben. Macht Lust, selbst loszufahren. Das erste Buch einer Gesamt-Panamericana-Tour mit dem Fahrrad!

*312 S., 80 Farb- u. SW-Fotos, 5 Karten, ISBN 3-929920-13-1, DM 28.80*

REISE KNOW-HOW

# PROGRAMMÜBERSICHT

**Reise Know-How** Bücher werden von Autoren geschrieben, die Freude am Reisen haben und viel persönliche Erfahrung einbringen. Sie helfen dem Leser, die eigene Reise bewußt zu gestalten und zu genießen. Wichtig ist uns, daß der Inhalt unserer Bücher nicht nur im reisepraktischen Teil „Hand und Fuß" hat, sondern daß er in angemessener Weise auf Land und Leute eingeht. Die Reihe **Reise Know-How** soll dazu beitragen, Menschen anderer Kulturkreise näher zu kommen, ihre Eigenarten, und ihre Probleme besser zu verstehen. Wir achten darauf, daß jeder einzelne Band gemeinsam gesetzten Qualitätsmerkmalen entspricht. Und um in einer Welt rascher Veränderungen laufend aktualisieren zu können, drucken wir bewußt kleine Auflagen.

## SACHBÜCHER:

Die Sachbücher vermitteln KNOW-HOW rund ums Reisen: Wie bereite ich eine Motorrad- oder Fahrradtour vor? Welche goldenen Regeln helfen mir, unterwegs gesund zu bleiben? Wie komme ich zu besseren Reisefotos? Wie sollte eine TransSahara-Tour vorbereitet werden?
In der Sachbuchreihe von **Reise Know-How** geben erfahrene Vielreiser Antworten auf diese Fragen und helfen mit praktischen, auch für Laien verständlichen Anleitungen bei der Reiseplanung.

## WELT

**Motorradreisen**
DM 34,80 ISBN 3-921497-20-5

**Um-Welt-Reise**
REISE STORY
DM 22,80 ISBN 3-9800975-4-4

**Achtung Touristen**
DM 16,80 ISBN 3-922376-32-0

**Die Welt im Sucher**
DM 24,80 ISBN 3-9800975-2-8

**Wo es keinen Arzt gibt**
DM 26,80 ISBN 3-922376-35-5

**Fahrrad-Weltführer**
DM 44,80 ISBN 3-9800975-8-7

**Auto(fern)reisen**
DM 34,80 ISBN 3-921497-17-5

**Äqua-Tour**
Rad & Bike
DM 28,80 ISBN 3-929920-12-3

## REISE STORY:

Reise-Erlebnisse für nachdenkliche Genießer bringen die Berichte der **Reise Know-How** Reise-Story. Sensibel und spannend führen sie durch die fremden Kulturbereiche und bieten zugleich wertvolle Sachinformationen. Sie sind eine Hilfe bei der Reiseplanung und ein Lesevergnügen für jeden Fernwehgeplagten.

## STADTFÜHRER:

Die Bücher der Reihe **Reise Know-How City** führen in bewährter Qualität durch die Metropolen der Welt. Neben den ausführlichen praktischen Informationen über Hotels, Restaurants, Shopping und Kneipen findet der Leser auch alles Wissenswerte über Sehenswürdigkeiten, Kultur und „Subkultur" sowie Adressen und Termine, die besonders für Geschäftsreisende wichtig sind.

## EUROPA

**Portugal-Handbuch**
DM 29,80 ISBN 3-923716-05-2

**Mallorca**
DM 29,80 ISBN 3-927554-17-0

**Mallorca für Eltern und Kinder**
DM 24,80 ISBN 3-927554-15-4

**Madrid**
DM 26,80 ISBN 3-89416-201-5

**London**
DM 26,80 ISBN 3-89416-199-X

**Rom**
DM 26,80 ISBN 3-89416-203-1

**Berlin mit Potsdam**
DM 26,80 ISBN 3-89416-202-3

**Ungarn**
DM 32,80 ISBN 3-89416-188-4

**Paris**
DM 26,80 ISBN 3-89416-200-7

**Prag**
DM 26,80 ISBN 3-89416-204-X

**Warschau/Krakau**
DM 26,80 ISBN 3-89416-209-0

**München**
DM 24,80 ISBN 3-89416-208-2

**Frankfurt/Main**
DM 24,80 ISBN 3-89416-207-4

**Schweden-Handbuch**
DM 36,80 ISBN 3-923716-10-9

**Oxford**
DM 26,80 ISBN 3-89416-211-2

**Budapest**
DM 26,80 ISBN 3-89416-212-0

**Deutschlands Nordseeinseln**
DM 29,80 ISBN 3-89416-197-3

**Westharz mit Brocken**
DM 19,80 ISBN 3-89416-168-X

**Ostharz mit Kyffhäuser**
DM 19,80 ISBN 3-89416-168-X

## EUROPA

**Ostdeutschland individuell**
DM 32,80 ISBN 3-921838-12-(

**Ostseeküste/ Mecklenburg**
DM 19,80 ISBN 3-89416-184-

**Sachsen-Anhalt/ Thüringen**
DM 26,80 ISBN 3-89416-192-

**Land Sachsen**
DM 26,80 ISBN 3-89416-177-

**Rügen/Usedom**
DM 19,80 ISBN 3-89416-190-

**Land Thüringen**
DM 24,80 ISBN 3-89416-189-

**Türkei-Handbuch**
DM 32,80 ISBN 3-923716-02-

**Türkei West &Südküste**
DM 29,80 ISBN 3-923716-11-

**Zypern-Handbuch**
DM 26,80 ISBN 3-923716-04-

**Skandinavien – der Norden**
DM 32,80 ISBN 3-89416-191-

**Irland-Handbuch**
DM 36,00 ISBN 3-89416-194-

**Schottland-Handbuch**
DM 36,00 ISBN 3-89416-179-

**Baltikum – Estland, Lettland, Litauen**
DM 39,80 ISBN 3-89416-196-

**Litauen mit Kaliningrad**
DM 29,80 ISBN 3-89416-169-

**Estland**
DM 26,80 ISBN 3-89416-215-5

**Lettland**
DM 26,80 ISBN 3-89416-216-3

**Oberlausitz**
DM 24,80 ISBN 3-89416-165-5

**Bretagne**
DM 39,80 ISBN 3-89416-175-2

REISE KNOW-HOW

# PROGRAMMÜBERSICHT

## AFRIKA

**urch Afrika**
M 56,80 ISBN 3-921497-11-6

**ransSahara**
M 29,80 ISBN 3-921497-01-9

**larokko**
M 44,80 ISBN 3-921497-81-7

**gypten individuell**
M 36,80 ISBN 3-921838-10-X

**airo, Luxor, Assuan**
M 26,80 ISBN 3-921838-08-8

**enya**
M 39,80 ISBN 3-921497-45-0

**gadir und die Königs-tädte Marokkos**
M 29,80 ISBN 3-921497-71-X

**imbabwe**
M 34,80 ISBN 3-921497-26-4

**/estafrika**
M 39,80 ISBN 3-921497-02-7

**ladagaskar, eychellen, Mauritius, éunion, Komoren**
M 36,80 ISBN 3-921497-62-0

**unesien**
M 44,80 ISBN 3-921497-74-4

**ie Wolken der Wüste**
EISE STORY
M 24,80 ISBN 3-89416-150-7

**igeria hinter den Kulissen**
EISE STORY
M 26,80 ISBN 3-921497-30-2

**frikanische Reise**
EISE STORY
M 26,80 ISBN 3-921497-91-4

onführer
**gypten: Luxor, Theben**
M 29,80 ISBN 3-921838-90-8

onführer
**gypten: Kairo**
M 32,00 ISBN 3-921838-91-6

**amerun**
M 39,80 ISBN 3-921497-32-9

prachbuch
**frika**
anzösisch, Arabisch, Kisuaheli
M 24,80 ISBN 3-922376-13-4

**ike-Abenteuer Afrika**
AD & BIKE
M 28,80 ISBN 3-929920-15-8

## ASIEN

**Jemen**
DM 39,80 ISBN 3-921497-09-4

**Myanmar (Burma)**
DM 29,80 ISBN 3-9800464-3-5

**Phuket/ Thailand**
DM 29,80 ISBN 3-89416-182-5

**Thailand Handbuch**
DM 36,80 ISBN 3-89416-171-X

**Bangkok**
DM 26,80 ISBN 3-89416-205-8

**China Manual**
DM 44,80 ISBN 3-89416-167-1

**Sri Lanka**
DM 36,80 ISBN 3-89416-170-1

Sprachbuch
**China**
Hoch-Chinesisch (Mandarin), Kantonesisch, Tibetisch
DM 24,80 ISBN 3-922376-68-1

Sprachbuch
**Südostasien**
Indonesisch, Thai, Tagalog
DM 24,80 ISBN 3-922376-33-9

## RAD & BIKE:

**REISE KNOW-HOW „RAD & BIKE“** sind Radführer von lohnenswerten Radreiseländern bzw. Radreise-Stories von außergewöhnlichen, extremen Rad- und Mountainbike-Touren durch außereuropäische Länder und Kontinente. Die Autoren waren oft jahrelang unterwegs, und sie sind entweder bekannte, gestandene Biketouren-Profis oder „newcomer“, die mit ihrem Bike in kaum bekannte Länder und Regionen vorstießen. Wer immer eine Fern-Biketour plant – oder auch nur davon träumt – kommt an den **RAD & BIKE**-Bänden nicht vorbei!

## ASIEN

**Malaysia & Singapur mit Sabah & Sarawak**
DM 36,80 ISBN 3-89416-178-7

**Singapur**
DM 26,80 ISBN 3-89416-210-4

**Bali & Lombok mit Java**
DM 36,80 ISBN 3-89416-173-6

**Sulawesi (Celebes)**
DM 36,00 ISBN 3-89416-172-8

**Reisen mit Kindern in Indonesien**
DM 26,80 ISBN 3-922376-95-9

**Vietnam-Handbuch**
DM 36,00 ISBN 3-89416-195-7

**Nepal-Handbuch**
DM 36,80 ISBN 3-89416-193-0

**Ladakh und Zanskar**
DM 36,80 ISBN 3-89416-176-0

## AUSTRALIEN NEUSEELAND

**Neuseeland**
DM 34,80 ISBN 3-923716-09-5

**Neuseeland**
REISE STORY
DM 24,80 ISBN 3-921497-15-9

**Australien-Handbuch**
DM 32,80 ISBN 3-923716-03-6

## AMERIKA

**USA/Canada**
DM 39,80 ISBN 3-927554-12-X

**Durch den Westen der USA**
DM 36,80 ISBN 3-927554-16-2

**Durch Canadas Westen (mit Alaska)**
DM 36,80 ISBN 3-927554-03-0

**Durch die USA mit Flugzeug und Mietwagen**
DM 36,80 ISBN 3-927554-10-3

**Als Gastschüler in die/den USA**
DM 22,80 ISBN 3-97554-14-6

**Amerika von unten**
REISE STORY
DM 22,80 ISBN 3-9800975-5-2

**„Und jetzt fehlt nur noch John Wayne...“**
REISE STORY
DM 22,80 ISBN 3-927554-18-9

**Mexiko**
DM 36,80 ISBN 3-9800975-6-0

**Guatemala**
DM 36,80 ISBN 3-89416-214-7

**Peru/Bolivien**
DM 34,80 ISBN 3-9800376-2-2

**Traumstraße Panamerikana**
REISE STORY
DM 24,00 ISBN 3-9800975-3-6

**Venezuela**
DM 36,80 ISBN 3-921497-40-X

Sprachbuch
**Lateinamerika**
Spanisch, Quechua, Brasilianisch,
DM 24,80 ISBN 3-922376-18-5

**Trinidad & Tobago**
DM 36,80 ISBN 3-89416-174-4

**Ecuador und Galapagos**
DM 39,80 ISBN 3-921497-55-8

**Panamericana**
RAD & BIKE
DM 28,80 ISBN 3-929920-13-1

# Französisch
## *nicht nur für Globetrotter*

Die ***Kauderwelsch-Reihe*** macht Verständigung leicht

Ernestine Schneider
**Französisch**
**für Afrika-Reisen**
DM 14.80
ISBN 3-922376-69-X

Hermann Kayser
**Französisch Slang**
**– Alltagssprache**
**Frankreichs**
DM 14.80
ISBN 3-922376-17-7

Gaby Kalmbach
**Französisch (nicht nur)**
**für Globetrotter**
DM 14.80
ISBN 3-922376-12-6

- ***Französisch (nicht nur) für Globetrotter,*** Band 40 der KAUDERWELSCH-Reihe bietet auf 144 Seiten einen erstaunlich lässigen Einstieg in die französische Sprache. Ein leicht verständlicher Grammatikteil, ein auf die Bedürfnisse des Reisenden zugeschnittener Konversationsteil mit alltäglichen Kommunikationsbeispielen und ein Grundwortschatz von ca. 1000 Vokabeln ermöglichen dem Sprach-Unwissenden schnelle Erfolgserlebnisse. Kostenpunkt: 14.80 DM (Tonband-Begleitkasette erhältlich), Taschenformat.
- ***Französisch für Afrika-Reisende,*** Band 8 der KAUDERWELSCH-Reihe wurde ebenfalls für den Sprachunkundigen geschrieben. Der Aufbau ist dem Französisch-Band ähnlich, allerdings orientiert er sich an der realen Situation des Französisch sprechenden Afrikas.
- ***Französisch-Slang, das andere Französisch,*** Band 42 der KAUDERWELSCH-Reihe bietet Redewendungen, Wörter und Ausdrücke des Alltags, aus Bistro und Disco, die Sprache der Szene, der Straße. Umgangsfranzösisch, das man täglich hört, aber kaum im Wörterbuch findet, und das man schon gar nicht in der Schule gelernt hat. Für Frankreichreisende, die nicht nur verstanden werden, sondern die auch verstehen wollen, was Sache ist. 104 Seiten, ca. 1000 aktuelle Stichworte zum täglichen Gebrauch erklärt und praxisnah geordnet.

Peter Rump Verlags- und Vertriebsges.mbH, Bielefeld